Andreas Altmann
Leben in allen Himmelsrichtungen

Andreas Altmann

Leben in allen Himmelsrichtungen

Reportagen

PIPER

Mehr über unsere Autoren und Bücher:
www.piper.de

Von Andreas Altmann liegen im Piper Verlag vor:
34 Tage – 33 Nächte
Der Preis der Leichtigkeit
Das Scheißleben meines Vaters, das Scheißleben meiner Mutter
und meine eigene Scheißjugend
Dies beschissen schöne Leben
Verdammtes Land
Frauen.Geschichten.
Gebrauchsanweisung für das Leben
Gebrauchsanweisung für die Welt
In Mexiko

Ein paar Szenen – sie stehen schon in anderen Büchern – habe ich hier nochmals erwähnt. Weil sie unerlässlich zum Verständnis der ganzen Geschichte sind. Insgesamt machen sie nicht drei Prozent der über 370 Seiten aus. Danke für alle Nachsicht.

MIX
Papier aus verantwor-
tungsvollen Quellen
FSC® C083411

ISBN 978-3-492-05846-9
© Piper Verlag GmbH, München 2019
Satz: Fotosatz Amann, Memmingen
Gesetzt aus der Minion Pro
Litho: Lorenz & Zeller, Inning am Ammersee
Druck und Bindung: CPI books GmbH
Printed in the EU

Dieses Buch gehört allen, die mir irgendwo, irgendwann auf der Welt über den Weg liefen. Nein, gewiss nicht allen. Es gilt nur jenen, die mein Leben reicher machten. Den trägen Säcken, die gern anderer Leute Nerven mit ihrer Trägheit strapazieren, die gern Verbote bellen und ihre bigotte Moral verkünden, sie sollen zur Hölle fahren. Die Großmütigen – großer Mut! – aber, die Weltverliebten, sie dürfen hochleben: jene, die mich bei der Hand nahmen und mir Gedanken schenkten, von denen ich vorher nichts wusste, ja, mich mit Gefühlen und Nähe verwöhnten, die mein Leben in diesen Tagen und Nächten behüteten, mich nährten und beflügelten, ja, mir vertrauten und nie mein Vertrauen aufs Spiel setzten. Bis zum letzten Stündlein will ich für sie das Lied der Dankbarkeit singen.

Louis Aragon:

Sagen Sie diese Worte – »Mein Leben« – und halten Sie Ihre Tränen zurück.

John Lee Hooper:

Jeder Tag ist wie ein neues Lied. Ich stehe auf, gehe auf die Straße, gehe in ein Café, sehe Menschen, schöne Frauen und der Tag schreibt ein Lied.

E. L. Doctorow:

Gibt es ein Leben nach dem Tod? Klar, aber nicht deins.

+++

Inhalt

13 **VORWORT**

19 **DAVONGEKOMMEN**
20 Matatus – Vehikel für Verwegene
24 Tricks in Nairobi – Schrecksekunden und Gelächter
29 Bagdad – Flüstern und überleben

41 **NACKTE LEBENSFREUDE**
42 Karneval in Trinidad – Leben außer Rand und Band
52 Große Freiheit / Kleines Glück – St. Pauli in Hochform

61 **RÄTSELHAFTE WELT**
62 Äthiopien – Eine Reise in tausend Geheimnisse
79 Die Unberührbaren – Ein Wahn mit unfassbaren Folgen
92 Old Delhi – Des Menschen Freude und Aberwitz
105 Charles Brooke – Ein Idealist und unzählige Totenkopfjäger

115 **SUCHT NACH SCHÖNHEIT**
116 Buchinger Klinik – Ein Hurra auf äußere Werte
126 Chanel – Die Frauenbefreierin
137 Ach, Männer – Wer schön sein will …

145 **EIN BISSCHEN WAHNSINN**
146 Louisiana – Mitten hinein in schallende Dummheit
156 Philadelphia – Die Anständigen, die Bösen,
     die Hässlichen
170 Reinhard Bonnke – Abzocke in Afrika im Namen des
     Herrn

179 **HELDEN UND HELDIN**
180 Die Kinder von Kabul – Für alle ein Heldenlied
186 Rikschafahrer in Kolkata – Kleine flinke Männer und
     große flinke Gangster
197 Karla Schefter – Eine wie keine

205 **GEFÄHRLICHE ZEITEN**
206 Clandestinos – Auf der Suche nach einem anderen Leben
217 Kapstadt – Die gefährliche Schöne
226 Peschawar – Wer sich traut, wird reicher davongehen
233 Sudan – Menschenfreundlichkeit und Menschenhass

241 **SELIGE ZEITEN**
242 Ganges – Immer am Paradies entlang
254 Howrah Brücke – Auf jedem Meter irres Leben
265 Inle See – Schönheit und Eleganz
274 Tanger – Leichtfertige Träume, schwerwiegende Tatsachen
287 Big Sur – Wilde Natur, wilde Kerle, ein Liebespaar

295 **WÜSTE ZEITEN**

296 Anamorós – Ein Dorf am Ende der Welt

312 Chinesisch Eisenbahnfahren – Bevölkerungsexplosion in Echtzeit

322 Der neue Kongo – Neues Land, neue Banditen

331 Durchs wilde Turkestan – Vom Glück, kein Chinese zu sein

343 Krasnoye – Mütterchen Russland und das unergründliche Menschenherz

354 Palästinenserlager Ain al-Hilweh – Kein Tag ohne Unfreiheit

361 **WEGZEHRUNG FÜR GEIST UND KÖRPER**

362 Bibliothek der Kamele – Die Sehnsucht nach Sprache

369 Yoga – Sinnsuche in Pune

VORWORT

Ein Kind schrieb der 90-jährigen Astrid Lindgren zum Geburtstag:»Wenn man deine Bücher liest, dann will man leben, nur leben.« Ist das nicht ein wunderbares Geschenk an eine Autorin? Der schriftliche Beweis, dass man andere zum Leben anstiftet?

Ob im Jahr 2050 ein Kind an den dann neunzigjährigen Reed Hastings, den Mitbegründer von Netflix, auch einen solchen Satz schreiben wird? Oder einen ganz anderen, einen wie den:»Lieber Reed, danke, dass du uns gleich serienweise dazu eingeladen hast, ein Drittel unserer Lebenszeit auf einem Sofa zu lümmeln und anderen beim Leben zuzuschauen.«

Als ich einmal auf dem Highway 1 Richtung San Francisco fuhr, bog ich links ab auf den Parkplatz eines McDonald's, ich war müde, wollte einen Kaffee trinken. Am Eingang hing ein Poster mit dem Porträt eines Teenagers, darunter stand:»I work here. It's a job that fits my life. Apply!«

Verstanden, die einen denken, dass lauwarme Semmeln einpacken Lebenssinn verspricht, und die anderen laden uns 24 Stunden pro Tag ein, auf einer Couch zu kuscheln und dort unser ein und einziges Leben zu verhocken.

Was Missis Lindgren wohl dazu gesagt hätte? Gelacht hätte sie, dann alle ins Freie gejagt und uns mithilfe von Pippi Langstrumpf nachgerufen:»Das haben wir noch nie probiert, also geht es sicher gut.«

Ich liebe immer die, die zum Leben anstacheln, und gehe stets jenen Damen und Herren aus dem Weg, die es verhindern. Aber ja, sie sind schwer in der Übermacht und schwer erfolgreich: Trödeln ist so verführerisch und Losziehen und Ungewissheit aushalten so fordernd.

Ich will Astrid nacheifern. Will wie sie ein Lebensbuch nach dem anderen in die Welt schicken. Und wenn es Leserinnen und Leser gibt, die es aufschlagen und sich mitreißen lassen von der Sehnsucht nach Innigkeit und Anderssein, dann will ich niederknien und Himmel und Erde danken. Für das Glück, weniger einsam zu sein.

Wie verlockt man jemanden zur Liebe zum Leben? Ihm zureden? Ganz sinnlos. So aussichtslos, wie einem Alkoholiker zu erzählen, dass er das Saufen aufgeben soll. Wie fad, er kann es nicht mehr hören.

Ich habe auch kein Rezept. Klar hilft es, wenn ein Menschlein in einem Elternhaus aufwächst, wo sie ihn nicht mit Leitfäden zum braven Leben schikanieren, stattdessen ihn täglich anspornen, ein Einzelstück zu werden, einer eben, der sich in keine Herde verirren will, einer gewiss, der dafür sorgt, dass seine Würde unantastbar bleibt.

Kein Sturm, immer nur Wetter! Der Satz könnte auf vielen Grabsteinen stehen. – Und darf es doch nicht.

Ich würde einem Kind, hätte ich eins, eine Tagebuchnotiz von Saint-Exupéry schenken, dem französischen Schriftsteller. Freilich kein Allheilmittel gegen die Trägheit des Herzens und die penetrante Lust, dem Leben aus dem Weg zu gehen, aber in seinen Zeilen liegt eine grandiose Weisheit: »Wenn du ein Schiff bauen willst/So trommle nicht die Menschen zusammen/Um Holz zu beschaffen/Aufgaben zu vergeben und die Arbeit einzuteilen/sondern lehre die Menschen die Sehnsucht nach dem weiten, endlosen Meer.«

Das ist es: Irgendeine Metapher muss einschlagen, ein Schrei, ein Orkan, ein Unfall, ein großes Pech, irgendetwas, was den Döser erweckt. Ist das geschehen – diese Begeisterung für das weite, endlose Leben –, dann geht es ihm wie dem Liebhaber der Meere: Er wird das »Handwerk« des Lebens lernen, und er wird es entdecken und feiern.

Das Buch versammelt Geschichten von Leuten, die leben und gelebt haben. So intensiv, so oft vom Risiko überschattet, so beherzt. Frauen wie Männer. Ich treibe mich gern in ihrer Nähe herum, immer von der Illusion getrieben, eine Unze ihrer Waghalsigkeit fiele auf mich ab. Zudem bin ich Reporter, und Reporter sind Räuber. Sie hören Storys und klauen sie. Um sie am anderen Ende der Welt zu veröffentlichen. Manchmal, um zu denunzieren (auch mutigen Schweinehunden begegnet man). Oft, um das hohe Lied der Bewunderung zu singen.

Die hier vorliegenden Texte wurden bereits, mit wenigen Ausnahmen, in deutschen und internationalen Magazinen veröffentlicht. Vor Jahren. Für die Buchausgabe habe ich sie gründlich überarbeitet. Warum?

Viele Gründe, der erste: Weil ich mir größenwahnsinnigerweise einbilde, dass ich mich als Schreiber entwickelt habe, bin nicht mehr so ergriffen von mir, bin misstrauischer den eigenen Gefühlen, ja, noch misstrauischer den großen Gefühlswallungen gegenüber geworden. Mein moralisches Wertesystem bekam Dellen. Bin ich tatsächlich so »human«, wie ich mir einbildete? So garantiert auf der »richtigen« Seite? Meine letzten Scheinheiligkeiten bröckeln.

Ein Text wird immer besser, wenn: er lakonischer daherkommt, ruhiger, nicht so inbrünstig, nicht so zugebombt von Superlativen, nicht so heldisch. Ach, las ich doch vor einiger Zeit die Zeilen eines Recken, wie er, bei seiner Arbeit als Berichterstatter, »routiniert am Abgrund balanciert«. So ähnliche Kraftmeiereien habe ich auch einmal fabriziert, sie klingen heute nur noch läppisch.

Ein Text wird immer besser, wenn: er mit weniger Wörtern auskommt. Wenn er »keuscher« wird, an Adjektiven spart, den Leser mit Detailhuberei verschont, wenn bisweilen »Ich weiß es nicht« dasteht.

Manche Gedanken, die mir vor zwanzig Jahren gefielen, fallen jetzt durch. Da zu dämlich oder zu fügsam oder zu radikal. Neue Gedanken müssen her. Deshalb die erneute Beschäftigung mit den Geschichten.

Und das noch: Für vieles, was ich bei einer Recherche erlebte, war kein Platz: weil die Seitenzahl vorgegeben war, weil ich mit dem Gesetz in Konflikt kam, weil zu intim. Mit einem Buch ist das anders, es ist das letzte Refugium für einen Autor. Und für die, die es genauer wissen wollen.

Soweit mein *mea culpa*. Aber natürlich gab es auch »äußere« Gründe, warum ich nochmals an die Reportagen ranmusste. Hier eine Anekdote: Während eines gemeinsamen Abendessens mit einem Freund, ebenfalls Reporter, bei dem wir uns in Rage redeten über die Metzeleien, die Redakteure an unseren Manuskripten verübten, beschloss ich beim Verlassen des Restaurants, dass ich die bunten Heftchen satthatte und nur noch Bücher schreiben würde: da zu viel Zensur, zu viel Rechthaberei, zu viel Panik vor den Lesern, die man auf Biegen und Brechen vor gewissen Meinungen und Tatsachen schützen wollte. Die Seuche »politische Korrektheit«, diese feige Angst vor der Wirklichkeit, ging um. Geht um.

Und – manchmal sind mir die Tränen gekommen: Losgetreten von diesem Mangel an Sprachgefühl, mit dem so mancher der »Textbearbeiter« geschlagen war. Metzger bei der Arbeit, jeder zwei Hackebeile in den Händen. Wäre Sprachschändung ein offizielles Verbrechen, ein Dutzend dieser *paper pusher* säßen heute nicht als Pensionäre herum, sondern als Knastbrüder – tausend Mal lebenslänglich absitzend.

Und ein letzter Grund, hier der entscheidende Moment: Ich besuchte ein Lager der »Ärzte ohne Grenzen« im Süden Sudans. Irgendwann sah ich den achtjährigen Deng mit seiner Krücke hereinschlurfen und sich auf den Boden kauern. Als er wieder aufstand, musste er wie ein Dromedar die Erdanziehungskraft überwinden, musste die wenige Last zuerst auf die Knie verlagern. Kniete er endlich, stellte er den Stock vor sich auf und zog konzentriert sein 126 Zentimeter langes und fünfzehn Kilo leichtes Knochengerüst mit dem parasitenverseuchten Wasserbauch nach oben. Ein halbes Hundert gefräßiger Fliegen schmarotzte gerade an den vereiterten Eingängen seiner Haut.

Als die Reportage in einer Zeitschrift erschien, stand links der Bericht, und rechts sah man auf eine ganzseitige Werbung für eine nagelneue Limousine, sündteuer.

Das fand ich frivol, irgendwie schamlos. Eben ein nächster

Antrieb, zu Büchern zu flüchten. Zu einem der letzten Freiräume, wo der Mensch nicht von Aufrufen nach noch mehr Plunder und Blech gejagt wird. Bücher haben etwas von Zen, so viel Klarheit: nur weiße Blätter, nur schwarze Buchstaben. Und dazwischen die Welt. Was für Aussichten.

DAVONGEKOMMEN

MATATUS –
Vehikel für Verwegene

TRICKS IN NAIROBI –
Schrecksekunden und Gelächter

BAGDAD –
Flüstern und überleben

MATATUS

Vehikel für Verwegene

Afro-chinesisches Rätsel: Wie faltbar ist der Mensch? Züge in China und Matatus in Kenia vermitteln eine Ahnung, zu welchen – ganz im Wortsinn – atemberaubenden Höchstleistungen der Körper fähig ist. Die Erkenntnisse über sich selbst in solchen Situationen sind überwältigend. Gerade für Anfänger.

Not macht winzig, demütig, komisch. Ich sehe Leiber in nie geglaubten Posen, bin einmal mehr davon überzeugt, wie fantasielos wir im Alltag unsere Gliedmaßen einsetzen, ja, was für ein Potenzial heiterer Deformationen in uns verkümmert.

Einen ersten Höhepunkt meiner extravaganten Matatu-Stellungen erlebe ich in einem Isuzu-Minibus in Nairobi, spätnachmittags, irgendwo auf der Landhies Road, stadtauswärts. Ich stehe im 90-Grad-Winkel (bin um ein Drittel zu lang), die Stirn auf den Knien einer Frau, die auf ihrem Schoß ein Huhn hält. Ihr Gesicht werde ich nie erfahren, da auf meinem Rücken ein Badescheffel ruht, Eigentum des Mannes links neben mir, dem ich von Herzen gern helfe, da er alle Konzentration benötigt, um sein zweites Gepäckstück nicht aus den Augen zu lassen: ein Meister-Böck-Bügeleisen, durch dessen Abzugslöcher noch die heiße Kohle schimmert. Eine falsche Bewegung, und einer der achtzehn Anwesenden wird losbrüllen. Unergründliches Menschenherz, warum gerade ein Badescheffel und ein Bügeleisen? Schiele ich nach rechts, sehe ich auf die müde Brust einer Mutter. Ihr Kind sitzt davor, energisch quetscht es an den Beuteln. Rushhour, Stillzeit.

Was immer auffällt: Nie, auch nicht in den bedrückendsten Zeiten schierer Raumnot, herrscht ein saurer Grundton. Diese typisch beleidigten Visagen in überfüllten europäischen Subways treten hier nicht auf. Man kichert, schiebt an, rückt sich hemmungslos auf den Pelz. Genau wie jetzt. Und genau wie so oft zuvor: Alles geht gut. Die Milch kommt, Meister Böck lässt niemand anbrennen, Fahrer und alle Passagiere erreichen ihr Ziel. Unverletzt, am Leben.

Am nächsten Tag funktioniert es weniger gut. Da berichten die Zeitungen von vier Matatu-Toten: Ein linkes Vorderrad löste sich, die neunzehn überschlagen sich, immerhin konnten zwei sich ohne fremde Hilfe wieder erheben.

Matatus sind schrill bemalte Kleinbusse, die bestimmte Strecken fahren und dabei jeden und alles mitnehmen, was am Weg liegt. Die Bezeichnung – so eine Legende – stammt aus der Kikuyu-Sprache und bedeutet »drei«. »Pesa ngapi?«, *wie viel macht es?* Und die Antwort: »Mangotore Matatu«, *es kostet drei Pence.* Das war der Grundpreis, damals in den späten Fünfzigerjahren, als dieses zügige, billige und bedrohliche Transportmittel aufkam.

Untrügliches Kennzeichen, von Anfang an: rostgelöcherte Karosserien, flach gefahrene Profile, stoßdämpferfreie Achsen, unentschlossene Bremsen. Die Zeitungsmeldung vom übernächsten Tag: Mann springt auf, will sich via Haltegriff in die fahrende Karre hineinziehen, der Griff reißt, der Mann knallt auf den Asphalt, stirbt. Überschrift des Artikels: »Rust never sleeps.«

Als ein ahnungsloser Transportminister – aufgeschreckt von den vielen Leichen – alle Matatus zur technischen Überprüfung zwingen wollte, gab es Ärger. Zwei Tage lang fuhr keines der 80 000 »Public Service Vehicles«, Streikbrecher wurden demoliert, das Land stand still, und der Präsident musste die Verordnung widerrufen.

Die Leichenquote bleibt, der Minister geht. Pech für ihn: nicht nachzuzählen die Aktenkoffer voller Schmiergelder, die nun ausbleiben, Cashbündel, die er hätte einstreichen dürfen für jede Bestätigung einer Inspektion, die nie stattfand.

So mächtig Matatus als Wirtschaftsfaktor sind, so rabiat und frech sie ihre Forderungen auch durchsetzen, so streng und anstrengend ist der Alltag jener, die in diesem Business arbeiten.

Immer wieder bin ich mit Zabron, dem Fahrer, und Geoffrey, seinem »Manamba«, unterwegs. Ab 5:30 Uhr stehen sie mit ihrem Nissan Urvan am Standplatz, Zentrum Nairobi. Ihnen »gehört« die Linie 10: raus auf die Jogoo Road, vorbei am Stadion und weiter in die Wohnviertel Jericho, Jerusalem und Buru Buru. Rasch überfüllt sich der Wagen (ein Matatu ist niemals voll), anschieben (Batterie defekt), los. Stopp an der nächsten Zapfsäule, vom ersten Geld finanzieren sie die ersten fünf Liter. Dieser Vorgang wiederholt sich zwölf Mal bis zum Abend. Hier leben sie von der Hand in den Tank.

Zabron fährt, Geoffrey erledigt den Rest. Manambas haben einen schlechten Ruf. Der Wettbewerb unter den Tausenden Matatus der Hauptstadt ist hitzig, so muss Geoffrey nach Kundschaft schreien, Druck machen, nötigen, das Fahrzeug ungeniert mit Menschenleibern vollstopfen, behutsam Babys durchs Fenster reichen, nebenbei das Gepäck verstauen, hundert Mal die verbeulte Seitentür aufreißen, sie hundert Mal zuzerren, zwischendurch den Fahrpreis von zweieinhalb Schilling kassieren, Menschen rauslassen, dreimal aufs Blech hauen, damit Zabron stehen bleibt, und dreimal, damit er weiterfährt. Bisweilen gilt es, sabbernde Trunkenbolde loszuwerden und Behinderte vom Trottoir in das Matatu zu verlegen. Geoffrey ist das, was die englische Sprache mit dem schönen Wort »streetwise« bezeichnet: Einer, der weiß, dass das Leben nichts herschenkt. Der kämpft, der die Straße, ihre Tricks und rohen Gemeinheiten kennt.

Ein Roundtrip dauert circa eine Stunde, dann wieder zurück am Standplatz. Ich kaufe ein paar Limonaden und etwas zu essen für die beiden. Ihr eigenes Geld reicht noch nicht. Am Ende des Monats werden sie jeder vielleicht 2000 Schilling (100 Euro) besitzen. Für sieben Tage die Woche Arbeit, oft den langen Tag über, manchmal die Nacht durch.

Heute machen wir dreizehn Runden. Zabron ist schwerhörig und Musikfreund, wie die meisten Fahrer. In fast allen Matatus hängen die plärrenden Radios. Das entbehrt nicht einer gewissen Ironie. »Freedom, I've got freedom«, dröhnt es uns in den Ohren, während wir eingekeilt und bewegungslos im Stoßverkehr stecken (Zeitungsnotiz abends: »Music noise becomes unbearable.«) Später genehmigt uns Zabron ein Hörspiel. Eine gellende Elendsjeremiade auf Suaheli. Wie mir mein Nachbar erklärt, erfährt die Ehefrau gerade, dass sie seit Urzeiten von ihrem Mann betrogen wurde. Ihre Reaktion ist ein frenetischer Monolog. Irgendwann hat Zabron Erbarmen und sucht einen anderen Sender. Mit der feinen Nase für die Bedürfnisse seiner Fahrgäste hält er bei der nächsten Trümmermusik. »Help«, schreit ein Mensch aus dem Lautsprecher, fünfeinhalb Minuten lang »Help« auf Ohren zerfetzendem Dezibelniveau.

Das ist wohl der Preis. Für die vielen amüsanten Stunden, die ich mit den beiden in ihrem Matatu verbringe. Gewiss, manchmal amüsiert sich keiner von uns, dann stinkt die Arbeit, tut weh, liefert grenzenlose Zumutungen. Momente, in denen man wie gepeitscht, wie geschleudert hinauswankt.

Doch, ich habe es geschafft, ja, einmal als einziger Kunde in einem Matatu zu sitzen. Nur der schweigsame Fahrer, der lautlose Manamba, und ich. So außergewöhnlich war der Augenblick, dass ich ihn notierte: Koma Rock Road, 4:46 Uhr, weit draußen, in stiller Nacht in Afrika.

TRICKS IN NAIROBI
Schrecksekunden und Gelächter

»Don't scream, don't scream«, zischt er in mein rechtes Ohr. Blitzschnell greift er nach dem Päckchen in meiner Hand, reißt es an sich. Ein seltsamer Morgen, 6:30 Uhr früh in Nairobi, Ecke Tom Mboya Street/Accra Road. Sekunden zuvor lief jemand an mir vorbei, verlor genau vor meinen Füßen einen dunklen Gegenstand, rannte – obwohl ich ihm mehrmals laut hinterherrief – unaufhaltsam weiter. Zwei Augenblicke später spüre ich den Atem des jungen Kerls, der jetzt das ominöse Teil umklammert und noch immer hastig und beschwichtigend mir zuflüstert, doch ja nicht zu schreien.

- Was soll der Irrsinn?
- Kapierst du denn nicht? Da ist Geld drin!

Mustafa zieht mich auf die andere Straßenseite und klärt mich auf. Harte Dollar wären in dem Papier verschnürt. Wäre doch blöd, die viele Kohle wieder herzugeben. Er schlüge ein stilles Plätzchen – »a little quiet place« – vor, am besten ein unauffälliges Hotelzimmer, wo wir gefahrlos nachzählen und aufteilen könnten.

Ich mag nicht, lehne ab. Ist ja nicht unser Geld, außerdem – ich will meine Ehrlichkeit nicht überschätzen – habe ich keine Zeit, ich bin beschäftigt. Ich haste weiter.

Abends erzähle ich die Story meinen kenianischen Freunden. Und lauthals wiehern sie los. Was wäre ich doch für ein reiner Tor. Alles ein abgekartetes Spiel. Wahrscheinlich lag Holzwolle in dem Ding, ganz gewiss kein einziger Dollar. Mein Glück, dass ich so dumm bin. Wäre ich mitgegangen, hätte mich Mustafas Kumpel – der »Verlierer«, der das Bündel fallen ließ – bereits im besagten Hotelzimmer erwartet. Vielleicht auch zwei Kumpels. Jedenfalls wäre man ohne Umschweife zum eigentlichen Zweck der Übung gekommen: der zügigen Entgegennahme meiner Wertgegenstände. Inklusive Kamera und Bares, schlichte 2500 Euro. Bei dem geringsten Anzeichen von Renitenz würden sie mir umstandslos auf den Kürbis hauen. Als die lieben Freunde das Wort »pumpkin« aussprechen, entkommt ihnen die nächste Lachsalve. Die Vorstellung, dass ich in einer obskuren Absteige mein Hab und Gut loswerde, scheint sie zu begeistern.

Mir ist nicht zu helfen. 48 Stunden später spricht mich in einer Buchhandlung ein Mann an und fragt, ob ich ihn nicht wiedererkenne. Zögerlich antworte ich nein. Aber ja doch, er wäre der Portier meines Hotels. Nur jetzt nicht sofort zu identifizieren, da in Zivil, ohne Uniform. Ob ich ihm nicht aushelfen könne, sein Wagen wäre liegengeblieben. Ich solle ihm ein paar Liter Benzin vorstrecken, er würde abends – »my nightshift« – zurückzahlen. Der Mensch redet so fehlerlos und ununterbrochen, dass ich ihn wie selbstverständlich zur nächsten, ganz nahen Tankstelle begleite. Der Junge braucht Benzin, das Auto liegt brach, jeder hat einmal Pech. Klar, dass ich den Pump genehmige, schließlich geht das Geld sehr bald an mich zurück. Erst als er den Zapfen in den voluminösen Reservekanister steckt, wache ich auf. Ich weiß plötzlich, dass ich in einem bescheidenen Hotel lebe, ohne Portier und ohne Uniform. Die Erkenntnis macht mich nicht böse, bin eher fasziniert. Soviel Chuzpe und Fantasie verdienen Respekt. Er ist frech, er hat Mut, bravo.

Die letzten fünfzehn Sekunden will ich die Situation genießen. Kleine Wiedergutmachung für die beschädigte Eitelkeit beim ersten Reinfall. Bis zum Rand pumpt der Kleinganove den Sprit hinein, verschraubt und streckt die Hand nach meinem Geld aus. Und ich schüttle sie kräftig und sage: »Well played, but lost.« Er hat begriffen. Wir grinsen, leichten Herzens gehen wir auseinander.

Ich habe eine endlos lange Leitung, obwohl sie inzwischen

kürzer sein sollte. Hier der Beweis, drei Tage später, wieder in Nairobi, wieder am helllichten Tag: Ich flaniere mit Martina, einer Freundin, durch die River Road. Das Mädchen legt sich für Geld unter Männer, nebenbei konsumiert sie Heroin und studiert Psychologie. Wir beide haben ein Arbeitsverhältnis. Ich lade sie zum Essen ein, und dafür erzählt sie mir aus ihrem Leben, von ihrem Land, alles, was sie weiß. Martina kennt ungefähr achthundert Liebhaber, ist 24 Jahre alt, war im Gefängnis, hat einmal die Woche einen Cold Turkey und so einiges hinter sich. Heute, an einem neunten März um elf Uhr vormittags, kommt eine neue Erfahrung hinzu. Wir erleben sie gemeinsam. Und fallen gemeinsam herein.

Zwei Männer stellen sich uns in den Weg, zücken ihre Ausweise: »Police!« Am Revers tragen sie einen Sticker mit dem Kopf des Präsidenten, am Hals hängt eine Trillerpfeife. Schwerwiegende Worte fallen: Ich hätte Sex mit dieser Frau, einer Prostituierten, gehabt (was nicht stimmt), jetzt wären wir auf dem Weg, um schwarz Keniaschillinge zu kaufen (was stimmt). Beides verboten, wir leugnen beides. Martina soll ihre Tasche ausleeren, ihre sechs rosaroten Kondome machen uns nicht unschuldiger. Die Herren zeigen nach Westen: Polizeipräsidium. Wir ziehen los.

Mein Hirn schwitzt, ich muss schnell denken. Wenn Martina aussagt und umfällt, bin ich wegen Verstoßes gegen das Devisengesetz straffällig. Zudem besitze ich keine »currency declaration« für bereits gewechselte Schilling. Was immer für einen Grund ich dafür ablieferte, keiner wäre glaubhaft. Und drittens: wie nachweisen, dass inkriminierter Beischlaf nicht stattfand. Hier ist Kenia. Und Kenia ist Afrika. Und Afrika ist anders.

Ich brauche zweieinhalb Minuten, dann ein kurzer Blick zu Martina, sie ist gerissen, sie versteht: Wir rennen los, sie links weg, ich geradeaus. Der Mittagsverkehr hilft, die vielen Leute verkürzen die Sichtweite. Ohne einen Blick zurück rein in die Lagos Road. Zehn schonungslose Minuten Sprint. Bis ich eine schmale Seitengasse entdecke, hineinstürze und mich zwischen zwei eng parkenden Autos niederkauere. Meine Lungen kochen, und ein freundlicher Herr fragt, ob ich ärztliche Hilfe bräuchte. Nein, danke, danke, nur ein bisschen erschöpft von der Hitze. Eine Viertelstunde lasse ich verstreichen, dann erhebe ich mich, traue mich aus der Gasse, gelange unbehelligt zur belebten Kenyatta Avenue. Das ist nicht besonders intelligent, aber die Zeit drängt und der Mensch, mit dem ich für 11:45 Uhr ein Interview vereinbart habe, wohnt hier.

Jetzt passiert das, was ich zuerst selbst nicht fasse. Luftlinie zur River Road ein knapper Kilometer und mindestens 200 000 Menschen dazwischen. Und trotzdem höre ich sie, die spitze Stimme des einen, direkt hinter mir: »Hey, Mister, why did you run away? You've got something to hide?« Ich weiß nicht, was ich augenblicklich mehr hasse: ihren Spürsinn oder meine Talentlosigkeit, ein Paar lästiger Polizisten abzuhängen. »Okay«, sage ich, »how much?« Natürlich können wir uns den Gang zum Präsidium sparen, wenn ich die zwei an Ort und Stelle auszahle. In diesem Land ist fast jeder »Staatsdiener« immer und überall zu kaufen, das einzig Diskutable ist der Preis. Das wissen sie, holen nun weit aus, erklären die Flucht (»mutwilliger Strafentzug«) als »äußerst belastend«, ja, »folgenschwer«, und fordern unverschämte »one hundred and fifty euros«.

Ich lache und bin dagegen, jäh die Lust in mir, die Sache durchzuziehen, auch Neugier auf das, was im »Police Headquarters« passieren wird. Wir machen uns auf den Weg, ich vorneweg, die beiden schlecht gelaunt hinterher. Nun produzieren sie Schuldgefühle, beschreiben geradezu lautmalerisch die »gefährlichen Konsequenzen« meines Verhaltens.

Bis zur allerletzten Ecke halten sie durch. Sie sagen: »You are guilty«, und ich sage: »No deal.« Irgendwann sehe ich das Präsidium, drehe mich um und – finde die zwei nicht mehr, höre nur eine Frauenstimme meinen Namen schreien: »Andreas, Andreas, wait, wait!« Martina läuft mit wutverzerrtem Gesicht auf mich zu, sie schreit fast: »Das sind keine Polizisten, nur miese Halunken, echte Hurensöhne!« Wie sich herausstellt, ist sie nach unserem Blitzstart sofort umgekehrt und uns dreien gefolgt.

Wenige Ecken weiter kenne ich ein Hinterzimmer, wo wir uns ein paar Gläser (verbotenen) Chang'aa genehmigen. In Maßen tut der Fusel gut. Martinas Gesicht wird wieder schön. Wir entspannen. Dann gehen wir Geld wechseln. Schwarz.

BAGDAD
Flüstern und überleben

»Liza«, sagt sie. Aber das sei nicht ihr richtiger Name. Den würde sie nicht verraten, zu riskant. Liza ist 19 und Palästinenserin. Seit wir miteinander reden, überdenkt sie jedes Wort. Als die Maschine kurz vor Mitternacht in Bagdad landet, der Stadt, in der sie jetzt lebt, meint sie: »Wenn Araber Krieg führen, dann wissen sie genau: ›Vertrau keinem, auch nicht deinem Bruder!‹ Du musst aufpassen, hier wimmelt es von Spitzeln.«

An der Passkontrolle steht Mister Salam, um mich abzuholen. Salam – im grünen Kampfanzug – ist klein, korpulent und zuständig für den Weitertransport ausländischer Reporter.

Die Fahrt dauert, knapp 30 Kilometer über eine hell erleuchtete, menschenleere Autobahn. Salam ist der erste irakische Krieger, dem ich begegne. Er kämpft gegen den Iran und gegen – sich selbst. Wie von Sinnen kratzt er sich zwischen den Schulterblättern. Erschöpft sich der eine, mühsam nach hinten gestreckte Arm, so kommt der andere zum Einsatz. Mit unbeugsamer Energie.

Vorbei an Postern, auf denen stets nur Saddam Hussein zu sehen ist. Der Präsident als Genosse, als Feldmarschall, als Führer. Ein bisschen feist, immer satt, immer entspannt. Wie anders Salam, dem jetzt der Schweiß ausbricht, rastlos verstrickt in seinen blutigen Kampf mit dem eigenen Körper.

1:30 Uhr, Ankunft im Palestine Meridien Hotel, direkt am Tigris gelegen. 24 Mal Saddam und eine halbe Stunde lang Salam, kein Wunder, dass ich von ihnen träume.

Am nächsten Abend beginnt das Pflichtprogramm: 21 Uhr, Hauptbahnhof, Abfahrt zur Halbinsel Al-Faw, im äußersten

Süden. Seit einiger Zeit wird die Weltpresse auf Staatskosten dorthin verfrachtet. Um vom Sieg der Iraker über die Iraner zu berichten.

Die Züge verkehren nur nachts, aus Sicherheitsgründen. Im Erste-Klasse-Abteil logieren ein tunesisches Fernsehteam, Medienleute aus Jordanien und Italien, eine Kollegin aus Portugal. Sie trägt ein weißes Seidenhemd, schwarze Stöckelschuhe und eine rote, schweinslederne Aktentasche. Elegant will sie Zeuge des Gemetzels sein.

Die Wagons sind voller Soldaten, die zurück an die Front müssen. Manche mit Kopfverbänden und bandagierten Ellbogen. Auch viele uniformierte Sudanesen, Ägypter und Somalier. Söldner. Sie rauchen, lachen, teilen ihren Kebab. Unüberhörbar, woran sie leiden. »We need a girl«, jammern sie. »Nie eine Frau haben«, meint Saeed, »das ist das Schlimmste im Krieg.«

Die Fenster lassen sich nicht öffnen, an den Türgriffen hängen Eisenketten. Deserteure bekommen keine Chance.

Sechs Uhr morgens erreichen wir den Shoaiba Stützpunkt, nicht weit von unserem Ziel entfernt. Ende der Zugfahrt. 12-Jährige (!) stehen Spalier. Mit dem Jeep über die platte Wüste, vorbei an leergeschossenen (russischen) T-55 und T-62 Panzern, an französischen Panzerhaubitzen, ausgebrannten Lastwagen, streunenden Hunden, abgebrochenen Telefonmasten, zerschossenen Stahlhelmen und verbeulten Öltanks, die im Sand versinken. Auf einem Verhau aus Brettern steht: »We'll continue hammering on the heads of the despots.« Klar, iranische Despoten.

Al-Faw existiert nur noch als Trümmerfeld. Etwa 170 000 Tote gab es hier in den letzten zwei Jahren, jetzt gehören die Halbinsel und die Stadt wieder den Irakern.

Durch die Restbestände einer Moschee, in der die Iraner ihre Feldküche eingerichtet hatten. Fliegenhorden auf verschimmeltem Pudding, zerbrochene Eier, stinkend, der Haufen Gummistiefel: Indiz für die Anzahl weggeschaffter Leichen. Vom beschädigten Minarett ein Blick auf den Grenzfluss Schatt al-Arab, Schiffswracks, gesprengte Brücken, keine Bewegung auf der feindlichen Seite.

Auf den Weg achten, Tretminen liegen versteckt. Wochen zuvor riss es einem deutschen Journalisten den linken Fuß weg.

Außerhalb Al-Faws befinden sich die vordersten Stellungen. Schwieriges Gelände, Sumpf, Moskitos, verkohlte Baumstumpen, die in Erdlöchern verschanzten Infanteristen. An ihrem Hintern der halbmondförmige (!) Reißverschluss (für den unkomplizierten Stuhlgang), Sandsäcke, eine betäubende Innentemperatur, Ungeziefer. Die peinliche Journaille, die neben den armen Teufeln zum Erinnerungsfoto posiert.

Mit dem Geländewagen weiter über das farblos flimmernde Land. Der bleierne, milchige Himmel. Um Punkt 12 Uhr im »Museum«, mitten in der Wüste. Tausende Quadratmeter, vollgestellt mit Kriegsbeute. In Reih und Glied, penibel beschriftet: Panzer, Artillerie, Kampfboote, Motorräder, Munitionskisten, Gasmasken, Funkgeräte. Aus den Lautsprechern plärrt eine frenetische Frauenstimme, die zum Sieg über den Iran aufruft. Rasender Applaus.

Mittagessen in einer Kaserne. General Maher Abd al-Rashid, der gefeierte Held der Befreiung, begrüßt uns. Zwei Busse pflichtjubelnder Studenten sind ebenfalls eingetroffen. Al-Rashid im Blitzlicht, in seiner Nähe stehen sechs Frauen. Ruhm macht attraktiv.

Mächtige Schüsseln mit Reis, Bohnen, Geflügel und Schafsfleisch werden aufgetischt. Dazu Sauermilch und Fladenbrot. Al-Raschid greift mit bloßen Händen hinein und verteilt. Das erste Mal, dass ein General mir serviert.

Als ich bei seinem Adjutanten um ein Interview nachfrage, bekomme ich eine Absage. Der Mann gebe keine Interviews, grundsätzlich nicht. Dabei – jetzt wird es unglaublich komisch – sieht mir der junge Offizier streng ins Gesicht, sagt:

- Sie hatten Spaß mit einer Frau!
- Wie meinen Sie das?
- Gestern Abend im Zug haben Sie sich mit der Journalistin vom tunesischen Fernsehen unterhalten. Und häufig gelacht. Achten Sie auf das, was Sie reden!

Er hat den Satz noch nicht zu Ende gesprochen, da fällt mir Lizas Bemerkung ein: *Du musst aufpassen, hier wimmelt es von Spitzeln!*

Mit dem Bus zurück in die 600 Kilometer entfernte Hauptstadt. Ödes Land. Vorbei an Lastwagen mit Särgen und verpackten Zelten, in denen drei Tage lang die Gefallenen betrauert wurden, vorbei an Lehmhäusern, Panzerstellungen und Fußball spielenden Kindern. Fahrt in die feuerrote Abendsonne.

Schon klar: Der »Revolutionäre Kommandorat« unter Saddam Hussein ist an einem Tatsachenbericht nicht interessiert. Dürfen ausländische Reporter einfliegen, so sollen sie vom *Great Victory* in Al-Faw schreiben. Der Rest geht sie nichts an. Wie weit Bagdad Mitschuld am sogenannten *Krieg der Städte* trägt, braucht niemanden zu interessieren. Es handelt sich in jedem Fall – auch wenn in Teheran noch höhere Leichenberge herumliegen – um Niederlagen. Mit vielen Opfern.

Beim *Iraqi Intelligence Service,* dem Geheimdienst, stehen Tausende Namen auf der Gehaltsliste. Drei Abteilungen gibt es, eine für die Armee, eine für die Partei und die dritte, die gefürchtetste, arbeitet ausschließlich für den Präsidenten. In der DDR wurden die Spitzenkader ausgebildet. Ein gewaltiges Heer von Informanten, Zuträgern, Agents provocateurs, V-Männern, V-Frauen, Lauschern und Aufpassern überzieht das Land. Sogar die Klageweiber sind gekauft.

Konkret: Gespräche im Hotelzimmer nur bei laufendem Radio. Oder im Badezimmer bei fließendem Wasser. Grundsätzlich keine wichtigen Informationen über das Telefon mitteilen. Keine Vertraulichkeiten mit Leuten, die man nicht lange Zeit und persönlich kennt. Und auch dann nur im Notfall. Niemals einen kritischen politischen Kommentar in der Öffentlichkeit verlautbaren.

Die Konsequenzen wären barbarisch: Todesstrafe (!) – laut Gesetz – bei Beleidigung der Führungsclique. Wer sein Leben behält, verschwindet zum Zwecke einer Spezialbehandlung im »Fingernagelpalast«, Pseudonym für den Folterkeller.

Hier drei Beispiele, die zeigen, wie massiv durchsetzt von

»Staatsdienern« dieses Regime ist: Ich will zu Fuß über die »Brücke des 14. Juli«. Das geht nicht, weil mir jemand von der anderen Straßenseite entgegenrennt, die Unterarme kreuzweise verschränkt und »Kalabush, Kalabush« schreit. Verstanden, Handschellen, sprich, Gefängnis, wenn ich weitergehe. Der Mensch hat ein Allerweltsgesicht, ohne besondere Kennzeichen, also bestens geeignet für den Beruf eines Spitzels. Diskussion sinnlos, entweder umkehren oder ein Taxi nehmen. Ein Grund für das Verbot wird nicht geliefert. Einzig denkbare Erklärung: Am andern Ufer liegt – weit hinter Bäumen, Gebüsch und schwer bewachten Mauern – der Präsidentschaftspalast.

Zweites Beispiel: Tatort ist diesmal das al-Rashid Shopping Center, mitten in der Altstadt. Bodycheck am Eingang, Öffnen der Taschen, Suche nach Waffen. Ein eher bescheidener Supermarkt. Plötzlich fangen zwei zu streiten an. Scharfe Worte, blitzschnell die ersten Hiebe. Einer von ihnen trägt einen Kopfverband mit einem hellroten (trockenen) Blutfleck. Sich öffentlich so herzuzeigen, obwohl die Wunde ja längst verheilt sei: das untergrabe die Moral der Bevölkerung. Als sich die beiden wutschnaubend zu prügeln beginnen, lösen sich fast gleichzeitig drei Männer aus der Menge und gehen zügig auf die Streithähne zu. Ein einziger, schneidender Warnruf und sofort und ohne Widerrede erhebt sich das zänkische Duo. Abgang, zu fünft.

Dritter Fall. Ich befinde mich im Innenhof der al-Kazimiyya Moschee, dem bekanntesten Schiitenheiligtum der Stadt. Schon meine Anwesenheit ist verboten. Ich platziere vier Soldaten vor die Kamera, um so auf Umwegen zu einem Foto der Moschee zu kommen. Während ich den Auslöser drücke, sehe ich im rechten Augenwinkel, wie sich zwei Männer von ihrem Gebetsteppich erheben und im Eilschritt auf mich zugehen. »Polizei, Film her.« Zwei biedere Wallfahrer als Polizisten, in Zivilkleidung. Ich stimme einen langen Lobgesang auf Saddam Hussein an, den »neuen Nebukadnezar« und »König von Babylon«, ja, »Erlöser des Volkes«. Der Orient ist geheimnisvoll, die Herren lassen sich beschwichtigen.

Glück gehabt. Abends erfahre ich, dass dem tunesischen

Kameramann sein gesamtes Material konfisziert wurde. Mitten auf der Straße. Fotografieren ist grundsätzlich, wenn nicht von offizieller Stelle bewilligt, untersagt. So entstehen die meisten meiner Bilder aus fahrenden Taxis, im Vorübergehen, immer diskret.

Der Verbotsterror hat Gründe. Husseins Obrigkeitsstaat ist eine (sunnitische) Parteidiktatur, gestützt auf die Macht der Militärs, die ergeben hinter ihm steht. An der Spitze der Hierarchie agieren nur Familienmitglieder.

Ein Dreifrontenkrieg hält dieses Land in Atem: einmal gegen die schiitische Mehrheit, einmal gegen die Kurden (die auf ihr »Kurdistan« beharren) und zuletzt die Schlachten gegen den Ayatollah.

Es dauert, bis man die Spuren der Verwüstung in Bagdad findet: Orte, die man noch nicht flächendeckend abräumen ließ, lassen ahnen, wie viel Todesangst und Elend hier stattgefunden haben.

Früher war das anders. Sobald es krachte, wurden die Diplomaten aus ihren Botschaften angefahren, um vor Ort Zeugnis von der Grausamkeit iranischer Raketen abzulegen. Seit Saddam seine eigenen *Al-Hussein-Missiles* fabriziert und zielgenau nach Teheran feuert – damit begann der »Krieg der Städte –, gilt er als der Mann, der die Kampfhandlungen erneut aufgenommen hat, sprich, der verantwortlich ist für den Tod weiterer Tausender Bagdadis, die erschlagen unter den Trümmern ihrer Häuser liegen blieben. Was, soweit das möglich ist, verheimlicht wird. Deshalb gelangen derlei Aufnahmen nicht mehr ins Fernsehen. Dafür werden jetzt die betroffenen Gebiete unverzüglich abgeriegelt, die Schutthalden weggekarrt und das Areal mit Betonwänden abgeschottet. Als noch Zeit und Geld vorhanden waren, ließ man an solcher Stelle ein Mahnmal für einen Märtyrer errichten. Oder Saddam schenkte seinem Volk einen Parkplatz.

Der erste Blick auf die Stadt trügt: großzügig angelegte Boulevards, nagelneu renovierte Moscheen, der schnelle Verkehr, modern gekleidete Frauen.

Beim zweiten Hinsehen erkennt man Männer mit frischen

Verletzungen, mit frischen Verbänden. Oft fehlt etwas, ein Auge, die halbe Hand, ein ganzer Fuß, zwei ganze Beine. Viele Krücken, viele Rollstühle. Auf den Dächern der öffentlichen Gebäude stehen Flugabwehrgeschütze.

Und immer wieder Polizeikontrollen, im Volksmund »Heldenklau« genannt: Wer sich nicht ausweisen kann, verschwindet in einem Lastwagen, der hinter dem nächsten Eck wartet. Wenn der Verhaftete Glück hat, kommt er an die Front. Hat er kein Glück, wird er als Deserteur oder unter einem anderen Vorwand erschossen. Die Rechnung für Munition und Leichentransport landet bei der Familie. Die widerspruchslos zahlt.

Zum Sheikh Maroof Friedhof. Die seltsamen Käfige, die über die Gräber montiert wurden. Die Nationalflagge liegt auf den meisten Grabplatten, daneben die Fotos blutjunger Gesichter, *killed in action*. Manchmal fünf, sechs Gesichter, die Brüder, die Töchter, die Eltern. Ausgelöscht in derselben Sekunde, im familieneigenen Wohnzimmer.

Armut, das wäre ein weiterer Kollateralschaden des Kriegs: In einer engen Seitengasse der al-Rashid Street bestürmen über fünfzig Leute ein Eisentor. In der Mehrzahl ältere Frauen, eingezwängt in ihren traditionell schwarzen Umhang, den *Abaya*. Sie schreien, beschimpfen wüst die Wachtposten. Es geht um eine Stange Zigaretten, um die blauen, begehrten *Sumer*. Es geht ums Überleben. Hinter dem Tor befindet sich ein Staatsbetrieb, in dem jeder täglich zehn Packungen zu je zwei Dinar (ein Dollar) kaufen kann. Die kreischenden Ladys sind keine Kettenraucher, sondern Straßenverkäuferinnen. Sie müssen sich gedulden, der Laden ist bereits brechend voll.

In den Souks kauern die Bettler. Die Eingeweide toter Tiere verwesen im Rinnstein, Myriaden von Fliegen surren, die für den Verkauf geschlachteten Hühner lagern in blutverschmierten Badewannen.

Der Schwarzmarkt wuchert. Kuwait liefert über die grüne Grenze, Ersatzteile, Autoreifen, Radios. Hier lässt sich schwarz wechseln. Für 100 US-Dollar gibt es 200 Dinar. Das ist das Sechsfache des offiziellen Kurses.

Prostitution geht um. Hier findet man Adressen und Kontakte. 60 Prozent der Frauen, so flüstern die Saddam-Gegner, nehmen Geld und geben Liebe: Offizieren, als bevorzugten Kunden. Das ist hemmungslos übertrieben, doch Tatsache ist, dass mir jemand im Hotel ein Angebot zuflüstert. Jede/r versucht, über die Runden zu kommen. Seit fünf Jahren werden die Gehälter nicht mehr erhöht. Geld ist knapp, schöne Körper nicht.

Keine Größe ohne Größenwahn, meinte Karl Kraus. Und Saddam Hussein weiß das. Er ist unvermeidlich. Tausend, nein, zehntausend Mal, steht, hängt, sitzt und kniet er als Pappkamerad in dieser Stadt. Mit und ohne Löwe (Babylon!), im Brokatsessel, auf dem Gebetsteppich, mit leuchtender Krone, als Kinderfreund, im Seidenblauen von Dior, beim Koranstudium, als Generalissimus mit Säbel und überwucherter Ordensbrust, als Brillenträger, als Held, Herkules, Gigant und Stellvertreter Allahs auf Erden.

Die Medien befinden sich im 24-stündigen Freudentaumel ob seiner Existenz. Die Presse – täglich mit seinem Konterfei auf den Titelseiten – überbietet sich mit heroischen Epen über des Führers Tun und Lassen, Radio und Fernsehen liefern – rund um die Uhr – Jubelschreie, Liebesgedichte und Ruhmgesänge. Im Westen der Stadt wurde das *Monument of Saddam's Martyrs* hochgezogen. Jeder, der im Kampf fällt, ist ein »Saddam-Märtyrer«, der – so kann man es nachlesen – als Kriegsleiche direkt ins Paradies fliegt. Wo schwarzäugige Jungfrauen auf ihn warten.

Im Keller des gigantischen Baus gibt es ein »Museum«, marmorgetäfelt. Alle zwei Meter das Antlitz des »Befreiers Arabiens«. Zynismus ohne Grenzen. Man sieht das Foto einer jungen Irakerin, die schwer verwundet in ihrem Bett liegt, getroffen von einer »Khomeini-Bombe«. Daneben weitere Fotos, die sie zeigen, wie sie eine Woche lang mit weggerissenen Gliedern überlebte.

Unsere Aufpasser sind müde geworden. Man muss sich nicht viel einfallen lassen, um sie abzuhängen. Ich fahre unbeaufsichtigt mit einem Taxi nach Kerbala, dem berühmten Wallfahrtsort der Schiiten. Tonnen von Gold liegen auf den Grabmoscheen dreier »Heiliger«. Seit Jahrhunderten beten sie hier einen toten Ali, einen toten Abbas und einen toten Hussein an. Drei Herren, die Tausende in den Tod rissen. Stets standhaft für ihren (schiitischen) Allah unterwegs.

Große Teile von Kerbala erinnern an Slums. Die bettelnden Kinder, der Geruch von Urin und Fäkalien, die Fliegenplage, dazwischen schwarz vermummte Frauen, vorbeihuschend. Man müsste eine Atombombe Hirn abwerfen.

Weiter nach Nadschaf, gewiss noch heiliger und noch verkommener. Durch diese Stadt flossen ebenfalls Ströme voller Blut. Und fließen. Denn Präsident Hussein ist Sunnit und seine Todfeinde sind die Schiiten. Kein Wunder, dass der hiesige Friedhof – laut Guiness Buch der Rekorde – der größte der Welt ist. In Nadschaf hat Khomeini in den Siebzigerjahren des letzten Jahrhunderts im Exil gelebt. Und hier will er begraben werden. Unergründliches Menschenherz.

Ein Pluspunkt für Saddam Hussein, bei allen Übeln: Er predigt keinen Religionsgeifer. Und er fördert – tatsächlich mutig für ein muslimisches Land – die Emanzipation der Frau. Die meisten Irakerinnen sehen aus wie Menschen, nicht wie dunkel verschnürte Vogelscheuchen. Die Erniedrigung der anderen Hälfte der Menschheit überlässt er den Zeloten in Teheran.

Bis zuletzt bleibt die Reportage gefährdet. Schwierige Hauptstadt, in der Landkarten und Stadtpläne als Staatsgeheimnis gelten. Wo man keinen Straßennamen findet. Wo man Taxifahrer mit Fangfragen checkt, um (relativ) sicher zu sein, dass sie nicht der *Security* zuarbeiten. Wo die Hotelrezeption gereizt fragt, warum man nicht einen ihrer (offiziellen) Chauffeure nimmt. Wo man fortlaufend lügen, Ausflüchte erfinden, Widersprüche verwischen und um jeden Preis die Wahrheit verheimlichen muss.

Irgendwann scheint das nicht mehr zu funktionieren. Ich bin in Saddam City, einem nördlichen Vorort der Stadt. Der Taxifahrer ist cool, wieder fährt er langsam entlang einer ausgebombten Häuserzeile. Ich drehe das Fenster herunter, fotografiere, umkehren, zweiter Durchgang. Dann ist es so weit. An einer Ecke steht ein Mann, der wütend in unsere Richtung winkt. Er wartet nicht, prescht auf uns zu, springt auf den Beifahrersitz. Er wirft einen kurzen Blick auf den Ausweis des Fahrers und kommentiert missmutig meinen stempelvollen Pass, stets verdächtig, gerade in einem Land, in dem so viele nicht ausreisen dürfen. Plötzlich steigt er aus, um einen grünen Mercedes – Kriminalpolizei, wie ich später erfahre – zu stoppen. Um den Film zu retten, greife ich in meine Fototasche, fingere den einen noch unbelichteten Reservefilm aus der schwarzen Dose, in genau diesem Moment kommt der Spitzel zurück (die Kripo hat ihn nicht gesehen), schnappt energisch nach dem nicht belichteten Film, ruft zornfunkelnd: »This is very bad for you.« Und spricht erregt auf den Taxifahrer ein, auf Arabisch. Im Schutze der Rückenlehne spule ich den in der Kamera befindlichen Film zurück. Der Zornige bemerkt das und reißt mir den Apparat weg, versucht aggressiv, den Deckel zu öffnen. Er weiß nicht wie, ich zeige es ihm, zum fünften Mal droht er: »This is very bad for you.« Im selben Augenblick, in dem der Deckel aufspringt, passiert ein paar Meter neben uns ein banaler Verkehrsunfall, es kracht, der Mann dreht den Kopf nach rechts, ich zerre blitzschnell die Filmrolle heraus, werfe sie zu Boden, er dreht den Kopf zurück, sieht jetzt die leere Kamera, gibt sich mit der nutzlosen Filmrolle zufrieden, die er noch immer in Händen hält, sagt wieder: »This is very bad for you.«

Um mich und uns alle zu beruhigen, habe ich die ganze Zeit auf ihn eingesprochen. Mein Allerheilmittel in Diktaturen, ich beherrsche es in- und auswendig: von wegen gemeinsamer Kampf gegen Khomeini! Jeder im Westen stehe aufseiten Iraks! Dass das panarabische Ziel nicht gefährdet werden darf! Dass Saddam Hussein die Freiheit des gesamten Erdballs verteidigt!

Lauter Phrasen, direkt vom Radio übernommen. Wie Scheherazade aus 1001 Nacht rede ich auf ihn los, um ihn zu besänftigen.

Mir droht kein Galgen. Aber die Durchsuchung meines Hotelzimmers, das Durchblättern angehäufter Notizen und Dokumente würde – auch für Ausländer – wenig erfreuliche Konsequenzen provozieren.

Glück gehabt. Eine Viertelstunde sind wir unterwegs, dann

entspannen sich, schier unfassbar, die Züge des Agenten, er glaubt mir den Schwachsinn und ist überzeugt, den heißen Film zu besitzen. Er lässt anhalten und steigt aus. Mit einer falschen Adresse von mir.

Wir düsen davon. Ich ziehe die Spule aus dem Stiefelschaft. Timam, der Fahrer, wischt sich die Schweißperlen von der Stirn, meine fiebrigen Hände. Wir lachen selig.

Letzter Tag, ich gehe durch das christliche Viertel. Kaum ein Unterschied zu den anderen Gegenden. Nur die Schleiereulen schwirren hier seltener vorbei.

Auf den Stufen eines Hauseingangs sitzt ein Mann, daneben liegen Krücken, Freunde sind da, sie rauchen Shisha, sind guter Dinge. Beim Näherkommen sehe ich, dass ihm an beiden Füßen die vordere Hälfte fehlt. Die Fersen sind noch vollständig, der Rest wurde – Maßarbeit – weggesprengt. Zwei dicke Verbände erinnern daran, dass das Drama so lange nicht zurückliegt. Die Sonne strahlt auf sein Gesicht. »Al-Faw?«, frage ich. Er nickt, auf unbeschreibliche Art ist der Mensch fröhlich. Ich sage ihm, wie ich ihn bewundere, ja, dass ich nicht verstehe, wie man in einer solchen Situation so heiter sein kann. Und der junge Kerl, vielleicht 20, antwortet ruhig, eher nachlässig: »Aber ich lebe, ich lebe.«

NACKTE LEBENSFREUDE

KARNEVAL IN TRINIDAD –
Leben außer Rand und Band

GROSSE FREIHEIT/KLEINES GLÜCK –
St. Pauli in Hochform

KARNEVAL IN TRINIDAD
Leben außer Rand und Band

Mit dem ersten Hammerschlag beginnt der Countdown. Handwerker, bezahlt von einem schlaflosen Bürgermeister, verpacken die Hauptstadt. Stoßsicher. Mit Brettern und Palisadenzäunen um öffentliche Gebäude und alte Bäume. Damit sie überleben. »The greatest show on earth« droht. Sie ist unaufschiebbar und maßlos. Sie ist das Wunder eines winzigen Landes.

Noch fünf Tage und fünf Nächte, noch 120 Stunden bis zum Rausch. Die Hammerschläge gehen unter im Trommelwirbel der Steelbands. Abends, wenn der Himmel das wärmste Licht auf Port of Spain strahlt, legen sie los. Zwanzig, dreißig Bands. Jede mit mehr als hundert Frauen und Männern. Jede und jeder mit seiner »Pan Drum«, seiner Stahltrommel – ursprünglich hergestellt aus ausrangierten Ölfässern – und einem Stahlgestell, auf dem das Instrument ruht. Die Hinterhöfe dienen als Probebühne.

Bereits vor Monaten hat jede Gruppe einen populären Calypsosong ausgesucht und neu arrangiert. Als reine Instrumentalfassung, ohne Text, ohne Gesang. Die letzte Woche üben sie täglich. Bis Mitternacht. Um fit zu sein für die »Panorama«, die inoffizielle Weltmeisterschaft, die Teil des Karnevals ist. Viele können keine Noten lesen, doch Leidenschaft und Begabung sind ihre bestechendsten Trümpfe. Vollprofis, die nichts verdienen. Nur den Ruhm und die heiligmäßige Bewunderung ihrer Fans.

Immer wieder stoppen sie, um eine Passage zu wiederholen, um zum 27. oder 28. Mal an ihr zu feilen. Und die Gesichter der Zuhörer werden nicht müde, nicht satt, bleiben hungrig nach jedem Ton. Bis die 120 ihr Stück durchspielen, zehn, zwölf Minuten lang. Und einen Steinwurf weiter die nächste Steelband losdonnert. Jetzt vibriert die Insel, jetzt rast eine kosmische Energie über uns hinweg, die das Herz beschleunigt. Hört die Musik abrupt auf, kann keiner reagieren. Ein, zwei Sekunden müssen vergehen, erst dann kommen die mitgerissenen Sinne zurück, schreien laut ihre Begeisterung in die Nacht.

Die Pan gehört den Trinis. Victor Wilson gilt als ihr Entdecker. Als Sechzehnjähriger hämmerte er auf eine Zinkdose und bemerkte bald, dass die verschiedenen Beulen verschiedene Töne produzierten. Damals, 1939, waren es vier. Heute sind es bis zu 32. »Pan has a jumbie on you«, sagen sie. Wer sie einmal anfasst, gibt sie nicht mehr her. Sein magischer Klang verwirrt. Wie ein Jumbie, wie ein Geist.

Neben den Hinterhöfen stehen die »Calypso Tents«. Hier stellen die Stars und die Unberühmten ihre neuesten Lieder vor. Wie die Steelbands unterliegen sie harten Vorrundenkämpfen. Nur die Besten dürfen am »Dimanche Gras«, dem Karnevalsonntag, zum Preissingen um den Titel des »Monarchen« antreten.

Der echte Calypso hat nichts mit der Mainstream-Folklore à la Harry Belafonte zu tun. Der echte ist giftig und widerspenstig, melancholisch und witzig, denunziert die Machenschaften politischer Würdenträger, legt den Finger in die Wunde, legt bloß. Viele werden dabei abgewatscht: des Ministerpräsidenten dubiose Privatgeschäfte, das Millionen-Business der hiesigen Drogenmafia, die Hilfsbereitschaft der Polizei gegenüber zahlungskräftigen Schwerverbrechern. Die Texte beißen, funktionieren als Ventil für die 1.3 Millionen Einwohner, die bereits eine lange Geschichte gemeiner Zumutungen hinter sich haben.

Die Popularität der »Calypsonians« kann keiner überschätzen. Die Hinterhöfe und Zelte sind jeden Abend zum Platzen voll, die Schadenfreude des Publikums über die Kunst boshafter Formulierungen schier nicht zu befriedigen. Sie hören, lachen, kommentieren lautstark, rufen begeistert dazwischen, begraben die Sänger unter frenetischem Applaus.

Die Größten sind Volkshelden und der Allergrößte, Mighty Sparrow, ein König. Der Mann hat alles niedergemäht, sich mit jedem angelegt, war hundert Mal oben, hundert Mal unten, war irgendwie tot und verboten, kam zurück, bekam das »Trinity Cross«, den höchsten Orden, holte Titel und noch mehr Titel, ja, war acht Mal »Monarch«. Lokalpolitik oder die große weite Welt, Sparrow verteilt mit genialer Süffisanz Wohlwollen und Hohn. Als er seinen Calypso über Queen Elizabeth singt, jene hintergedankenschwere Episode über einen Fremden, der unbemerkt in ihr Buckingham-Schlafzimmer stieg, da wackelt die Erde, so trampeln sie, so hinterfotzig zweideutig erzählt er die Geschichte, so dreist und souverän entlarvt er die läppischen Aufregungen jenes Königshauses, das einmal als Kolonialmacht zur Ausbeutung und Schinderei Trinidads beitrug.

Noch 96 Stunden. Jetzt sind die Nächte in Port of Spain heller als die Tage. Und lauter und heftiger. Die Lichter, die Stimmen, die Trommeln, das Lachen, die durch tausend Türen und Fenster nach draußen wehende Musik, das Zischen sich nachlässig entleerender Bierblasen, das geradezu erotisierende Gefühl mühsam zu kontrollierender Vorfreude, die Gewissheit, dass die verrücktesten Momente noch ausstehen.

Und das Gekreisch, das Lustheulen jener, die rechtzeitig einen Platz bekommen, um eine Kunst zu bestaunen, die mit ihrem Witz und ihrer Originalität Zustände tiefster Befriedigung verursacht: die Meisterschaft der »Extempo-Calypsonians«. Man sitzt nicht, man quetscht sich. Meinen Stuhl teile ich mit einer lieben Dicken. Wenn sie loslacht, hält sie mich fest. Da wir sonst haltlos vor Wonne herunterfielen.

Die Lust hat einen pathetischen Anfang. Alle stehen auf und singen die Nationalhymne. Wie still auf einmal und ergriffen sie sind: »Forged from the love of liberty .../this is our native land/Here every creed and race/find an equal place ...« Hinterher stimmt das genau, für immerhin viereinhalb aberwitzige Stunden lang.

Was passiert? Ein Kandidat betritt die Bühne. Auf einem Stück Papier – jemand liest es laut vor – steht sein Thema: »Aschermittwoch« oder »Steeldrum« oder »Faschingsmontag«. Eher banal. Was die Sache teuflisch erschwert. Weil er jetzt, auf der Stelle, verpflichtet ist, zu extemporieren, zu improvisieren: vier Strophen à vier Zeilen! Zu einem Stichwort, das jeder kennt. Er folglich nur eine Chance hat, wenn er Neues findet, er originell ist, etwas entdeckt, von dem noch keiner weiß. Doppelt teuflisch: Es muss sich reimen, muss alles: scharf sein, sprühend, brandaktuell. Begleitet wird das Spektakel von einer Fünf-Mann-Kapelle. Eine coole Altherrenriege, *swing time, easy*, mit dem leichten Lächeln souveräner Könner.

Zwanzig treten an. Dann erste Pause. Um Stimmbänder und Bauchmuskeln zu heilen und einzustimmen auf das Semifinale, das mit dem nächsten Clou überrascht: Die letzten zehn kämpfen gegeneinander. Alle Sänger – im Normalleben Lehrer, Vertreter oder Bankangestellte – haben einen Künstlernamen. So trifft die voluminöse »Lady Africa« auf den dünnen »Short Pants«. »Doctor Schiwagos« Gegner heißt »Dark Eye«, und die hübsche »Randy Darling« legt sich mit »Elvis« an. Abwechselnd, Strophe gegen Strophe. Sofort anschließend entscheidet die Jury, wer wen besiegt hat.

Einziges Ziel ist die präzise Beschreibung aller augenfälligen Deformationen des andern. Gnadenlos und bravourös gereimt wird ins Rampenlicht gezerrt, was nicht gut aussieht: das viele dicke Fleisch, der schwere Hintern, der abwesende Busen, die Säbelbeine, die falschen Zähne, die echte Glatze, die rosa Warzen, das fliehende Kinn, die Männerwampe, die Geschmacklosigkeit lilablauer Kniestrümpfe. Die reinste Katharsis. Jeder von uns fühlt sich irgendwann angesprochen und bewundert die mit Lichtgeschwindigkeit produzierte Bosheit der Akteure. Mindestens zwei Dutzend Dreistigkeiten habe ich überhört, da niedergelacht von einem Haufen glückselig delirierender Besucher.

Spät nachts sind die »preliminaries« entschieden. Die vier Sieger der heutigen Vorentscheidung kämpfen am Sonntag gegen den Titelverteidiger des letzten Jahres: um die Krone des »Extempo-Monarchen«.

Noch 72 Stunden. Wie Port of Spain und sein Karneval überfordern. Wie ein Einzelner nur stets Ausschnitte dieses Wunders erleben kann. Das Programm peitscht, nur zähe Vergnügungssüchtige halten durch. Alle Sinne werden pausenlos zwangsernährt.

Wie die Augen: Über zwanzig »Mas Camps« gibt es allein in der Hauptstadt. Ihr Countdown begann vor 365 Tagen, immer am Aschermittwoch. Jede dieser Großschneidereien kreiert ihr eigenes Motto, unter dem sie – alle zwölf Monate wieder – ihre Masken und Maskierungen entwerfen. Auch sie treten gegeneinander an, die Auszeichnungen »King of Carnival«, »Queen of Carnival« und »Band of the Year« sind zu vergeben: für den umwerfendsten König, die sagenhafteste Königin, das verrückteste Faschingsvolk, ja, jede Band hat ihr eigenes Volk, ihre verschworene Anhängerschaft.

Prometheische Fantasie geht um. Ihre pyramidalen Kopfgeburten sind Zeugen einer wuchernden Kreativität. Orgien flimmernder Sinnlosigkeit entstehen. Zyklopische Kostüme, oft unfassbar fremd und verführerisch. Kreischend grell oder geheimnisvoll dunkel, von genialischer Einfachheit oder genialischer Komplexität. Und mit Namen aus einer anderen Welt: *The Banana from Hell* oder *Barbarossa's Savage Saga* oder *The Cosmic Surfer* oder *The Mating Dance of the Blue Heron* oder *Return of the Flaming Phoenix* oder *Hell Knows No Colour* oder *The Conquest of Medusa*. Ein paar Titel von Dutzenden.

An den Wänden der Mas Camps hängen die Bilder mit den verschiedenen Entwürfen. Und die »Masqueraders« kommen und kaufen die Maskerade, die ihnen gefällt. Um ihr Camp beim Umzug zu vertreten. Um ihrem König, ihrer Königin ein spektakuläres Volk zu sein. Trotz chronischer Wirtschaftskrise investieren die Trinis in ihren »Carnival«. Ihre Sucht nach Lachen befriedigt nichts und niemand. Nicht auf Dauer. Auch keine roten Zahlen. Ihr Leichtsinn ist ihr Reichtum.

Ihre Freude hat bittere Wurzeln. Im Jahre 1783 kamen die ersten französischen Siedler nach Trinidad. Sie brachten den Karneval mit. Und schwarze Sklaven, hergetrieben von anderen Inseln der Karibik. Lange zuvor dorthin verschleppt, aus Afrika. Während die feinen Herrschaften mit der familieneigenen Droschke von Villa zu Villa fuhren, um pompöse Bälle zu feiern, sangen die

Schwarzen in den Elendsquartieren ihren »Kaiso«, ihren Kalypso. Sie tanzten, schlugen mit Bambusstöcken einen bedrohlichen Rhythmus, verbargen hinter Masken ihre Wut.

Am 1. August 1834 kam die »Great Emancipation«, die Abschaffung der Sklaverei. Karneval funktionierte nun als jährliche Erinnerung an ihre siegreiche Freiheit. Er wurde wild, lasziv, laut und satirisch. Sie äfften ihre ehemaligen Besitzer nach, ihren Dünkel, ihre Kälte und Arroganz. Mit brennenden Fackeln und halb nackten Leibern zogen sie durch die Straßen. Die Weißen fürchteten um ihre Häuser und ihre Moral.

Hundertachtzig Jahre später hat sich vieles verändert, vieles nicht. Die Herrenreiter mussten gehen. Zuletzt die Engländer, 1962 wurde das Land unabhängig. Geblieben ist der Karneval. Er scheint der große Gleichmacher, noch immer. Für ein paar Tage und Nächte verschwinden die Unterschiede. Die Mächtigen und die Ohnmächtigen, die Schönen und Krummen, die Reichen und Hungerleider, für Augenblicke besitzt jeder denselben Wert. »De Fete« – Originaltrinidadfranzösisch – entschärft den Druck, betäubt die Wut über die Aussichtslosigkeit des eigenen Lebens.

Und sie sorgt für Harmonie unter den Menschlein, dämpft eine Zeit lang die rassistischen Frechheiten, stiftet Frieden, verhindert aggressive Ausrutscher. Vor allem zwischen »Afrikanern«, den Urenkeln der Sklaven, und »Indern«, jenen Nachkommen indischer Plantagenarbeiter, die Mitte des vorletzten Jahrhunderts hier ankamen. Je vierzig Prozent der Bevölkerung stellen sie. Die Fete stimmt sie verträglich.

Aber es gibt noch andere Erklärungen. Weniger dramatische. Und nicht weniger wahre. Es ist die simple Lust der Trinis am unbeschwerten Irrsinn, an ihrer so produktiven Eitelkeit, die auf famose Weise ihre Talente befriedigt. Sie wollen loslassen, haben ein unheilbares Bedürfnis nach Sinnlichkeit und Schönsein.

Freitagmittag, noch 62 Stunden. Jetzt läuft der Ort über, er brodelt. Der Karneval schafft Arbeitsplätze. Jeder wird profitieren. Die Bettler, die Krüppel, die Langfinger, die Marihuanafreaks, die Schnapsbrenner, die Würfelbudenbesitzer, die Bierdosensammler, die Aphrodisiakumdealer. Und Oscar, einer von

300 Orangenverkäufern, der mit dem sinnigen Satz »Have some good sucking time« seine Ware anpreist. Und die pneumatische Sharon, die eigens aus Guyana einflog. Sie erzählt mir in der 007-Bar, dem Kontakthof im führenden Puff der Stadt, dass momentan aus allen vier Himmelsrichtungen Verstärkung eintrifft. Damit niemand zu kurz kommt. Hinterher wird Sharon wieder zurückfliegen. Um den Neubau ihres Eigenheims zu überwachen.

Freitagabend ist das Vorspiel vorbei. Nun finden während des Wochenendes die »Finals« statt, letzte sinnliche Verzögerung vor dem Höhepunkt. Auf der Queen's Park Savannah, der riesigen Wiese im Norden von Port of Spain. Eine hundert Meter lange Rampe taugt als Bühne. An beiden Seiten Tribünen, in der ersten Reihe die Juroren, dahinter die Zuschauer, darüber das Flutlicht, ganz oben der dunkelblaue Himmel.

Jetzt dürfen nur noch die Allerbesten auftreten, die Sieger der Vorentscheidungen. Nun verteilt das Land seine Kronen. Elf Calypsonians, fünf Extemporisten und dreizehn Steelbands stellen sich. Und eine Riege Könige und Königinnen, die als Anführer ihrer Band, »ihres Volks«, die sinnverwirrendsten Kostüme vorzeigen. Alle sind gut, sehr gut, manche brillant. Was man vorher nur als Entwurf an den Wänden der Mas Camps sah, wird in diesen Stunden zauberische Wirklichkeit. Ein Märchen, eine zügellose Leidenschaft für das Verrückte defiliert vor unseren Augen.

Auf der Zufahrtsstraße herrscht hellste Aufregung. Die Könige und Königinnen hieven sich in ihre Fantasiegebilde, mächtig und ausladend. Eine Pharaonenprozedur. Bis zu einem Dutzend Techniker treten an, um der Frau oder dem Mann – vor ein paar Tagen noch Friseurin oder Ladenbesitzer – ohne Gefahr das Kunstwerk aufzustülpen. Verschwitzte Gesichter wie in einem Boxereck. Dann eine Lautsprecherstimme, die zum Auftritt mahnt. Dann der Pfiff des Obertechnikers: Es geht los!

Oben auf der weiten Rampe hat der herausgeputzte Mensch seinen Platz, sein Reich. Und seine zehn Minuten Wahrheit. »He must dance the costume«, *er muss sein Getüm tanzen.* Das ist eisernes Gesetz. Schafft er das nicht – manche verlieren tatsächlich das Gleichgewicht und segeln wie Tannenbäume Richtung

Fußboden –, darf er es wieder versuchen: nächstes Jahr, ziemlich genau zur selben Uhrzeit. Irgendwann sind alle Kronen vergeben, die letzten 62 Stunden vorüber und der Countdown zu Ende. Es ist Faschingsmontag, zwei Uhr morgens, und eine Kanonenkugel saust über Port of Spain. Sie läutet einen karibischen Ritt über den Blocksberg ein, der unter dem verharmlosenden Namen »Carnival of Trinidad« weltberühmt wurde.

Das Rahmenprogramm war fulminant, doch jetzt beginnt »de real ting« – Originaltrinidadenglisch –, jetzt greift das Volk ein, jetzt werden aus Voyeuren Täter. Einer streckt mir einen Joint entgegen. Es soll meine Nerven beruhigen, meint er schlau. Einer Flutwelle gleich schwappen die Einwohner nun auf die Straßen ihrer Hauptstadt. Die Kanonenkugel und das Krähen der Hähne treiben sie aus ihren Wohnungen, den Kneipen, den Hotels, Nightclubs und Restaurants. Ein paar Tausend fluten direkt zurück von der Savannah. Ich bin mittendrin, ich schwappe mit. Das ist ein Volksvergnügen. So viel Begeisterung macht Angst. Aber das Hasch besänftigt.

Wie an jedem »Jour Ouvert«, wie immer an einem solchen Montagmorgen, fängt es dreckig an. Die edlen Stücke bleiben noch zu Hause, für eine Weile spielen sie »Ole Mas«, Abkürzung für *Old Masquerade*. Anything goes. Jeder sieht so hässlich aus, wie er kann. Das Abgerissene gilt auch als bildhafter Ausdruck einer schlechten Meinung über die Staatsgeschäfte.

Ketchupspeiende, blau gestrichene Teufel mit Hörnern und Dreispitz, ausgewachsene Männer als lebensgroße Windel, Bartträger mit Büstenhaltern für Sexbomben und Hundertschaften mit Autoschmiere und Abwassergülle auf der (fast) nackten Haut. Ich bin Weißer und muss schneller rennen als andere Opfer, weil die Schlammweiber kein dringenderes Bedürfnis verspüren, als neugierige Gaffer einzufangen und abzutatschen. Mit Erfolg. Die verstopften Fluchtwege bremsen jeden Flüchtling. Auf manchen Straßen bricht der Verkehr zusammen, der Fußgängerverkehr. Nach vier Uhr früh rücken die Discjockeys ein. Auf leer geräumten Sattelschleppern transportieren sie ihr Handwerkszeug, eine Batterie Lautsprechertürme. Wahre Musikkathedralen, die nun im Schritttempo durch die Stadt kriechen. Bis zu Ohren zerfetzenden 26 000 (!) Watt sondern sie ab, tapfer gefolgt von ihren jede Taubheit riskierenden Fans. Damit keiner benachteiligt wird, stoßen später die Laster mit den hämmernden Steelbands dazu. Die Rumflasche geht um. Das dämpft die geschundenen Sinne. Ich schlucke, bis sogar meine Trommelfelle blauwerden. Nüchtern wären sie in Lebensgefahr.

Wird es hell, ist die erste Runde überstanden. Zeit, um ein paar Stunden lang den Kopf stillzulegen. Hinterher sind alle schön, der Schlamm ist weg. Jetzt will jeder der Allerschönste sein. Die Masqueraders – bereits voll kostümiert – treffen sich vor ihren Mas Camps. Manche haben bis zu 4000 Anhänger. Die sich nun formieren, als Band und als Volk. Vorneweg mit einem sensationellen König oder einer rauschenden Königin.

Die Hauptschlacht beginnt, der »Road March«. Singend und lachend ziehen sie in den Krieg. Mas Camp gegen Mas Camp. Ihre Waffen sind ihre Imagination, ihre Leidenschaft und ihr Thema: *Earth Crisis* oder *Odyssee* oder *Barbarossa* oder *Jurassic Park* oder *Dance of the Orient*. Und ein halbes Hundert mehr. Ergreifend, wie aus dem abgewetzten Port of Spain plötzlich ein Hort grandioser Anmut wird.

An vier verschiedenen Plätzen – entlang der Marschroute – sitzen die Juroren, entscheiden, ob Anspruch und Kostüm mit dem Rhythmus der wild und ekstatisch getanzten Präsentation übereinstimmen. Auf die Sieger wartet der letzte noch ausstehende Titel: »Band of the Year«.

Fünfzigtausend feiern orgiastisch das Leben. Ein archaisches Bedürfnis nach Nähe und Bewegung bricht aus, beschleunigt wohl von Tonnen hochprozentig sprudelnden Alkohols und einer mit Orkanstärke tosenden Musik. Dass einige der attraktivsten Frauen der westlichen Hemisphäre mir ihren Hintern entgegenstrecken, um ihn – Herr, hilf! – an meinen *most private parts* zu reiben, ist eine erstaunlich belanglose Nachricht. Denn augenblicklich wird dieser eher intime Vorgang als Volkssport betrieben. So führt der Karneval auch Mann und Frau zusammen, aufs Friedlichste, aufs Stürmischste. Dass sie für eine solche Erregung öffentlicher Freude ein nirgends sonst auf der Welt existierendes Wort – »wining«, angeblich englisch – erfunden haben, ist so typisch, erzählt einmal mehr von ihrem nonchalanten Witz.

Aus der Flutwelle wird eine Springflut. Keiner kommt ihr aus, jeden reißt sie weiter. Und die Stadt wogt, hoffnungslos überbevölkert von Massen fröhlicher Tobsüchtiger, stets überbelichtet von einer gleißenden Sonne.

»What came up must come down.« Auch in Trinidad. Nach so vielen Höhepunkten gehen selbst die Trinis in die Knie. Kurzfristig zumindest. Als ich um 1:10 Uhr durch die leere Hauptstadt streune, höre ich nur das Seufzen seliger Schnapsleichen. Die anderen 49 800 schafften es noch ins heimische Bett. Es riecht. Ein würziger Turnhallenduft liegt in der Luft. Erinnerung an die schweißglänzenden Körper der letzten Tage und Nächte.

Ich bin reif für das Intensivzelt. Discjockey Hurricane George hat meine Ohren auf dem Gewissen, sie brennen, sie wimmern. Sonst ist alles auf heilsame Weise beschaulich. In einem Hinterhof entdecke ich das »Ozonloch«, vor zwei Stunden wirbelte es noch feurig durch die Stadt. Jetzt steht das mächtige Kostüm lautlos und unbeweglich in einer dunklen Ecke. Es schläft. Der Mond ist auf. Still leuchtet er auf den keuschen Aschermittwoch.

GROSSE FREIHEIT/KLEINES GLÜCK

St. Pauli in Hochform

Als die Mauer fiel, war der Weg frei. Einige hundert ausgewachsene Männer – vor Tagen noch Bürger des Ersten deutschen Arbeiter- und Bauernstaats – fuhren Richtung Hamburg. Nichts hielt sie mehr auf, keine Grenze stand mehr im Weg. Hinter der großen Stadt, so hatten sie lange flüstern hören, lag St. Pauli. Als sie ankamen, waren sie pleite. Die vielen Kilometer kosteten Benzin. Das bremste niemanden. Voller Träume von einem sanften und großzügigen Kapitalismus bogen sie pulkweise in die Herbertstraße ein. Da, wo diese wunderbaren Damen saßen, so schimmernd hinterm Fensterglas, fast nichts verheimlichend, fast alles versprechend.

Minuten später war der Ausflug vorbei. »Knipsen umsonst? Ihr spinnt wohl?«, die wunderbaren Damen stießen Bescheid, und ein Sprachkundiger übersetzte: Eine Nummer schieben heißt hier knipsen. Und einmal knipsen macht mindestens einen »Schein«, glatte hundert harte Deutschmark. Von einer kostenlosen »Wiedervereinigungsnummer« wollte keine etwas wissen. So lernten die Arbeiter und Bauern mit einem Schlag drei Dinge kennen: ein neues Wort, den unsanften Kapitalismus und die Tarife von St. Pauli.

Wie gut ich sie verstehe, diese Sehnsucht. St. Pauli klingt wie Niagarafälle oder Marilyn Monroe oder Timbuktu. Ein halbes Leben lang fantasiert man davon. Und irgendwann steht man mittendrin. Und es ist so, wie man es geträumt hat. Oder rasanter. Oder schrecklicher. Ich hatte Glück. Und ausreichend Bares. St. Pauli war beides, rasant und schrecklich zugleich.

Die Ossis täuschten sich. St. Pauli liegt nicht hinter Hamburg, sondern davor. Als hier noch mächtige Segelschiffe lagen, siedelten sich im »Vorland« die Handwerker an. Schreiner, Schmiede und, natürlich, die »Reepschläger«, der niederdeutsche Ausdruck für »Seiler«. Entlang der heutigen Reeperbahn stellten sie ihre dicken Taue her. Anfang dieses Jahrhunderts wurden die Windjammer (»Großsegler«) eingemottet und die Dampfschiffe kamen. Stinkend, rußig, Feuer speiend. Den Stadtvätern spien sie zu heftig, kurzerhand sperrten sie den Hafen. So legten die Seemänner draußen an, neben der St. Pauli Kirche. Den Männern hinterher zogen die Weibsbilder. Liederlich, wohlriechend und zugänglich. Dass ausgerechnet ein Lusthasser wie der »heilige Paulus« als Namensgeber für das größte Unzuchtgehege Europas herhalten muss, das ist von herzerwärmender Ironie.

Damit uns keine Scheinheiligkeiten unterlaufen, machen wir es so wie die Sankt Paulianer: Wer St. Pauli sagt, meint den Kiez, die 800 000 Quadratmeter Todsünde. Die Reeperbahn und ein paar Nebengassen, die sind berüchtigt. Die restlichen knapp zwei Quadratkilometer? Grau, belanglos, fürchterlich normal. Der Kiez ist rot, intensiv, lustig und gemein. Er tut gut, er tut weh, er lebt. Nicht alle seiner 31 000 Bewohner sind Schlampen und Luden, auch Bäcker und Friseusen treten auf, auch Schwarze und Gelbe, auch die Immobilienmafia und die Obdachlosen. Fast jeder zweite ist Ausländer. Die andere Hälfte, die deutsche, hat somit begriffen, dass nach der Nordsee die Welt nicht aufhört. So wehen hier verloren gegangene Pariser und eine Brise lässiger Toleranz durch die Straßen.

Wiko treffe ich »auf dem Weg zur Arbeit«. So redet er tatsächlich. Er hinkt. Vor dem *Spar* liegt sein Arbeitsplatz. Stundenweise streckt er die Hand aus und jammert. Der frisch bandagierte Fuß hilft mit. Erinnerung an seinen letzten Sturzflug im Suff. Rechts bettelt er, links hält er die Bierflasche. Er stellt sie nie ab, anhänglich wie ein Infusionsbeutel behütet sie ihn. Die beiden gehören zum Inventar der Gegend, wie andere zweihundert Penner. Sie alle »machen Platte«, liegen platt auf dem Boden, leben ohne festen Wohnsitz.

Die schiefsten Typen treibt es nach St. Pauli. Als Schlupfloch, als Ausweg, als Endstation. Wiko hat vieles ausprobiert, sogar ein halbes Universitätsstudium geschafft. Bis der Riss kam, bis ihm plötzlich die Kraft wegblieb. Und er als Zapfer, Zuhälter und Lustboy zu tingeln begann. Wiko ist schwul und schickte seine heterosexuellen Freundinnen auf den Strich. Kam nicht genug Kohle rein, streckte er selbst den Hintern hin. Um seinen kostspieligen Lebensstil zu finanzieren. Jetzt ist er zu alt, für seine in die Jahre gekommenen Geschlechtsorgane will keiner mehr zahlen.

Der Kerl hat Charme, er grinst gern. Vor Zeiten strandete er auf der Reeperbahn, am Ende einer langjährigen Deutschlandtournee. »Irgendwie ist das okay«, sagt er. Sein Hirn hält bei umfangreicheren Gedanken nicht mehr durch. Bevor es unglücklich wird, bricht er ab, verfällt in einen Zustand alkoholgepufferter Gelassenheit. Körperliche Mühsal hat er sich abgewöhnt, radikal. Einmal biete ich ihm eine Tafel Suchard an. Er verweigert todernst: »Schokolade? Kann ich nicht, da muss ich ja kauen.« Seine Grundnahrungsmittel sind flüssig.

Was auf wundersam angenehme Weise fehlt in St. Pauli, ist die Heuchelei. Hier pausiert sie, muss nicht ununterbrochen Sonderschichten fahren, um unsere Lusthormone zu verleugnen. Ich gehe von einem Reeperbahnende zum anderen und zähle 971 Schritte. Nach jedem 13. Schritt lauert eine Sünde. Ein Sexshop, ein als *Café Lausen* getarntes Puff mit Playboybadewannen und Ganzkörperanschluss, ein Striplokal mit »Separées«, eine Spielhölle, noch ein Bordell, eine Bar mit Hinterzimmer, eine Hure, ein Stricher, ein Pornokino. Auf jede Wallung wartet eine Körperöffnung.

St. Pauli bereichert. Im *World of Sex* – mit großzügigem Sortiment – lernt man die Welt kennen, die Unterleibswelt. Neben viel batteriebetriebenem Werkzeug zur Maximierung aufkommender Erregung gibt es auch eine »Literaturabteilung«. Vom Blick ins abgefingerte Handbuch »Sexuelle Weltrekorde« ist abzuraten. Denn mit masochistischer Zielgenauigkeit stößt man auf das Foto eines gewissen Long Dong Silver (bürgerlich: Daniel Arthur

Mead), der mit weltmeisterlichem Stolz seinen bravourösesten Körperteil vorführt. Aberwitzige 45,7 (!!!) Zentimeter lang. Weiter hinten stehen die weltweiten Verwachsungen. Das versöhnt, entschärft das Wissen um die eigene Mittelmäßigkeit. Im Keller der Sexwelt agieren die Männerfreunde. Der Zugang ist kostenpflichtig. Viel Stöhnen und Videoflimmern. Verliebte Cowboys beim Liebesspiel in der Wüste Arizonas. Stimulierte Zuschauer ziehen sich anschließend entweder in die »Sucking Area« zurück oder in den »Sling Room«: Dunkelkammer mit einer an vier Ketten befestigten Liebesschaukel. Hier reiten die Cowboys aus Hamburg.

Alles in St. Pauli dient der Kommunikation. Im *Erotik-Kino* haben stürmische Besucher Löcher in die Trennwände zwischen den einzelnen Kabinen gebohrt. Bananendick oder weit genug für ein ganzes Hinterteil. Nichts soll die ausbrechende Lust bremsen.

St. Pauli boomt. Kreativität zog ein. Noch Anfang der Achtzigerjahre drohte das Viertel zu versiechen. An kaltem, ödem Sex. Rastlos nur das Eine als Rein-Raus-Monokultur. Und es schien zu verdämmern unter Orgien spektakulären Nepps. Die frechsten Tricks liefen. Draußen las man »Bier 3.– DM« und drinnen kostete es noch immer drei Mark. Doch einen »halben Schein«, irrsinnige fünfzig Märker, für das mitgelieferte Gläschen Korn. Billigster Kellergeisterfusel, für hundertfünfzig Pfennig im Großhandel zu haben, stand – in »Moët & Chandon«-Flaschen abgefüllt – auf den Regalen. Nachschub für die Dunkelblauen. Ebenfalls im Repertoire: Flinke Animierdamen, die ablenkten, damit der Wirt im Handumdrehen das volle Glas wegschütten konnte.

Dann ging es aufwärts. Viele machten pleite und zogen aus. Produktive Geister übernahmen die leeren Schuppen, installierten Musikstudios, Lokale, Discos, Cafés, renovierten die Buden, renovierten das Image eines verranzten St. Paulis. Die Gaunereien wurden weniger, Entertainment blühte. Das Musical *Cats* rettete das für die Abbruchbirne freigegebene Operettenhaus. Und ein paar Meter weiter geschah ein kleines Wunder, jemand schaffte das Unerhörte: Kultur und sinnliches Vergnügen zur selben Zeit. Theatermensch Corny Littmann – »aufrecht, deutsch, homosexuell« – eröffnete direkt neben der Reeperbahn zwei Theater, *Schmidt's* und *Schmidt's Tivoli*. Nah und zart, zynisch und schamlos wahrhaftig. Die Häuser sind voll, Esprit und Witz gehen um.

Reicher, komischer, sündiger. Auf die unscheinheiligste Art darf sich hier jeder seine Befriedigung aussuchen: die feinen Pinkel in den feinen Restaurants, die Gehörlosen in den einschlägigen Diskotheken, die Sprachliebhaber auf blümeligen Theaterstühlen, die Moonshinetalker in den Nachtcafés und all jene, die noch immer wegen dem ein und einzigen vorbeikommen: dem Verlangen nach Versuchung, nach Erlösung, nach ungestümem, gar unschuldigem Sex.

Wo auf der Welt heißen ein seriöser Buchladen *Leselust* und ein Würstelstand *Eros Lunch*? Wo kann ein Gastwirt seinen (ganz echten) Namen »Fick« – so schlicht, so unvergesslich – in blauen Neonröhren über der Eingangstür aufhängen? Wo anders sieht man den müden Busen einer Hure sich entspannt auf den Tisch einer Kneipe flegeln? Unbelästigt, respektiert, jeder der Anwesenden wohl wissend um seine Verdienste, jeder wohl einverstanden mit Nietzsche, der das Hohelied der Huren sang: »weil sie den Mann nicht durch das Band der Ehe ruinieren«. Wo sonst darf man eine *Condomerie* betreten und IHN auspacken zur Anprobe. Um nachzuschauen, ob das im Schaufenster ausgestellte *Dinosaurier-Kondom* auch straff sitzt. Und, wenn es sitzt, vom Ladenbesitzer hundert Mark Siegergeld entgegennehmen. Wo? Nirgendswo, wenn nicht hier in St. Pauli.

Das Angebot an Raffinement, an purem Schönem und splitternackter, witziger Eleganz beflügelt. Wie das Abgründige, wie das andernorts so sorgsam heimlich Versteckte. Jenseits der Stadtteilgrenzen beginnt die Entrüstung, hier entrüstet sich niemand. Alles da. Hinter den acht Vitrinen der *De Sade Boutique* wühlen Pärchen im einschlägigen Geschirr für ihre sadomasochistischen Ausritte. Die Herren legen das Zaumzeug an, die Damen probieren die Sporen. Sacht streichen Hände über das Peitschenarsenal.

Spät öffnet der *Club de Sade*, im Nachbarhaus. Ein gepflegtes

Ambiente, Barmusik, warmes Licht strahlt auf die bereitliegende Waffensammlung. Zwei Dutzend Gäste. Neben mir rekelt sich Helmut. Links von ihm sitzt Inga, die vom Haus gelieferte Domina. Helmut, immerhin 69 und aus guter Schweizer Familie, hat plötzlich Lust, sich auszuziehen. Inga hilft umsichtig, legt ihm gleich die Brustklemmen an. Schon wimmert Helmut fröhlich, erregt sich vorlaut. Sogleich hinauf auf die Bühne und anketten und ausholen. Nat King Cole und die dankbaren Schmerzensschreie von Helmut vermischen sich. Opfer und Täter verstehen sich aufs Beste. Das wird eine lange Nacht.

Jeder findet in St. Pauli wonach ihn verlangt. Helmut wollte zuletzt auf die Streckbank, um sich von all seinen Gelüsten zu befreien. Und Inga befreite ihn. Andere kommen unkomplizierter zur Ruhe. Über zweitausend hilfsbereite Damen stehen in dem Stadtviertel herum, locken, sind sacht (»Schau mal, was Mutti für dich hat«), sind barsch (»Nimm die Hände weg vom Bodel, wenn ich mit dir rede!«), schwindeln, kobern zuerst mit fünfzig und pochen am Bettrand auf entschieden mehr, lassen keinen Kunden sich niederlegen, ohne nicht – mindestens – das Doppelte zu kassieren.

Langsam kenne ich mich aus. Als Ortsfremder bin ich grundsätzlich mit dem *Luden-ABC* unterwegs, einer Art Sprachführer, stets hilfreich bei der Übersetzung vom Einheimischenjargon ins Hochdeutsche. Ein »Bodel« ist folglich ein männliches Glied, und »kobern« heißt baggern, anmachen. Und die Mädchen, die spätnachts unten am Fischmarkt anschaffen, nennen sie vor Ort die »Auspuff-Tillies«. Weil ihre Kundschaft per Auto anrauscht.

Noch eine Sehenswürdigkeit steht aus. Hundert andere Wahrzeichen habe ich übergangen, dieses ist unumgänglich, es gehört zu den Preziosen St. Paulis wie die Sixtinische Kapelle zum Vatikan: *Die Große Freiheit*. Dass sich entlang der schmalen Straße die St. Joseph-Kirche befindet, auch das passt. Der Katholizismus und die Fleischessünde, nicht viele Phänomene brauchen einander mehr.

Die Große Freiheit beginnt nach etwa zehn Metern mit Herrn Hoffmann. Er besticht jeden mit dem harmlosen, umwerfenden

Satz: »Ich heiße Hoffmann und sage die Wahrheit.« Er ist Türsteher und Rausschmeißer. Und Reinschmeißer. Er bewacht die Tür des *Lady Lynn* und verspricht, noch im Freien: »Alles da, Negershow, Thaishow, Thai-Lesbenshow, Peitschenshow, Bumsshow.« Drinnen sieht der »Nightclub« wie ein Schuppen aus, für den zu betreten man Schmerzensgeld einklagen könnte. Aber Hoffmanns Ganovencharme versöhnt. Jedes Mal hat er mich vergessen und jedes Mal beteuert er alles. Er ist absolut zuverlässig, er spricht nie die Wahrheit.

Weiter hinten, fast am Ende der kurzen Strecke, steht der *Kaiserkeller*, heute eine Disco mit Trümmermusik, doch einst trat hier eine Truppe Wonderboys auf, die Beatles. Anfang 1960. Ohne dass die Welt davon ergriffen Notiz genommen hätte. Zwei Jahre später war es dann soweit.

Auf den paar Metern der Großen Freiheit gibt es vier »Kabaretts«, in denen das stattfindet, was die Japaner »homban« nennen: *the real thing*, das Echte, das Unverzichtbare. Am pompösesten im *Salambo* »choreografiert«, jener plüschrot verwetzten Schaubude, in der sie vier Mal nachts »König Arturs Tafelrunde« aufführen. Ein bunter Abend, bei dem braune, gelbe und schwarze Ritter auftreten, dabei – stets mit vorgestreckter Lanze – auf Ritterfräuleins stoßen: die ihre Lanzen bestaunen, sie schmecken und fürsorglich verstauen. Wo auch immer. Ganz gleich, ob die Lanzenträger sich als Raubritter, Kaiser oder Eskimos kostümieren, Hauptsache ihre schmucken Teile ragen ins strahlende Bühnenlicht.

»Honni soit qui mal y pense«, steht in der Vitrine des nahen, nicht minder berühmten Tanzcafés Keese. Ort für reifere Herrschaften, sich anzulächeln und abzuschleppen: *Zum Teufel mit dem, der schlecht darüber denkt*. Die Wirklichkeit ist die Wirklichkeit. Und St. Pauli kümmert sich mit ungenierter Souveränität darum, dass sie stattfindet. Ordnung ist das halbe Leben. Und hier, auf dem knappen Quadratkilometer, herrscht die andere Hälfte, die sinnliche, die nicht so ordentliche. Der Kiez riecht nach Intensität, das bringt ihn zum Leuchten. Und sorgt für die dunklen Flecken.

Ein Unglück existiert, das kann keiner wegreden. St. Pauli funktioniert auch als Sammelbecken für Abkratzer. Wiko ist nicht der einzige, dem ich über den Weg laufe. Abgerissen und zugedeckt mit allen Hautkrankheiten Deutschlands saufen sich die armen Teufel von einer Bewusstlosigkeit in die nächste. Abwrackkneipen und Straßenecken gibt es genug. Fast jeder fünfte hier hungert auf Sozialhilfe. Ein Hamburger Rekord. Andere Siecher verachten die Flasche und greifen lieber zur Nadel. Junge Kerle mit uralten Gesichtern streunen herum. Im Drogenzentrum *Stay alive* werden pro Tag Hunderte von Spritzen ausgegeben. Steril und aidsfrei. Wiederum andere investieren in silberfolienverpackte Tütchen, ziehen sich ihre Sucht durch die Nase, verlieren täglich gegen Kokain.

Kriminalität floriert nicht. Eher rückläufig. Das blutspritzende Schlachthaus war St. Pauli nie. Nebenan in Altona passiert zweimal, in Wandsbek dreimal so viel. Aber eine Leiche zwischen Herbertstraße und Hans-Albers-Platz ist eine St. Pauli-Leiche, während ein Toter dreihundert Meter weiter nur ein Toter ist. Hier verrucht, dort nur fad.

Noch etwas, eher bemerkenswert: Die große Mehrheit der vielleicht 4000 im ehemaligen Eroscenter und anderen »Hotels« untergebrachten Asylbewerber verhält sich »unauffällig«. Die kleine Minderheit ist auffällig, arbeitet fleißig und gesetzwidrig als Drogenhändler, Waffenschieber und Zuhälter. Deutsche Kriminelle fürchten um ihre Anteile. Diese Informationen bekommt man in der Davidwache, dem hiesigen, so prominenten Polizeirevier: mit freiem Blick auf den »Babystrich«, das Trottoir mit den blutjungen (aber erwachsenen) Anfängerinnen.

Wie mir die Kraft zur Empörung fehlt. Die dunkle Rückseite ist eben der Eintrittspreis für die Herrlichkeit St. Pauli. Dass es irgendwo in Deutschland einen Ort gibt, wo nicht um 18 Uhr der Ladenschlussterror ausbricht, sondern um vier Uhr morgens noch immer das »Gaststättengesetz 33 A« gilt, das »Lustbarkeiten auf der Bühne« genehmigt, das zeugt von erstaunlicher Vitalität.

Den letzten Beweis lieferte das *Bayrisch Zell*, eine blau-weiße

Bierschwemme mit »täglich Musi, Gaudi, Radi«. Mitten auf der Reeperbahn. Schon beim ersten Mal, als ich vorbeikam, passierte es. Ich begriff das Geheimnis des Kiez: *The Love Spirit*, eine Sechs-Mann-Band aus den Philippinen, fetzte gerade »Impossible, impossible« über die drei Tanzflächen. Und sogleich hinterher jodelte das *Pilsener Quintett* sein »Herzelein, ach, Herzelein, musst nicht traurig sein«. Solche Auswüchse macht St. Pauli keiner nach. Hier darf jeder. Hier ist alles *possible*.

RÄTSELHAFTE WELT

ÄTHIOPIEN –
Eine Reise in tausend Geheimnisse

DIE UNBERÜHRBAREN –
Ein Wahn mit unfassbaren Folgen

OLD DELHI –
Des Menschen Freude und Aberwitz

CHARLES BROOKE –
Ein Idealist und unzählige Totenkopfjäger

ÄTHIOPIEN

Eine Reise in tausend Geheimnisse

Immer will ich schreiben gegen die Schwerkraft des Herzens. Will zeigen, dass die Welt einen Sinn hat und das Menschenleben irgendwo ein Ziel. Will glauben, dass irgendwann alles gut ausgeht, und jeder so lebt, wie er sich das einst vorgestellt hat. Aber ich strauchle, stündlich. Mein Plädoyer klingt matt. Statt souveräner Rede stottere ich. Jeder Leimsieder weiß es besser, redet eleganter vom Unglück und der Ausweglosigkeit unserer Existenz. Wie ich dann schrumpfe. Jeder Blick auf die Erde, jede Nahaufnahme beschädigten Daseins gibt ihm tausend Mal recht. Der portugiesische Dichter Fernando Pessoa notierte einmal, dass wir alle zwei Leben haben:»Eines, das wir träumen, und ein anderes, das uns ins Grab bringt.«

Der Leimsieder erzählt immer Geschichten, die totmachen. Wäre er in Äthiopien gewesen, düster-triumphierend würde er vom Ende der Welt berichten. Wenn er auch manches übersah. Bilder, die hartnäckig in Widersprüche verwickeln. Weil Frauen und Männer und Landschaften vorkommen, die bewegen und verführen. Eben zum Träumen und dem so beschwingenden Gedanken, dass ein endgültiges Urteil noch aussteht.

Das Land ist uralt. Im Sommer 1974 stocherte der Paläanthropologe Donald Johanson im Nordwesten Äthiopiens nach der Vergangenheit. Während er auf einige Knochen stieß, hörte er gerade den Beatlessong *Lucy in the sky with diamonds.* So sollte das Gerippe Lucy heißen. Sie gilt heute als unser aller Urmutter. Blutjung, einen Meter kurz, fast hirnlos.

Lucy klang den Einwohnern jedoch zu frivol, sie gaben dem kleinen Menschenaffen den Namen »Birkinesh«, *die Wunder-*

bare. Ausdruck ihrer Sehnsucht nach einer glorreichen Geschichte. Trat doch als erste Sensation die *Königin von Saba* auf. Henry Miller hat sie mehrfach erwähnt. Als Lustobjekt, das er in seinem siebzehnjährigen Kopf nackt auszog und beschlief. Der Schriftsteller kam dreitausend Jahre zu spät, denn die »atemberaubend schöne« Königin war längst nach Jerusalem gereist, um von Salomons Weisheit zu erfahren – und ihm beizuliegen. Sie »erkannten sich« und nach neun Monaten kam ein Sohn zur Welt, den die Geschichtenerzähler Menelik I. nannten. Die salomonische Dynastie nahm ihren Anfang.

Die drei Jahrtausende vergehen wie ein blutverschmierter Raubritterroman. Rom griff an, dann Byzanz. Die Türken kamen, die Araber, afrikanische Stämme überzogen die Hochebene. Ein rohes Weib machte sich als »Monster« einen Namen. Im vierten Jahrhundert wurde die Gegend christlich-orthodox. Die Muslime rannten dagegen an. Der Papst schickte seine Missionare. Alle redeten vom Heil, alle schlugen tot.

The scramble for Africa begann, England, Frankreich und Italien drängelten, stritten um den schwarzen Kuchen. Doch »Abessinien« – so hieß Äthiopien damals – widersetzte sich. Erfolgreich. Nur Eritrea, den nördlichen Teil des Landes, konnten die Eindringlinge halten. Fünf (bittere) Jahre dauerte die Mussolini-Invasion.

Als »letzter Nachkomme Salomons« – so fantasieren sie gern – bestieg Prinz Tafari den Thron. Der Blutrünstige wurde als »Haile Selassie« weltberühmt. Der Westen mochte ihn. Er galt als antikommunistisch und »berechenbar«. Während er vor laufenden Kameras mit fettarmem Rindfleisch seine Hauslöwen fütterte, wütete hundert Kilometer weiter eine Hungersnot, die er nachlässig zu verheimlichen versuchte. Am 12. September 1974 überrollte ihn die Revolution. Um ein Haar hätten sie ihn an die Wand gestellt, weil er sich weigerte, die Nummern seiner Schweizer Bankkonten preiszugeben. Noch eine Legende.

Ein böser Spuk ging zu Ende. Es begann im Schoß der sagenhaften Königin von Saba und endete auf einem Pritschenwagen, mit dem sie den »Auserwählten Gottes« aus dem Palast karrten.

Bald darauf starb er. Ein Prostataleiden, hieß es amtlich. Erstickt, vergiftet, zu Tode gefoltert, tuschelten die andern. Unter einer Toilette – wispert man – wurde er verscharrt.

Nach dem senilen Kaiser alias »König der Könige« übernahm der nächste Killer das Kommando. Diesmal ein roter Menschenhasser. Drei Jahre brauchte Mengistu Haile Mariam, um sich den Weg an die Spitze freizuschießen. Dann herrschte er. Ähnlich blutig. Nein, fairerweise muss es erwähnt werden: noch blutiger.

Eine halbe Stunde vor Anflug auf die Hauptstadt reicht mir die Stewardess ein loses Blatt, Informationen für die Crew. Da steht: »Addis Abeba ist kein Einkaufsparadies.« Der absurde Satz liest sich wie eine Warnung. Wie auch der folgende Hinweis, dass die Benutzung der Taxis nicht zu empfehlen sei, »da keine Insassenversicherung« vorläge. Die Sorgen der westlichen Menschheit in einem Land, das ums nackte Überleben kämpft. »Kein Einkaufsparadies«, wer weiß ein dämlicheres Wort? Kurz zuvor sah man im Bordkino »Shopping in London«: Wo feine Stoffe kaufen? Wann rechtzeitig einen Butler ordern? Wie gekonnt eine Havanna schneiden? Man traut sich.

Eine anstrengende Reise beginnt. Die Russen liefern kein Benzin mehr, der Staat ist bankrott, der Golfkrieg verschärfte den Mangel. Hundertschaften von Autofahrern stehen mit Kanistern vor den Tankstellen. Abends wird es ruhiger, kaum Verkehr. Man hört das Rollen der Reifen, bergab schalten sie den Motor aus. In den *buna bets,* den Kaffeehäusern, sitzen die Mädels. Und trinken Shai, den süß duftenden Tee. Alkohol gibt es auch, manchmal sogar Kaffee. Und Sex immer. Kneipen mit Ganzkörperanschluss. Während der Kaiserzeit gab es 3000 dieser Hinterzimmer, die am Eingang mit einem roten Lämpchen lockten. Heute, behaupten sie, sollen es 30 000 sein. Ohne Lämpchen, doch jeder weiß Bescheid. Das Angebot ist knapp und übersichtlich: »short time« oder »long night«.

Entspannte Atmosphäre, man trinkt und plaudert, niemand drängt. Blick in die so fein geschnittenen Gesichter der Frauen. Einmal höre ich ein sudanesisches Liebeslied, vorgetragen von zwei Männern (!), einer singt, einer begleitet an der Hammondorgel: die Geschichte zweier Liebenden, die alles überwinden, die Wut des Vaters, der sich einen reichen Schwiegersohn wünscht, die Flucht durch die Wüste, die Geburt eines Kindes, die Jahre des Alltags. Märchenstunde, aber zehn sentimentale Minuten lang soll alles wahr sein, sind alle still und ergriffen.

An einem dieser Abende komme ich mit Rosa ins Gespräch. Wir machen uns schöne Augen, wobei von Anfang an feststeht, dass ihr Wohlwollen weniger dem Fremden gilt, eher seinen (vermuteten) Geldscheinen. Ich bin ein einfacher Mann, und so verlassen wir, knapp zeitversetzt, das Lokal. Und erreichen nach einer schnellen Viertelstunde ihr Zuhause. Kein herrschaftliches Domizil, sondern eine einstöckige Steinhütte, solide, unverputzt, aber nicht armselig. Seltsamerweise bittet mich die Hausherrin, einen Moment vor der Tür zu warten, sie müsse noch aufräumen. Wäre ich intelligenter, hätte ich sogleich die Falle gewittert.

Lächelnd führt mich Rosa in ein großes, dunkles Zimmer, eine Kammer für alles, auch Küche, auch Schlafstätte, auch Wohnraum. Okay, wir plaudern und schmusen, bis ich plötzlich am Boden einen Schatten entdecke: eine zweite Frau. Angeblich, laut Rosa, »my sister, don't worry, she sleeps«. *But I do worry*, das riecht nach Ärger. Ich reiße mich los und versuche, zum Ausgang zu gelangen. Ich sollte recht behalten, im selben Augenblick springt die »schlafende Schwester« hoch. Verstanden, Rosas Bude dient als Hinterhalt. Um den Kunden – benebelt vom Sinnenrausch – von seinem Bargeld zu befreien. Leider bin ich gezwungen, handgreiflich zu werden, um heil mit meinem Hab und Gut davonzukommen.

Im Eilschritt in die Nacht, denn vor dem Häuschen greifen die zwei Rabiaten nach Steinen, um den Flüchtigen abzustrafen. Aber in Äthiopien haben sie kein Geld für nächtliche Beleuchtung, so entschwinde ich, unbeschädigt, im Dunkeln. Über Umwege schleiche ich zurück in mein Hotel, da hier ab Mitternacht Ausgangssperre herrscht. Keine Seele auf der Straße, nur einsam streunende Hunde.

Einmal angekommen, war ich in Sicherheit, denn schon am ersten Abend hatte ich vor der Pension drei Knirpse getroffen:

Araya, Tesfaye und Endrias, zerlumpt und gerissen. »You give me, you give Jesus Christ«, jammerten sie, während Araya mit der rechten Hand über meinen Hals streichelte und mit der linken nach meinem Stift fingerte. Das war das Zeichen für die beiden anderen, in meinen Hosentaschen zu wühlen. Ich erkannte ihr Talent, und wir richteten umgehend ein ordentliches Arbeitsverhältnis ein: Ich bezahle sie regelmäßig, und sie sind dafür verantwortlich, dass ich unbelästigt meine Unterkunft betreten und verlassen kann. Das funktionierte all die Tage. Die siebenjährigen Bodyguards verscheuchen die lauernden Taschendiebe.

Jeder Ausländer braucht für Reisen außerhalb der Stadtgrenzen von Addis Abeba ein »travel permit«. Und den aberwitzig teuren »Begleitschutz« des staatlichen Reisebüros NTO. Der Norden – Bürgerkrieg mit den Provinzen Eritrea und Tigre – und der Südwesten – Aufstände der Oromo – sind grundsätzlich gesperrt. Mit Vollpension, Aufpasser und Klimaanlage durch Äthiopien? Mir schwindelt.

Das Land wimmelt von Spitzeln. Erich Honecker, vormals erster Lauscher beim eignen Volk, hatte dem sozialistischen Bruder in Afrika sein Know-how überlassen.

Ich fahre zum »Ministry of Security«. *Lucky me.* Auf Umwegen erhalte ich die Reiseerlaubnis. Ohne Bespitzelung. Mitverantwortlich für die Sondergenehmigung ist Arthur Rimbaud. Der Beamte, mit dem ich verhandle, kennt die Gedichte des Franzosen. So reden wir über Poesie und die Wunder der Sprache. Das stimmt ihn milde. Der Mann begreift, warum ich in jene Stadt will, in der Rimbaud vor 150 Jahren gelebt hat: ein seltsam verborgenes Leben in Harar, ein Ort, der jahrhundertelang für Weiße verboten war.

Von den zwei einzigen Eisenbahnlinien funktioniert immerhin eine. Die nach Norden führt, wurde demontiert und von der Kriegsindustrie eingeschmolzen. Die andere verläuft – achthundert Kilometer lang – von der Hauptstadt bis an die Küste von Djibouti.

Um vier Uhr nachmittags bin ich am Bahnhof, und um 20.11 Uhr setzt sich der Zug ruckartig in Bewegung. Die Toiletten stinken, der dreckige Boden, die überfüllten Wagons. Wie belanglos. Vor einer Stunde war der Himmel noch rotviolett, nun scheint der Vollmond, vor dem offenen Fenster liegt Afrika. Nichts fehlt, nichts soll anders sein.

Key Bahr kommt vorbei, einer der Wachposten. Er hieße, lächelt er, wie das Rote Meer. Nun, das Rote Meer ist bereits blau, es schwankt leicht und nimmt mich mit zum Biermann. Und lädt mich ein. Der siebenfache Vater sagt den menschenfreundlichen Satz: »Wenn du ein Problem hast, gib es mir.«

Key Bahr wird mich etwas lehren, was schwer verständlich ist in einem Land, in dem alttestamentarische Krüppelfiguren am Straßenrand lungern und ihre Elendsjeremiade wimmern: diese Nonchalance, die sie daran hindert, in ein bodenloses Unglücklichsein zu verfallen, ja, hilft, das Desaster zu ertragen.

Wir gehen auf Patrouille. Ich muss mit. Stoppt der Zug, sprintet Key Bahr ans Ende des letzten Wagens. Dort hängt meistens ein Schwarzfahrer. Ein Fußtritt befördert ihn auf die Gleise. Bei Widerstand fuchtelt der Boss eindrucksvoll mit seiner Browning. Einmal treten wir aus, der Zug fährt los, wir rennen und springen auf. Aber die Türen öffnen sich nicht, weil dahinter Menschenmassen und Gepäcktonnen den Zugang versperren. Ein Warnschuss bringt Bewegung in den Haufen, Betriebsamkeit bricht aus. Irgendwann können wir hinein.

Die Nacht verläuft ruhig. Auf den Bahnsteigen der kleinen Stationen, an denen wir kurz halten, schlafen die Obdachlosen. Auch Key Bahr liegt jetzt ausgestreckt mitten auf dem Gang, sein Pistolenhalfter schaukelt im Rhythmus des Zugs.

Äthiopien folgt einem anderen Kalender, einer anderen Uhrzeit. Geht die Sonne auf, ist es ein Uhr früh. Geht sie unter, ist es ein Uhr abends. Dazwischen vergeht ein voller Tag. Als es am nächsten Morgen um ein Uhr hell wird, fahren wir durch ein fernes Jahrhundert. Kamelkarawanen ziehen über das karstige Land, verschlafene Soldaten kriechen aus ihren Hütten neben den Brücken, Kinder treiben Kühe, Esel tragen die letzten Sträucher als Brennholz nach Hause.

Zwischenstopp in den Dörfern. Ein Mann zeigt mir stolz seine graue Volksarmeejacke, noch ein Restposten von Erich H. Die leeren Flaschen werden ausgeladen, Frauen verkaufen Orangen und Bananen, ein Verrückter uriniert kichernd und nackt auf die Räder der Lokomotive. Nach vierzehn Stunden und 520 Kilometern hält der Zug in Dire Dawa. Ich steige aus, Key Bahr winkt heftig und vergnügt, der Zug zieht Richtung Osten weiter. Eine windschiefe Herberge findet sich, ich bleibe.

Um die Jahrhundertwende war Dire Dawa ein Camp für französische Eisenbahnbauer. Heute lebt es vom Schmuggel. Im Dajatu-Viertel liegt der riesige Markt, den sie »Taiwan« nennen. Weil die erste (heimliche) Ware von dieser Insel kam. Jetzt liefern auch Japan, Korea, Singapur, China und Thailand. Kein Stück, so versichert mir Sisaye, der vor Ort als Informant für die Polizei arbeitet, komme aus Äthiopien. Nein, niemand will hier den Schwarzhandel abschaffen. Am allerwenigsten die staatlichen Stellen. Sie wollen nur informiert sein. Um ihren Anteil nicht zu versäumen. Geliefert werden die Radios, Rasierer, Bügeleisen und Kassettenrekorder über das Rote Meer. Die Frachter löschen auf offener See, kleine Boote schaffen die Kisten nachts an die Küste. Dort warten die Kamele.

Am nächsten Tag Aufbruch nach Harar. Der Bus fällt aus, kein Benzin. Ich schließe mich einer Karawane an. Es sind Somalis, einer der achtzig Stämme in dieser Weltgegend. Die Treiber tragen links ein Bambusrohr und rechts ihre Teekanne, mit der Tasse über dem Schnabel. Nachdem wir die Polizeisperre am Stadtrand passiert haben, trennen wir uns. Sie ziehen landeinwärts, ich gehe zurück zur Straße, will in den Süden. Privatautos gibt es kaum, aber Laster. Ich winke, nach zehn Minuten sitze ich im Führerhaus eines Sattelschleppers. Der Fahrer und ich besitzen nicht ein einziges gemeinsames Wort, nicht einmal *yes*, nicht einmal *no*. Aber Harar und mein fragendes Gesicht versteht er.

Vorbei an kahl geschlagenen Steilhängen, später wird das Land saftig und fruchtbar. Kaffee wächst. Auch Khat, Grünzeug, das sich die Äthiopier rastlos in den Mund stopfen. Wir beide kauen, die leichte Droge stärkt die Konzentration.

Kurz nach Mittag kommen wir an. Negeshi will kein Geld, nur

seine Adresse soll ich notieren. Damit ich ihm schreibe. Das, so übersetzt ein Dritter, würde ihn sehr freuen. Als ich den Vorplatz meines kleinen Hotels überquere, registriere ich ein erstaunliches Glücksgefühl. Kein Glück für einen Verdienst, für eine Tugend, nein, nur das augenblickliche Glück. Weil die Lautstärke, weil das Licht, weil die Temperatur der Welt stimmt. Noch im Gehen erinnere ich mich an ein Gedicht von Salvatore Quasimodo

Ein jeder steht allein im Herzen der Erde
Getroffen von einem Sonnenstrahl
Und gleich ist es wieder Abend.

Als ich die Rezeption erreiche, ist das Glück schon vorbei. Ich muss kämpfen, alle Zimmer sind angeblich belegt. Der Rezeptionist misstraut wohl meinem Rucksack, einer Requisite, die wenig Eindruck macht. Ich rede ihm zu, er gibt nach.

Die wuchtigen Mauern von Harar stehen noch immer. Früher war die Stadt Schauplatz der Todfeindschaft zwischen Christen und Muslimen. Kein Ungläubiger durfte sie betreten. Als der englische Offizier Richard F. Burton sich 1855 verkleidet einschlich, wurde er entdeckt und entging nur knapp dem Tod. Eine Generation später, im Dezember 1880, kam Arthur Rimbaud nach einem dreiwöchigen Ritt durch die Wüste hier an. Die Ägypter herrschten nun, die Lage hatte sich entspannt. Der Franzose war jetzt 26 Jahre alt. Als 19-Jähriger hatte er aufgehört zu schreiben. Bis heute weiß niemand, warum.

Wer seine Gedichte gelesen hat, ahnt, weshalb er als »poète maudit«, als *verfluchter Dichter*, in die Literaturgeschichte einging. Der Halbwüchsige schrieb mit dem Presslufthammer. Wie von Sinnen bohrte er nach Visionen, die ihn irgendwann überwältigten. Und ihn ein unheilbarer Schreibekel infizierte. Und er sich alt fühlte, leer, verbrannt, still wurde wie ein toter Vulkan. Alles, was er hinterher noch zu Papier brachte, waren wehleidige Briefe an seine Familie und platte Reiseberichte für die »Société de Géographie«. Kein Zauber mehr in seiner Sprache, nicht eine

Zeile erinnerte an seine überirdische Begabung, uns etwas von der dunklen Wahrheit des Lebens zu erzählen.

Als Rimbaud nach Harar zog, um für einen wohlhabenden Geschäftsmann in der Stadt ein Depot für Kaffee, Gummi, Elfenbein und Moschus aufzubauen, lag eine in ihrer Intensität und Maßlosigkeit beispiellose Existenz hinter ihm. »L'homme aux semelles de vent«, *den Mann mit den Windsohlen*, nannte ihn sein Freund Paul Verlaine: Er wanderte zu Fuß über die Alpen, ging nach Schweden zum Zirkus, arbeitete auf einer Plantage in Alexandria, plünderte vor Suez gestrandete Frachter, verpflichtete sich in der holländischen Armee, fuhr als Söldner nach Java, wurde Aufseher eines Steinbruchs in Zypern, suchte in den Häfen des Roten Meers nach Arbeit.

In der katholischen Mission treffe ich Père Emile. Er hat es nicht leicht. Sein Kirchlein gegen 99 Moscheen. Aber es gibt keinen Ärger. Emile ist ein halber Heiliger, und die Muslime erkennen seine Fürsorglichkeit. Der alte Franzose, obwohl geistig Lichtjahre von seinem Landsmann entfernt, ist ein Rimbaud-Leser. Was er an Dokumenten zusammengetragen hat, lässt darauf schließen, dass dem Dichter auf dieser Welt nicht zu helfen war. Zu gierig sein ungezügeltes Verlangen, zu fordernd sein wütendes Herz, zu einsam seine unbeugsamen Sehnsüchte. Der Missionar führt mich durch das Haus, auch in den Salon. Hier hat Rimbaud gesessen, seine Gespräche mit den damaligen Missionsleitern sind verbürgt.

Was für ein überwältigendes Gefühl, sich in der »Nähe« eines Menschen zu bewegen, dem ein so einzigartiges Genie gehörte. Ich erinnere mich, wie ich vor Jahren, nicht weit von Tunis, das Hotel *Dar Zarrouk* betrat, in dem André Gide oft übernachtet und gearbeitet hatte. Ich ging an die Rezeption und fragte, ob ich das Zimmer von ihm sehen könnte. Der Mann blätterte im Gästebuch und sagte: »Tut mir leid, aber Monsieur Gide ist bei uns nicht abgestiegen. Ein Freund von Ihnen?« Ohne zu zögern, log ich voller Ergriffenheit: »Oui, un ami à moi.«

Die Altstadt von Harar hat ihre Magie nicht verloren. Eng, schief, verborgen. Jeden Tag ziehen Kamelkarawanen durch die

Tore. Noch immer backen die Frauen ihr Brot Injera – säuerlich und unansehnlich wie Putzlappen – über dem offenen Feuer. Wie Jahrhunderte zuvor nisten Fliegen auf dem Fleisch der Metzger, klecksen die Esel in die Gassen, fressen die Ziegen den Abfall von der Straße, stöhnen die Bettler ihre Jeremiaden.

Und aus manchen Ecken kommt das Gebrüll der Kleinsten, sie brüllen zur Ehre Allahs. Mehr als zwei Dutzend Koranschulen gibt es am »viertheiligsten Ort« des Islams: Die Kinder sitzen in einem Hinterhof und kritzeln die eingetrichterten Suren auf die Schiefertafeln. Bis zu acht Jahre lang dauert die »Ausbildung«: ein bisschen Arabisch lernen und den ganzen Koran. Nichts anderes. Ganztägig. Erst hinterher dürfen sie auf die Grundschule, die keine zwanzig Prozent von ihnen abschließt.

Der Kabir, der Lehrer, überwacht träge den Unterricht, lümmelt auf weichen Decken, raucht, kaut Khat, trinkt Tee. Das stundenlange Gejohle stört ihn nicht. Auch nicht die Fliegenhorden und das Knallen der Peitschenhiebe, mit denen Achtjährige den Fünfjährigen das »Wort Gottes« auf die Haut brennen. Nähert sich die Unterweisung dem Ende, wollen ein paar der Schüler eher davonrennen. Von wegen. Am Tor boxen die Älteren sie zurück, erneut das Surren des Ziegenleders.

Ich bin mit Abdul unterwegs. So soll er heißen. Frühabends verschwindet er. Er ist jung und wird gesucht. Für den Krieg. Wie überall in Äthiopien werden Jugendliche von der Straße weg zwangsrekrutiert. Nachts, damit kein Aufruhr entsteht. Jede »Kebele«, jede Stadtteilverwaltung, muss bestimmte Quoten liefern. Abdul zeigt mir ein Papier, auf dem alle Namen der potenziellen Opfer aufgelistet sind. Daneben Anmerkungen, die Aufschluss darüber geben, dass die zuständigen Autoritäten das gemeine Volk – Familien ohne Einfluss und Geld – »bevorzugen«.

Mystische Stadt. Spät durch die Gassen ziehen und im Licht der Mondnacht nur die Zigarettenglut rauchender Männer sehen, die unter freiem Himmel ihr Nachtlager aufgeschlagen haben. Plötzlich den Schatten von jemandem bemerken, der zu sprechen beginnt und wie selbstverständlich zu einer Tasse Shai in seinem Haus einlädt. Einen Sack Fleischreste kaufen, sich vor das Fallana-Tor stellen und Girmar und Mimy und Irso und Shermud rufen. Und warten, bis die Hyänen im Schutze der Dunkelheit näherkommen und die Knochen abholen. Noch eine Einladung zu einer »coffee ceremony« annehmen und sich einlullen lassen vom Weihrauch und dem Duft gerösteter Bohnen, den man sich ins Gesicht wedelt.

Und bis ans Ende aller Tage nicht jene zehn Nachtstunden bei der Hexe Tiruwork vergessen, die greint und flüstert, flucht und bebt und sich hinter einem Vorhang verbirgt und mir zuerst sechs Bedingungen stellt: eine Woche lang keinen Raum betreten, in dem eine Frau ein Kind gebar, eine Woche lang kein Totenhaus besuchen, alle Parasiten aus dem Körper entfernen (!), eine Woche lang keinen Sex praktizieren und einen Tag lang ohne Alkohol und ohne Telbaöl verbringen. Dann wäre ich »rein«, dann könne ich zu ihr vorgelassen werden. Ich schwindle und berichte, dass ich just diese Voraussetzungen bereits erfüllt habe. Die geheimnisvolle Alte glaubt meinen Flunkereien und taucht mich unter Zuhilfenahme eines begnadeten Hokuspokus – Trommelwirbel, Gebetssalven, blubbernde Wasserpfeife – in ein Meer orientalischer Worte, aus dem ich letztlich »geheilt« und »absolut gesund« auftauche. Sagt sie. Und ich lächle und hinterlege einen Schein.

»Einst, wenn ich daran denke, war mein Leben ein Fest«, schrieb Rimbaud am Anfang seiner »Une saison en enfer«, *ein Aufenthalt in der Hölle.* Und drei Sätze weiter steht: »Ich fand sie bald bitter und stieß sie wieder fort.« Sie, das ist die Göttin der Schönheit. Der französische Dichter hat das Leben nicht ausgehalten. Auch nicht das schöne. Selbst Harar konnte sein Herz nicht besänftigen. Ihn ekelte. Es widerte ihn an, alles: seine armselige Existenz als Kaffeekrämer, sein mühseliger Versuch, ins Waffengeschäft einzusteigen, der Traum, als Sklavenhändler das große Geld zu kassieren, die Nähe von Menschen, die Nähe einer Frau. »Ein Glück«, notierte er in einem Brief an seine Mutter, »dass es nur dies eine Leben gibt und wir dessen ganz sicher sein können, denn es ist unmöglich, sich ein anderes vorzustellen.«

Wer nicht leben will, muss sterben. Bis zum Frühjahr 1891

wohnte Rimbaud, mit Unterbrechungen, in der Stadt. Dann entzündete sich sein rechtes Knie, schwoll an, versteifte. Fieber kam, ein satanischer Schmerz schwärte durch den Körper. Vor Jahren hatte ein ägyptischer Arzt seine Syphilis behandelt. Inzwischen waren die Ägypter jedoch vertrieben worden, seriöse medizinische Hilfe stand nicht mehr zur Verfügung.

Rimbaud verkaufte alles, nachdem er beschlossen hatte, nach Frankreich zurückzukehren. Auf einer Bahre trug man ihn die 300 Kilometer zum Roten Meer. Nicht ohne Hindernisse. Ein Sturm riss die Karawane auseinander, die Kamele liefen davon, die Verpflegung verschwand. »Ein Aufenthalt in der Hölle« wurde höllische Wirklichkeit.

Zwischenstation im Krankenhaus von Aden. Er verweigerte die Amputation. Krebs begann durch seinen ausgezehrten Leib zu kriechen, per Schiff erreichte er Marseille. Am 10. November 1891, drei Wochen nach seinem 37. Geburtstag, starb er. Auf seinem Grabstein steht: »Priez pour lui«, *Betet für ihn*. Isabelle, die bigotte Schwester, war für diesen Schwachsinn verantwortlich.

Seine Vergangenheit wird Äthiopien so schnell nicht los. Hungersnöte gibt es hier nicht erst, seit die BBC sie live übertrug. Auch der Zwist zwischen den Stämmen und Religionen hat eine beharrliche Tradition. Die Amharen, die christliche Oberschicht, will die Macht nicht teilen, will alles für sich.

Im Gegensatz zu ihrer politischen Borniertheit und diesem manischen Misstrauen füreinander strahlen die Bewohner dem Fremden gegenüber Herzenswärme aus, ja, scheue Zärtlichkeit. Selbst der in seiner Trauer oft blinde Rimbaud hat sie mehrmals erwähnt, jene Fürsorge der »Eingeborenen«.

Natürlich, mit mir als Weißen haben sie es einfacher. Ich bedrohe sie nicht, gehöre zu keinem konkurrierenden Clan, bin nicht Muslim, nicht Christ, will kein Kamel entführen und keine Kuh heimlich melken. So lerne ich Frauen und Männer kennen, die mich beschützen, wenn ich dem Leimsieder begegne und er mir wieder redet von der Boshaftigkeit der Welt.

Sobald ich Harar verlasse, ist mein *travel permit* ungültig. Aber das Innenministerium ist weit weg. Insgesamt werde ich siebzehn Straßensperren überqueren. Vorposten, um den Schmuggel zu kontrollieren. Doch mein Rucksack ist zu klein für einen Elefantenstoßzahn aus Kenia und zu leicht, um zwanzig Kilo Kaffee ins rentable Addis zu schaffen. Niemand fragt nach meinen Papieren. Was die Polizei beunruhigt, ist die Tatsache, dass ich allein unterwegs bin, zu Fuß über einsame Landschaften. Eindringlich informieren sie mich über den nächsten Stamm. Die Kehle würde man mir aufschneiden und den Geldbeutel. Und die Hoden und Unterschenkel kappen. Erreiche ich dann – überraschenderweise noch vollständig – eben jenen Stamm, vor dem ich gerade inständig gewarnt wurde, passieren zwei überraschende Dinge: Ich werde zum Essen eingeladen und gefragt, wie es denn möglich sei, so unbeschädigt hier anzukommen. Denn da, wo ich herkäme, lebe ein ganz besonders hinterhältiger Menschenschlag.

Weiterwandern – die einzige Straße Richtung Hauptstadt entlang. Schwacher Verkehr, kaum drei Autos pro Stunde. Der Blick von den Serpentinen fällt auf ein mächtiges Land und immer, ja immer, hält ein Wagen, wenn ich winke. Also winke ich nicht und gehe. Weil ich etwas entdecke, was ich wieder lernen will: Reisen ohne Anschlussflug, ohne fahrplanmäßige Garantie. Im Hungerleiderland Äthiopien kommt Vertrauen über mich, ich fühle mich behütet.

Die Welt anschauen: Ziegenböcke, die im Straßengraben kämpfen. Frauen, die im Dorftümpel die Wäsche waschen. Mädchen, die mit Eselskot die Felder düngen. Kuhhirten, die ihre Kalaschnikow reinigen. Mütter, die ihren Kindern – Läuse plagen – eine Glatze schneiden. Eine Greisin, die mir dreimal ins Gesicht spuckt, ah, der Speichel soll Glück bringen. Alte Männer, die ihre Hand heben und »welcome« rufen.

Jedes Mal überkommt mich in solchen Augenblicken die kleine Lust, mir einen Afrikaner vorzustellen, der mit seinem Rucksack durch Deutschland spaziert und von deutschen Rentnern mit »Willkommen« begrüßt wird.

Nach Stunden mache ich ein Zeichen, und ein Laster voller Limonadenkisten hält. Sie sitzen zu fünft im Führerhaus, ich bin jetzt der sechste. Sie verteilen ihren Khat, ich meine Zigarillos. Geld hat noch keiner akzeptiert. Die späte Nachmittagssonne leuchtet durch die Scheiben, man hört die Flaschen scheppern, von fern kommt uns ein Mensch auf der staubigen Straße entgegen. Lässig geht ein Tag zu Ende.

Fast. Als wir auf gleicher Höhe mit dem Fußgänger sind, entfährt Abiy, dem 17-Jährigen neben mir, ein gellender Schrei. Während der anschließenden Vollbremsung ziehen er und sein Bruder Maseret ihre *Berettas 7.65* aus den Hosentaschen, stoßen die Tür auf und rennen dem Mann hinterher, der sofort die Gefahr erkannt hat und flieht. Außer dem Fahrer nehmen alle die Verfolgung auf. Den Revolver in der Hand und im Laufschritt erklärt mir Maseret, dass der Kerl ein Dieb sei und den Limonadenhändler mehrmals betrogen habe.

Eine zivilisierte Lösung bahnt sich an: Der Flüchtige verschwindet in einer der Hütten des nächsten Dorfes, Einwohner strömen zusammen, großes Palaver. Zuletzt überredet ein Onkel den Gesuchten, sich zu stellen. Dafür müssen die Waffenbesitzer ihre Magazine ausleeren und die Patronen abgeben. Der Verdächtige wird auf die Ladefläche verfrachtet, wir fahren los. Nach zwanzig Kilometern kommt eine Polizeistation. Wir stoppen, sie steigen ab, ich wandere weiter.

Die Bilder ändern sich. Nach der fruchtbaren Hochebene geht es bei Asebe Teferi wieder hinunter und das Land wird Savanne, wird heiß, trocken und flach. Immer findet sich ein winziges »Hotel« mit Bett, Nachttopf und Wasserflasche. Zum Waschen. Im Gegenlicht des purpurfarbenen Lichts am Himmel sitzen die Silhouetten der Marabus in den Kronen der Schirmakazien. Stille. Nur manchmal ein Flügelschlag. Es scheint, als atmete die Erde aus.

Ich renne hinaus in die Wüste, um die Welt anzustarren. Und die Kinder wetzen in eine Seitengasse, wo das Dorfkino steht, ein Videogerät, betrieben von einem ratternden Generator. Es knallt im Dorf, wenn Chuck Norris und Sylvester Stallone die Botschaften des Westens verkünden.

Gibt es Strom, gibt es überall in den verrußten Spelunken dasselbe Nachtleben: Im Hintergrund flimmern die Killer und die Leichen über den Bildschirm, die Mädels warten auf Kundschaft, Männer essen rohes Fleisch und betrinken sich mit Tej, dem hausgemachten Honigwein. Und irgendwann tauchen dunkle Gestalten auf, US-Karabiner über den Schultern, immer auf der Suche nach Minderjährigen für den Bürgerkrieg.

Bei Mojo trampe ich in den Süden des Landes. Diesmal auf dem Soziussitz verschiedener Motorräder. Vorbei an den sieben berühmten Seen Äthiopiens, alle unbetretbar, da kontrolliert von Massen hungriger Krokodile.

Jetzt kommt eine Geschichte, die keiner erfinden kann. Weil keiner sie glauben würde: Ich werde in einem Dorf abgeladen, Endstation. Ein paar Häuser, ein paar Hütten, die eine Straße. Ich brauche Wasser und finde das »Hotel Paradise«. Es gibt nichts, nur lauwarmen Shai. Ein gelähmter Alter starrt auf den Boden, drei Jugendliche dösen auf einer Bank, auf einem Aluminiumteller liegt ein fader Rest Injera. Siesta, Stille, im Augenblick Stromausfall. Ich schlürfe meinen Tee und etwas ganz Unspektakuläres und doch Ungeheuerliches passiert: Vier einfach gekleidete Herren betreten den Raum. Der Jüngste nähert sich zielstrebig einem Stuhl und verrückt ihn zweimal. Dann schreiten alle gemeinsam zur Theke, schlagen das große mitgebrachte Buch auf – und diskutieren. Ruhig, bald heftiger. Genau so: Hereinkommen, den Stuhl verrücken, das Buch aufschlagen, diskutieren. Bis einer der vier mich entdeckt und freundlich lächelnd die Hand ausstreckt. Ich frage, und er klärt mich auf. Und sogleich hüpfe ich vor Freude. Weil Afrika phänomenal ist und auf dem Kontinent noch Wirklichkeiten stattfinden, die mein europäisches Hirn nicht mehr zu denken wagt: Hier, in diesem Kraal der Vierten Welt, amtshandelte der »TÜV«. Ich war eben Zeuge einer routinemäßigen Überprüfung des Paradieshotels.

Tage später muss ich zurück. Eine Autostunde südlich der Hauptstadt halte ich in Debre Zeyt. Und ein Unternehmen steht an, das mich an den Saum meiner Kräfte treibt.

Der Anfang ist sorglos, ein Land Rover nimmt mich die ersten fünfzehn Kilometer landeinwärts mit. Dann kommen die nächsten 15, zu Fuß, mit Rucksack. Der nächtliche Regen machte die Erde schwer, fette Klumpen bleiben haften an den Stiefeln, die glühende Sonne.

Nach dreieinhalb Stunden beginnt der Aufstieg, zum Gipfel des 2989 Meter hohen Mount Zuqualla. Ganz oben, heißt es, gibt es ein Kloster, eine uralte orthodoxe Kirchengemeinde. Beten, fasten, heilige Schriften lesen. Tag für Tag. Ich verirre mich, der enge Pfad endet plötzlich. Ich versuche einen anderen Weg und lande im Dickicht. Dornige Stauden, mannshoch, reißen über die Haut meiner Unterarme, über Hemd und Hose. Es dauert, bis ich den Ausgangspunkt wiederfinde. Neuerlicher Anlauf, diesmal stimmt die Richtung. Ich rauche, um die Fliegenpest zu vertreiben. Am späten Nachmittag bin ich am Ziel. Ich zittere vor Erschöpfung.

Der erste Mensch, den ich sehe, ist eine kleine, verkrüppelte Frau. Ein Buckel sitzt auf ihren Schultern. Eine Nonne. Wieder bekomme ich ein afrikanisches Märchen geschenkt. Sadal lacht, als sie mich um »Shai« betteln hört. »Yes, yes, shai, shai«, kichert sie und nimmt mich bei der Hand. Die umstehenden Schwestern und Brüder folgen. Vorbei an der runden Holzkirche zu den im Wald verstreuten Lehmhütten, jede mit einem Kreuz auf der Tür. Sadal sperrt ihr Heim auf, breitet eine Bastdecke aus und besorgt zwei Wolldecken, um mich zu wärmen. Der schweißgebadete Körper friert, ein kalter Wind zieht jetzt um die Bergspitze.

Sie machen Feuer, eine Öllampe brennt. Ich trinke vier heiße Tassen Tee. Jemand bringt einen Teller Bohnen, dazu drei hart gekochte Eier. Bevor mir Sadal das einzige Bett – es endet da, wo meine Knie beginnen – anbietet, ziehen mir Nonne Brama und Mönch Mariam die Schuhe aus. Vorsichtig, da ein halbes Dutzend Blasen schmerzen. Und Brama gießt behutsam warmes Wasser über meine Füße, und Mariam wäscht sie. Sanft, geduldig. Und so heiter und unbefangen, dass ich es annehmen kann und kein Augenblick der Scham die Zeremonie beschwert. »No problem here«, kichern sie, »everything happy.«

Vielleicht habe ich etwas begriffen von diesem Land. Rückblende: Außerhalb der Stadtmauern von Harar gab es eine Krankenstation. Im Vorraum saß eine alte Frau mit einem Baby. Seine dünnen Glieder, die großen Augen im großen Kopf, der Blähbauch. Die Kleine biss sich in den linken Unterarm, Zeichen von Hunger. Auf jedem Körperteil die grässlichen Fliegen. Die Mutter war kurz nach der Geburt gestorben, und die Großmutter wohnte weit draußen, hatte keine Kraft, um jeden Tag hierher zu kommen. Krankenschwester Nigisti brachte eine Milchflasche, legte das Kind in eine Wanne, wusch es, schnitt die fast unsichtbaren Nägel. Noch immer biss sich die Vierjährige in ihr eigenes Fleisch, noch immer wimmelten die Fliegen.

Zurück im Wartezimmer fiel mein Blick auf die Patienten. Übervoll die Bude. Ich wollte etwas fragen und konnte nicht. Vermutlich der Stress. Ich versuchte es ein weiteres Mal, wieder vergeblich. Irgendwann fing ich an und brach mittendrin ab. Leicht verwundert blickten die Leute auf den seltsamen Fremden, da hörte ich Nigisti leise sagen: »You don't have to cry.«

So stimmt der Satz des amerikanischen Fotografen Robert Capa, der kurz vor seinem gewaltsamen Tod in einem Interview meinte: »Du musst ganz nah herankommen, dann wirst du verstehen.«

DIE UNBERÜHRBAREN

Ein Wahn mit unfassbaren Folgen

Es passierte eine Stunde vor Mitternacht. Im Norden Indiens, nicht weit von der Grenze nach Nepal entfernt. Wir saßen auf dem Boden eines bescheiden möblierten Wohnzimmers und redeten. Den Hausherrn hatte ich im Bus kennengelernt. Ein neugieriger Mensch, der keinen Widerspruch zuließ und mich mitnahm. Ausnahmsweise gab es Strom, zwei Lampen brannten.

Kishor erzählte von hiesigen Schmuggelgeschäften, als es an der Tür klopfte. Ein schmächtiger Mann stand da, in der Hand einen Besen. Er verbeugte sich leicht und fragte, ob er etwas zu essen bekommen könne. Kishor ging in die Küche, packte Früchte und Chapati ein, kam zurück. Und jetzt geschah es. Der Kleine verbeugte sich wieder und lehnte die Mahlzeit ab. Seine phänomenale Erklärung: er habe Kishor den Kühlschrank öffnen sehen, im selben Moment sei die Innenbeleuchtung angegangen. Der Lichtstrahl tötete höchstwahrscheinlich Lebewesen. Er bitte um Nachsicht, aber er möchte nichts annehmen, wenn andere dafür sterben müssen. Die anderen waren in dieser Nacht die Mikroben. Er verbeugte sich ein drittes Mal und verschwand in der Dunkelheit.

Minuten später beschloss ich, ihn zu suchen. Ich fand ihn still und konzentriert Richtung Nachbardorf tippeln. So wanderten wir gemeinsam. Bishamber legte den Mundschutz nicht ab, als er mir den Zwischenfall erklärte. Früher war er ein »untouchable«, ein *Unberührbarer*. Bis er dem Hinduglauben abschwor und ein »Jaina« wurde. Weil der Jainismus die absolute Gewaltlosigkeit lehre und den absoluten Respekt vor jeder Art Existenz. Höhere und niedere Tiere, höhere und niedrige Menschen kämen in dieser Religion nicht vor, sagte er. Nur Wesen, die leben und spüren. Den Hass und die Verachtung, die er erfahren hatte, wollte er umwandeln in Liebe und Achtung. Deshalb der Mundschutz und die Sorge um die mit Lichtgeschwindigkeit verbrannten Mikroben, deshalb der Staubwedel, mit dem er ununterbrochen die Straße vor sich fegte. Um nichts totzutreten.

Bishamber wird kämpfen müssen. Diese Nacht war vor vierzehn Jahren. In der Zwischenzeit hat die indische Bevölkerung nicht aufgehört zu explodieren. Am rasendsten unter den Unberührbaren. Liebe allein wird folglich nicht helfen. Zu unbestritten scheinen die »ewigen Wahrheiten« zu sein, die Inder einteilen in höchst wertvolle und durchschnittliche Lebewesen. Und Abfall, »menschlichen Abfall«.

Im Süden des Lands gab es im vorletzten Jahrhundert einen Stamm, der sich »Paraiyan« nannte. Wegen ihrer Trommel, der »parai«, die sie immer bei sich trugen. Kam ein Fremder in Sichtweite, trommelten sie los. Warnsignale. Damit der andere sich noch rechtzeitig in »sichere«, in »reinere« Gefilde retten konnte. Die Paraiyan waren nicht nur unberührbar, sondern auch »unnahbar«, ja »unansehbar«. Sie galten als so minderwertig, dass ihre schiere Gegenwart die Umgebung verpestete. Die armen Teufel wurden weltberühmt. Aus ihrem Namen entstand irgendwann: »Paria«, das internationale Wort für »Untermensch«. Unter, weil unterhalb der damals vier klassischen Kasten.

Die Würde des Menschen ist unfassbar.

Ich fahre nach Bihar, sechzehn Zugstunden von New Delhi entfernt. Entlang von hunderten der 550 000 Dörfer des Landes. Und in jedem herrscht – siehe den portugiesischen Ausdruck »casta« für »Rasse« – das Kastensystem. Wohl jede Gegend hätte getaugt, um herauszufinden, wie »göttliche Offenbarung« eine hundsgemeine Realität hervorbringt, wie traditionsreicher Abscheu Frauen und Männer zurichtet und heiliger Schwachsinn tagtägliches Elend produziert.

Doch im Bundesstaat Bihar, weit im Osten, organisiert sich

auch Widerstand, intensiver als woanders. Die Rechtlosen verlangen ihr Menschenrecht. Zaghaft und demokratisch oder laut und grausam. Die Knechtschaft bröselt. Ein »Wort Gottes« wird entlarvt.

Ankunft in Patna, der Hauptstadt. Die Suche beginnt, und nach acht Tagen finde ich das Dorf Nighwan. Irgendwo in Bihar. Seit Urzeiten kein Totschlag, nie ein Massaker, nie religiöse Zwietracht. Sogleich laden die Bewohner mich ein und sogleich sagen sie, dass niemand hier unberührbar sei und alle friedselig und gleichberechtigt zusammenlebten. Wer so gut ist, hat etwas zu verheimlichen. Ich bleibe, schlage im Heuschober mein Moskitonetz auf.

Wer hat die Unberührbarkeit erfunden? Tatsächlich entstand das »Manusmriti«, das *Gesetzbuch des Manu*, etwa zwischen zweihundert Jahre vor oder nach unserer Zeitrechnung. Es gibt keine exakteren Daten. Aufgesetzt in Sanskrit. Das Werk mehrerer Brahmanen, veröffentlicht aber unter dem Namen eines einzigen, eines »mythischen« Autors: Manu. Dort steht zum ersten Mal das Wort »unberührbar«. Hier eine Kostprobe aus dem fünften Kapitel: »Wenn ein Brahmane einen Unberührbaren, eine menstruierende Frau, einen Ausgestoßenen, eine Frau im Wochenbett, einen Leichnam oder jemanden, der einen Leichnam angefasst hat, berührt, muss er sich durch ein rituelles Bad reinigen.«

Von den Verfassern fehlt jede Spur. Dahinter steckt wohl Absicht. Geheimnisse wabern. Fakten sind menschlich und banal. Fehlen sie, treten die Götter auf den Plan. Bei einem Volk wie den Indern, so unheilbar verliebt in Geschichten von Himmel und Hölle, funktioniert das besonders schnell. Aus einer Benimmfibel für Hindus, festgelegt von einem Zirkel sittenstrenger Wichtigtuer aus der Herrscherklasse, werden die »Reden Gottes«, wird so überirdische Wahrsagung.

Nighwan ist alt, steinzeitalt. Die ganz praktischen Neuheiten kommen nicht an. Versuche gab es. Doch inzwischen liegt der Stromtransformator verrostet neben dem Reisfeld, hat jemand das dicke Telefonkabel abgeschnitten und auf dem Schwarzmarkt verkauft, warten sie noch immer darauf, dass die Regierung die dreißig Jahre lang versprochene Zufahrtsstraße baut.

Und die Neuheiten in den Köpfen der 2600 Bewohner? Wer sollte sie verbreiten? Fernseher? Gibt es nicht. Zeitungen? Bücher? Gäbe es sie, nur einige könnten sie lesen. Und Jitendar, einer von drei Radiobesitzern mit funktionstüchtigen Batterien, fragt mich, wie es mir in Japan erginge. Denn er habe gehört, dass Deutschland und Japan sich wiedervereinigt hätten, »hinter Indien, irgendwo hinter Indien.«

Sie haben geschwindelt. Alles ist noch da. Auch das Kastensystem, von der Krönung der Schöpfung – dem Brahmanen, dem Priester – bis hinunter zum Mushar, dem Rattenfänger. Und alle halten es für selbstverständlich, für »gottgegeben«: dass die einen die anderen nicht berühren. Dass der eine der bessere Mensch ist und der andere ihm nicht die Hand reichen darf. So herrscht Friede, niemand hinterfragt, jeder ist einverstanden.

Ich bin durch viele indische Dörfer gezogen, und Nighwan ist keine Ausnahme, Nighwan ist der Alltag. Und sobald ich ihn lebe, bin ich Teil dieser göttlichen Hackordnung. Da ich ein »mlechchha« bin, ein *Fremder*, ein Nicht-Hindu, der fremde Unberührbare.

Ein Beispiel: Shree Pandey ist Brahmane, Landbesitzer, Hausbesitzer. Kein Dracula, kein Menschenfresser, eher freundlich und witzig. Bei ihm habe ich auch den Schlafplatz im Heu gemietet. Ein Dutzend Mal lädt er mich ein, in seinem Haus zu essen. Doch stets sitzt er zwei Meter entfernt und schaut mir zu. Gleichzeitig die Mahlzeit mit mir einzunehmen würde ihn »verunreinigen«. Ich bin zu niedrig auf die Welt gekommen, um diesen harmlosen Akt der Gleichberechtigung mit ihm teilen zu dürfen. Auf gewisse Weise ist der Mann unschuldig, denn so wurde er dressiert, so wurde ihm der Hochmut endlose Generationen hindurch vererbt.

Das Sanskritwort für Kaste heißt »Varna«, unserem Wort Beruf oder Stand wohl am nächsten. Die Varnas dienten – und dienen noch heute, vor allem in ländlichen Gegenden – der Sicherung des jeweiligen Metiers. Eine Art Innung, Genossenschaft für die vier ursprünglichen Kasten: die Priester, die Krieger, die Kaufleute und das arbeitende Volk. Erst viel später kam mit Manu der Riss, die Demütigung, erschien die indische Ausgabe rabiater Apartheid.

Im Laufe der Jahrhunderte geriet das System aus den Fugen. Was einmal klar und überschaubar war, wuchert nun unüberschaubar. Indologen können nur mutmaßen, sprechen von über 3000 Kasten. Die wiederum sind aufgesplittet in 25 000 Unterkasten. Nicht zu vergessen die 180 Millionen »outcasts«. Was die Lage bis zum Aberwitz kompliziert, ist die Tatsache, dass die Unberührbaren sich untereinander nun auf Distanz halten: So existieren Unberührbare, Unberührbarere und Unberührbarste.

Auch dafür liefert Nighwan die konkreten Nachweise. Bei Manu steht geschrieben: »… aber die Wohnstätten der wilden Unberührbaren und der Hundezubereiter sollen außerhalb der Dörfer liegen.« So sei es. Insgesamt gibt es 370 »Wohnstätten«, Häuser und Hütten, in denen genau vierzehn Kasten und sechs verschiedene Gruppen von Kastenlosen wohnen. Jede für sich. Folglich verteilen sich die Bewohner in zwanzig »Tollas«, zwanzig Viertel. Je »wertloser« der Mensch, desto weiter entfernt haust er von der Dorfmitte: Er haust »außerhalb«. Es dauert lange, bis ich die Tolla der Mushar erreiche, der Unberührbarsten. Vierzig Lehmhütten, Hunde, Ziegen, eine Wasserstelle, die Kinderschwärme, die dämmernden Alten, die scheuen Frauen, die Mushar-Männer: die Rattenfänger.

An meinem ersten Tag dort kommt der kleine Rashid aus dem Nachbardorf mit seinem Bauchladen vorbei. Sicherheitsnadeln, Knöpfe, Unterwäsche, Schminkfarben und bunten Blechschmuck bietet er an. Und die Mädchen probieren aus, halten die Ohrringe an ihre schönen, schmutzigen Gesichter. Mit sehnsüchtigen Augen legen sie die unbezahlbare Versuchung zurück. Zweieinhalb Rupien (acht Cent) das Paar. Das ist zu viel.

Mitasa nimmt mich mit. Heute Morgen kam kein Landbesitzer, um ihm Arbeit für einen Tag zu geben. Also geht er auf Rattenjagd. Hinaus auf die Felder. Rissiger, trockener Boden eignet sich am besten. Dann auf Verdacht ein Loch graben, dreißig Zentimeter tief, mit Stroh abfüllen, anzünden, mit Erde leicht zudecken, mit einem Tuch breitbeinig darüberstellen und geduldig und heftig wedeln, um das unterirdische Feuer mit Sauerstoff zu versorgen. Nach kurzer Zeit kriecht Rauch aus den Rissen. Jetzt lauern. Vergeblich. Woanders graben, wieder anzünden und wedeln. Diesmal gibt die Ratte auf, von Todesangst getrieben wetzt sie ins Freie, in ihren Tod: Mit einem schnellen Griff hinter das Genick bekommt Mitasa das Tier zu fassen und bricht mit einer Rasierklinge den Unterzahn heraus, um ihren Biss zu entschärfen. Er durchsucht noch die Höhlengänge, überall hat die Ratte Reishalme gehortet. Er zieht sie vorsichtig nach oben. Ihr Essen gehört nun ihm.

Mitasa glaubt, dass er »zwischen 30 und 35 Jahre« alt ist. Er hat eine Frau, fünf Kinder, eine Hütte. Wie alle Unberührbaren besitzt er keinen Quadratmeter Land. Dass er für ein warmes Mittagessen und zwei Kilo Reis – Gegenwert knapp ein halber Euro – einen Tag fremde Felder bestellt, provoziert keine Wut in ihm. Er sagt nur: »Irgendetwas stimmt nicht. Aber denke ich darüber nach, werde ich unglücklich.«

Ich frage ihn: »Wie fühlst du dich, wenn andere dich für wertlos halten?« Und Mitasa, ruhig: »Das ist in Ordnung.« Ich setze nach: »Warum ist das in Ordnung?« Und Mitasa: »Weil alle es sagen.« Von Würde hat er nie reden hören. Sie taucht nicht auf in seinem Leben. Nur die Wertlosigkeit. Die hat er geerbt. Wie Shree Pandey, der Landbesitzer, seine Anmaßung.

Der lange Weg zurück in Mitasas Viertel. Jeden Abend bricht hier dieselbe Schönheit aus. Der rosafarbene Himmel, der leichte Dunst über der Welt, die friedlichen Geräusche der Tiere.

Im Dorf zieht Mitasa die Ratte in die Länge, bis die Wirbelsäule knackt. Das späte Sterben hat Gründe. So verdirbt das Fleisch weniger rasch. Dann hackt er mit dem verbliebenen Oberzahn ein Loch ins Fell und schleudert die geschickt herausgefingerten Eingeweide aufs nächste Strohdach. Wir sind nicht allein. Andere bereiten ebenfalls ihre Beute fürs Abendessen zu. Die meisten verzehren die Nager roh. Da ich Geld dabeihabe, besorgen wir etwas roten Chili, Pfeffer, Öl und Zwiebeln. Mitasa macht mit getrockneten Kuhfladen Feuer, seine Frau bereitet auf einem flachen Stein die Soße. Ratte und Soße kommen in den siedenden Kochtopf, dann zwanzig Minuten ziehen lassen. Die Großfamilie hat bereits Platz genommen, alle sitzen am Boden. Es wird gerecht verteilt, doch für mich gibt es die Delikatesse, den Schwanz. In weiser Voraussicht besorgte ich mir morgens eine Flasche Daru, den selbst gebrauten Hinterhofschnaps hier in Bihar.

Ich sollte vertrauen. (Nein, sollte ich nicht, Wochen später wird mich eine grässliche Infektion heimsuchen, mit Flecken überall am Körper.) Vor ein paar Tagen war ich mit den Godhnita, den »Tätowierern«, unterwegs, die ganz in der Nähe leben. Unberührbar und ausgestoßen wie die Mushar. Wir jagten die »Manargoh«, fünfzig Zentimeter lange Eidechsen, ihre bevorzugte Hauptmahlzeit. Sogleich schnitten sie das Herz heraus, kochten es und – schenkten es mir. Zum sofortigen Aufessen. Es würde mich beschützen.

Nach der abendlichen Rattenkost, wenn das Rot von Himmel verschwunden ist, und es dunkel und sternenklar wird, zünden die Mushar zwei Kerosinlampen in einer Hütte an, die nun zur »Ambedkar School« umfunktioniert wird. Benannt nach dem berühmten, dem geliebten Bhimrao Ramji Ambedkar, der als »Paria« bis zum Justizminister Nehrus aufstieg. Er war maßgeblich an der Einführung des »Artikel 17« in die indische Verfassung beteiligt. Jenes Gesetz, das die »Unberührbarkeit« abschaffte.

Ein großer Schritt, ein winziger Schritt. Denn soll sich tatsächlich etwas ändern, dann müssen diese staatlich beglaubigten »Aussätzigen« zuerst einmal in die Nähe von Papier und Bleistift kommen: um sich das Handwerk für den weiten Weg in die Gleichberechtigung zu erarbeiten. Ambedkar wusste das besser als jeder andere. Deshalb gibt es überall im Land diese Nachhilfeschulen. Bevor die Kinder sich setzen, um Zahlen und Buchstaben auf ihren Schiefertafeln zu üben, stehen sie im Kreis und plärren begeistert in die Nacht: »Niemals werden wir die Stimme von Ambedkar vergessen: Lerne! Kämpfe! Unser Slogan heißt

Kampf. Das Leben lehrt uns harte Lektionen. Aber wir denken an dich, Baba. Und wir werden kämpfen! Wir werden kämpfen!«

Das wird dauern. Heute noch scheinen die Zustände Lichtjahre von Ambedkars Träumen entfernt. Wie pompös und human sich das 1949 verabschiedete Gesetz liest, und wie lange es dauert, bis es in der Realität ankommt. Wieder taugt Nighwan als Exempel: Eine Handvoll kleiner Tempel haben sie im Ort. Offiziell bekommt jedermann Zutritt. Doch kein Brahmane würde sich neben einem aus den »scheduled casts« verbeugen. (Der neue, bizarre Ausdruck wurde erfunden, um das dreckige Wort von der Unberührbarkeit zu vermeiden.) Denn in den Dörfern herrscht noch immer der Tausende Jahre alte, stillschweigende Code. Delhi ist unendlich fern.

Sogar die Leichen müssen auseinander: Im Westen, hinterm Fußballtor, befinden sich die Gräber der »forward casts«, der Oberschicht. Im Süden die der »backward casts«, der niederen Kasten. Und im Norden die Grasnarben, unter denen die »Harijans« (»Kinder Gottes«, so nannte Gandhi sie) liegen. Weit genug voneinander entfernt, damit die einen Toten die anderen Toten nicht beflecken.

Ich besuche die Tolla der Pasis. Auch sie unberührbar, aber Nuancen berührbarer als die Rattenfänger und Tätowierer. Ich frage den greisenhaften Ragaram nach seinem Alter, und er antwortet schlau: »Nicht weniger als achtzig.« Dann tut er das, was alle Pasis tun. Er bindet sich ein Messer um und klettert den acht Meter hohen Taribaum hinauf. Der Mann hat Arme wie Äste und Füße wie Rinden. Oben hängt eine Frucht, die er täglich, morgens und abends, ein Stück tiefer aufschneidet, sodass ihr Saft in den darunterhängenden Kübel tropft. Der Baum gehört ihm nicht, keinem der Pasi gehört ein Baum. Baumklettern gilt als »niedrig«, deshalb ist das ihr Arbeitsplatz. Der höher geborene Baumbesitzer wartet unten.

Der Alte ist nicht unglücklich. Seine Vorfahren kletterten, sein Sohn und sein Enkelsohn klettern. So war es, so wird es immer sein, sagt er. Zum Unglücklichsein braucht es Fantasie. Er fantasiert nicht. Er ist einverstanden, hat ein widerspruchsloses Talent für sein Schicksal.

Nighwan widersteht. An beinahe allen Fronten. Nie entkommt Ragaram, der Pasi, dem Terror der Tradition. Auch nicht beim Heiraten. Wie jeder muss er eine Frau finden, die zu ihm »passt«: seinesgleichen. Eine Liebe zwischen »Ungleichen« – schon Pasi und Mushar sind ungleich – kommt nicht vor. Nein, vor langer Zeit, geschah es. Doch die beiden mussten fliehen. Bei Nacht und Nebel. Kinder solcher Eltern nennen sie »Dogla«, wörtlich übersetzt: »zwei verschiedene.« In den Augen aller eine ungeheure Beleidigung.

Verschlossenes Leben. Keiner im Dorf hat Indien je verlassen, niemand besitzt einen Pass, nicht einmal eine *identity card*. Die kleine Lalita – die Mutter schätzt sie auf neun – ist bereits »versprochen«. Fließt das erste Menstruationsblut, wird man sie zu dem Jungen schicken, den sie vorher nie gesehen hat. Um die Ehe zu vollziehen.

Nur Vergangenheit passiert in Nighwan. Ein Fremder ist ein so außergewöhnlicher Vorfall, dass der Chowkidar, der *Dorfgendarm*, den weiten Weg zur nächsten Polizeistation antritt, um meine Anwesenheit zu melden. Dabei hat das Kaff viel Aufregenderes zu bieten. Märchenhaft der Anblick eines Mädchens im gelben Sari auf dem Nachhauseweg, ein großes grünes Blatt in der Hand, in der anderen eine Ziege an der Leine. Und die Strahlen der späten Nachmittagssonne auf ihrem dunkelbraunen Haar. Ihre Nachbarin ist nicht viel älter. Doch verheiratet. Und das Märchen ist vorbei. Ich begreife, dass Nighwan nicht jung hält. Wie schnell alles verwittert: die Schönheit der Frauen, die Kraft der Männer, die Neugierde der Kinder.

Einige kämpfen, das schon. Und einer strahlt. Ich treffe Virendra Vidrohi in der Tolla der Chamar. Sie sind spezialisiert auf das Arbeiten mit Leder. Sie berühren tote Tiere, häuten sie, essen sie. In einer vom Vegetarismus besessenen Gesellschaft reicht das für eine Todsünde. Und die Strafe darauf heißt Unberührbarkeit. Virendra gehörte zur vornehmen Kaste der Rajput. Er ist Dichter, Aufwiegler, sein Fall ging durch die nationale Presse: Vor Jahren beschmierte er das Gesicht des damaligen Chiefministers mit öligem Ruß. Am helllichten Tag, mitten in einer politischen Veranstaltung. Das war Virendras Protestaktion gegen die infame Heuchelei und Nachlässigkeit, mit der die Regierung von Bihar auf die Massaker an Harijans reagierte: hastige Kondolenzbesuche, ein paar (lächerliche) tausend Rupien Schmerzensgeld für die Hinterbliebenen, zurück zur Tagesordnung. Nie Verurteilungen, alle Verfahren »are pending«, *schweben*. Die Akte schwebt so lange, bis die allseits bekannten Mörder genug Korruptionsgelder überwiesen haben. Dann entschwebt sie, verschwindet, wird entsorgt.

Journalisten mussten sich bemerkbar machen, um zu verhindern, dass Virendra standrechtlich von den anwesenden Sicherheitsbeamten totgeprügelt wurde. Er bezahlte – ohne jemals angeklagt zu werden – seine tollkühne Frechheit mit fünf Monaten Einzelhaft und eineinhalb Jahren Gemeinschaftszelle.

Jetzt zieht Virendra von Dorf zu Dorf, will aufklären, will aufstacheln. Aber er macht es anders als jene drei Männer, die hier vor Tagen mit Hammer und Sichel auf roter Fahne vorbeizogen und bedruckte Zettel verteilten: Aufruf zu einer Kundgebung der CPI-ML, dem marxistisch-leninistischen Flügel der Kommunisten.

Virendra, der Poet, ist ein tapferer Schöngeist, der sich von seiner Kaste losgesagt hat, um schreiendes Unrecht zu denunzieren: wenn alle sitzen und still sind in der Hütte, stellt er sich in die Mitte und rezitiert seine Gedichte, erzählt vom Hunger nach Gerechtigkeit, vom Durst nach Wiedergutmachung, vom Hass auf die Feinde, von denen sie gehasst werden.

Und er rezitiert knallharte Fakten. In Nighwan funktioniert die Ausbeutung gewaltlos. Die letzten willkürlich erschossenen Harijans gab es hier vor zehn Jahren. Eine kleine Säule erinnert an sie.

Bihar stinkt, aber nicht penetranter als woanders im Land: Fordern die Unberührbaren ihren Mindestlohn ein, erbärmlich genug, streiken sie für ein paar Quadratmeter eigene Erde und veröffentlichen sie die Schande ihrer vergewaltigten Töchter,

dann kann es vorkommen, dass die Täter, meist die Großgrund-
besitzer, um Mitternacht ihre Privatarmeen vorbeischicken, um
die Väter und den Rest der Familie mit Hackebeil und Schnell-
feuergewehr zu erledigen.

Virendra spricht die reine, absurde Wahrheit. Ich habe einige
der betroffenen Dörfer, keine Stunde von Nighwan entfernt, besucht. Wie Nonhi. Hier stehen die Namen von sechzehn Leichen
auf dem Gedenkstein. Geblieben ist mir die Erinnerung an
Girija, einen humpelnden Halbwüchsigen. Überlebender mit
einer schlecht verheilten Schusswunde im rechten Oberschenkel.
Und die Begegnung mit Danlati, einer Frau, die aus einem Versteck mitansehen musste, wie ihr Mann, ihr 12-jähriger Sohn und
ihr sechs Monate altes Baby niedergemäht wurden. Sie gilt als
Kronzeugin des Massakers, hat die Gesichter der Mörder genau
im Kopf. Seit fünf Jahren. Und seit fünf Jahren wird sie nicht vernommen. Ja, muss selbst um ihr Leben fürchten.

Gegengewalt mobilisiert sich. Äxte sind auch für Harijans
erschwinglich. An die Halsschlagadern der Großen kommen sie
nicht heran, so schlachten sie die Kleinen, die Mittäter und Gehil-
fen der Sklaverei. Ein Klassenkampf bricht aus. Die Klasse der
elendsten Habenichtse gegen die Klasse der gerissensten Raubritter. Eine Bombe tickt. Alle Versuche, sie zu entschärfen – Einführung von Artikel 17, Enteignung, Landreform, Familienplanung,
Abschaffung der Zwangsarbeit, Gandhis Liebeswellen, Zusagen
bestimmter Quoten von Beamtenjobs für Harijans, Namensände-
rung – alle Versuche sind, nach Anfangserfolgen, gescheitert.
Dieses Land renoviert keiner.

Die Geduld und den Langmut der Inder kann niemand überschätzen. Da und dort ein Gemetzel, hie und da ein Racheakt,
durchaus. Aber die endgültige Explosion wird nicht stattfinden.
Auch nicht hier in Nighwan. Vieles stabilisiert, beruhigt, versichert. An jedem Eck die sanften Kühe, drüben am Wasser die
Geier, die einen erfrorenen Ochsen fressen. Von fern die Schreie
der Bauern, die ihr Gespann antreiben. Abends das Jaulen der
Schakale am Dorfrand. Wie die Sonne, wie der Regen, wie die
Zeit der Ernte. Alles vertraut, alles kommt unwiderruflich wie-

der. Indien und Revolution, die beiden Wörter passen nicht zusammen.

»Schau«, sagt Satyendra, lokalberühmter Sänger der Unberührbaren, »sogar das Liebemachen hat bei uns seinen bestimmten Rhythmus. Die meisten Kinder kommen im Juli oder August zur Welt. Weil es im November und Dezember bei uns am kältesten ist. Also drängen wir uns aneinander, damit uns warm wird.«

Kälte, ein Stichwort. Von einem Tag und einer Nacht muss noch berichtet werden: Freitagmittag begegne ich zufällig dem alten Kamta aus dem Tolla der Chamar, der Ledermänner und Tierhäuter. Er ist in Eile, im Arm hält er seinen todkranken Enkel, den zweijährigen Mintu. Hinter ihm seine Schwiegertochter, Sundami, die Mutter des Kindes. Der Vater arbeitet in Kolkata, so unerreichbar. Wir hetzen zu Fuß nach Manipur, in den nächsten Ort mit einem »Hospital«. Sundami jault vor Schmerz, als der zuständige Arzt das regungslose Kind untersucht und nicht weiterweiß. Immerhin kennt er den Namen einer »private clinic« in Kurta, weitere – immer ohne Verkehrsmittel – eineinhalb Stunden entfernt. Als wir ankommen, atmet Mintu noch. Der freundliche Doktor vermutet eine Unterkühlung, möglich auch eine Lungenentzündung. Er verpasst eine Spritze. Irgendwo auf dem acht Kilometer langen Nachhauseweg stirbt der Kleine.

Kurz nach 21 Uhr erreichen wir Nighwan, nachtschwarz und still, nur das einsame Kläffen eines Hunds. Ein seltsamer Ritus beginnt: Der Alte legt den Toten mitten auf den Pfad. Sundami wankt in ihre Hütte, da Frauen an einem Begräbnis nicht teilnehmen dürfen. Die Verwandten treffen ein, insgesamt neun Männer. Wir ziehen zum Friedhof der Chamar. Ein Ochsenschädel liegt herum, ein paar Knochen, eine streunende Ziege frisst Gras. Jemand hackt ein Loch, ein anderer schüttet Wasser über die winzige, nackte Leiche. Dann wickelt Kamta sie in ein frisches weißes Tuch, flüstert »Ram Ram« und bettet das Bündel in die Vertiefung. Keiner sagt etwas, keiner rührt sich, einer schaufelt die Erde zurück. Ein Plastikbeutel, voll mit Mintus Wäsche, seinen Armreifen und dem angebrochenen Röhrchen Tabletten, bleibt neben dem Erdhaufen liegen. Die Männer gehen auseinander. Kamta wäscht sich am Brunnen. Seit dem Tod des Jungen hat der Alte nur die zwei Worte ausgesprochen. Wir warten schweigend auf den Morgen. Bis ein »Nai« kommt, einer aus der Kaste der Friseure. Er rasiert dem Großvater den Kopf: der kahle Schädel als Zeichen der Trauer.

OLD DELHI

Des Menschen Freude und Aberwitz

»Ich garantiere eine volle Erektion«, schreit er und blickt hochmütig in die Runde. Nicht weit entfernt steht die Jama Moschee, mitten im Basar von Old Delhi. »Eine Stunde, zwei Stunden, ja die ganze Nacht.« Tiefe Befriedigung in den Gesichtern der Zuschauer. Ismail legt nach, erschwindelt märchenhafte Großtaten von fulminanter Liebeskraft. Dann ritzt er mit dem Rasiermesser die Kehle der Eidechse durch, schlitzt den Bauch auf, nimmt das Fettgewebe heraus, wirft es in die Pfanne, mischt den Dotter von zwölf Eiern dazu, plappert ununterbrochen, rührt »Kräuter« aus neun Büchsen bei, plappert von magisch klingenden Zutaten, erwähnt Skorpionblut und verschwindet im Rauch seiner schwarz stinkenden Hexenküche. Zuletzt füllt er den heißen Hokuspokus in kleine Fläschchen. Die Kundschaft drängt, sichtlich entzückt von der Aussicht auf ein strammes Männerglied.

Seit einer Generation verspricht Familie Ismail – zuerst der Vater, nun der Sohn – ein zuverlässiges Geschlechtsorgan. Im Umkreis von fünfzig Metern garantieren das noch ein halbes Dutzend anderer Schlitzohren. Alle »experts«, alle mit einem »diploma« und der wunderbaren Gabe, Geschichten und Lügengeschichten zu erzählen, voller jahrhundertealter »Geheimrezepte«, mit denen sie ihr verführerisches Abrakadabra produzieren. Jeder hält alle anderen für Ganoven, doch keiner spuckt dem Konkurrenten in die Suppe, denn der Markt ist gläubig und riesig.

Schönes Reporterleben. In Indien rennen dem Besucher Menschen und Aufregungen hinterher, alles passiert auf der Straße, man muss nicht suchen, immer nur finden. Wie in jenem Augenblick, als ich nachts um ein Häusereck eile, und die leprafaulen Hände eines Krüppels mich umarmen, »Ram, Ram« krächzend. Das ist sein Gott, Lord Rama, der mich zur Übergabe von Geld überreden soll. Ich zünde ein Zündholz an und stecke dem armen Teufel die Münzen zwischen die verfaulten Fingerstumpen. Der Alte tapst weiter, »Ram, Ram, Ram«.

Delhi ist noch nicht lange die Hauptstadt des Landes, und doch ist der Ort uralt. Wurzeln bis hinunter ins wilde, chaotische Mahabharata. Eine Geschichte mit Narben. Henker schauten vorbei, Gemetzel wie auf Schlachthöfen, Feuer fraßen Häuser und Lebende, Erdbeben schleiften, Krankheiten erledigten. Mitte des 17. Jahrhunderts entstand das heutige Old Delhi. Bauherr war kein anderer als jener liebesnärrische Shah Jahan, den der Schmerz über den Tod seiner Frau dazu bewegte, das romantischste Grabmal der Welt, das Taj Mahal, zu errichten.

Anfang des 19. Jahrhunderts kamen die Engländer, nicht weniger brutal, nicht weniger größenwahnsinnig. Hundert Jahre später legten sie New Delhi an. Geschmackvoll, großzügig, inderfrei. Ab jetzt Hauptstadt der Kronkolonie. Knapp vierzig Jahre lang, bis zum 15. August 1947.

Nehru, der erste Präsident, kehrte zurück in den alten Teil der Stadt und hisste auf den Mauern des Red Fort die Flagge des freien Indiens. Jene Befestigungsanlage, von dem aus Shah Jahan sein Großreich organisierte und in dessen Wände er hineinstemmen ließ: »Gibt es ein Paradies auf Erden, dann ist es das, dann ist es das, dann ist es das.«

Tausendmal stimmt dieser Satz. Und tausendmal stimmt er nicht. Old Delhi, das ist die reinste Form indischen Wahnsinns, so grandios, so überschwappend, so ruinierend. Engster Lebensraum der Welt. Über eine Million indische Menschen, plus etwa 300 000 indische Kühe, Esel, Ziegen, Pferde, Hennen, Gänse, Hunde und Katzen. Auf fünf Quadratkilometern. Zuwachsrate: rasend. Jeder Tag sieht aus wie der letzte Tag. Ächzende Schimmelbuden und rindviehverschissene Straßen. Eine Verkehrsorgie, ein Drogennest, Mädchenprostitution, Steinzeitarbeit, Korruptionsexzesse, das zum himmelschreiende – ja sie schreien es – Unglück kaputter Menschenkinder.

Das ist die obskure Seite der Wahrheit, die andere, die helle, die paradiesische Seite, das sind die tausend mal tausend verrückten Inder, diese gottessüchtigen Spinner, diese rastlosen Teesäufer, diese Märchenerzähler und Lügenbarone, diese durch und durch unzuverlässigen Wundermenschen, die Scheiße atmen und oft eine Fürsorglichkeit ausstrahlen, an die man sich gewöhnen muss.

Ein Alter sitzt neben dem Bürgersteig und kocht Chai. Ich bestelle eine Tasse. Bevor ich zahlen kann, eilt ein Geschäftsmann aus seinem Büro, holt einen Stuhl, serviert mir den Tee und wünscht: »A nice day.«

Ich hetze über die Straße, mache einen Fehler, ein Autofahrer weicht aus, kratzt mit dem Kotflügel gegen die Nabe einer Fahrradriksha. Ellenlange Schramme. Aber er lacht nur herüber, »don't worry«, meint er und fährt weiter. Bilder aus einer anderen Welt. Beschädigtes Blech in Mitteleuropa gäbe Anlass zu schwerwiegenden Bedenken, zu unflätigem Wortwechsel, zu Polizeieinsätzen, zu gerichtlich beglaubigten Urteilen von wegen Schuld und Sühne.

Drittes Beispiel. Ich frage jemanden nach dem Weg, und der Mensch legt seinen Arm um meine Schultern, erklärt ausführlich und lässt mein »thank you« nicht gelten. Nein, sagt er, »it was my pleasure«, und winkt noch einmal zurück. Irgendwann will ich noch erleben, dass mich ein Wildfremder in Deutschland umarmt und von »seinem Vergnügen« redet, nachdem ich ihn um eine Auskunft gebeten habe.

Die Hauptader von Old Delhi – noch heute von wuchtigen Toren und Resten der Stadtmauer umgeben – heißt Chandni Chowk. Wörtlich übersetzt: Platz des Mondscheins. Reine Poesie. Die Sage geht, dass schon zu jener Zeit so viel Gold und Silber gehandelt wurde, dass alles so glitzerte und blendete, als wäre der Vollmond am Himmel und leuchtete auf die Erde. Alles Wahrheit. Chandni Chowk und seine vielen Quergassen, Seitenwege und Nebeneingänge bedeuten *big business*. Milliardenumsätze.

Unbestritten Asiens größter Silbermarkt. Dazu ein paar Dutzend verschiedener Basare, die alles anbieten und verkaufen, was der Mensch braucht. Oder sich einbildet zu brauchen.

Tonnenballen von Seide für Saris, weißes Leinen für Kurtha und Dhoti, Gewürze, frisch geköpfte Hennen, Fischberge, gebrauchte Autobatterien, Kikarholz zum Zähneputzen, Betelnüsse zum Kauen und Ausspucken, Ziegenfutter, Hochzeitsflitter, Lotterielose, Kuhmist zum Feuermachen, Glückssteine, Stacheldraht, reparierte Mercedeshupen, extrabreite Kloschüsseln, hellblaue »Playboy-Badewannen«, eine Milliarde Räucherstäbchen, Götterbilder, die Geschichte von Lord Krishna und seinen 16 000 Freundinnen, ein Zierfisch im Gurkenglas.

»You name it, we deliver« steht wo geschrieben. Und genauso wird es gemacht. Viel Geld kommt rein, tagtäglich, und dennoch bleibt alles, wie es fast immer war: Ein paar Prozent sind reich, sehr reich. Ein paar mehr Prozent haben ein anständiges Leben. Und der Rest ist arm, ziemlich arm.

Mich sollte ein schlechtes Gewissen plagen, so gut geht es mir. Hinter dem Rathaus arbeiten Balbir und seine Freunde, Masseure. Ihr Werkzeug: eine leichte Strohmatte, das Senföl, ihre begabten, grausam-zarten Hände. Für einige Groschen verabreichen sie eine »fullbody massage«. Zuletzt liege ich mitten in der Stadt in der Unterhose da. Eine Kuh schleckt einer andern den Hintern, Kinder spielen Fangen, begnadete Nichtstuer genießen das Nichtstun, Mr Aril lässt sich neben mir die Waden kneten, der Geruch von Charas (Haschisch) zieht vorbei, ein Guru sitzt im Kreis seiner Schüler, aus dem nahen Shivatempel klingt das Getöse des Morgengebets, ein Junge verkauft Trinkwasser, Tauben machen groß auf den bronzenen Denkmalschädel von Mahatma Gandhi, Balbir massiert, ich schreie, ich schnurre.

Ich muss zum Rasieren. Im Sitaram Basar finde ich Moraji, einen von zweitausend Badern, die in irgendeiner Nische, am nächsten Häusereck oder zwischen zwei geparkten Autos einen Stuhl hinstellen und zu arbeiten beginnen. Wie Moraji. Er legt los, und das bunte Leben geht weiter. Eine Kuh bleibt stehen, wirft einen desinteressierten Blick herüber, uriniert, schaut nochmals, kackt. Eine schöne Frau in einem leuchtend gelben Sari muss blitzschnell zur Seite treten, da ein Schwein des Wegs kommt, der Briefträger zieht aus seinem Rucksack ein Päckchen hervor, ein Kind bettelt, das zweite bettelt, das nächste will meine Schuhe putzen, eine Ziege genießt ein Sonnenbad, über Lautsprecher hört man die Polizei vor Taschendieben warnen, die Rasur macht Fortschritte.

Hinterher ist Moraji böse. Weil ich keinen Haarschnitt will. Wenigstens Öl, meint er. Sein Lächeln hätte mich alarmieren sollen. Der Mann ist Kopfjäger, ein Catcher, eine Domina. Schmiert mir braunen Talg auf die Schädeldecke, nimmt alle seine zehn glitschigen Finger, um mich einzufetten, mangelt die Schläfen, presst die Stirn, fegt die Nasenlöcher, zupft die Lider, biegt die Ohren, reinigt die Muschel, stochert nach Schmalz, packt blitzschnell mit beiden Händen den Kiefer und reißt Mensch und Kopf nach rechts aus dem Stuhl – mein Stammeln und ein deutliches »Knacks« kommen gleichzeitig, dann das Ganze nach links – wieder mein Angstgurgeln und das Geräusch entzerrter Knochen –, zuletzt saust ein genau platzierter Genickschlag, die Rosskur ist zu Ende. Instinktiv greife ich nach meinem Kopf. Er ist noch da, so leicht, so schwerelos. Moraji strahlt, ich leuchte.

Old Delhi hat die seltsamsten Berufe. Ein Mann zieht herum, zeigt verröchelnde Ratten auf großer Pappe, erledigt jedes Untier »forever«. Ein alter Mann sitzt in einem Berg Büstenhalter und verkauft einem anderen alten Mann drei BHs. Zwei Ringer ringen. Ein Zauberer besitzt drei Behälter und einen Ball. Der Ball verschwindet. Und taucht wieder auf. Das ist sein einziger Trick, und damit bezahlt er sein Leben. Ein akrobatischer Affe ernährt seinen dicken Herrn. Einer verkauft falsche Bärte. Ein anderer klebt mit Lupe und Uhu die Bruchstücke zerstückelter Banknoten zusammen. Ambulante »Ohrenreiniger« säubern mit Nadel und Watte jedes Paar Ohren. Einer sucht gegen Entgelt anderer Leute Läuse. Öffentliche Schreiber schreiben für Analphabeten. Drogenhändler dirigieren mich in finstere Hausflure, haben Gola (Hasch aus Kashmir), Bati (Hasch aus Nepal), Opium (aus Indien) und Brown Sugar (aus Pakistan) im Angebot. Ein Kräuterweib will mein Haupthaar verschönern. Jemand verrät mir: »Jesus is coming soon.« Ein »Astronom« (sic) bietet die Daten des nächsten Erdbebens an.

Und eine Riege liebenswürdiger Lügenbolde fantasiert eine fantastische Zukunft. Ringe blitzen an den Händen, Glückssteine bedecken den Boden, Rauch weht, ein uraltes Buch liegt da, Affengott Hanumans Bild gibt Kraft, und Arechya verkündet: »Du wirst 89«, bis dahin gelänge alles im Handumdrehen, *fame and glory*, Geldsäcke, das reinste Glück. Bis mein zahnloser Astrologe alles zuschanden macht: Im nächsten Jahr droht eine Hochzeit. »Beautiful rich woman«, meint er beruhigend. Also noch mehr Geldsäcke. Egal, »total issue« (das ist Indien-Englisch und bedeutet »Gesamtkinderzahl«): »Nine.« Ich taumle.

In Old Delhi wohnen tapfere Menschen. Wer hier krank wird, dem kann schmerzhaft und rabiat geholfen werden. Mit einem Fußtret-Bohrer von Doctor Singh, zum Beispiel, dem »Bachelor of Dental Diseases«. Das Brüllen seiner Patienten beweist, dass der diplomierte Zahnarzt gerade eisern bei der Sache ist. Die luftige Einquadratmeter-Praxis verfügt über die notwendige Gerätschaft: zwei unverpackte Spritzen, fünf Ersatzzähne, elf Stück (leicht) angerosteter Eisenfeilen. Und die Wände voller Sonnenbrillen, Singhs Nebenverdienst.

Im »Ayurvedic Research Laboratory« bei »General Doctor« Balraj Dhir und seinen zwei Helfern wird schnell und effizient gearbeitet. Der Doktor schreibt seine Rezepte auf Papier mit einem elfzeiligen Briefkopf, »all my titles«. Das lieben die Inder, das imponiert. Keiner käme auf die Idee, lästige Fragen zu den vielen pompösen Auszeichnungen zu stellen. So eine pyramidale Lebkuchensprache, die aus einer Bruchbude ein »Forschungslabor« zaubert. Außerdem ist der Meister »Gold Medalist« und »Psychiatrist«. Und er ist weise. Das Valium lässt er meist im Schrank, sagt er, dafür redet er mit dem Patienten. Im Augenblick sind es vierzehn auf acht Quadratmetern, plus des Doktors Fahrrad, das an der Wand lehnt, plus eine bauchkranke Frau, die hinter einem Vorhang auf einer Holzbank (Zeitungsstoß als Kopfkissen) liegt.

Lässige Routine: Verband runter, desinfizieren, Salbe drauf, neuer Verband, Schleife binden, »one (!) rupee, next, please«. Größere Wunden machen fünfzig Paisa mehr, also tatsächlich acht Cent Gesamtkosten. Dann mit Großmutters Haushaltsschere einen Fingernagel aus dem Eiterbett schneiden, eine gequetschte Zehe beruhigen, einen Abszess öffnen, mit der Penizillinspritze stechen, Fäden aus zwei Kopfhäuten ziehen. Kindertränen, Männerflüche, Frauenseufzer.

Bei Mohamed Ghayas ist alles anders. Ein ehemaliger Ringer, der nicht lesen und schreiben kann. Dafür liebt er Menschen. Also muss er sie heilen, genauer: »Ich behandle«, sagt er demütig, »doch ER heilt.« ER ist Gott. Mitten im Meena Basar installiert er an jedem Sonnentag unter freiem Himmel seine Praxis. Das nötige Handwerkszeug: ein paar breite Schnüre, eine Rasierklinge.

»Phans Kholnaa« nennt er die Methode, vage übersetzt: einen Knoten auflösen. Das ist ein ergreifendes Bild. Alle Mühseligen und Gebuckelten schlurfen auf ihn zu, Söhne transportieren ihre gichtgeplagten Mütter, Ehefrauen helfen erledigten Armeeoffizieren, Freunde schleppen den hexenschussgequälten Nachbarn, Zuckerkranke, Arthritispatienten, Bandscheibenopfer, »hoffnungslose Fälle«, alle strömen zu Mohamed. »In meinem Goldenen Buch stehen die Dankesschreiben von Bankdirektoren, Professoren und Schauspielern«, verkündet er, ganz ungerührt, wie selbstverständlich.

»Schlechtes Blut«, das ist Meenas einzige, einmalige Diagnose. Also muss es raus. So schnürt er das Bein des Leidenden ab, Druck entsteht, dann vier, fünf Ritze mit der Klinge in den Fußrücken, das böse, das schwarze Blut fließt davon. Dann mit Wasser nachspülen, abwarten, zuletzt ein bisschen »Zementpuder« auf die Wunde, geheilt.

Ziegen und Gänse schauen zu, die Sonne brennt. Vor nicht langer Zeit hatte Mohamed einen Traum. Er tat, wie ihm geträumt, und bastelte eine Salbe gegen Kinderlähmung. Ich solle doch wiederkommen, meint der herzensgute Mensch und holt aus dem Schrank mit dem Viehfutter eine Dose mit braunem

Gel. Das wäre das neue Mittel, im Bedarfsfall – erste Lähmungserscheinungen! – sofort auftragen, mehrmals ...

Indische Männer sind verrückt nach Sex. Die logische, die biologische Folge einer prüden Moral. Immer fragen sie mich nach europäischer Liebe, und niemals sehe ich einen Mann und eine Frau sich küssen, nicht einmal Hüften umarmen oder einen Nacken streicheln. Der Gründe sind viele: der Einfluss des unduldsamen Islams, die Bekanntschaft des einst sinnlichen Hinduismus mit dem aus England importierten Viktorianismus, die aktuelle Politik einer schamlosen Heuchelei.

Aber Indien wäre nicht dieses sich unaufhörlich widersprechende Land, wäre nicht alles auch wieder ganz anders. Riesige, liederliche Frauenzimmer blicken – lüstern eine Bluse öffnend – von Filmplakaten auf Heerscharen brennender Männeraugen. An jeder zweiten Apothekertür sieht man einen Gott mit den Himmelskurven seiner Göttin spielen, raffiniert fotografierte Anzeige für »feurige« Kapseln, Text darunter: »Kindle the fire in you.« Mitten in Chandni Chowk hängt von – weit sichtbar – eine Tafel mit: »Consult for early discharge.« Wo sonst auf der Welt erfährt man so umstandslos, bei wem man sich wegen zu frühem Samenerguss behandeln lassen kann.

Höhepunkt aber und Quell innigst gelebter Momente sind die knapp vierzig »Sexclinics«, »Sexologists«, »Sexspecialists« und »Sextherapists«, die hier ihre hoch dotierten und geheimnisvollen Gaunereien inszenieren. Ich stelle mich als Patient vor und erfahre doch manch leidvollen Augenblick, als die Rede auf mein verlautbartes Gebrechen kommt: »Sexual weakness« klingt grausam, aber die Herren schmunzeln, sie wissen Bescheid.

Der Ordnung halber wird noch schnell der in allen Wartezimmerheftchen angekündigte »thorough physical check-up« durchgeführt, sprich, Hose runter! Jetzt kommt der schwierigste Moment, da ich nun schier unaufhaltbare Lachkrämpfe herausplatzen fühle, darf ich doch in Echtzeit dabei sein, wie diese Sexganoven ihr Handwerk betreiben. Einer (Dr. Gupta) legt mir das Stethoskop an meine *most privat parts*, der zweite (Dr. Sablok) braucht eine Lupe (deprimierend!), der dritte (Dr. Rajinder) pult mit einem Elefantenvibrator an mir herum. Ich reiße mich zusammen und höre gefasst die Diagnose. Kein einfacher Fall, kaum Reaktion, die Behandlung wäre langwierig. Vom »Africa Treatment« über das »London Special« bis hin zu den »Nawabi-Shahana Super Special Pills« wäre alles zu haben. Von einem eher bescheidenen Betrag bis hinauf in astronomische Beträge. Dafür jedoch »the highest quality« mit allen Ingredienzen: Moschus, Safran, gestampfte Kräuter, »magische« Pflanzen, Edelsteinpulver, Goldstaub, Silberkrümel, einfach alles. Zweimal morgens, zweimal abends, unbedingt mit Milch konsumieren. Unbezahlbares Indien.

Politiker kommen und gehen, aber die Korruption bleibt. Ewiges, endloses Thema. Nie auszumachen, wie viele Bewohner in diesem Basar zahlen und wie viele bezahlt werden. Welcher Anteil, zum Beispiel, von meiner »Beratungsgebühr« für obige Quacksalber an die hiesige Verwaltung – quittungsfrei – abgeführt wird (damit sie störungsfrei ihr Allotria praktizieren dürfen), hängt von Größe und Umsatz des jeweiligen Unternehmens ab.

Ismail, der Eidechsentöter, zahlt immerhin 400 Rupien pro Woche an die in seinem Stadtteil zuständige Polizei, um ungestört (und steuerfrei) seine dottergebackenen Aphrodisiaka vertreiben zu können. Neben ihm verschleuderte Zahid seine »All Pain Tabletts«, der nächste versprach die »volle Sehkraft«, sie alle subventionieren die »Gesetzeshüter«. Manchmal sieht man die Polizisten mit dem Lathi Tische abräumen. In diesem Fall liegt ein Zahlungsrückstand vor. Man schaut vorbei, um nachdrücklich an vereinbarte Verpflichtungen zu erinnern.

Längst gilt ein Zuzugsstopp für Old Delhi. Von wegen Menschenüberfüllung. Längst besteht ein generelles Verbot, alte Wohnhäuser in Geschäftskomplexe umzuwandeln. Papierkram. In nächtlichen Nebelaktionen werden aus fünf finsteren Schlafkammern drei gepflegte Sari-Shops. Inzwischen hat der ehemalige Wohnungsinhaber das berühmte »Pugree« erhalten, sogenanntes »good will money«. Von zehn bis 35 Lakhs – 3.5 Millionen Rupien – aufwärts. Im Vergleich dazu hat Manhattan, erzählt ein Geschäftsmann, stabile Preise. Die Zuwachsraten auf dem Immobilienmarkt sind, dank einer astronomischen Bevölkerungsexplosion, »skyrocketing«. Tausende von Läden sind hier »illegal«, und die Tausende von (neuen) Ladenbesitzern führen »hush money«, Schweigegeld, ab. Damit keiner den Mund aufmacht.

In der G. B. Road, am Westrand des Basars, haben die Prostituierten ihren Arbeitsplatz, ihr Arbeitshaus. Auch Vierzehnjährige. Unnötigerweise ergreife ich Vorsichtsmaßnahmen, verschwinde in die nächste dunkle Ecke, als ich zwei Ordnungshüter – Hurerei steht unter Strafe – das schmierige Treppenhaus herunterkommen sehe. »No, no«, lacht der Manager, »no problem, this building is government approved, relax.« Auf Deutsch: Der Trupp macht gerade seine Runde, heute ist Zahltag für die Bordelle.

Ich sehe mich um. Viele schöne Mädchen, die einen volljährig, die anderen nicht. Gar nicht schüchtern, eher drängend. Zu viele von ihnen stehen zur Verfügung, warten auf Kundschaft. Nur hundert Rupien kostet »one shot«. Ein Job für starke Nerven, ein Blick in die Zimmer genügt: die Holzpritsche, am Boden noch das feuchte Klopapier und die nassen Gummis, die sechs Quadratmeter ohne Fenster. Kein Ort für spielerischen Sex. Einige Räume sind etwas größer, haben einen Zwischenstock. Dort leben die Kinder der Frauen. Welch Ironie, G. B. Road steht für – offiziell falsch, aber allgemein nur so bekannt – »Gandhi Baba Straße«. Das muss ihn treffen, den Mahatma, den flammenden Keuschheitsapostel: sein Name für eine Puffzcile.

Warum sind Dinge so, wie sie sind, und warum sind sie nicht anders? Wie umgehen mit einem, der daliegt und wimmert und seine von Elefantiasis geblähten Füße herzeigt? Ihm ein paar schmuddelige Scheine hinwerfen und weitergehen? Old Delhi stellt tausend Fragen und alle mitten ins Herz. Am Netaji Subash Park vorbei Richtung große Moschee gehen und auf beiden Seiten des Wegs Gliederstummel in die Luft zucken sehen. Ihre Besitzer liegen 24 Stunden pro Tag am Boden und brüllen nach Gott und dem Erbarmen der Menschen. Unentwirrbar verwachsene Zwerge schlafen, wachen auf, schreien. Einer stakst auf seinen Knien – die Unterschenkel im spitzen Winkel nach oben gespreizt – entlang der Straße. Drei legen ihre nackten, entstellten Körper in die Sonne, ihre sprachlosen Münder lallen ziellos vor sich hin.

Die »einfachen« Deformationen sind die grausamsten. Zwei Arme fehlen. Oder ein linker Fuß und eine rechte Hand. Und kein Unfall, keine Missgeburt sind dafür verantwortlich, eher vorsätzliche Verstümmelung: Manchmal hat der Mensch sich selbst so zugerichtet, manchmal haben Fremde eingegriffen. Das böse Wort von der »Bihar Mafia« geht um. Banden in jenem ärmsten indischen Bundesstaat, in dem Frauen und Männer gekauft werden, um sie hinterher auseinander zu sägen und als Opferstock im fernen reichen Delhi aufzustellen.

Wer begreift das Lebensgefühl von jemandem, der gliederstumpf und mit demoliertem Gesicht vor sich hin sabbert und der auf nichts anderes mehr hoffen kann als auf das Scheppern von ein paar Münzen, die neben ihm herunterfallen?

Hindus mögen hier Muslime. Und umgekehrt. Ausnahmen, in denen die Wut wallt und heißes Blut spritzt, bestätigen die Regel einer eher friedlichen Koexistenz. Das Red Fort und die größte Moschee Indiens, die Jama Masjid, die als Wahrzeichen Old Delhi überragt, sind Hinweise auf die imposante muslimische Vergangenheit der Stadt. Nach der Teilung des Landes 1947 änderten sich die Verhältnisse. Viele Muslime zogen weg nach Pakistan, viele Hindus kamen zurück. Damals gehörte gegenseitiges Abschlachten zur Tagesordnung, heute hat man sich grundsätzlich geeinigt. Gibt es Stunk, dann stecken in neunzig Prozent der Fälle Politiker und/oder die Sensationspresse dahinter, die entweder auf Stimmenfang sind oder eine Schlägerei zum Religionskrieg hochkochen.

Oft gehe ich zum Nigam Bodhghat, dem Platz, wo die Hindus ihre Toten verbrennen. Vor den Toren des Basars, direkt am Fluss Yamuna, der flach und aschgrau vorbeifließt. Nachts hat der Ort eine so bewegende Ausstrahlung. Zehn, zwölf Scheiterhaufen leuchten. Ein paar Stunden dauert es, dann züngeln Flammen aus den leeren schwarzen Augen der Leichen, der Rumpf richtet sich auf, Fleischfetzen knallen, Rauch treibt zwischen den Zähnen hervor. Kühe wärmen ihre Haut, Hunde schlendern vorbei, Ziegen stochern in kalten Knochen.

Ich treffe Arul, rein zufällig. Er ist hier hängen geblieben. Er kam aus Singapur, wollte die Welt sehen, landete in Indien, wurde krank und pleite, ging nie wieder weg. Seit Jahren lebt er neben den Toten, trocknet die bisschen Wäsche nahe den Feuern, hat kein Visum, keine Aufenthaltsgenehmigung. Doch niemand, der ihn belästigt. Manchmal kommen per Money Order hundert Rupien von der Schwester. Der Briefträger trägt sie ihm direkt zu seinem Schlafplatz.

Arul ist ein sensibler Mensch, ahnt vieles, spricht ein elegantes, in einer Baptistenschule gelerntes Englisch. Lange wird der 37-Jährige nicht mehr leben. Der dünne Körper leidet unter Asthma, er nährt sich ausschließlich von Tee und Brot, sein Magen verträgt nichts anderes. Nur einmal die Woche muss er auf die Toilette. Was ihn stabilisiert und – gleichzeitig – vernichtet, ist sein Drogenkonsum.

Stets ist er bereit, alles zu teilen, was er gerade erbettelt hat. Seinen Chilam, die Tonpfeife mit einer Ladung Hasch, Smack, das ruinöse Heroin, das er über einer Silberfolie abbrennt und einsaugt, und Sharab, den indischen Whiskyfusel, billig, grässlich, betäubend.

Von einem winzigen, nur zwanzig Schritte entfernten Krishnatempel kommt das glückliche Geschrei eines Brahmanen. Jeden Abend umwandert er sein Heiligtum, wirft die Arme hoch und schreit: »Hari Om.« Selige Gottesliebe. Arul und ich rauchen, eine Kuh sucht eine andere Leiche als Heizkörper, eine Frau weint, Nebel fällt.

Balzac schrieb einmal über Paris, dass niemand diese Stadt kenne, der nicht zwischen Mitternacht und zwei Uhr morgens dessen »murmure«, dessen *Murmeln und Flüstern*, gehört habe, ja, nichts weiß von seiner Poesie und seinen Rätseln. Gewiss, Chandni Chowk und seine stillen, unheimlich stillen Basare um ein Uhr früh erinnern nicht an Paris. Aber irgendetwas an Balzacs Bemerkung soll auch hier gelten. Ein Zauber geht um in diesen Stunden, ein wunderliches Gefühl von Fremdheit, so leise ist es, so träumerisch versunken.

Eines Nachts, auf dem weiten Weg zurück zu meinem Hotel, treffe ich Nakim. Er ist Bauarbeiter auf einer kleinen Brücke. Als ich vorbeikomme, fragt er sacht: »How are you?« Da er nicht schlafen kann, sitzt er auf seinem Feldbett. »Nimm, bitte«, und er reicht ein Stück Chikkli, eine aus Kokosnuss, Erdbeeren und Zucker gepresste Süßigkeit. Sein Bruder Goyal wacht auf, er lächelt und verteilt Bidis. Wir rauchen, und keiner redet. Wieder überkommt mich ein Glück, von dem ich nicht weiß, wie es heißt.

CHARLES BROOKE
Ein Idealist und unzählige Totenkopfjäger

Er betrat das Land und fing an zu träumen. Er war fünfzehn und Fähnrich zur See. Der Himmel glühte, und Horden muskulöser Kopfjäger hungerten nach Beute. Dschungel, Sümpfe und eine halbe Milliarde Moskitos lauerten. Doch den jungen Charles – 1829 im knapp 11 000 Kilometer fernen, gänzlich tropenfreien Großbritannien geboren – packte eine plötzliche Liebe für diese Insel. Sie hieß Borneo und war riesig. Auf einer alten Karte sieht man mehrere gestrichelte Linien. Das geheimnisvolle Wort »doubtful« steht daneben: *zweifelhaft, unsicher.* Vielleicht taugt das als Erklärung für diese haltlose Schwärmerei. Brooke war Romantiker. Das sind alle jene, die ein normales Leben nicht aushalten. Er wollte Angst haben und tapfer sein.

Sein Landsmann General Gordon, der vor Khartum eine aussichtslose Schlacht gegen den aufständischen Mahdi führte, kabelte nach London: »Die Verpflegung ist miserabel, die Hitze unerträglich, der Feind barbarisch. Aber immer noch besser als ein Sonntagnachmittag in England.« So ähnlich muss Brookes Herz funktioniert haben. Die Nähe von Idylle erstickte ihn. Wie der erlesene Stuss nachdrücklich gepflegter Herrschaften beim Tee. Sarawak, der nördliche Teil von Borneo, sollte ihn davor schützen. Dort roch es nach Bedrohung, nach etwas, das stark und herausfordernd genug war, um seinen Drang nach einem Männerleben zu stillen.

In Sichtweite meines Hotels liegt die Hongkong Bank. Beste Adresse in Kuching, um Geld zu wechseln. Am Schalter klebt ein Zeichen, das wie nichts anderes vom Wandel der Zeit erzählt. Es zeigt ein Handy, durchgestrichen mit einem roten Balken: »Telefonieren verboten!« Damit niemand seine Ganovenspezis verständigt. Weil jetzt der Augenblick gekommen wäre, um vorzufahren und den Überfall durchzuziehen.

Als Brooke vor 170 Jahren hier anlandete, sah er nur ein paar Dutzend Misthaufen und zwischen den Misthaufen ein paar Dutzend Häuser: »the main bazaar«, das Zentrum des »Königreichs Sarawak«. Wer damals überfallen wollte, rief nicht an, sondern wetzte vorher sein Parang, jenes berüchtigte Langmesser, das zügig und (fast) schmerzfrei den Körper des Gegners in zwei Teile zerlegte. Mit dem Kopf als Lohn der Mühe und dem Rest, der keinen interessierte.

Charles Brooke nahm sich vor, diese bestialische Lust abzuschaffen. Mit oft bestialischen Mitteln. So gestattete er den angeheuerten »guten Wilden« das Abschneiden der Häupter der »bösen Wilden«. Als Belohnung sozusagen für ihren beherzten Kampf gegen die Barbarei. »Wie Kinder nach Bonbons betteln«, schreibt Brooke einmal, »so betteln sie um die Erlaubnis, ein paar Köpfe heimbringen zu dürfen.«

Vor der Ankunft des wunderlichen Fremden gehörte der Norden der Insel zum Sultanat von Brunei. Anfang des 19. Jahrhunderts regierte der leicht schwachsinnige Omar Ali. Ein dünner Glatzkopf, den als besonderes Kennzeichen ein zweiter (rechter) Daumen schmückte. Der Dünne schlief schlecht, denn im Westen seines Reichs brodelte eine Meuterei. Glücklicherweise segelte ein englischer Gentleman und arbeitsloser Abenteurer – James Brooke, der Onkel von Charles – gerade vorbei. Er überrannte die Rebellen und wurde vom Sultan mit dem Titel eines »Rajah« – einer Art König von Sarawak – belohnt. Eine welthistorische Einmaligkeit: Ohne das Organisieren eines Genozids wurde ein weißer Mensch Kolonialherr, ja, Eigentümer eines Landes.

Der elegante James übernahm und bat seinen Neffen, ihm auszuhelfen. Und so kam Charles. Und trat nach dem Tod des ersten westlichen Rajahs die Nachfolge an. Und räumte auf. Er war anders als der lässige Onkel. Er war diszipliniert, unelegant, ein Verschweiger, ein Einsamer, ein Krieger.

Sarawak wuchs. Aus dem ursprünglich winzigen Stück Urwald, das Omar, der Däumling, der Brooke-Familie überlassen hatte, wurde ein Gebiet von 125 000 Quadratkilometern. Und aus den in der feuchten Hitze dampfenden Misthaufen die kleine Großstadt Kuching. Fast alles die Schuld von Charles, der es 65 Jahre lang hier aushielt, bald selbst Rajah wurde und nie von seiner beispiellosen Liebe für diese Gegend abließ: immer kämpfend, immer jagend, immer in Sorge um sein geerbtes Königreich. Er schlug Piraten in die Flucht, schaffte die Sklaverei ab, achtete die Traditionen der Indigenen und war schlecht auf christliche Missionare zu sprechen (sein Sohn Vyner, der letzte Rajah, würde sie endgültig verbannen).

Um sechs Uhr früh stimmen das Licht und die Temperatur. Noch dämmrig, noch nicht heiß. Ich winke dem alten Datuk, dem Fährmann. Drüben auf der anderen Seite des Flusses liegt das imposanteste Gebäude der Hauptstadt, das Fort Margherita. Weiße Fassade, zwischen Bäumen und Wiesen, still. Einst Burg, um Kuching gegen Angriffe von außen zu schützen, heute ein Polizeimuseum, rührig ausgestattet mit funktionstüchtigem Galgen, Schafott und Opiumhöhle. Brooke ließ es bauen und gab ihm den Namen seiner Frau Margaret, die nebenbei noch den Titel »Ranee (Königin) of Sawarak« verliehen bekam.

Der Anfang ihrer Geschichte war romantisch. Er sah sie am Klavier sitzen und legte ein Stück Papier auf die Tasten: »Wenn ein König mit einer demütigen Geste darum bäte, dass du seine Königin würdest, würdest du Nein sagen?« Sie sagte Ja, und das Unglück nahm seinen Lauf. Nach dem ersten Kind verließ sie ihn und dampfte zurück nach London. Da aber der Sohn starb, kam sie wieder – ein Nachfolger musste her – und produzierte weitere Kinder mit Charles. Bis sie erneut abrauschte.

Die Beziehung war kalt, trotz der Poesie am Kaminfeuer, trotz des Dschungelschlosses, das er ihr schenkte. Sie war ein Feingeist, er auch, ein bisschen, doch das reichte wohl nicht für eine Liebe für alle Tage. Sprachlos und mehrmals getrennt durchstanden sie die Ehe. Brooke schien wenig darunter zu leiden, eine Ehefrau diente zur Herstellung eines Erben, alles andere konnte er selbst (oder mit anderen Frauen) erledigen.

Über seine ersten zehn Jahre vor Ort schrieb er ein Buch, »Ten years in Sarawak«. Der Rechenschaftsbericht eines Kämpfers. Kein roter Faden ist lang genug, um seine tausendundeins Strafexpeditionen in die umliegenden Urwälder nachzuverfolgen. Aber die Beschäftigung mit der dicken Schwarte war wichtig für ihn. Um sein Alleinsein auszuhalten. Sinnigerweise notierte er einmal, kurz nach dem Aufzählen der Leichen einer Schlacht: »Und nun war alle Erregung, alles Quecksilber auf null, denn ich hatte niemanden, der meiner Erzählung lauschte.« Das klingt frivol und gewiss erheiternd.

Es bräuchte ein ganzes Leben, um überall dorthin zu reisen, wo Charles Brooke in den Krieg zog. Ich habe eine gute Woche und entscheide mich für eine Fahrt den Rajang River entlang. Er strömt mitten durchs Land und führt an so vielen (Blut-)Spuren Brookes und so vielen Behausungen (einst) höchst talentierter Kopfabschneider vorbei, dass der Ausflug möglicherweise genügt, um eine Ahnung zu bekommen von den Freuden und Anstrengungen eines königlichen Daseins im wilden Dickicht von Borneo.

Mit dem »Highway Express« nach Sibu. Der Bus bietet zwei verschiedene Programme. Links und rechts der Anblick der Welt, die immergrüne Natur, unterbrochen von Pfefferstauden, Kakaobäumen und zweistöckigen Schweinefarmen. Und direkt vor uns, auf 31 mal 40 Zentimetern Bildfläche: »The Revenger«, *der Rächer*. Aus acht Lautsprechern knallen eine Viertel Million Kinnhaken und Fußtritte, begleitet vom Gebell ununterbrochen leergeschossener Revolvermagazine.

Auf rabiate Weise erinnert das an die Zeiten von Charles Brooke: irgendwo in der Nähe des Highways befindet sich der Sadok Hill, über 800 Meter hoch und einst Hauptquartier seines Erzfeinds Rentap, auch er König, sagen wir, Kopfjäger-König. Bei seinem sechsten Feldzug gegen ihn hat Brooke eine bleischwere Kanone hochkarren lassen. Siegessicher liegt er in Stellung und notiert: »Jetzt fühlte ich, dass Rentap genau in unserer Schusslinie lag. Morgen um dieselbe Zeit haben wir seinen Kopf im Sack.«

Brooke pulverte daneben, und Rentaps Haupt verließ nie den dazugehörigen Hals. Das war eine von hundert Niederlagen des Königs aus England. Sarawak war anstrengend. Immer wieder beschwert er sich über den gemeinsten Stress auf seinen »outposts«: primitivste Blockhütten, ohne Kanalisation, ohne Strom, ohne Sicherheit. Dafür böse Schlangen in schiefen Betten, Ameiseninvasionen auf stinkenden Abtritten, Menschenohren fressende Fledermäuse, heimtückisch giftige Blumen und rotgiftige Ausschläge, die nass und juckend über seine Haut krochen. Und der Anblick eines Krokodils, »das am helllichten Tag jubelnd eine Nachbarin vor den Augen ihres Ehemanns verschluckte. Wobei sich der Jubel (des Krokodils) und die gellenden Schreie der armen Frau unüberhörbar vermischten.« Brooke erduldete alles. Nichts war imstande, seine Zuneigung zu widerrufen. Er hielt stand, er schien verrückt nach diesem Erdteil.

Ich erdulde auch. Nach dem Pistolengemetzel tritt ein gewisser Daddy Cool auf, ein amerikanischer Muskelhaufen, der – vermuteter IQ minus 300 – von seinem Leben als Catcher und Mensch erzählt. Doch die halbe Stunde hat durchaus Witz, denn ein Junge geht an mir vorbei, nach hinten zur Toilette. Auf seinem T-Shirt steht: »Life is not short, it's just you have been dead for such a long time.«

Beneidenswerter Brooke. Ertrug er die Stille nicht, dann kurbelte er sein Grammophon an und hörte Verdis »Troubadour«, die mitreißende Liebesmär von Minnesänger Manrico und seiner Gräfin Leonore. Anschließend las er, sogar auf Französisch, unternahm den heroischen Versuch, geistig agil zu bleiben.

Kurz vor unserem Ziel wird alles gut. Der Videokasten bleibt lautlos, und der Bus gleitet sanft auf einer Fähre rüber nach Sibu, das quirlig und betriebsam ist.

Im Tempel Tua Peng Kong treffe ich den glücklichen Chiang, den Hausmeister und Chef. Er führt mich zum »money god«, der dick und gesund in der Mitte des Altars hockt. Ihn anzubeten brächte Ruhe und Seelenfrieden. Das hat Brooke versäumt. Eine Ewigkeit jammerte er über leere Kassen. Sein Ruf als Geizkragen war international.

Chiang entlässt mich mit einem »good luck paper«, rot und glücksbringend. Das hört man gern, denn unten am Hafen wartet der »Good Luck Express«, ein schmales, mit schweren Dieselmotoren angetriebenes Schnellboot. Rasante Fahrt über den breiten, hellbraunen Rajang. Die Regenzeit ist zu Ende, der Wasserspiegel inzwischen um mehrere Meter gesunken, wie Skischanzen ragen die Anlegestellen in den Fluss.

Vorbei an den berühmten Langhäusern, dahinter die grünen Mauern des Urwalds. Einmal lächeln drei Iban-Mädchen herüber. Nur der »Puakumbu«, ein großes Tuch, bedeckt ihre bronzefarbene Haut. Der Anblick macht Freude und bringt Einsicht. Weil mir wieder Brooke einfällt, der die (nächtliche) Begleitung hiesiger Frauen dem (tagtäglichen) Umgang mit englischen Ladys vorzog. Jene erschienen ihm sanfter, problemfreier, näher am Leben.

Nach zweieinhalb Stunden Ankunft in Kapit. Liebe, schmucke Stadt in der Wildnis. Ich steige im New Rejang Inn ab, ein Blick ins Gästebuch – Rubrik Beruf – gibt Auskunft darüber, wer hier verkehrt: »Timber« und »Chainsaw«, so einfach schreiben sie es hin. Und jedermann weiß, dass hier die Holzhändler und Kreissägenbesitzer übernachten. Ihre Anwesenheit beunruhigt. Der Regenwald ächzt unter ihrem Fleiß. Sarawak lebt vom Umhauen und Verkaufen seiner Hölzer. Da hatte es Brooke leichter, diese Todsünde war damals noch nicht erfunden. Das Fort Sylvia, das er hier aufstellen ließ, besteht aus ein paar (dünnen) Bretterwänden. Und die Iban, seine Freunde und Feinde, bastelten mit bescheidensten Mitteln ihre Boote und Häuser.

Ansonsten bereitet Kapit nur Freude. Im Friseurladen, dem »Cowboy Salon« (sic), liegt jeder bei der Rasur entspannt auf dem Rücken. Und der einzige Polizist, dem ich begegne, trägt ein Kind auf den Armen. Abends leuchten aus den offenen Fenstern die roten Lichtlein der Hausaltäre, und im Karaoke-Club »Rinda« sitzen Emmy, Lucy und Racha und stehen – gegen einen Unkostenbeitrag – hungrigen Holzfällern zur Verfügung. Als Ruhekissen für deren tagsüber so verschwitzten Leiber.

Easy living. Der zuständige District Officer stellt mir am

nächsten Morgen eine »permission« aus, um weiter stromaufwärts reisen zu dürfen. Unter der Bedingung, dass ich »proper attire« trage, *anständig gekleidet* bin. Bin ich.

Vier Stunden später erreichen wir Belaga, fern hinter ein paar Stromschnellen gelegen, die Steuermann Yun mit blinkendem Gelblicht, per Slalom und Vollgas souverän meistert. Braves Städtchen, wer einmal ein Viertelstündchen lang im Viereck rundherum wandert, hat alles gesehen. Auch die bunten Poster, die den fünf Milliarden Euro teuren Damm ankündigen, der ganz in der Nähe entstehen soll und 625 Quadratkilometer Regenwald überfluten wird. Keine schlechte Nachricht. Somit ist er geschützt, wasserdicht sozusagen.

Erst zuletzt habe ich mich getraut. Weil ich Zeit brauchte, um mich rechtzeitig von meinen alten Träumen zu verabschieden. Weil ich als Kind von blasrohrwilden »Eingeborenen« las und als Erwachsener begreifen musste, dass die Welt nun anders aussieht. So finde ich den scheuen Nyangon, der faire Bedingungen stellt, mich auf sein schmales Holzboot lädt und nach zwei Stunden vor dem Nanga Kebiau absetzt: einem Langhaus mit »38 Pintu«, 38 Türen, sprich 38 Familien.

Die Iban, mit dreißig Prozent die größte Bevölkerungsgruppe auf Sarawak, waren entweder Brookes bis auf den Tod treue Verbündete oder seine – nicht weniger treuen – Todfeinde. Viele leben heute in Städten, haben einen modernen Beruf. Doch viele wollen aus ihrer traditionellen Umgebung nicht weg, bauen Trockenreis an, ziehen Gemüse, halten Hennen und Gockel und jagen nach bärenstarken Wildschweinen. Wie alle, die nicht werden wollen wie alle anderen, müssen sie kämpfen.

Eine solide Konstruktion aus Holz, mit einer überdachten Veranda, von einem Ende zum anderen, über hundert Meter lang. Mütter säugen, Babys saugen, Omis basteln Matten, die Großväter reparieren die Fischernetze, Kinder tollen, Katzen gähnen, Hunde dösen auf Reissäcken. Der uralte Nyanggau – hauptberuflich einst ein umtriebiger Kopfjäger – schüttelt mir sacht die Hand. »Ungefähr dreißig«, meint er auf meine Frage, wie viele er vom Leben in den Tod befördert hat. Um anschließend den Schädel des Opfers an den Gürtel zu hängen und alles andere liegen zu lassen. Er sagt die Zahl mit Nachdruck, verhalten lächelnd. Albträume von wegen begangener Ruchlosigkeiten scheinen ihn nicht zu plagen. Und er erzählt – es schmerzt bereits beim Zuhören – vom viel begehrten »Palang«, einem kurzen Messingstift, den sich die Männer früher quer durch die (beschnittene) Eichel trieben. Die Zeremonie – zuerst nur schrille Schreie provozierend – amortisierte sich rasch, schlug sie doch in Glücksschreie der Ehefrauen um, die bald nichts mehr schätzten als die intimen Zuwendungen ihrer Ehegatten, den Messingstiftträgern. Piercing à la Urwald.

Das ist vorbei, auch der Brauch, die frisch geköpften Trophäen – in adrette Bastkörbchen platziert – mitten im Wohnzimmer aufzuhängen. Zum Abtropfen und Trocknen. Schon lange steht eine andere Seuche herum, der Fernseher. Überlebt haben die kleinen Kerosinlichter, die neben vielen Eingängen flackern. Zeichen der Fürsorge für einen aus der Familie, der weit weg lebt. Solange sie brennen, wird es den Fernen beschützen.

Mit den Männern dasitzen und reden, den mitgebrachten Wein trinken, sie teilen ihren »Tuak«, den selbst gebrauten Reisschnaps. Sie machen sich Sorgen, bereits vor zwanzig Jahren kamen die ersten Bulldozer und wilderten in ihrem Land. Das Fieber nach Holz hört nicht auf.

Anyat, der auf Lebenszeit gewählte Chef, erklärt mir die einfache Rechtsprechung: Wer zu stänkern anfängt, also »boxt«, muss hundert Ringgit (knapp 30 Euro) zahlen. Wer sich zu einer Reaktion hinreißen lässt und »zurückboxt«, ist mit der Hälfte dabei. Das soll uns nicht kümmern an diesem Nachmittag, wir sind bestens gelaunt und kommen ganz ohne Boxkampf über die Runden.

Nachts legen sie eine Matratze in einen Raum mit dicken Reissäcken. Meine Schlafstelle. Das Moskitonetz aufspannen, um am nächsten Morgen ohne Malaria aufzuwachen. Der Gestank der Kerosinfunsel, die 33 Grad Nachttemperatur, die Luftfeuchtigkeit, das Kopfweh, ich darf wieder erfahren, was für ein degenerierter Stadtneurotiker ich bin.

Natürlich habe ich nichts begriffen von ihnen. Zu lange und zu weit voneinander entfernt verbrachten wir unser Dasein. Je länger ich reise, egal wo, desto zurückhaltender werde ich mit dem Aussprechen meiner »Erkenntnisse«.

Aber von Brooke, so will ich mir einbilden, habe ich etwas verstanden. Vor ein paar Tagen – es war in Kuching – ging ich frühmorgens los und wanderte in den Dschungel. Kleiner Mensch durch einen Ozean von Natur. Wie beschützend, wie bedrohlich. Ich schindete mich, steil hinauf, steil hinunter, auf meinen schweißnassen Leib fiel warmer Regen. Die Freuden der Einsamkeit fingen an. Die Hitze, die glühende Haut, die unwiderrufliche Erfahrung, am Leben zu sein. Nach drei Stunden war ich high und sah aus wie ein Schwein, die Strähnen im Gesicht, die Salztränen in den Augen, der Dreck an mir, von oben bis unten.

Vielleicht war es das, was Charles Brooke hierher trieb. Dieses unbedingte Verlangen, nicht tot zu sein, diese hartnäckige Forderung, nicht zu verkümmern. Lieber losrennen und sich verirren. Lieber verglühen, lieber tausend Mal Angst haben, als sterben müssen nach einem aufgeräumten, lauwarmen Leben. Nibelungentreu folgte er seiner Sehnsucht. Eine einzige Liebe schaffte er. Und die hieß Sarawak. Und erst als 88-Jähriger ließ er sie los.

Noch ein überraschendes Nachwort, das zeigen soll, zu welch dramatischen Konsequenzen die Anwesenheit in diesem Land führen kann. Ich habe ihn nicht erwähnt, weil er plötzlich verschwunden war: den Fotografen, der mich begleitet hatte. Zumindest die ersten Tage und dann nach dem Frühstück und aus heiterem Himmel ankündigte, dass er in der letzten Nacht beschlossen habe, seinen Beruf aufzugeben. Ich würde den Vorfall hier nicht erwähnen, wenn es sich um einen der unzähligen Belichtungsbeamten handeln würde, der auch Fleischergeselle hätte werden können, aber gemäß rätselhafter Umstände Fotograf wurde. Nein, H. gehörte zu den Besten und Geschätztesten in Deutschland. Ein Meister seines Fachs.

Wir riefen die Redaktion an, um sie über den Stand der Dinge zu informieren. Lustigerweise fragte man mich, ob ich H. zur

Einnahme von Drogen überredet hätte, anders wäre sein Entschluss nicht zu erklären. Gewiss nicht, denn H. interessierte sich nicht für solche Vergnügungen.

Bevor er zurückflog nach Europa, habe ich ihn natürlich gefragt: Warum? Warum jemand etwas aufhört, das ihm Geld und Ehre und einen außergewöhnlichen Lebensstil verschafft. Hier seine Antworten, ungefiltert, aber ungemein erstaunlich. Unser Gespräch hat lange gedauert, aber die entscheidenden Stichpunkte seiner Rede klingen so: »Ich fotografiere eine Person und habe keine Ahnung von ihr. Oder ich lächle, und mein Gegenüber lächelt auch, das hat etwas Idiotisches, zudem ist es verlogen, so verlogen. Wie das Warten auf schönes Wetter, damit die Armseligkeit farbenfroh rüberkommt. Alles Lüge, alles gestellt, alles inszeniert. Wie mich der Medienzirkus nervt, diese Lust auf Krieg, auf Extreme, auf Elendsgestalten, auf Schwerverletzte und Tote. Als Garantie für Aufmerksamkeit. Ich bin jetzt 43 und muss etwas anderes produzieren, das mehr Intelligenz verrät als das Herstellen von bunten Bildern. Ich schau mir zu und denke, das kann es nicht gewesen sein: die Kamera hochhalten und knipsen. Ich betrüge alle, die Fotografierten, mich, die Betrachter. Ich habe keinen Plan B, aber ich weiß, so will ich nicht weiterleben. Ich brauche Tiefe, eine Art Wahrheit.«

SUCHT NACH SCHÖNHEIT

BUCHINGER KLINIK –
Ein Hurra auf äußere Werte

CHANEL –
Die Frauenbefreierin

ACH, MÄNNER –
Wer schön sein will …

BUCHINGER KLINIK

Ein Hurra auf äußere Werte

Es gibt Bahnhöfe, an denen mehr Dicke aussteigen als anderswo. In Überlingen, zum Beispiel. Das ist ein ergreifendes Bild, wenn die großen und kleinen Dicken aus dem ankommenden Zug klettern und sich Richtung Ausgang schleppen. Boshafterweise reicht die Breite der Tür nicht für ein Pärchen Dicker. Jeder muss – einzeln und mutterseelenallein – da durch. Ist er durch, steht er im lieblichen Überlingen.

Von Anfang an habe ich ihre Kühnheit bewundert: Männer und Frauen mit bis zu hundert Kilo Übergepäck reinster Fettschwarten kommen hier an, um sich bestrafen zu lassen, ja, um Erlösung von ihren jahrzehntelangen Todsünden zu erbetteln. Um mit der hinterhältigsten Buße gezüchtigt zu werden, mit der man Vielfresser demütigen kann: mit Fasten, mit einem (fast) sündelosen, sprich, (fast) kalorienlosen Leben, mit der keuschen, so fürchterlichen Aussicht, zwei Liter stilles Wasser trinken zu müssen und nur vom Essen träumen zu dürfen.

Und doch riecht alles nach Paradies. Jedes Taxi vor Ort ist robust genug, um auch den Allerplumpsigsten, den Allerverzweifeltsten dorthin zu transportieren, wo Heilung ihrer harrt. Wo er das wieder werden darf, was wir alle sein wollen: biegsam, leicht, frohgemut.

Keine zehn Fahrminuten vom engen Bahnhofstor liegt – herrlich hoch über dem Bodensee-Meer – die berühmte, ach, weltberühmte Buchinger Klinik. Damit sich auch die Voluminösesten, also die Mutlosesten, da hineintrauen, sei hier die Geschichte von Hakim, dem exorbitant drallen Saudi, erzählt: Als 354-Pfünder kam er hier vorbei und mit neunzig Kilo flog er nach 161 Tagen »Heilfasten«, nach fünf Monaten weltmeisterlicher Fettschmelze, davon. Sein ganzer Leib passte zuletzt in ein einziges Bein seiner (ehemaligen) Hosen. Manche werden bei Buchinger glatt halbiert. So kam der Scheich als halbe Portion zu Hause an.

Die Idee zum Wunder von Überlingen ist dem alten Otto Buchinger geschuldet. Ein Mann mit einem starken Leben. Als Marinearzt entging er im Ersten Weltkrieg mehrmals und haarscharf dem Torpedotod. Nach den schauerlichen Ängsten kam die Entlassung: »wehrdienstunfähig«. Da geplagt von einem teuflischen Gelenkrheumatismus.

Gehbehindert humpelte er, eher pleite, zurück in ein trübes Zivilleben. Ein Gallenleiden beschleunigte den Abstieg. Nur noch mit Opium im Blut hielt er den Körper aus.

Der Zyniker wandelte sich zum spirituellen Menschen. Er verlor den Glauben an die Schulmedizin, die ihn für unheilbar kaputt erklärt hatte. Doch Buchinger – getrieben vom Rat eines Freundes – heilte durch Fasten. »Not fand Notwende«, schrieb er in seiner Autobiografie. Mit knapp 50 wurde er zum »Erfinder« des Heilfastens. Dieses Wort ist wichtig, denn zwischen einer heillosen Magerkur und dem Heilfasten liegt eine Welt, die Buchinger-Welt. Im Sommer 1953 eröffnete der 75-Jährige mit Tochter Maria und Schwiegersohn Helmut Wilhelmi die Klinik am Bodensee.

Was den Mann so zäh und produktiv machte, war seine innere Haltung. Sein Rückgrat. Als finstere Zeiten über Deutschland hereinbrachen, bewies er Charakter. Von seiner Frau, einer Halbjüdin, ließ er nie ab. Der Alte hatte – so sagen es die Franzosen – »relief«: Format. Erst mit 88 hörte er auf, sich um andere zu bekümmern. Und starb.

In manchen amerikanischen Krankenhäusern gibt es keine Fenster mehr, sondern nur noch *computer pictures*. Bildschirme, die bunte Farben ausstrahlen. Um den Patienten aufzuheitern. Weil ein Blick hinaus auf die Wirklichkeit wohl in eine mittelschwere Depression schleudern würde.

Bei den Buchingers funktioniert es gerade umgekehrt. Die

Zimmerfenster gehen weit auf, und was sich dahinter auftut, ist der Anfang der Gesundung. Wusste Otto Buchinger doch, dass Schönheit dem Leib und der Seele auf sagenhafte Weise förderlich ist. Überall Garten und mittendrin blüht ein grandioser Silberahorn. Und rundherum blühen hundert verschiedene Blumen. Und in naher Ferne spiegeln sich die hundert Blau des Bodensees. Und darüber die hundert Blau des Himmels. Wer hier nicht gedeiht, dem ist auf Erden nicht zu helfen.

Jeden Montagvormittag stellen sich die Abteilungsleiter der Klinik den neu angekommenen Patienten vor. Lässig, unprätentiös, professionell. Knapp hundertfünfzig Betten gibt es, knapp 150 Angestellte, inklusive sechs Ärzte. Eine voll ausgerüstete Internisten-Station steht zur Verfügung. Sogar zwei Psychologen sekundieren, um den so vielen, so geheimnisvollen Gründen des (unglücklich) Dickseins auf die Spur zu kommen.

Erstaunlich, selbst während dieser kleinen Stunde hört das Heilen nicht auf. Diesmal eben via Sprache. Wunderbare, lange ungehörte Vokabeln werden ausgesprochen, Wörter wie Mandelmilch – zum Trinken. Wie Wirbelkräuterbad – zum Genießen. Wie Blumenpflückergruppe – zum Mitmachen. Wie chinesische Liebesrosen – zum Riechen. Wie Tautreten – zum Füßeaufwecken.

Lauter Klänge, die Vertrauen verströmen, die auch das verstockteste Herz weichspülen. Das sanfteste Wort allerdings verkündet Thomas Lutz, erster Masseur am Hause, er sagt tatsächlich: »Alpenheublumenpackung«, dampfende Säckchen, die dem Massierten auf Brust, Bauch und den Unterleib gelegt werden. Um die Schwerkraft aufzuheben und dafür zu sorgen, dass hier garantiert jeder schwebt, ja, von den Düften der Heublumen zur seligen Bewusstseinstrübung verführt wird.

Wie die Dicken strahlen. Weil sie spüren, dass ihnen noch nie so viel Obhut entgegengebracht wurde. In Otto Buchingers Standardwerk »Das Heilfasten« gibt es ein Kapitel mit dem altmodischen Titel »Gut zureden«. Vielleicht liegt darin ein großer Teil des Zaubers, das größte Geheimnis dieses Orts. Eben kein Dienst nach Vorschrift, vielmehr eine virtuose Melange von wissenschaftlicher Kompetenz, Spiritualität und Fürsorge. Jeder wird hier behütet. Auch die Ausuferndsten.

Nach den quirligen Reden wird es infam. Jetzt müssen – so die sprühende Oberschwester Freia – die »Freuden des Siegs über sich selbst« anfangen. Wer nicht einsehen mag, dass er hierherkam, um für (viel) Geld (fast) nichts zum Essen zu bekommen, wer nicht gewinnen mag gegen den eigenen verfressenen Schweinehund, der wird in Bälde zermürbt auf dem (runden) Bauch landen.

Ich, eher dünn, muss ran wie jeder andere. Gestern schien alles noch zumutbar. Chefarzt Christian Kuhn – ein echter Onkel Doktor, er braucht nur die Hand auf die Schulter zu legen, und sofort überkommt den Untersuchten stiller Friede – hörte zu, spornte an, hatte Zeit, ließ Blut abnehmen, unterbreitete Vorschläge, verschrieb mir einen »Entlastungstag«, also noch einmal essen dürfen, wenn auch nur lausige 600 Kalorien in Form eines Obsttellers.

Heute ist dieser letzte schöne Tag vorbei, ich höre von so gräulichen Dingen wie Karottensaft und Schnittlauchbrühe, das eine morgens, das nächste mittags. Und nach der Brühe folgt – wie in Zukunft an jedem zweiten Tag – ein Ritual, das beim ersten Mal durchaus Widerstände weckt: ein Einlauf, um den Darm zu leeren, da ein normaler Stuhlgang kaum mehr möglich ist. Dazu führt Schwester Helga – jedes der sechs Häuser auf dem Gelände wird von einer Stationsschwester betreut – ein schmuckes, mit Vaseline entschärftes »Darmrohr« dem Hungerleider in den Hintern ein. Um ihm so einen Liter warmen Wassers einzuflößen. Nach fünf Minuten – jetzt ohne Helga – sitzt man erlöst auf der Toilette.

Dann kommt die Geduldige wieder. Diesmal, um einen sich täglich wiederholenden Liebesdienst zu leisten, den »Leberwickel«: ein warmes nasses und ein warmes trockenes Tuch um den Bauch legen, obendrauf die Wärmeflasche deponieren. Und den Eingewickelten zur Ruhe, zum Einschlafen zu überreden. Damit die Leber ungestört entgiften kann. Was fast immer gelingt, denn das erste Menschenrecht, das Recht auf Stille, wird hier diskussionslos praktiziert: Nur zu bestimmten Zeiten werden Telefongespräche durchgestellt, und die Zimmer sind grundsätzlich fernseherlos. Wer jedoch nicht leben will ohne Verblödung, der muss für ein Leihgerät bezahlen und darf nur mit Kopfhörern über den Ohren glotzen.

Weil gerade von der Umsicht und dem Können der weiblichen Mitarbeiter die Rede ist: B. und ich flirten, so harmlos wie beschwingt. So lange, bis wir eines Morgens um halb sechs im spiegelglatten, sonnenblauen Bodensee baden. Und irgendwann in B. s sonnengeflutetem Apartment landen. Die Strahlende ist für die Ernährung im Hause zuständig, sie erklärt uns Falschessern, was Magen und Verdauung in gute Laune versetzt, erhellt Zusammenhänge, empfiehlt. Ach, sag' einer mir, was der Gesundung eines Mannes zuträglicher ist als der Duft und die Wärme eines Frauenkörpers, der sich an ihn schmiegt.

Die grandiosen Nachmittage in der Buchinger Klinik, die so unspektakuläre Annäherung an das Glück: mit der frisch gereinigten Leber rüber zum Swimmingpool. Schwimmen und sonnen und lesen. Und schauen: Ein Stockentenpaar – er ist entschieden prächtiger mit seinem violettgrünen Hals – segelt ins Wasser, gleitet neben den Dicken, hüpft an den Beckenrand, schaut nachsichtig hin, wenn die Wellen schlagen nach so viel geballter Verdrängung.

Ein paar Schritte entfernt, besät der hauseigene Gärtner eine Wiese mit römischer Kamille. Eine Katze streunt vorüber. Ein heimlicher Geist von seltener Eintracht geht um. Nichts anderes dringt ans Ohr als die versöhnlichen Geräusche der Welt.

Und die Kurgäste – unbekümmert geworden vom Faulenzen im Garten Eden – beginnen zu beichten. Herr Karl K. erzählt Frau Myriam R., dass er gesündigt hat, dass er bei einem Spaziergang durch Überlingen nicht mehr widerstehen konnte. Der gespannte Lauscher erwartet nun die Details eines Schäferstündchens, irgendwo an den buschigen Ufern des Bodensees. An meiner Erregung erkennt man, dass ich noch Neuling bin. Denn ein schweißintensives Beieinandersein wäre ein lautes Lob wert, diente es doch dem hitzigen Abbau von Kalorien.

Mitnichten. Herr Karl saß im dunklen Eck einer Wirtschaft und ließ sich zum heimlichen Genuss einer Tasse Kaffee hinreißen. Sein Geständnis ermuntert, da nun Myriam R. ihrerseits eine unprogrammgemäße Schokoschnitte gesteht, die sie gestern in einer Patisserie einnahm. Als mildernde Umstände gibt sie eine lästige Freundin an, die sie regelrecht dazu verführte. Schon aus Höflichkeit hätte sie nicht Nein sagen können. Bereits heute morgen hat sie die außertourliche Kalorienaufnahme bei der Stationsschwester gemeldet. Das Schuldgefühl lag ihr schwerer im Magen als die Zuckerbombe.

Ein Seitensprung in einer Konditorei gilt als lässliche Sünde. Todsünden – Rauchen im Zimmer, zum Beispiel, trotz Verwarnung – verrät keiner. Denn die Gefahr, mittels »Kurverweis« von der Klinik zu fliegen, besteht durchaus. Penetrante Spielverderber müssen packen.

Bravouröse Witzbolde dürfen bleiben. Wie Herrmann L., der einst diskret eine Fleischerei betrat und acht Wiener Würste erstand. Da der enorm bauchige Patient grundsätzlich nur warme Gerichte verzehrte, kam er auf die aberwitzige Idee, die vier Paar ins heiße Wasser seiner Leberwickel-Wärmeflasche zu stecken. Armer L., jeder Bissen blieb ihm versagt. Weil die Wiener platzten und hinterher viel zu breit waren, um durch den Flaschenhals wieder ins Freie zu gelangen. Noch heute wird mit freudigem Schluchzen des Verzweifelten gedacht, der nie an sein verbotenes Mittagessen herankam.

»Hinter jeder Sucht lauert eine Sehnsucht«, Otto Buchinger hat diesen Satz von Anfang an begriffen. Sein Prinzip war der komplette Mensch, nicht nur der unselige Fresssack, der geknickt vor ihm stand. Fasten als die gesündeste, chemieloseste, glückspendendste Droge der Welt. Um die gesamte Figur mit all ihrem Zubehör generalzuüberholen. Der Fastenkönig wollte eine »Ganzheitsmedizin«, die Kunst, sich dem Hilfesuchenden auf dreifache Weise zu nähern: als Mediziner, der diagnostiziert, als Naturheilkundler, der von den (unglaublichen) Selbstheilungskräften des Einzelnen überzeugt war, als Psychotherapeut, der wusste, dass in jedem Drallen ein Herz schlägt, das sich – aus welchen Gründen auch immer – unter zwei Zentnern Speck vergraben hat.

Das ist sein Erbe. Und das bewahren sie an diesem Ort. Ohne Verkündungswahn, ohne das erhabene Getue eitler Besserwisser. Die Folge: Heiterkeit bricht oft aus, der Umgangston zwischen den Gästen wird schwungvoller. Mehrsprachig schwungvoller, denn ein internationales Flair geht um. Französische oder amerikanische oder bayerische Wichtigtuer finden sich jetzt eine Spur weniger wichtig, ein lässiger Respekt macht sich breit. Die so scheue Tugend Dankbarkeit traut sich hervor. Man mag sich und die anderen Dicken ein bisschen mehr, mag alle, die sich darum sorgen, dass das Dicksein irgendwann aufhört.

Das Betreten von *downtown* Überlingen – keine fünfzehn Minuten Fußmarsch von der Klinik entfernt – stimmt ebenfalls milde. Weil es brav ist und direkt am See floriert. Meine Mastercard nennen sie hier »Kärtle«, und den Bürgermeister müsste man glatt einrahmen. Verlangt er doch »Schritttempo« von den Autofahrern, lässt er doch an jeder zweiten Ecke vier verschiedene Abfalleimer aufstellen, stehen doch tatsächlich Automaten herum, aus denen man für sparsame 50 Cent ein »Reinigungsset zur Entfernung von Hundekot« ziehen kann, inklusive »Schaber, Schaufel und Schachtel«.

Und er sorgt für eine strahlend geputzte »Seepromenade«, in deren Cafés viele Gutausseher sitzen und – das Smartphone cool neben der Perrierflasche – männlich und siegessicher den vorbeiflanierenden Schönen entgegenblicken.

Überlingen ist aber auch ein höllischer Fleck. Für die Buchinger-Klientel gewiss. Nur mit barbarischer Willenskraft überlebt sie hier. Als ich bei Wasser und Nichts im *Café Walker* fasten übe und einem fröhlichen Dicken zusehen muss, wie er eine rekordverdächtige, 25 (!) Zentimeter lange Eistüte abschleckt, springe ich auf mein Rad und presche davon. Ich will meine Schmerzgrenze nicht überfordern.

Wer durchhält, wird fliegen. Nach den ersten zwei, drei strapaziösesten Tagen hat der Körper kapiert und hört auf, quälende Hungersignale ins Hirn zu funken. Wer dann noch Glück hat, den überkommt bereits im Anfangsstadium so ein beschwingtes High. Dieses unbezahlbare Gefühl von Leichtigkeit braust durch den Kopf, der Körper kribbelt, ja kichert, ist auf die kindischste Weise glücklich. Schwerkraft fällt ab, innen, außen, überall.

Wer und was genau dafür verantwortlich ist, wer könnte es sagen? Die Sorgfalt der 150 guten Geister? Die Wanderungen der Blumenpflückergruppe? Die Stunde Yoga? Das Aquarellmalen? Das Tanzen? Oder Michel Rubin, der eigens aus Paris eingeflogene Chefkoch, der für nichts anderes bezahlt wird, als die Küche des Hauses zu verfeinern. Um die – noch oder vormals – Vielgewichtigen mit einer first class »cuisine végétarienne« zu verwöhnen. Oder ist es Chefmasseur Thomas Lutz, der einem die Alpenheublumensäckchen auf den Leib platziert, so geruchswild, dass einem schwindelt vor Wohlsein? Und der jeden, der nach einer Kneippkur verlangt, mit »Blitzgüssen« heimsucht, so frisch und eiskalt, dass man schreit vor Vergnügen? Oder Bernd Egenberger, der seine »psychotaktile Therapie« anbietet und »ungelebte Leibregionen« wieder aufleben lässt, so weise weiß dieser Magier mit den ungeliebten Körperteilen seiner Kundschaft umzugehen?

Ich mag Faster. Weil sie intelligent sind und attraktiv daherkommen wollen, ja, erkannt haben, dass kein Anti-Bauchspeck-Massageband der Welt sie von ihren Fettringen befreit, ja, mühselig begreifen, dass Schönsein und Gesundsein zäh zu erwerbende Güter sind. Jeder wird bei den Buchingers wendiger und gelenkiger. Selbst die »Multimorbiden«, jene armen Teufel, die neben einem vollen Ranzen noch, sagen wir, eine alkoholgetränkte Leber und ein lädiertes Herz mit sich herumtragen. Auch sie klopfen an.

Schnell ein Zwischenruf an trotzig Beleibte, die uns auf Biegen und Brechen einzureden versuchen, dass »die Schönheit im Auge des Betrachters liegt«, vulgo, sogar schwabbelnde Fettschürzen zu einem Jubelschrei verführen. Tun sie nicht. Der obige Satz ist der Lieblingsvers all jener, denen das Maß für Eleganz und Formen abhandenkam. Oder die den Respekt für ihren Body verloren haben und sich jetzt – politisch korrekt und seltsam bizarr –

davonreden. Geradezu rührend das Vorhaben von Damen und Herren, die – von ü-200-Pfund aufwärts – gegen das »gängige Schönheitsdiktat« in den Krieg ziehen. Wir sehen dann – im Netz, im Fernsehen, in Zeitschriften – die »Andersdünnen« vor einer Kamera posieren, natürlich »superglücklich« und natürlich »ganz und gar mit sich einverstanden«. Dabei fällt ihnen nicht auf, dass sie sich in Posen präsentieren, die die Sicht auf die drastischsten Auswüchse verhindern. Weil ein Schatten sie abdeckt, weil man die Hand davor hält, weil hohes Gras – man tummelt sich gern auf saftigen Wiesen – gnädig davorsteht. Ich habe noch keine und keinen von ihnen gesehen, der sich via *total frontal nudity* herzeigt, mit allem Drum und Dran. Soll das heißen, dass es mit dem überglücklichen Akzeptieren so weit nicht her ist?

Ebenfalls bemerkenswert, besonders in Frauenmagazinen, in denen sich Journalistinnen diesem Kampf anschließen und die Überdicken vehement in Schutz nehmen: Das Foto dieser Autorinnen zeigt meist eine blendend aussehende Frau, von der man eiskalt vermuten darf, dass sie keine fünf Sekunden so auftreten möchte wie »die armen Opfer dieser hinterhältigen Gesellschaft«. Was lernen wir daraus: Scheinheiligkeit geht um, aber wie.

Könnte man Heuchelei in Energie verwandeln, das Ende der fossilen Energiegewinnung wäre gekommen.

Den Menschen – über Jahrtausende kann man die Spuren nachverfolgen – bewegt ein unwiderrufliches Verlangen nach Ebenmaß, noch Formschönheit, nach Harmonie. Dieses Sehnen ist eines unserer tiefsten Rätsel. Und überall will es sich ausdrücken. Will ein Haus verschönern, eine Wohnung, einen Park, das Dorf, die Stadt, die Kleidung, die Kunst, die Sprache, die winzigsten Accessoires. Weil das Schöne euphorisiert. Weil der Blick auf eine Avenue in Paris ein Hochgefühl auslöst und der Anblick eines Parkplatzes nur Wut. (Große Wut, wenn dort einst herrliche Bäume standen.) Der menschliche Leib ist nur *ein* Bereich, um sich diesen Wunsch nach Anmut zu erfüllen. Jedes Bemühen, dieses Sinnen zu unterdrücken, wird scheitern. Es ist auf Ewigkeit programmiert. Wie der Wille zu leben, wie das Bedürfnis zu lieben.

Darf ich den Überschwappenden und allen anderen, die sich so verzweifelt ihr Selbstbild zurechtschwindeln, einen Rat geben? Einen freundlichen Rat, nicht manipuliert vom Perfektionismus einer außer Rand und Band geratenen Schönheitsindustrie, die uns gern zu narzisstisch blökenden Klonen erziehen möchte. Hier kommt er: Unser Körper ist nichts »Äußerliches«, er ist das Innigste, was wir besitzen, er ist unser Herzstück. Achte ihn, sei ihm zugetan, schinde ihn nicht täglich mit skrupellosen Gelüsten.

Deshalb schätze ich die Leute hier an der Buchinger-Klinik. Sie vertrödeln ihre Zeit nicht mehr mit dubiosen Ausreden, nicht mit dem Erfinden von Feindbildern. Sie haben Klügeres zu tun: Sie handeln.

»Mut«, sagt ein jiddisches Sprichwort, »mecht schon sein.« Aber ja, man muss sich trauen, muss einmal anfangen und – springen. Wie ein zweiter Dickpanz aus dem Orient: Den hievten sie zuerst auf die Gemüsewaage, denn keines der verfügbaren Geräte konnte es mit ihm aufnehmen. Und der Fettbatzen hielt durch. Als Abschiedsgeschenk hinterließ er fast hundert Kilo Menschenfleisch. Mit Kostbarerem kann man sie an diesem Ort nicht beschenken.

CHANEL
Die Frauenbefreierin

Es war angenehm still in der Boutique. Sommer 1921. Eine Kundin hatte sich gerade das Parfum $N°$ 5 einpacken lassen. Beim Hinausgehen drehte sie sich noch einmal um und wollte wissen, wo sie es auftragen sollte. So seltsam klang die Frage nicht, denn der nagelneue Duft galt als Sensation, und einen Fehler zu machen schien durchaus möglich zu sein. Zufällig befand sich der Dichter Paul Valéry im Laden, trocken und wundersam weise meinte er: »Überall da, Madame, wo Sie geküsst werden wollen.«

Nur in Paris kann ein solcher Satz zur Welt kommen. Wie jener Hauch von Frivolität, wie jenes Parfum und wie jene Frau, die für all das verantwortlich war: Gabrielle Chanel oder Coco Chanel oder – zuletzt – »Mademoiselle«.

Neben ihrer Begabung für Linien und Proportionen schimmerte ein zweites Talent, jenes für das Mysterium, für die Fähigkeit, ihr ganzes Tun und Leben mit einer Aura des Ungreifbaren, des Geheimnisvollen zu umgeben. Woher kommt die Bezeichnung $N°$ 5? Keiner darf behaupten, er wüsste es. *Eine* Erklärung – und sie ist die sinnlichste – lautet so: Der Buchstabe »E« ist der fünfte im Alphabet und er besagt stets – am Ende eines französischen Adjektivs –, dass das Wort weiblichen Geschlechts ist.

Chanel – schon der Name glitzert wie ein Schmuckstück – ist ein Milliardenunternehmen. Schönheit ist (auch) ein knallhartes Business. Wer sich als Reporter aufmacht, etwas über die Versuchung und ihre Vermarktung zu erfahren, wird meist auf Verschwiegene stoßen. Bisweilen musste ich mich daran erinnern, nicht im Konferenzzimmer von Fort Langley, dem Hauptquartier der CIA zu stehen, sondern in stilvoll eingerichteten Räumen, in denen edel gekleidete Frauen und Männer Farben, Stoffe, Schnitte, Essenzen, Raffinessen, ja, letzte Schreie ausbrüten. Immer auf der Suche nach den neuesten Träumen der Saison. Das ist oft ein Traumberuf. Und oft ein zähes, enervierendes Geschäft.

Monsieur Le Joliff empfängt mich. Gelernter Biologe, seit fast einer Generation *chef de recherche* am Chanel Laboratorium in einem Vorort von Paris. Und – in manchen Momenten – ein genialer Alchemist. Der Boss leitet über 80 Mitarbeiterinnen (wenige Männer mischen mit), verfügt über ein Vielmillionenbudget und ein paar tausend Destillierkolben, Filtrierflaschen und Messpipetten.

Niemand hier, außer ihm, weiß die komplette Formel eines fertigen Produkts. Aus Sicherheitsgründen, das spannende Wort »Industriespionage« geht um. Le Joliff ist glücklich verheiratet und blickt an keiner Frau vorbei: »Vor einigen Wochen sah ich an mehreren Tagen hintereinander ein wunderschönes Gesicht. Gestern sah ich es wieder und es war hässlich. Es war geschminkt.« Was der Meister, dessen Haus fast alle 48 Stunden eine neue Wimperntusche oder einen neuen Lidschatten oder einen neuen Eyeliner zaubert, sagen will: dass das Kompliment »Madame, ganz außerordentlich Ihr Make-up« in modernen Zeiten kein Kompliment ist, sondern ein Fauxpas, ein Ausrutscher. Könnerinnen schminken sich so, als wäre alles von überirdischer Hand geschenkt. Sehen die Unbegabten grell aus, so leuchten die Begabten wie angehaucht von den Tönen der Natur.

Der Maschinenpark, der zur Verschönerung der menschlichen *visage* zur Verfügung steht, könnte auch in ein Forschungslabor eines Max Planck Instituts passen. Apparaturen, die Hitze, Kälte und Altwerden simulieren. Ein Computer, der über fünf Milliarden Farbtöne unterscheiden kann. Eine »Colorthèque«, ein Raum mit einem »plafond multifonctionel«, eine Art Lichtorgel, die fähig ist, jedes Tageslicht und jede künstliche Lichtquelle zu produzieren: um festzustellen, wie sich ein Kosmetikprodukt unter verschiedensten Helligkeiten ändert.

Letzter Durchbruch, nicht ohne entscheidende Mithilfe japanischer Wissenschaftler: ein Make-up, ein Lippenrot, dessen Farbe und Intensität sich ununterbrochen der Farbe und der Intensität des Lichts – innen wie außen – anpasst.

Manchmal wird eine Idee nach fünfzehn Wochen Wirklichkeit, manchmal nach fünfzehn Jahren. So war Zeit für Le Joliff, sich mit Lebensklugheit zu wappnen. Er hat längst begriffen, dass keine Frau, die sich hässlich findet, durch einen Chanel-Puder schöner wird. Irgendetwas muss ihr – an ihr – gefallen. Erst dann zündet das Wunder, erst dann – so ergaben wissenschaftliche Studien – löst der Akt des Schminkens bei einer Frau, ganz oben im Kopf, ein heftiges Vergnügen aus.

Dass die wahre Größe des Menschseins – so plappern die moralisch Hochstehenden unter uns – darin liegt, in Würde alt (und unansehnlich) zu werden, klar, auch davon haben sie hier gehört. Doch sie wissen zudem, dass wir nicht alle groß und rastlos würdig sind. Also erfanden die Götter ein Wesen namens Chanel.

Tage später sehe ich in einer Metrostation eine Frau. Eine Alte, eine von den paar hundert Alten, die verlaust und obdachlos in den verschiedenen Ecken von Paris herumliegen. Eine Stunde vor Mitternacht riecht sie gemein nach körpereigenen Säften und dem Neuen Beaujolais. Aber sie gibt nicht auf. Fahrig zieht sie Kamm und Spiegel aus ihrem Bündel und versucht – begleitet von leisen, zischenden Flüchen – ihr wüstes Haar zu ordnen. Der Mensch ist noch nicht am Ende. Ihre Geste erinnert mich an Le Joliffs dramatischen Satz: »Sobald eine Frau aufhört, sich zu pflegen, unterbricht sie den Kontakt zur Welt. Erlischt die Sehnsucht zu gefallen, erlischt das Leben.«

Für das Christenvolk beginnt die Zeit der Hoffnung mit der Geburt Jesu (sagen wir, was als »Geburt Jesu« erfunden wurde), für Chanel-Fans am 19. August 1883. Selbst, wenn vieles tieftraurig – doch letztlich Ruhm fördernd – begann: Vater Hausierer, Mutter nichts. Der Vater taucht ab, die Mutter vergeht an Tuberkulose. Mit zwölf landet die kleine Gabrielle in einem Waisenhaus. Rührige Betschwestern kleiden sie in Schwarz, ihre spätere

Lieblingsfarbe. Sie lernt nähen, Manieren und das zähe Schweigen künftiger Sieger. Als 20-Jährige steht sie in einem Laden für Aussteuer und Babywäsche. Jetzt fällt sie bereits unangenehm auf, sie widerspricht, sie glüht, sie träumt ein anderes Leben. Sie bleibt schlank.

An allen Fronten entwickelt sie sich zum Gegenteil ihrer zuckerrunden Geschlechtsgenossinnen. Sie zieht nach Vichy und tingelt als Sängerin durch die Cafés. Auch das geht daneben. Dennoch, jene Auftritte waren ihre letzten Bruchlandungen. Mit 25 hebt sie ab, senkrecht nach oben. Sie fängt an, die richtigen Entscheidungen und die richtigen Männer zu treffen. Männer, die ihre Einmaligkeit ertragen, ja, sie fördern. Mit 27 eröffnet sie in Paris ihr erstes Atelier, sie will »Modistin« werden. Und berühmt. Sie wird es, beides. »I woke up famous«, bald wird ein amerikanisches Magazin sie mit diesem coolen Satz zitieren.

Ein paar hundert Modeschauen später, an einem Sonntag im Jahr 1971 zog die nun 87-Jährige um. Von ihrer Suite im Ritz in den französischen Götterhimmel. Heute steht ihr Name für *Glamour*, in alle Himmelsrichtungen strahlend. »Kosmetik«, notierte Karl Kraus einmal, »ist die Lehre vom Kosmos des Weibes.« Das Wiener Schandmaul hatte nichts begriffen. Es ist 1001 Mal mehr. Kosmetik und Mode lassen uns etwas ahnen von der Macht der Sehnsucht nach Schönheit, von dem unvergänglichen Verlangen, nicht zu welken, nicht zu verkümmern.

Coco Chanel – ihr drittes Talent betraf ihr vorlautes Mundwerk – hat mehrmals angedeutet, dass sie nicht genau wisse, woher sie komme. Möglicherweise aus dem Bordell, möglicherweise woanders her. Gesichert scheint zu sein, dass sie die weiblichste aller Feministinnen war und dass sie wie selten eine andere zur Befreiung der Frauen beigetragen hat: Sie zog ihnen die würgenden Korsetts aus, erlöste sie von der Last pompöser Aufmachungen, kreierte die weltberühmte *petite robe noire*, das »kleine Schwarze«, verpasste ihnen Stoffe, die sich leicht trugen und zum Leben und Arbeiten taugten, schaffte als Erste die vornehm arrogante Blässe ab, ging im Meer baden und schwärmte vom Glanz sonnengetönter Haut. Sie schockierte mit wildroten Lippenstiften und entwarf Make-up-Utensilien, die transportierbar waren und nicht wie plumpe Einmachgläser die Taschen ausbeulten. Zuletzt trägt sie Mitschuld an einem Beruf, vielleicht dem einzigen in der Geschichte der Menschheit, in dem eine Frau etwa zehnmal so viel verdient wie ein Mann: dem Beruf des Mannequins.

Auf radikal elegante Weise kämpfte sie um das simple Menschenrecht, schön, nein, schöner sein zu dürfen. Ohne Schuldgefühle, ohne die dünkelhafte Mühsal, den feinen Leuten angehören zu müssen.

Heute – ein halbes Jahrhundert nach Cocos Ende – schillert ihr Name heller als je zuvor. Dicke schwarze Zahlen werden geschrieben. Nie vergab sie eine Lizenz. Jeder Ziegenhaarpinsel zum Auftragen eines *Blush* ist »made in France«, in keinem Hongkonger Hinterhof bastelt jemand – zumindest nicht offiziell – an einem Chanel-Nagelhautentferner. Im Süden Frankreichs gehören ganze Latifundien von Rosenbeeten und Jasminfeldern zum Imperium, fürsorgliche Rohstoffsicherung für die Düfte des Weltreichs.

Die Kunst ist, oben zu bleiben. Fünfzehn Minuten lang sind viele berühmt. Aber die Marke Chanel spielt seit bald hundert Jahren in der höchsten Liga. Die Modekollektionen – ob nun *Prêt à porter* oder *Haute Couture* – werden von der internationalen Presse wahrgenommen. Das sind keine Defilees, sondern bravouröse Inszenierungen von Glitzer, Schein und Wow.

Chanel befindet sich in Privatbesitz, an der Spitze entscheiden die Brüder Alain und Gérard, die Enkel von Pierre Wertheimer, jenem Industrietycoon, den Coco Chanel 1924 um finanziellen Beistand bat, großen Beistand: um den Verkauf ihres $N°$ 5 plus ihr gesamtes Unternehmen weltweit zu organisieren. W. war ein Business-Genie, ein Gen, das seine Enkelkinder offensichtlich geerbt haben. Das Parfum gehört noch immer zur Spitzengruppe der meist verkauften Duftnoten im Universum.

Vielleicht ist jetzt der rechte Zeitpunkt, um von den dunklen Flecken – jahrzehntelang erfolgreich verheimlicht – im Leben der lebenslang Unverheirateten zu sprechen: Der Zweite Weltkrieg brach aus, und die Deutschen kamen nach Frankreich, besetzten Paris. Die Zusammenarbeit zwischen Coco C. und Wertheimer – Jude und bereits geflohen – hatte sich entlang der Jahre drastisch verschlechtert. Chanel fühlte sich von dem einstigen Partner (und seinem Bruder Paul) über den Tisch gezogen. Sie kassierten 90 Prozent der Gewinne, sie erhielt die restlichen zehn. Ob Chanels beißender Antisemitismus daher rührte, lässt sich heute schwer feststellen. Auf jeden Fall kam ihr die Ankunft der Nazis nicht ungelegen. Mademoiselle war inzwischen *une dame d'un certain age* geworden, ging bald auf die sechzig zu, doch sie war clever und berühmt und wie immer eine Draufgängerin: Schnell entwickelte sie sich von einer *collaboratrice horizontale* mit führenden Wehrmachtsangehörigen zu einer Mitarbeiterin, die – halboffiziell engagiert – ihre zahlreichen, internationalen Kontakte nutzte, um der deutschen Spionageabwehr, sagen wir, »behilflich zu sein«. Fairerweise sei erwähnt, dass sie das auch tat, um einen Neffen aus einem Konzentrationslager zu holen. Der andere Grund, der Hauptgrund und entschieden weniger nobel, war die »Arisierung« im Sinne der Nürnberger Rassegesetze: das passende Mittel in ihren Augen, um den »Juden Wertheimer« zu enteignen und erneut alleinige Nutznießerin ihrer Firma zu werden. Der Versuch schlug fehl, die beiden Brüder hatten ihren Besitz rechtzeitig einem »Nichtjuden« überschrieben.

Chanels Bettgeschichten mit dem Feind und ihr Dasein als »corbeau«, als Denunziantin, blieben nach dem Untergang der braunen Pest ohne einschneidende Folgen. Sie besaß eben ein Händchen fürs Überleben. Und Geld, um verschiedene Leute zum Stillschweigen zu überreden. Wurden »normalen« Französinnen – schuldig der Affäre mit einem Besatzer – öffentlich die Haare geschoren und sie öffentlich geächtet, so verschwand die Anrüchige in die Schweiz, saß die Turbulenzen aus und kam irgendwann zurück. Noch einmal zurück auf den Weg zu Ruhm und Glorie. Das hat auch damit zu tun, dass damals – wie in Deutschland – der feste Wille bestand, Zustände zu vertuschen, zu verschweigen, ja, sich so aufzuführen, als wäre (fast) nichts gewesen. Zudem war die mittlerweile 73-Jährige nicht die Einzige der Begnadeten, die sich auf mehr oder weniger delikate Weise mit den »loups«, den germanischen Wölfen, eingelassen hatte. Auch Edith Piaf gehörte dazu, auch Maurice Chevalier, auch Jean Cocteau et cetera. Genie und Rückgrat, das eine ist das eine und das andere das andere.

Sprung wieder in die Gegenwart: Zwei Gewissheiten treiben die Leute bei Chanel an: Die erste ist das Wissen, wie gut sie sind. Und die zweite ist die Erkenntnis, dass man nie vergessen darf, wie gut die Konkurrenz ist. Ich treffe Heidi Morawetz, seit vielen Jahren am Haus als »Directrice de studio création maquillage« unter Vertrag. Sie schminkt die Modelle und – viel zeitraubender, viel kreativer – sie durchsucht Himmel und Erde nach neuen Farben, neuen Effekten, neuen Schattierungen. Für Frauenwangen und Frauenmünder. »Wer und was verschafft eine neue Idee?« Und Heidi, die Wienerin in Paris: »Jeder und alles. Das reflektierende Licht in einer Stoßstange, ein zufälliger Blick auf eine blaue Wolke, ein roter Tintenfleck, das lila Papier für ein Geschenk, ein Blitz in einem Traum, ein schwarzer Gedanke, das manische Stöbern in einer Kurzwarenhandlung, ein vorbeiwehendes Blatt.« Hält sie ein Fundstück für modern genug, dann redet sie auf Le Joliff ein. Der soll die Fantasie materialisieren, sie in eine Tube oder ein Fläschchen verwandeln. Mit ein paar Gramm fangen sie zu experimentieren an, mit ein paar Tonnen hören sie auf: Wenn der Einfall ein Erfolg wird.

Es lebe der große Unterschied. Laufen die einen mit *Baggy Jeans*, *Nike Runners* und verkehrt sitzenden Baseballkappen durch die Gegend, flanieren die anderen im »Look Chanel«. Angezogen von einer Frau, die keine Moderichtung erfand, sondern einen Stil, ein Ensemble aus Kleidung, Make-up, Schmuck und Accessoires. Coco Chanel hatte das absolute Auge für Formen, für Schatten, Nuancen und Elemente, die sich miteinander vertragen. Sie kreierte das, was ein Zeitgenosse »la pauvreté du luxe« nannte, *die Armut des Luxus*. Sie kam mit etwas daher, was mühelos war und hautfreundlich, ja, souverän zur erträglichen Leichtigkeit des Seins beitrug.

Auf Umwegen nähere ich mich der Zielgeraden. Einer davon führt in Coco Chanels Apartment, das sie sich zwei Stockwerke über ihrer ersten Pariser Boutique einrichtete: Rue Cambon, Nummer 31. In den Nobelladen durfte (und darf) jeder, in die drei Zimmer kamen nur die Schönsten und Begabtesten. Viel orientalischer Schnickschnack steht herum, Spiegel und Spieglein, eine Zeichnung, ein Geschenk von Dalí, überall in Reichweite hängen oder liegen Weizenhalme. Coco galt als schwer abergläubisch, und so ein Getreidekorn verehrte sie als Symbol für materiellen und kreativen Reichtum.

Besuchten Freunde sie, dann versteckte sie alle Ausgänge hinter Paravents. Die Freunde sollten dableiben, nicht weggehen, nicht die Einsame verlassen. Lange Bücherreihen schmücken, ein schneller (heimlicher) Griff genügt, und man weiß, dass sie als reine Staffage dienten: Ein Großteil der erlesenen Bände ist nicht einmal aufgeschnitten. Als fotogenstes Möbel an diesem Ort fungierte die mächtige, nach den extravaganten Wünschen der Besitzerin angefertigte Wildledercouch. Auf ihr lümmelten schon Jeanne Moreau und Romy Schneider. Brigitte Bardot schaffte es allerdings nie, nicht als Freundin, nicht als Kundin, sie war der eher knabenhaften Chanel zu busig, zu »billig«.

Einen Katzensprung neben der heute unbenutzten und wohl als Wallfahrtsstätte für besonders verdienstvolle Verehrer gedachten Wohnung leuchtet ein nächster Diamant. Sagen wir eine Diamantenhütte. In einer Ecke des Place Vendôme liegt der Eingang zur »Haute Joaillerie« und der »Haute Horlogerie«, der hohen Edelsteinkunst und der hohen Uhrwerkkunst. Strategisch raffiniert angelegt, muss doch der potenzielle Kunde fast zwangsläufig am Hauptsitz der BNP, der *Banque Nationale de Paris*, vorbei. Somit ergibt sich mühelos die Gelegenheit, seinen Banker um Hilfestellung zu bitten. Denn das edelste Stück, ein »collier comète platine et diamants« – man achte auf das Wort »comète« –, wäre für kometenhafte 500 000,00 Euro zu erstehen. Die Verkäuferinnen sind ausgesprochen freundlich zu mir, sie erkennen sofort, dass Reporter als Kundschaft nicht taugen. So ist Zeit für ein entspanntes Gespräch.

Herzlich willkommen sind Asiaten, sie werfen leichtsinniger mit stattlichen Summen um sich als die zauderlichen Europäer. Druck machen gilt als unfein, nichts ist unheilvoller fürs Geschäft als eine unglückliche Kundin. Bei einem Preis ab 15 000 Euro – so die Statistik – zahlt der Mann. Der Ehemann? Der Liebhaber? Der Zuhälter? Wer möchte das schon wissen. Chanel hält auf Diskretion. So sind Bargeldzahler ebenfalls gern gesehen. Ich frage zweimal und höre zweimal die erstaunliche Nachricht, dass auch ganze Kofferladungen voller Scheine anstandslos passieren. Das hier ist eine schöne Welt, an dreckige Geldhaufen will keiner glauben. Sagen sie.

Famous, famos, eine Legende, ein Geheimnis: Alles das wurde Coco Chanel wegen ihrer revolutionären Mode für Frauen. Nicht ihr Juwelenspleen, nicht einmal ihr $N°5$ katapultierten sie in die vorderste Reihe französischer Nationalheldinnen. Doch die Idee, aus einem Stoff für Männerunterhosen – Jersey – ihre erste Kollektion zu schneidern, war der Anfang einer ruhmgepflasterten Karriere. Bis in die frühen sechziger Jahre wiesen ihre Impulse, ihre Utopien in die Zukunft.

Dann versteinerte »la Grande Mademoiselle«, sie wiederholte sich. Sie hasste den Minirock, hielt nackte Knie für einen Skandal, konnte nicht mehr Schritt halten mit dem Tempo der Zeit, der Name Chanel rutschte von seinem Spitzenplatz, drohte, nur noch als grandiose Erinnerung zu überleben.

Bis der »Kaiser« kam. Pariser Zeitungen feiern ihn so. (Feierten ihn so, denn inzwischen hat er Paris und die Weltbühne verlassen.) Ein gutes Jahrzehnt nach Coco Chanels Tod übernahm Karl Lagerfeld – Deutscher mit schwedischem Vater und Hamburg als Geburtsort – als »Responsable des Collections« die künstlerische Leitung. Seither hörten seine Visionen nicht auf, neu zu sein. Viermal in zwölf Monaten musste er sie unter Beweis stellen, immer dem gnadenlosen Blick von Weltpresse und Weltkonkurrenz ausgeliefert.

Wie auch diesmal. Die Presse hat vor der Schau Zugang zur *Backstage*, zum übergroßen Umkleideraum. Das klingt verlockend, auch wenn jeder verpflichtet wird, keine »ausgezogenen

Mannequins« zu fotografieren. Rasanter Betrieb, 44 Mädchen wurden engagiert, die Topstars Auermann, Schiffer, Bruni, Tennant und Campbell neben den Topstars von morgen. Heidi Morawetz und elf andere Visagistinnen schminken, Friseurinnen und Friseure frisieren, Manikürer maniküren, die Wichtigsten unter all den Wichtigen werden ununterbrochen angerufen, so brisante Meldungen wie »vergiss den Gürtel nicht« kommen gerade noch rechtzeitig an, 10:55 Uhr, die Models schwingen hinaus auf den Laufsteg, *airport music* setzt ein, 5000 Augen und eine fünf Meter hohe Mauer aus schwarzen dicken Kamerarohren erwarten die allerneuesten Wunder aus dem Hause.

Um 11:25 Uhr ist alles vorbei, ab sofort hört man minutenlang nur noch zwei bombastische Wörter, die Welt schreit »fantastique, génial«, die Presse wetzt zurück in die Garderobe, ein Teil fällt über den Kaiser her, der andere ruft verzweifelt »Gloodia«, boxt sich zu der von drei Leibwächtern umstellten Claudia Schiffer durch und stellt die brennendste Frage dieses Morgens in Paris: »Ist es richtig, Claudia, dass Sie und Stella Tennant verkracht sind?« Um die Tiefe dieser Frage ausloten zu können, sollte man gehört haben, dass Ms. Tennant von Lagerfeld als neuer Star gehandelt wird und sein bisheriges Supermodel als out gilt. Schiffer lächelt lieb und meint, dass »sie sich super verstünden«. Als ich endlich drankomme, will ich etwas über ihre Zukunftspläne erfahren. Ihre Antwort ist nicht schwachsinniger als mein Begehren, sie sagt glatt: »Ich kann nichts entscheiden, bevor ich nicht die tausend Faxe zu Hause gelesen habe.« Die kostbare Replik wäre beinahe verloren gegangen, drängte sich doch inzwischen ein finnischer Kameramann nach vorne und ruft: »Claudia, please say Hi to Pro-TV!« Und Claudia, schon fertig mit mir, plappert fröhlich: »Hi, Pro-TV.«

Hinterher gehen wir alle superhappy auseinander. Und keiner, so denke ich, ist eine Spur enttäuscht. Mademoiselle Chanel hat einmal mehr – posthum – bewiesen, dass man in einer wunderbar leichtsinnigen Welt leben kann. Wenn man nur stark genug ist, sich von niemanden daraus vertreiben zu lassen. »Body by god/dressed by Chanel«, las ich vor Kurzem auf einem amerikanischen Flughafen. *Körper von Gott/Kleidung von Chanel.* Kein Intelligenzquotient wird diesen Vorsprung einholen. Gegen solche Himmelsgaben helfen nur Bewunderung und die innige Hoffnung, ins nächste Leben schöner und begehrenswerter zurückzukehren.

ACH, MÄNNER
Wer schön sein will ...

Im Vertrag zu dem Film *Basic Instinct* gab es eine Klausel: »total frontal nudity«, *ganz nackt von vorn*, wurde gefordert. Hauptdarsteller Michael Douglas hat sie nicht unterschrieben. Dennoch wirft die Kamera einen Blick auf seinen splitternackten Körper. Von hinten.

Kleine, lehrreiche Geschichte. Männer schauen an sich herab und entdecken, dass sie anders aussehen wollen, besser aussehen, nein: gut aussehen! Entdecken, dass nicht mehr alles an ihnen zu Begeisterungsstürmen hinreißt. Eine neue Männerangst geht um. Nachsicht mit Speckringen und müden Lenden ist out. Gefragt ist, und die Furchtlosesten sprechen das Wort aus: Schönsein!

Ankunft im Schweizer Interlaken, Ankunft im *Victoria-Jungfrau*, einem Grandhotel »ersten Ranges«. Hier verfügen sie über einen 5500 Quadratmeter üppigen »Spa-Bereich« und – so behaupteten sie am Telefon – die Kunst, neben Frauen auch Männer zu renovieren. Jede notwendige Einrichtung wäre vorhanden, um den verschlampten Leib wieder auf Vordermann zu bringen: von den brüchigen Haarspitzen via Kugelbauch bis hinunter zu den Klauen, die nur noch vage an griechisch-aparte Männerzehen erinnern. Bis heute, so meldet die Direktion standhaft, stieg kein hoffnungsloser Fall ab, bis zur Stunde ging ein jeder schöner und mutiger von dannen.

Was für bewegende Sätze. Ich will herausfinden, ob sie der Wirklichkeit standhalten.

Durch das feine Five-Star-Haus. Auf dem Weg zum Pharaonen-Schwimmbecken kommt man an mehreren Konferenzsälen vorbei, an der dritten Tür hängt ein Schild: »International Men's Health Study«, ein amerikanischer Pharmakonzern hat *Viagra* verschreibende Ärzte eingeladen, um mit ihnen über den Stand der Dinge zu reden. Durchaus rührend, wie man sich im Victoria-Jungfrau um schier alle männlichen Problemzonen kümmert.

Als ich vor den pyramidalen 5500 Quadratmetern stehe, fällt mir wieder ein, dass Spa nichts mit Sparen zu tun hat, sondern mit dem belgischen Kurort Spa, der vor knapp drei Jahrhunderten zum europäischen Modebad avancierte. Heute hat man den drei Buchstaben noch eine zweite Bedeutung verpasst: *Sanum per agua, Gesundheit durch Wasser.* »Wasser«, schrieb Henry Miller einmal, »ist eine erotische Arznei. Wie keine andere Geliebte schmiegt es sich an deinen Körper und heilt ihn mit Wärme.«

Der heitere Jürg Schüpbach begrüßt mich. Er wirtschaftet als Spa-Boss mit 40 Mitarbeitern, das wären 37 Frauen und drei Herren. Besänftigen, heilen, verschönern, ganz offensichtlich erledigen weibliche Menschen das talentierter. Der Chef wirft einen um Sekundenbruchteile zu langen Blick auf mich, und ich weiß, was es geschlagen hat: Es gibt einiges zu tun. Der diplomierte Turn- und Sportlehrer greift zum großen Buch, um ein halbes Dutzend Termine für die kommende Instandsetzung einzutragen.

Wie meine Geschlechtsgenossen bin ich zurückhaltend beim Eingestehen der (heimlichen) Eitelkeit. Nun muss sie sich zeigen. Was funktioniert. Bin ich doch rechtzeitig zu der Überzeugung gelangt, dass eine gewisse Zufriedenheit mit der eigenen Oberfläche mehr zum Weltfrieden beiträgt als der Geifer mürrischer Moralapostel, die uns seit Ewigkeiten auffordern, »in Würde alt zu werden«. Okay, so sollen sie runzeln und ranzen, wir – die nicht so Moralischen – wollen mit Würde jung bleiben.

Einen Stock höher, im »Medical Testing Room«, leistet jeder seinen Offenbarungseid: Der »Victoria-Jungfrau-Spa-Fit-Test« ist fällig. Schüpbach checkt Fettgehalt, Lungenkapazität, Handkraft, Bauchmuskulatur, Bizeps und die Beweglichkeit der Hüfte.

Zuletzt auf einem Ergometer strampeln, dabei Herz und Kreislauf prüfen, um die Ausdauer zu checken.

Der Turnlehrer stößt Bescheid. Der Mann lässt durchblicken, es gebe schlimmere Fälle als mich. Er sagt den überraschenden Satz, dass gutes Aussehen von innen komme. Nicht im übertragenen Sinne, Stichwort »innere Werte«, sondern eindeutig konkret: Auch eine dreistündige Gesichtsmaske bleibt Maske, wenn der Stoffwechsel die Stoffe nicht wechselt, wenn kein Blut pocht, wenn der Stress die Züge verzerrt. Ideal wäre, so der strenge Heitere, wenn jeder, der das Spa betritt, gleichzeitig die Festplatte in seinem Kopf neu programmierte: dem Körper versprechen, für den Rest seines Lebens kreativer mit ihm umzugehen. Auf dass sich in ihm jenes Wohlgefühl ausbreite, das den Geschmeidigen vom Mehlsack unterscheidet.

Ich bin ein schwacher Mensch und gehe zu Veronika, um mir eine Stunde Glück zu kaufen. Die Frau gehört zu den zwölf Masseurinnen im Haus, die sich mit der Kundschaft in blitzweiße Kabinen zurückziehen, die Tür schließen, eine CD – heute *Ganges* – einlegen und mit ihren bravourösen Händen den müden Nacken, den müden Rücken, die müden Füße in Schlaf wiegen.

Mein schweres Dasein. Von warmen Frauenhänden ins warme, 22 mal 14 Meter große Bassin gleiten. Heilsamer Anblick, wenn viel Geld nicht zum Aufschichten von protzigem Kitsch verwendet wird, sondern für eine elegante Umgebung, die mithelfen soll, aus fertigen Männern ansehnliche Zeitgenossen zu meißeln: mit Schwimmen oder in einem Jacuzzi aalen oder in einem türkischen Dampfbad dampfen oder in einem finnischen Schwitzbad kochen. Oder in einer *Biosauna* – Punkt drei der Gebrauchsanweisung: »Verhalten Sie sich gesittet!« – liegen und sich gesittet lösen.

Ich tauche ins Freie, ein Bereich des runden »Solebads« ist nicht überdacht. 21 Uhr jetzt, und der Hoteldirektor hat einen Schweizer Winterhimmel aufziehen lassen. Nur die Sterne und die Riesenbadewanne leuchten. Und ein Kerl küsst seine Freundin, mitten im schäumenden Salzwasser. Ich vermute, dass Küssen schön macht. Und gesund. Auf jeden Fall schöner und gesünder als den, der neidvoll rüberschielt.

Am nächsten Morgen entdecke ich vor meinem Zimmerfenster die Jungfrau. Den Berg. Mit rot bestrahlten Wolken hinter dem schneebedeckten Gipfel. Nun passt wieder der Satz von Dostojewski: »Schönheit wird die Welt retten.« Wie wahr. Einen Teil der Schönheitskur hier übernimmt die Landschaft. Schon ein Seitenblick auf sie beschleunigt die Lebensfreude.

Und den Mut. Nach dem Frühstück will ich die harmlosesten zehn Körperteile auspacken und zur Verschönerung freigeben: die Zehen. Gewiss, ich muss mich erst an den Gedanken gewöhnen, dass jemand mit nichts anderem beschäftigt ist als mit der Runderneuerung meiner Extremitäten.

Und die Podologin, die beschwingte Tanja, lässt die Handschuhe – für den Fall ungewaschener Füße! – links liegen und greift zum Spray. Desinfizieren ist Pflicht, denn wir befinden uns augenblicklich in der Schweiz, und die Lust auf Keimetöten scheint genetisch in diesem Volk verankert. Doch nach dem Töten spendet Tanja Leben, feilt die Nägel, rundet die Ecken, salbt mit Teebaumöl die Nagelhaut, weicht sie ein, sprayt ein drittes Mal, schleift millimeterscharf das Nagelbett glatt, hat längst das Terrain nach eingewachsenen Nägeln, Hühneraugen, Pilzen und Schwielen durchsucht, schabt die Hornhaut und verwöhnt am Ende der sechzig Minuten mit einem Balsam, der alle zehn Zehen zum Glänzen bringt, sie biegsam hält, sie nährt und den Zehenbesitzer in einen Zustand höherer Leichtigkeit befördert. Der Kunde vor mir weiß die vier richtigen Worte: »Jetzt summen die Füße.«

Am frühen Abend spaziere ich – mit summenden Füßen – am Pool entlang. Zwischen zwei Liegestühlen liegt ein Buch, Sigmund Freuds »Das Ich und das Es«. Wie erfreulich, wenn jemand neben der Sorge um den äußeren Glanz noch Wert auf ein geschmeidiges, in viele Himmelsrichtungen bewegliches Hirn legt.

Was ist in uns Männer gefahren? Warum nun die Wut auf Rundungen und die Sucht, die Sehnsucht nach dem respektablen

Körper? Untersuchungen sprechen vom Einfluss der Homosexuellen. Die sich ja leichtsinniger schmücken als der Rest der Menschheit. So hätten auch die Heterosexuellen endlich begriffen, dass gut aussehen keine Sünde ist, sondern gut aussieht. Wie zu erwarten: Die sittlich Höherstehenden rufen uns zu, dass wir das Jenseits aus den Augen verlören und nur noch zum Dienst am Diesseits bereit wären. Aber ja doch, was für ein Fortschritt: sich auf hier und jetzt zu konzentrieren, umso mehr, als wir anschließend eine Ewigkeit morsch und tot sein werden.

Und eine neue Sorte Onkel Doktor gibt es, die »Männerärzte«. Sie greifen nach unserem Leib und seinen intimsten Anhängseln und hören nicht auf, uns einzureden, dass wir verwittern. Und langsamer verwittern, wenn wir dagegen antreten.

Ich frage den Freud-Leser und ein Dutzend andere Männer, warum sie hier vorbeikamen. Hinter den verschiedenen Erklärungen scheint eins sicher zu sein: Sie sind verunsichert. Einige kommen, weil ihre Freundinnen sie schickten. Andere, weil sie bemerkt haben, dass die prächtigeren Männer die prächtigeren Frauen beeindrucken. Ein Monsieur aus Frankreich hat sich vorgenommen, »schön und gesund zu sterben«. Alle wissen, dass die Zeiten vorbei sind, in denen nach Mannsbildern verlangt wurde, die öfter ihr Auto einseiften als den eigenen Unterleib. Am revolutionärsten aber klingt die Antwort von Jeffrey, einem New Yorker »Risk Managing Director«, er sagt versonnen: »Ich werde ruhiger hier. Ich habe beschlossen, weniger Geld zu verdienen.« Dass den Körper achten zum Abbau von Gier beiträgt, welch bombastische Nebenwirkung.

Jeden Morgen ab in den *Fitness Room*, Kathrin wird mir als »Privattrainer« zugeteilt. Damit keine Bakterien das Land gefährden, steht geschrieben: »Achseln müssen bedeckt sein.« Unsere Achseln sind bedeckt, es kann losgehen. Anhand meiner Schwachstellen suchen wir unter den vierzig »luftdruckgesteuerten« Geräten jene aus, die genau da schinden, wo er es am nötigsten hat. Schinden ist das einzige Wort, denn der zäh verbreitete Blödsinn schneller, schwereloser Lösungen – »Spazieren Sie dreimal abends um Ihren Garten!« – schlägt nicht an. Was anschlägt, wäre die Idee, dass der Leib ein längerfristiges Projekt ist, sprich mit mindestens siebzig Prozent seiner Höchstleistung gefordert werden muss: um ihm eine Kondition zu verschaffen, um ihm die Fettleibigkeit auszutreiben, um ihn wieder in die Nähe von Ansehnlichkeit zu manövrieren.

Klar, eine Umstellung der Ernährung ist das zweite Standbein der Generalüberholung. Dicke Knödel, dicke Soßen, dicke Fleischbrocken und ein Kübel Bier pro Tag – das war.

Der feine Humor im Haus, Kathrin meint, wir sollten am Six-pack arbeiten. Wo ungenaue Beobachter ein »Waschbrett« sehen, sehen wache Schweizerinnen jene sechs (Muskel-)Päckchen, die einen speckfreien Männerbauch schmücken. Kathrins Lächeln will mich diskret dazu verführen, am *Abdominals Trainer* zu schuften. Jenem vom Teufel erfundenen Apparat, der den Ranzen angreift, ihm unter gemeinen Qualen seine bisherige Trägheit austreibt.

Hinterher, nach der Folter, sprudelt das Dopamin, das Glückshormon. So fliege ich einen Stock höher, wo Evelyn auf mich wartet. Sie gehört zu den drei Schönheitsköniginnen, die im »Beautycenter« Hand anlegen. Nun bin ich waghalsig genug, um eine so intime Körperpartie wie das Gesicht von wildfremden Leuten anfassen zu lassen.

Und Evelyn fasst wunderbar an, stülpt eine Plastikhaube übers Haar, legt Meeresrauschen auf und zaubert die »intensive Gesichtspflege für den Herrn«. Beim »Lotusöl« bin ich noch da, beim Peeling, beim Straffen, beim »Schübbli« entfernen auch noch, beim Einschäumen und zweimal Tiefenreinigen gerade noch, doch bei der himmelblauen Maske: nicht mehr. Jetzt bewusstlos. Und (hinterher) mir wieder bewusst, wie viele Tonnen an Müdigkeit Männer mit sich herumtragen, welch tiefes Verlangen nach Loslassen und Kontrollevertieren in ihnen schlummert.

Die beste Story fehlt noch. Sie liefert Ariane, Chefin im Beauty Center. Es ist der letzte Tag, und die Schöne schenkt mir gleich zwei Wonnen, eine Maniküre und die Geschichte vom Bauer Adi R.: Adi hatte in einem Preisausschreiben »eine Woche Victoria-Jungfrau« gewonnen. Wohnen, Essen, Schönsein, rundum inklusive. Aber Adi war fremd in dieser Welt, wollte nichts wissen vom Schönerwerden. Bis er Ariane über den Weg lief, ihrem Sirenengeheul erlag und endlich den schweren Gang in eine Kabine antrat. Wo es zu der erstaunlichen Szene kam, in der Ariane nach einer stabilen Säge greifen musste, um die Fingernägel der braven Bauernhände zu kürzen. Und Adi mit bewegend einfachen Worten kommentierte: »So mach ich es mit meinen Schafen auch, wenn ich ihnen die Hufe stutze.«

Alles wahr: Keiner geht von hier, wie er gekommen ist. Er geht schöner, beherzter, strahlender.

EIN BISSCHEN WAHNSINN

LOUISIANA –
Mitten hinein in schallende Dummheit

PHILADELPHIA –
Die Anständigen, die Bösen, die Hässlichen

REINHARD BONNKE –
Abzocke in Afrika im Namen des Herrn

LOUISIANA
Mitten hinein in schallende Dummheit

Zwei Schwarze küssen sich. Die Farben der Lichtorgel streifen über ihre dunklen Körper, die sich innig umarmen. Alles stimmt, ihre Zuneigung, der Rhythmus ihrer Bewegungen, die Lust in ihren verliebten Augen, das sanfte Gewimmer der Bee Gees. Auf zehn Bildschirmen flimmern Videoclips mit schönen Männerleibern. Tatzeit: kurz nach 23 Uhr, Tatort: eine Homosexuellenbar mit dem sinnigen Namen »OZ«, jenem fernen Märchenland, in dem niemand arm ist und krank, in dem keiner sterben muss.

Draußen wartet die Hölle. Wortwörtlich, fast: Einige Meter vom Eingang zum Paradies entfernt stehen Dick und Donald, die Kreuzträger. Mitten in New Orleans, mitten in der Bourbon Street, wo links und rechts nur Sünde und Versuchung lauern. Die beiden sind streng christlich, gehören einer der fünfhundert Kirchen vor Ort an. An jedem Wochenende, nachts, wenn Unzucht und Begier am heftigsten wuchern, schleppen sie ihre Last an. Dann schließt Dick die Batterie an, und eine Leuchtschrift flirrt über den Querbalken seines Kreuzes: »Seid auf der Hut, nicht Ehebrecher und Diebe, nicht Betrüger und Homosexuelle« – bei diesem Wort stoppt die Schrift, blinkt dreimal mehrfarbig auf – »betreten das Königreich Gottes. Eher werden sie ins Feuer der Hölle geschleudert.«

Donald ist unnachsichtiger. Drei Meter hoch und 30 Kilo schwer ist sein Kruzifix. Er will alle »assfucker« an die Wand stellen und standrechtlich totschießen. Dick nicht. Als ich mich ihm als reuigen (angeblichen) Männerfreund vorstelle, schickt er mich mit dem Auftrag nach Hause, mich »Jesus zu übergeben«. Er würde mich umpolen und heilen. Nach dem Übergeben wäre ich »gerettet«. Aller Schmutz, aller Druck würde von mir weichen.

Louisiana, Südstaat zwischen Texas und Mississippi. Knapp 126 000 Quadratkilometer, knapp fünf Millionen Einwohner. Wer wüsste ein Land, ein Schlachtfeld, wo heftiger Gott und Satan kämpfen, wo nach dem Leben nur Himmel oder Hölle auf einen warten. Wo dem Menschen alles vergeben wird, nur nicht die drei fürchterlichsten Todsünden: eine schwarze Hautfarbe, eine homosexuelle Neigung, ein jüdischer Glauben. Wo ein Weißer – männlichen Geschlechts (Frausein gilt als lässliche Sünde), Baptist und heterosexueller Familienvater – die besten Aussichten hat, senkrecht ins Himmelreich zu fahren. Wo man alles, was hier in dieser Reportage steht, nie ironisch, nie metaphorisch begreifen sollte, sondern immer als wortwörtliche Beschreibung einer urkomischen, aberwitzigen Wirklichkeit.

Tour de Louisiana. Wir, Fotograf Volker Hinz und ich, werden in Schluchten heiligen Schwachsinns abstürzen, Gipfel der Scheinheiligkeit erklimmen und Rennstrecken reinrassigen Rassismus besichtigen. Am Rande dieser Strecke werden wir anderen Amerikanern begegnen: den Opfern, den Freunden der Opfer und all jenen, die bei Verstand geblieben sind und Widerstand leisten gegen so viel himmelblöd verlogene »Wahrheiten«.

Louisiana ist ein schönes Land.

In New Orleans geht es los. Der Ort ist eine Insel, sie gilt als tolerant. Das hat sicher mit ihren Ursprüngen zu tun, ihrer französischen Geschichte. Und seiner schwarzen Musik, dem Jazz. Der die Wut besänftigt. Die Medien – »alle in jüdischer Hand«, flüstert man mir in beide Ohren – geben sich liberal, sind es tatsächlich. Dank einer bis unter die Kniekehlen korrupten Administration behauptet dieser Staat den (landesweiten) Spitzenplatz in Sachen Mauschelwirtschaft und taktvoll stillen Bargeldtransaktionen. Vor den letzten Gouverneurswahlen ließ der Kandidat der Demokraten, Edwin Edwards, Aufkleber mit dem Slogan »Vote For The Crook!«, *stimm für den Gauner!*, verteilen. Er gewann.

Sein Gegner war ein weltberühmter Rassist. Schon früh hängt eine Hakenkreuzfahne in seinem Zimmer. Als Student wird er

Chef beim Ku-Klux-Klan, als 39-Jähriger kommt er als ordentlich gewähltes Mitglied ins Abgeordnetenhaus. David Dukes Niederlage für das höchste Amt bestätigt das zuvor Gesagte: Fast 60 Prozent aller Weißen stimmten für ihn und sein unüberhörbar rassistisches Programm. Grund für sein Scheitern war die geschlossene Front schwarzer Wähler. Als potenzielle Opfer seiner dunkelbraunen Ideologie wussten sie, wo ihr Feind stand.

Heute vertreibt Duke Lebensversicherungen. Nebenbei sitzt er jeden Tag zwischen 12 und 14 Uhr am Mikrofon einer »conservative radio station«, stellt sich als »wiedergeborener Christ« vor und ist ungebrochen von der Schönheit und Unfehlbarkeit seiner »Rasse« überzeugt. Die Vorspannmusik liefern die Heartbreakers mit »I won't back down«, *ich werde nicht nachgeben*. Ich hatte ihn vor Tagen kontaktiert, und er lud mich ein zum Interview.

Wie üblich bei Duke glüht die Telefonzentrale. Andere wiedergeborene Christen rufen an, sprechen sich aus. Ich soll mitreden, bin herzlich – siehe Deutschlandbonus! – eingeladen, das heutige Thema, »the negro problem«, zu lösen. Bevor mir eine intelligente Antwort auf das »Negerproblem« einfällt, ruft Jack aus dem Vorort Kenner an und bietet live seinen Lösungsvorschlag an: »Sag den Deutschen, sie sollen uns ihre Nazis rüberschicken. Die schnappen sich dann die Neger, um medizinische Experimente an ihnen auszuprobieren.« Andere wollen sie nach Afrika deportieren, andere eine Art Bantustan für die Schwarzen, am liebsten in Alaska, einrichten.

Nie ein Widerspruch des Gastgebers, nie beschwichtigt der nächste Anrufer. Dumpfbacken unter sich.

Ich widerspreche natürlich auch nicht. Weil ich ja wissen will, was in ihren Köpfen vorgeht. Die Rednecks sollen sich aussprechen, sollen unzensiert ihren geistigen Offenbarungseid leisten.

Next stop. Nach der (öffentlichen) Kranzniederlegung an einem Denkmal zur Verherrlichung weißrassiger Freiheitsliebe in New Orleans hatten Volker und ich das delikate Vergnügen, an einer (privaten) Gartenparty christlicher Übermenschen teilzunehmen. Man war unter sich. Keine »jüdische Hetzpresse« störte mehr, keine Fernsehkamera lief. Ab sofort hießen die Negroes jetzt »Nigger«, jemand verkaufte T-Shirts mit dem Bild des erschossenen Naziführers George Lincoln Rockwell, dazu einschlägige Literatur. Der anwesende Pastor war so begeistert von der herrschenden Stimmung, dass er zur Gründung einer neuen Kirche aufrief, »to get across the real message«.

Eine der Botschaften, so ließ man uns wissen, war die Todesstrafe für »faggots«, die *schwulen Säue*. Damit alles seine Richtigkeit hat, überreichte mir der Gottesmann ein Bibelzitat aus dem dritten Buch Mose: »Wenn einer bei einem Manne liegt wie bei einer Frau, sollen beide des Todes sterben.«

Ich war übrigens auch vom Tode bedroht. Nicht weil ich als Homo verdächtigt wurde, sondern wegen der simplen Bemerkung, nach der Party zum Essen zu gehen. Ray L., Mitarbeiter bei der ultrarechten Postille »The Watchdog«, nahm mich zur Seite und klärte mich auf: »Stell dir vor, der Koch ist ein Arschficker und aidskrank. Ein kleines Missgeschick und sein Blut tropft in deinen Salat. Ein paar Monate später bist du tot!«

Wir packen. Fahrt ins 530 Kilometer entfernte Shreveport, Zentrum im Norden Louisianas. Der gilt als noch scheinheiliger – hier leben mehrheitlich Protestanten – als der katholische christliche Süden. Das Autoradio stimmt uns ein. »Religious broadcast« auf allen Fronten. Bibelexegese (»Wie heilig ist der Heilige Geist?«), Fastenkuren (»Abspecken für den Herrn«), Aufklärung (»Abtreibung führt zu Brustkrebs«). Dazwischen »Christian Country Music« (»Oh Jesus, I'm just so crazy about you«), Werbung (»Lass deinen Wagen bei uns reparieren, wir streicheln ihn im Namen von Jesus Christus«) und News (»Zwei Frauen wegen ›lüsternem Tanzen‹ von der Polizei festgenommen«).

Und ein »Special Report«. Was jetzt kommt, streift den Irrsinn. Die Führung der Baptistenkirche hat vor einigen Tagen eine Liste veröffentlicht, die – »nach intensiver Feldforschung« – genau festlegt, wer in den Himmel (53,9 Prozent) darf und wer in die Hölle (46,1 Prozent) muss. Wir beide, Volker und ich, und alle anderen, die »nicht wiedergeboren sind und Jesus nicht als ihren

Retter akzeptieren« gehören zur bedrohten Minderheit, sprich: In ewiger Feuersbrunst werden wir geröstet.

Als wir die Stadtgrenze erreichen, berichtet ein Polizeisprecher vom letzten gewaltsamen Tod. Der vier Stunden zuvor stattfand. Wie New Orleans, wie die Hauptstadt Baton Rouge, so hat Shreveport den letztjährigen Totschlagrekord bereits großzügig überholt. Zum »Frieden im Herrn« ist es noch weit. Dass Louisiana ebenfalls zur Spitzengruppe jener US-Staaten zählt, in dem die meisten Patienten mit Geschlechtskrankheiten und die meisten Teenager mit ungewollten Schwangerschaften leben, auch dieser Hinweis sollte nicht überraschen. Solche Zahlen liefern den (uralten) Beweis, dass bigotter Sexualhass, Ahnungslosigkeit und verdruckste Geilheit auf einem Holz wachsen.

In Shreveport brauchen wir nicht zu suchen, wir finden alles sofort. Reverend Billy McCormack von der lokalen *University Baptist Church* und engster Mitarbeiter von Pat Robertson (einstiger Präsidentschaftskandidat, erzkonservativer Führer der »Christian Coalition« und unermüdlicher Verfechter der in Amerika heiliggesprochenen »Familienwerte«) redet nicht mit mir, bevor ich nicht schriftlich bestätige, »niemals seinen Namen im Zusammenhang mit David Duke zu erwähnen«. Dann lügt er dreimal, verneint dreimal, dass er den Mann bei den Gouverneurswahlen unterstützt hat.

Ich missachte gern Zusagen, wenn es darum geht, einen Heuchler bloßzustellen.

McCormacks Lügen klingen umso absurder, als ich den ehemaligen »Grand Wizard« des Ku-Klux-Klan bei verschiedenen Gelegenheiten nach seiner Beziehung mit McCormack gefragt hatte und Duke immer wieder bekräftigte: »Ja, er ist ein guter Freund, er hat mir damals sehr geholfen.« Natürlich diskret, leise im Hintergrund. Selbst für Christen, die in den Himmel wollen, ist der allzu öffentliche Auftritt mit einem international bekannten Rassenfanatiker – ist man ihm noch so innig verbunden – eher abträglich. Erst recht, wenn die Weltpresse zuschaut.

Das nächste Interview findet mit Bill G. statt. Im Dunklen. Der 34-Jährige will seit Monaten in seinem Haus ein »Homo Information Center« eröffnen. Die Stadt weiß das zu verhindern, indem sie den Strom abdreht. Das funktioniert. Gay sein ist ungesetzlich im Staat. Folglich keine Elektrizität für Gesetzlose. Auch keine Rechte. Erfährt ein Arbeitgeber in Louisiana, dass einer seiner Angestellten Männer liebt, dann darf er ihn feuern. Kündigungsgrund: Homosexualität. Bill spricht es aus: »Die Situation hat sich für uns verschärft. Nach dem Niedergang des Kommunismus sind wir auf den Spitzenplatz der Sündenböcke vorgerückt.« Zum Abschied überreicht er mir ein Memorandum mit dem Titel »Hass, Gewalt und Mord in Shreveport«, eine detaillierte Zusammenstellung letzter Gräueltaten an Schwulen, Lesben und Bisexuellen.

Tags darauf berät die Schulbehörde. Der Beschluss, in jeder Highschool ab sofort zwei Metalldetektoren aufzustellen, um rechtzeitig die 14-Jährigen zu entwaffnen, wird anstandslos genehmigt.

Der nächste Punkt ist ein einsamer Höhepunkt. Es geht um die zukünftige Sexualerziehung in den Schulen. Die keine Zukunft haben soll. Wörter und Begriffe wie Verhütung, Orgasmus, Kondom, Lust, Klitoris und Erektion darf niemand wissen. Christlich korrekt ist die alles behütende Enthaltsamkeit. In Tateinheit mit fleckenlos keuscher Ignoranz. Ein Beispiel aus der mit 600 000 (!) Steuerdollar erstellten Streitschrift für die Abschaffung der Sexualität soll zeigen, auf welchem Niveau das »Wort Gottes« gelandet ist: Ist das Unsägliche nun doch geschehen, hat das Mädchen sich eingelassen auf – wörtlich – »Schuld, Angst, Ärger, Geschlechtskrankheit und Schwangerschaft«, dann, ja dann, kann es sich immer noch retten, indem es ja sagt zur, haha, »secondary virginity«: YES zur nachträglichen Jungfräulichkeit, YES zur absoluten Verweigerung bis zur Heirat.

Wir dürfen weg, Richtung Osten, Richtung schönes Louisiana. Die Abendsonne, die parkplatzfreien Landschaften, der lupenreine Himmel. Und im Radio die beruhigende Nachricht von Pastor Fred, der weissagt, »dass kein Krokodil dich verschluckt, so lange Jesus bei dir ist«.

Zwischenstation in Ferriday, einem Nest, ganz nah am Missis-

sippi-River. »Small town with a big heart«, so das Willkommensschild am Ortseingang. Drei bemerkenswerte Dinge sind hier
passiert: Vor zwei Jahren stimmte eine überwältigende Mehrheit
für David Duke als Gouverneur. Und vor 58 Jahren kamen hier
fast gleichzeitig zwei Cousins zur Welt. Einer nicht weniger
wahnsinnig als der andere. Der erste, Jerry Lee Lewis, Platten-
millionär, weltberühmter Klavierzerhacker und mit Vorliebe
15-Jährige schwängernd, der zweite Jimmy Lee Swaggart, Platten-
millionär, weltberühmter Bibelprediger und mit Vorliebe ver-
lebte Nutten penetrierend. Beide gingen zur selben Kirche. Die
weiße Baracke steht noch immer. Jerrys Lieblingssatz: »Man ist
entweder heiß oder kalt, denn den Lauwarmen wird der Herr
ausspucken!« Jimmys Lieblingssatz: »Der Herr sprach zu mir!«

Lewis hat sich inzwischen nach Dublin verzogen. Seine Schwester Frankie blieb in Ferriday. Ein starkes Weib, sie spinnt ähnlich
produktiv wie ihr Bruder. Als sie mich kommen sieht – ein fremdes Gesicht –, legt sie ihre Smith & Wesson (3.8 Kaliber) bereit
und stellt die Browning Automatic, eine zehnschüssige Doppelflinte, neben die Kasse. Dann lädt sie uns in ihr Haus. Der Fotograf darf alles fotografieren, ich darf in Jerrys Kinderbett probe-
liegen. Frankie erzählt hundert Schweinereien und Katastrophen
aus der Großfamilie. Dass ihr Cousin Swaggart stets auf Huren
»with a hairy ass« flog, das findet sie reichlich ungustiös. Ansonsten ist er ein »fanatical idiot«, den sie noch immer mag.

Den fanatischen Idioten, in Baton Rouge tätig, sparen wir uns
für später auf. Wir machen einen Umweg nach Ocean Springs, in
Mississippi. Auch dieser Bundesstaat unterlässt nichts, um seinen Ruf als Brutstätte religiöser Borniertheit und bösartiger In-
toleranz zu behaupten. Die Parallelen zu Louisiana sind frappie-
rend. Schwulenhatz, nur ein Beispiel. Die Vorgeschichte: Todd E.
und Luis C., ein Männerpärchen, geben in der 16 000 Einwohner
kleinen Stadt – eine schnelle Autostunde von New Orleans entfernt – eine Zeitungsannonce auf, suchen Freunde und Freundinnen, um ein »Community Center« für Homosexuelle, weib-
lich wie männlich, zu eröffnen. Die bisher von Rechtsaußen als
»liberal« verdächtigte Küstenstadt schreit auf. Sodom und

Gomorrha drohen. Bürgermeister, Stadträte und das Volk unter Führung von Reverend Paul A. von der *First Baptist Church* mobilisieren. Ocean Springs muss »clean«, muss *rein*, bleiben.

Am Tag unserer Ankunft findet ein Protestmarsch statt. Organisiert von Todd und Luis. Einige Hundert »Unreine«, auch aus Louisiana, Texas und Florida, ziehen durch die Straßen, kämpfen um ihr amerikanisches Grundrecht, sich frei und ungehindert versammeln zu dürfen. Am Straßenrand steht eine Armee Polizisten, dahinter die Reinen. Spärlich durchsetzt von ein paar mutigen (heterosexuellen) Mitbürgern, die ebenfalls ihre Poster nach oben strecken. Eben nicht die Welt wissen lassen, dass »das Römische Reich am Analverkehr zugrunde ging«, sondern die Homophilen als »diversity« und »enrichment«, als *Vielfalt* und *Bereicherung*, begreifen. Am lässigsten macht es Mike, der Lokführer. Als er am Park mit der Schlusskundgebung vorbeifährt, lässt er es lange pfeifen und winkt lachend herüber.

Aufbruch nach Baton Rouge, Hauptstadt Louisianas. Seit 25 Jahren Bühne und Hauptquartier von Jimmy Swaggart. Er scheint wie kein anderer der Prototyp eines Südstaatlers zu sein: der Charme, die Energie, die Großzügigkeit, die schamlose Heuchelei, der fürchterliche Kampf zwischen seinem Kopf, der Gott wohlgefallen will, und seinem Leib, der ewig gefährdet von satanischer Lust schier unaufhaltsam auf die Pforten der Hölle zurennt. Swaggart hat keinen menschlichen Körperteil übersehen, hat jeden einzelnen mündlich und schriftlich in den Dreck gezogen, ihn mit dem penetranten Gift von Schuld und Sühne besudelt. Jeden, der nicht lebte wie er – der einmal reichste und berühmteste Fernsehprediger aller Zeiten –, schickte er zum Teufel: die Juden, die Rockmusiker, die Homosexuellen, die Masturbanten, die Tänzer, die Ehebrecher, die Kommunisten, die Anhänger Darwins, die Abtreiber, in einem Wort, »die Gottlosen«. Und Gott war weiß. Und Swaggart war sein Prophet.

Bis zum 17. Oktober 1987. Der Tag, an dem ein Konkurrenzprediger (kurz zuvor von Swaggart ruiniert) ihn in einem schmierigen Motel mit einer Hure ertappte. Die Story ging um die Welt. Mit diebischer Freude und grandioser Geschmacklosigkeit hat das Männermagazin Penthouse – selbst unter Beschuss von Swaggarts Tiraden gegen Pornografie – »the working girl« Debra M. und die Lieblingspositionen des Predigers mit ihr fotografiert. Und veröffentlicht. Dass Jimmy zudem öfter nur als (geübter) Onanist vorbeischaute, sollte nicht mehr überraschen. Ansonsten war – Originalton Debra – »doggy style«, *von hinten*, angesagt.

Swaggart predigt noch immer. Trotz der Tatsache, dass er vor vier Jahren ein weiteres Mal hinter einer Prostituierten kniete und dabei überrascht wurde. Als wir an einem Sonntag, um 10 Uhr, sein riesiges »Family Worship Center« betreten, greint und wimmert und krächzt und verteufelt er so genial und faszinierend wie eh. Auch steht er weiterhin in ununterbrochenem Kontakt mit Jesus: »Während des Frühstücks sprach der Herr zu mir und beauftragte mich, die Frohe Botschaft via TV nach Haiti zu bringen.« Was nachließ, sind die Zuschauermassen und die damit verbundenen Geldsäcke, um seinen exorbitanten Lebensstil zu finanzieren. Vorübergehend nachließ, wie man hört, denn die Tendenz sei bereits wieder steigend.

Vox populi, vox Rindvieh.

Der Vormittag endet vergnüglich. Nach über zwei Stunden, wenn die letzten Laller und Heuler unter seiner bis zum Weinkrampf ergriffenen Anhängerschaft verebbt sind, trete ich nach vorne zum Podium. Als Gläubiger. Reporter und Fotografen lässt Swaggart schon lange nicht mehr an sich heran. Ich nähere mich dem 58-Jährigen und frage ihn, ob ich ihm mein bedrückendstes Anliegen mitteilen dürfe. »Natürlich«, lächelt Jimmy nachsichtig. Ich suche nach Worten, stottere, schaffe es endlich: »Mister Swaggart, sorry, aber ich muss dauernd an nackte Frauen denken. Können Sie mir helfen?« Er kann. »No problem«, salbadert er sogleich, legt mir die rechte Hand auf den Kopf, legt die andere um meine Schultern, sagt wunderbar ölig: »Lass uns beten. Auf dass der Heilige Geist diese Gedanken in die Hölle schicke und auf dass er Wache hält, damit diese höllischen Gedanken nie mehr zu Andrew zurückkehren.« Ich zittere vor Vergnügen, die Lippen fest verschlossen, will unbedingt Contenance bewahren.

Swaggarts Hokuspokus hat nicht angeschlagen. Kaum dass wir achtzig Meilen südlicher in die Bourbon Street von New Orleans einbiegen und Minuten später den »Parade«-Nightclub betreten, da holen mich die höllisch schönen Gedanken erneut ein. Denn dort feiern sie heute, wie jede Woche an diesem Tag. Mit einer Show. Hundert Dollar für den Gewinner und einem Sonnenschirm für das richtige Los. Eine Gay Bar, »gay« wie homosexuell und »gay« wie lustig, bunt und fröhlich. Aber jede und jeder ist eingeladen. Und fünfzehn treten an, steppen, fetzen, singen, strippen, schleudern alles, was sie können, auf die Bühne. Und alle Hautfarben gehören hierher, schwarze, braune, weiße. Und alle Körperformen dürfen mitmachen, Frauen und Männer, halbe Frauen und halbe Männer, ehemalige Frauen und ehemalige Männer. Augenblicke, in denen sich alle mit Louisiana versöhnen. Und nur seine Schönheit sehen, seine Verrücktheit, seinen fantastischen Reichtum. Auch wenn vor der Tür schon wieder Dick und Donald warten. Mit dem Kreuz und der Hölle.

PHILADELPHIA
Die Anständigen, die Bösen, die Hässlichen

Im Morgengrauen treffen sich zwei Wagen auf einer schmalen, lehmroten Landstraße. Sie stoppen. Ein Fahrer reicht dem anderen durch das offene Fenster eine Schuhschachtel. Kein Wort fällt. Sofort fahren sie in entgegengesetzter Richtung weiter. In dem schäbigen Karton liegen 30 000 Dollar in kleinen Scheinen. Gezahlt hat das FBI, das Geld kommt vom amerikanischen Steuerzahler. Der Empfänger ist ein Informant. Er wusste, wo die Toten vergraben waren, die das FBI seit über einem Monat suchte: drei Leichen, drei Mordopfer, drei junge Burschen, die im Juni 1964 in den heißen, hitzigen Süden der Staaten kamen, um für die Rechte der Schwarzen zu kämpfen. Eine Tollkühnheit, die sie mit dem Leben bezahlten. Hingerichtet vom Ku-Klux-Klan. Hingerichtet und verscharrt.

Vielleicht war der Informant einer der Mörder. Bis auf den heutigen Tag gibt es nur Mutmaßungen. Besser so. Wäre sein Name bekannt geworden, der Mensch wäre längst die vierte Leiche. Aber das FBI hielt dicht. Und der Mann behält sein schmutziges Geld, seine Anonymität, sein Leben.

»Freedom Summer« nannten sie das Jahr damals, und der Ort, wo die »Freedom Riders« erschossen wurden, hieß Philadelphia. Nicht das große, schöne und berühmte in Pennsylvania, nein, das kleine, hässliche und berüchtigte in Mississippi. 27 Jahre nach der Mordnacht komme ich dort an und bin auf alles gefasst. Ich sollte recht behalten, wenn auch auf andere, ganz andere Weise als erwartet.

Der Motelbesitzer hat schlechte Nachrichten für mich. Die *New York Times* war vor Kurzem da. Und auch die CBS-Crew von »Sixty Minutes«. Beide sind wieder abgereist, ohne Story. Nichts los, enttäuschend ungefährlich. Nicht eine satte Blutspur. Kein Schwarzer wurde gerade in Stücke gehauen, keine weiße Frau (angeblich) von einem anderen Schwarzen vergewaltigt, keine Redneck-Horde, die marodierend durch die Gegend ballerte. Ich bleibe trotzdem. Die Nacht vergeht verdammt ruhig. Ich schlafe unruhig. Der nächste Morgen ist verregnet.

Das Kaff sieht aus wie Oklahoma City im Gründerjahr. Dort hatten sie sich am 22. April 1889 darauf geeinigt, dass einer in die Luft schießt, und alle losrennen und ihren Claim abstecken. So entstand der Ort. Cowboys als Architekten. Etwas Ähnliches – bescheidener nur und fünfzig Jahre eher – muss hier passiert sein. Inmitten der Wälder, der Flüsse und sanften Hügel liegt dieser 7000 Einwohner kleine Fliegenschiss. Warum er gerade Philadelphia heißt, »Stadt der brüderlichen Liebe«, ist nicht mehr festzustellen. Zwölf andere Orte in Amerika haben den gleichen Namen. Wahrscheinlich ähneln sie sich bis zur Gesichtslosigkeit. Trotzdem, das hiesige Philadelphia ist anders. Befindet es sich doch als einziges im »Bible Belt«. So stehen neben den 37 Tankstellen die 32 Gotteshäuser. Der Rest ist landesweit genormt. Shopping Malls, Wassertürme, Drive-ins, Body Shops, Autofriedhöfe, ein Fahrradfahrer, sechs Gunshops, ein viereckiger Platz mit einem Courthouse in der Mitte, ein halbes Dutzend Videostores, ein Kino, eine Bibliothek, kein Buchladen. Ich fahre einmal von unten nach oben und einmal von rechts nach links.

Keiner hupt, keiner hetzt, alles Gute, was über den Süden erzählt wird, ist sofort wahr. Betty wechselt das Öl und freut sich, dass ich ihr erster Kunde bin. Benn, der dicke Obstverkäufer, fragt heiter: »Can I help you, Sir?« Und Carson, der Chevron-Benzin verkauft und nebenbei spottbillige Frühstücke zubereitet, sagt schon am frühen Morgen: »How are you doing, young man?« Und er sagt das mit tatsächlicher Anteilnahme, kein endlos wiederholter Slogan, der ihm blechern aus dem Mund fällt. Es nieselt, vor seinen Zapfsäulen liegt der frische Hundekot, und Carson hat eine Freude, die ein Fremder so schnell nicht begreift.

»Warum zum Teufel«, frage ich ahnungslos, »seid ihr hier so

gut gelaunt?« Jetzt strahlt Carson. Der Teufel ist sein Stichwort, er rennt hinter die Kasse und holt ein kleines Büchlein hervor, »God's Word for Today«, liest den heutigen Eintrag: »The Lord will fulfill his purpose for me. Your love, Jesus, endures forever.« Eine halbe Stunde später sitzen vierzehn Leute in seiner Tankstelle. Kaffee wird serviert, Spiegelei, Speck und eine Schale Grießbrei. Lastwagenfahrer, zwei Highway Patrolmen, ein Bankangestellter, Freunde. Jeder kennt jeden. Die ewige Liebe des Herrn ist unser Frühstücksthema. Bis drei Uhr nachmittags bleibe ich. Hinterher denke ich, dass es nicht viele Gegenden auf dem Globus gibt, wo Leute so beseelt sind von der Idee des rechten Lebens, ja geradezu besessen von dem Verlangen, dem Herrn und den Menschen gutzutun.

Verwirrende Widersprüche. Carson war in Vietnam, ein »doorgunner«, einer, der in der offenen Helikoptertür saß und hinunter feuerte. 42 Jahre ist er jetzt alt, und seine Haut ist fünfzehn Jahre älter. Wie selbstverständlich liegen in Reichweite – wie die Bibel – seine kleine Derringer, Kaliber 32, und die große Smith & Wesson, Kaliber 38, der klassische Trommelrevolver. Jeder hier besitzt eine Waffe. Jeder. Oder zwei. Manche auch drei. Vor der Tankstelle stehen die Pick-ups der Kundschaft, am Rückfenster hängen bei manchen die Schrotflinten. Hängen sie nicht da, lehnen sie zuhause neben der Eingangstür. Cindy, die Krankenschwester, legt ihren P-Shooter unter den Fahrersitz. Pastor Henry E. Hight verstaut die Knarre im Handschuhfach. Tom, der Schrotthändler, trägt die Mauser in seiner Latzhose.

Bei Randy, dem Besitzer des größten »Gun & Pawn«-Shops, wird gedrängelt. Alles da. Beretta, Browning, Heckler und Koch, Glock, Sig Sauer (»die Rolls-Royce unter den Pistolen«, murmelt er ergriffen) bis hin zur 16 Ga. Pump, Remington (»the sweet sixteen«) und der chinesischen AK 47, alles auf Lager, griffbereit zum Mitnehmen. Eine reine Formsache. Ausweis vorlegen, die Nummer der Waffe auf dem Kaufvertrag notieren, zahlen.

Niemand will hier morden. Was hier umgelegt wird, sind Hirsche, Eichhörnchen, Schlangen und Wildschweine. Randy weiß von keinem Verbrechen, das mit einer von ihm verkauften Waffe begangen wurde. Selbstmorde ja. Zärtlich streichen die Hände der Käufer über das schwarze Metall. »Guns are beautiful«, seufzt Jack, der sich eine neue Winchester zulegt.

Amerikaner – vielleicht gilt das für Südstaatler noch mehr – unterhalten ein erotisches Verhältnis zu Waffen. Sie verleihen Macht, sind Ausdruck von Freiheit, beweisen ihr Misstrauen dem Staat gegenüber, haben eine unwiderrufliche Tradition in ihrer Geschichte. Philadelphias letzter Mord geschah vor drei Jahren. Aber ohne Blei, einfach lautlos erdrosselt mit den zehn blanken Fingern. Feuerwaffen, das klingt seltsam, sind hier so zahlreich wie Bibeln. Oft liegen sie direkt nebeneinander. Das ist nur für Außenstehende ein Widerspruch. Für die Leute hier scheint es keinen klareren Zusammenhang zu geben als zwischen Gottesfurcht und Bürgerstolz.

Warum der Süden Amerikas als so gewaltlüstern in Verruf kam, hat gewiss mit den Beziehungen von weiß und schwarz zu tun: der »Nigger« als Jahrhunderte lang geschundenes Arbeitstier. Der Aufstand der Schwarzen. Der Bürgerkrieg. Die Lynchorgien der Weißen. Endlich die Bürgerrechtsbewegung. Philadelphia hat seinen Anteil beigetragen. Lokale Stiernackenschädel gingen durch die Weltpresse. Als Schläger, Brandstifter, Hasser und Killer. Knapp dreißig Jahre sind seither vergangen.

Im Nordosten der Stadt wohnt die »black community«. Früher hieß das Viertel »Nigger Bottom«, *Nigger-Arsch*. Fast alle Schwarzen – immerhin ein Drittel der Bevölkerung – leben hier. Die bösen Hinweisschilder »only for coloured people« sind längst aus Philadelphia verschwunden. An keinen Hintertüren mehr müssen sie sich anstellen, wenn sie einkaufen. In keinem Waffengeschäft liegt noch ein »Niggergetter« aus, eine schwere Doppelflinte mit Zielfernrohr. Und doch bin ich der einzige Weiße, wenn ich durch das Quartier der Schwarzen gehe. Die so verbissen erkämpfte Integration hat Grenzen. Schwarze und Weiße arbeiten zusammen, schicken ihre Kinder auf die gemeinsame Highschool. Und trennen sich. Nicht ein einziges Mal sehe ich – öffentlich – ein schwarz-weißes Liebespaar. »Badly regarded«, erfahre ich.

Noch immer. Seltsamerweise von beiden Seiten. Kommt es dennoch, heimlich, zu einer Verbindung, warnen bedrohliche Stimmen am anderen Ende des Telefons. So öffnen Gesetze Türen, nicht Hirne, nicht Herzen.

Misstrauen und Spielregeln, sie sitzen fest. Wie Rituale, die so lange schon dieselben Reflexe produzieren. Hier ein unglaubliches Beispiel: Im Kino – Sylvester Stallone prügelt sich gerade durch *Rocky 5* – gibt es »Parkett« und »Balkon«. Und alle Weißen, alle, sitzen unten. Und alle Schwarzen, alle, sitzen oben. Freiwillig, ohne die geringste Verpflichtung. Genau wie damals, als sie hinaufmussten. Hinauf in den »Nigger Heaven«.

Und alle »weißen« Kirchen sind weiß. Und alle »schwarzen« Kirchen sind schwarz. Obwohl in jeder »Mass«, jedem »Prayer« und jeder »Sunday School« immer wieder von der »überwältigenden Liebe des Herrn« zu hören ist.

Dennoch, ich verstehe die Segregation. Sie hat Gründe, vor allem sinnliche. Zuerst besuche ich den rein weißen Gottesdienst, Sonntag elf Uhr in der First Baptist Church: Neben dem Gesangbuch liegen die – leeren – Schecks (»The Citizens Bank«), stumme Mahnung zur Überweisung. Chorknaben und Chorjungfern treten auf. Links die amerikanische Flagge, rechts die weißblaue »Christenfahne«. Pastor Dr. Eugene H. Dobbs zündet die Kerzen an und spricht von der Gemeinde Christi, dem Schäfer und den Schafen. Dann sammeln sechs Herren Geldscheine und die inzwischen – hopefully – ausgefüllten Schecks ein. Dann erscheint Mr Dobbs plötzlich vier Meter oberhalb des Altars hinter der kircheneigenen Badewanne (!), in die nun nacheinander – weißgewandet – drei kleine Mädchen und drei kleine Jungen steigen: um vom Pastor blitzartig und rücklings unter Wasser gesetzt zu werden. Ab jetzt sind sie »saved«, gerettet. Das ist das Startzeichen für Mrs Gerry Cole, die Chefsopranistin, um feierlich nach vorne zu schreiten und eine Art Koloraturgospel, Titel »Jesu Bambino«, im zwei gestrichenen C abzuliefern. Wobei die beiden Orgeldamen raffiniert Glockengebimmel einstreuen. Dann wieder »Hymns«, wieder »Message«, schließlich ein »Postlude«, ein Nachspiel, in dem der Doctor Pastor davon spricht, dass noch 2527,37 Dollar fehlen. Zum Ziel. Dann Schlag zwölf: aus, Tür auf.

Der extreme Gegensatz zu dieser Zeremonie, die alle mit seriöser Leichenbittermiene hinter sich bringen, passiert im Jerusalem Temple. Armer schwarzer Leute Pentecostal-Kirche. Noch bevor es offiziell losgeht, umarmen sie sich, winken sich zu, schütteln den Kopf, knien auf dem Boden, klatschen in die Hände. Der Pastor kommt, lacht, nimmt das Mikrofon und fetzt hinein. Keine Predigt, eher Rap. Zweizeiler über die unermessliche Liebe von Dschissas. Jeder Satz wird von unten kommentiert. »Right, man, Jesus is great, great, great« und »you name it, brother. Jesus is love, just love« und »oh, my goodness, Jesus makes me feel so good. He's just wonderful.«

Mittendrin winkt Minister Robert mich – das einzige Bleichgesicht vor Ort – nach vorne, freut sich, dass ich den weiten Weg von Germany gekommen bin, und fragt, ob ich nicht ein paar Worte sagen will. Und ich erzähle von den erzfaden Gottesdiensten in meiner Kindheit, nicht zu vergleichen mit der höllischen Energie, die hier abgeht. Auch jetzt die feurigen Kommentare: »Yeah, man, this is it, this is it« und »hey, you know what? Jesus is bigger than life.« Kaum bin ich fertig, beten alle ein schnelles Stoßgebet für »brother Andrew«.

Inzwischen sitzt ein Knirps am Schlagzeug, zwei Burschen hängen sich die Gitarren um, und jetzt beginnt der Himmel auf Erden. Wilder, schwarzer Gesang. Und ein wildes, schwarzes Mädchen singt los, und der Chor fällt ein. Und sie steigern sich, und aus dem bescheidenen Kirchlein wird eine Bühne für den Ritt über den Blocksberg. Spagatsprünge, eine grätschende Omi, ein ekstatisch heulendes Kind, ein Hechtsprung über die Kanzel, zwei Stepptänzer, lauter lustwimmernde, in Trance vibrierende Anbeter Gottes. Und mehrmals hört die Musik auf, aber sie tanzen weiter, zucken wie geköpftes Federvieh, haben wohl alle Macht über ihre selig brodelnden Körper verloren. Nietzsche muss schon einmal hier gewesen sein, denn er hinterließ uns seine Vorstellung von Religion: »Ich würde nur an einen Gott glauben, der zu tanzen verstünde.«

So ein Sinnenrausch hilft über den Alltag. Ansonsten: kleines, wohlbehütetes Leben. Die big cities, so erzählen sie – schwarz wie weiß –, halten sie nicht aus. Dass keiner dem anderen fremd ist, das beruhigt sie. »Why Philadelphia? It's just home« (Wäscheausfahrer David). »Why? I was born here« (Kassiererin Sarah). »Why? I don't know anything better« (Friedensrichter Smith).

Auch wer weggeht, kommt irgendwann wieder. »Outside« ist das schnelle Leben, das sie ängstigt. Die ganz Jungen träumen noch, kurzfristig. Dann stürzen sie ab, schwängern, werden schwanger, werden nachsichtig und dick und selbstzufrieden, werden *Joe Average* und *the girl next door*, werden lebenslängliche Bürger einer Stadt, die zehntausend andere Namen haben könnte und zufällig Philadelphia heißt.

Um sieben Uhr abends ist der Main Square leer. Das Schaufenster des »Bible Bookstore« leuchtet noch. Ein beschriftetes Nummernschild – »Buckle up with Jesus« – liegt in der Auslage. Daneben ein Sticker, Text: »God's filling station never runs out of gas.« Gegenüber befindet sich Mrs Conns »Music Shop«. Sie mag mich, weil sie »crazy« nach deutscher Musik ist. »Stille Nacht, heilige Nacht« musste ich bereits vorsingen. Und als Zugabe – armer Schubert! – »Rastlose Liebe«. Ruth Conn am Klavier, unerbittlich bestand sie darauf, mich »Lieber durch Leiden wollt ich mich schlagen, als so viel Freuden des Lebens ertragen« krächzen zu hören. Hinter der nächsten Ecke liegt das »Fun House«, ein heruntergekommener Schuppen mit ein paar Billardtischen und Flipperautomaten.

Jeden Mittwoch hat Philadelphia seine Zeitung. »The Neshoba Democrat« gibt Nachricht vom arglosen Dasein, Seite eins heute: Der Bürgermeister eröffnet eine neue Sofafabrik! Darunter der Hinweis, dass sich der Rotary Club trifft. Auf der Doppelseite »Society« stellen sich glückliche Brautpaare vor. Auf vierzehn (sic) Seiten schreiben Kinder ihre »Letters to Santa Claus«. Die »Tornadoes«, die Basketballmannschaft der Highschool, haben verloren. Norma und Dale Perdeye gewinnen in diesem Monat den »Heimverschönerungswettbewerb«.

Ich besuche Jeff Mayo. Er ist Discjockey bei der lokalen Radiostation. Sie passt hierher, sie dient als private Anstalt zur steten, doch immer sanften Vernichtung menschlicher Hirnzellen. Unheilbar fröhlich. Absurdes Theater, täglich auf zwei Kanälen, AM und FM. Die »Local News« beginnen mit den Namen der Leute, die ins Krankenhaus eingeliefert wurden, wer beerdigt wird, was es heute in der Schule für ein Mittagsmenü gibt (»hamburger, french fries with ketchup, frozen fruit bars, buns and ice cold milk«), und verraten schließlich, wann die nächsten Basketball- oder Footballspiele anfangen, ob es regnet oder nicht und tausend Mal am Tag, wie viel Uhr es ist. Kurz nach acht spricht der Pastor die »morning devotion«, anschließend kommen 24 mal 45 Minuten lang Musik, unterbrochen von 200 Werbesprüchen und erbaulichen Merkversen, Kostprobe: »Trust god, keep your house clean, help others!« Wächst die Redaktion über sich hinaus, veranstaltet sie ein »phone-in«. Frage diesmal: Wie hieß die BP-Tankstelle vor zwanzig Jahren? Bibbi ruft an:

- Hi Bibbi, how are you doing?
- Hi, Jeff, I'm doing great. Well, the BP filling station was formerly called Dixie-Gas.
- WROOONG!!!!! Bye, Bibbi.
- Hi, Bobby, what's up?

Die Menschen von Philadelphia und ihre unbeschwerten Kinderherzen. Eine eigene Fernsehstation haben sie jetzt auch. Noch eine, plus die 128 ohnedies vorhandenen Kanäle. »If you have a big dream, chase it«, sagt Ron Hardy, er ist der Besitzer von »TV 20«, und das ist sein großer Traum.

Alles wie gehabt, lokale Nachrichten (mit der anschließenden Bitte, weitere Meldungen einzuschicken), Sport (wieder verloren die Tornadoes!), das Wetter (»just another great day!!), des Pastors Sermon (»Machen Sie sich für die Sendung keine Aufzeichnungen?« frage ich bewundernd, und der Gottesmann: »Nein, die Inspiration kommt durch den Heiligen Geist.«), unterbrochen von Werbung, Aerobics und »movies, movies, movies«. Und jeden Donnerstagabend »the local hour«: eine Feuerwehrübung, Gospelsingen und Familienfeiern. Heute bin ich dran. Ein Reporter aus dem fernen Deutschland, das ist eine kleine Sensation. Licht an, Kamera läuft, Ron bittet zum Interview.

Hinterher fahre ich zur 444 Center Avenue North, schon vor Tagen habe ich vor dieser Adresse gehalten, um sicher zu sein. Am Briefkasten stand: »Welcome – Home is where the heart is« und daneben der Name des Hausbewohners: Cecil Ray Price. Er ist einer der Mörder der drei »Freedom Riders«, war damals 26, Vize-Sheriff, nebenbei Türsteher, Mitglied des Ku-Klux-Klan und Nutznießer einer weißen Rechtsprechung: Er wurde nie des Mordes angeklagt, lediglich der »Verletzung der Bürgerrechte«, bekam sechs Jahre (statt lebenslänglich) und wurde nach viereinhalb entlassen. Und lebt seitdem wieder in Philadelphia.

Ich warte und diesmal habe ich Erfolg. Es ist bereits dunkel, als er seinen Wagen parkt. Ich gehe auf ihn zu, stelle mich vor, sage:

- Mister Price, can I talk to you?
- No.
- Why don't you want to talk to me?
- I don't just want to talk to you, that's all.

Er ist heute über fünfzig, unscheinbar, eher dicklich, jobbt. Ich frage noch einmal, aber seine Frau hat ihn schon durch die Tür geschoben. Ich höre das Geräusch des Schüssels, der zusperrt.

Das war's. Ich habe kein Mittel, ihn zu einem Gespräch zu zwingen. Und nur der Bundesstaat Mississippi könnte das Verfahren nochmals aufrollen, ihn als Mörder anklagen. Was bis zum Tod von Price – Unfall am Arbeitsplatz, zehn Jahre später – nicht geschehen wird.

Philadelphia bei Nacht. Zur unzivilisierten Bronx sind es noch Lichtjahre, aber immerhin wird es fünf Grade aufregender als am helllichten Tag. Der Sheriff ist für das gesamte County Neshoba verantwortlich, fünfzehn Mann Polizei stehen ihm für die »Hauptstadt«, zur Verfügung. Ich darf acht Stunden dabei sein, hier das Protokoll einer Freitagnacht.

Officer Joe F. (27) nimmt mich mit. »Basic Patrolling« in einem Ford LTD. Eingebautes Radargerät. Ein Funkgerät. Das Trenngitter zum Fond. Die aufgehängte Remington 12 Ga. Pump, acht Schuss. Joe mit einer Magnum 357 am Patronengürtel, daneben Handschellen, Notizblock. Auf dem Armaturenbrett steht die leere Limonadenflasche, in die er seinen Kautabak spuckt. Zwischen uns liegt der schwarz glänzende Knüppel.

Kurz nach acht kommt vom Dispatcher die erste Meldung, Bitte um Überprüfung eines verdächtig aussehenden Wagens. Joe checkt das (leere) Auto, negativ, nicht gestohlen. Dann mit Blaulicht in die Black Community. Wir holen einen Halbwüchsigen ab. Im Police Department sitzt ein (schwarzes) 13-jähriges Mädchen, das eine Vergewaltigung zu Protokoll gibt. Der Junge bleibt zum Verhör. Joe und ich fahren mit Mutter und Tochter zum Tatort, eine schmutzige Scheune. Suche mit Taschenlampen nach einem Kondom, das angeblich benutzt wurde. Wir finden eine aufgerissene Packung, ohne Inhalt. Die Untersuchung läuft.

Der nächste Hilferuf kommt von einer jungen Frau, die sich von einem *Peeping Tom* beim Duschen beobachtet fühlte. Wir schleichen ums Haus, finden den Kübel, auf den der Spanner stieg, um durchs Badezimmerfenster zu spähen. Vom Lüstling keine Spur. Protokollaufnahme.

Von der Pearl Street wird eine »family disturbance« gemeldet. Wieder Blaulicht. Mit 89 Meilen (143 km) durch das Dorf. Ich transpiriere leicht. Wir bekommen Verstärkung, Mr. L. J. Pace, der zuständige Drug Agent, greift mit ein. Nicht nötig. Der Mann ist nur bierblau, belästigt penetrant die Ehefrau. Der Alkoholiker muss mit, selbst wenn die schweren Vorwürfe (Gewalt!) nicht stimmen. Betrunkensein in der Öffentlichkeit ist strafbar.

Hinter dem Rathaus liegt das »Sheriff's Department«, das Gefängnis. Sechs Zellen, schmierig, vollgekritzelt (»born to be dead« und »eat pussy, live longer, die of Aids«), überfüllt, insgesamt 27 Häftlinge. Der Trinker muss in den »Intoxilyzer« blasen, dann ab in den »drunk tank« zum Ausnüchtern. Ich kann mich frei bewegen. Der Pastor beendet gerade seine Runde. Wie allen

Sündern schenkt er auch mir eine kleine Dünndruckbibel. In der Damenzelle sitzen Mütter, die ihre blutjungen Kinder für ein paar Dollar die Nummer ans niedrige Volk – »white trash« – feilboten. Fernando C. spielt Karten. Ein gewalttätiger Betrüger. Das FBI hat gerade sein Strafregister geschickt: einen Meter lang. Michael P., der Vergewaltiger und Mörder (hierher verlegt, da hier noch Platz war!) ist gut gelaunt und wartet auf die Wiederaufnahme seines Prozesses. Natürlich ist er unschuldig, wie alle anderen auch.

Alles easy, keine besonderen Vorkommnisse. Jahrelange Routine. Sheriff Waddell und sein Deputy legen die Füße auf den Tisch, Jerry, der »trustee« – Gefangener mit bestimmten Pflichten und Privilegien –, wischt den Boden und schaut Fernsehen, Joe und Tommy spucken Tabak, ich erzähle ein paar schlechte Witze. Dreckige Lacher, Männer unter sich.

Um 23 Uhr Schichtwechsel. Mit Officer Richard S. (24) geht die Patrouille weiter. An den beiden Sägemühlen vorbei, sie symbolisieren den passablen wirtschaftlichen Zustand der Stadt. Die Gegend ist waldreich. Die Kiefer, der »money tree«, gilt als Haupteinnahmequelle. Plötzlich zeigt das Radargerät »51 miles«. Richard dreht um, jagt mit Blaulicht und Sirene hinterher. Der Fahrer stoppt, die 16-jährige Rachel W. muss zahlen. 21 Meilen zu schnell unterwegs kostet 69 Dollar.

Nach Mitternacht wird es ruhiger. Eine zerbrochene Glastür, wieder die Stimme vom Dispatcher. Wir gehen der Sache nach. Die Scheibe ist eingeschlagen, doch das Motiv bleibt unklar, da kein Einbruch stattfand. In einem Lebensmittelladen gibt es Ärger. Ein Kunde rutscht aus, verrenkt sich den Arm und macht den Eigentümer verantwortlich. Heftiger Wortwechsel. Wir schlichten. Direkt vor uns fährt ein Pontiac Schlangenlinien. Richard drängt ihn ab, bringt ihn zum Stehen. Der Mann am Steuer und ein Native-American-Paar, Choctaws, die in der nicht weit entfernten Reservation leben, steigen schwankend aus. Das Trio ist dunkelblau. Umdrehen, Hände auf den Kofferraum, Leibesvisitation, Abtransport zum Gefängnis. Der Manager von McDonald's meldet sich, wie jedes Mal um diese Zeit, bittet er um Begleitschutz, um die Tageseinnahmen sicher zum Banksafe zu bringen. Dafür darf die Polizei so viele Hamburger essen, wie sie verträgt.

Solche Freundlichkeiten sind üblich. Auch die Videostores liefern kostenlos an die Ordnungshüter. Richard erzählt gerade von seinem letzten Sehvergnügen: »Caught from behind«, einem horizontalen Fünfteiler.

Der Rest der Nacht dauert lang. Um 3:15 Uhr nochmals ins *county jail*. Einer fiel im Rausch aus dem Oberbett und liegt nun blutend am Boden. Die Ambulanz kommt, wir begleiten den Transport zum Krankenhaus. Richard und ich warten, fahren mit den leer stehenden Rollstühlen um die Wette. Man hört die Grillen, kein einziges Auto bewegt sich mehr durch Philadelphia. Ein riesiger Sternenhimmel strahlt über dem verschlafenen Nest. Irgendwann ist der Alkoholiker geröntgt und genäht. Wir bringen ihn zurück.

Richard zeigt mir seine Wohnung. Und das Bild einer Frau, die er bald heiraten wird. Jetzt weiß ich immerhin drei Dinge, die er liebt: sein Mädchen, seine Stadt, seinen Beruf. Um sieben Uhr ist die Schicht zu Ende. Herzlicher Abschied. Ich mag diese amerikanische Leichtigkeit.

Bis zum letzten Tag musste ich mich gedulden. Bis dahin hatten es alle geleugnet. Nicht aus Arglist, wohl eher aus dem Verlangen heraus, zu vergessen und nicht immer an etwas erinnert zu werden, das noch tief in ihnen bohrt: jener 21. Juni 1964, jene Nacht, in der die drei jungen Bürgerrechtskämpfer an der Stadtgrenze Philadelphias ermordet wurden. Jetzt, so sagten sie ununterbrochen, sei alles anders und der Hass und der Ku-Klux-Klan wären weit weg.

Die Ausdauer zahlte sich aus. Ich treffe Robert, genannt »Heavy«. Reiner Zufall. Ich sehe am Straßenrand einen verbeulten Pick-up, vor dem Heckfenster hängen drei Schrotflinten. Aus dem nahe gelegenen Haus dringen laute, vulgäre Stimmen. Ich besorge schnell zwei Kasten Bier und klopfe. Heavy und seine Freunde heißen mich willkommen. Ein Rednecknest. Das ist ihr 9-Uhr-Vormittagsrausch. Der Flachbau entpuppt sich als Drecksloch. Leere Bierdosen, Glassplitter, Pornohefte, Gewehre und Messer liegen am Boden. Die Stimmung ist bestens, der Fernseher läuft, ein paar trinken hochprozentiges antiseptisches Wundwasser (!). »Chasing with soda«, mit *Limonade nachspülen*, um das Feuer in der Kehle zu löschen. Ich darf auch. Hinterher gibt es »Moonshine«, schwarzgebrannte Whiskeylauge aus der Reservation.

Dass ich die Schmuddelhefte durchblättere, erheitert sie, denn »bum fuckers«, *Arschficker*, können sie nicht ausstehen. Wir brechen auf, eine kleine Spritztour, raus aufs Land. Buddies besuchen. Bier trinken, Flaschen umschießen, immer »Nigger« sagen. Im »Blue Moon« besseren Whiskey besorgen und bei zwei zugänglichen Damen läuten, um das »baby gun« auszuprobieren. Das dauert keine fünf Minuten, strahlend kommen sie aus dem Nebenzimmer. Der Hosenschlitz von »Little George« steht noch offen, was niemanden stört, nur wieder zu dröhnendem Gelächter einlädt.

Hinterher kehren Heavy, Philip und ich zurück zur Stinkbude, Nähe Holland Avenue. »Fat boy« und die anderen blieben an den verschiedenen Zwischenstationen hängen. Heavy ist nun schwer betrunken und beginnt zu plaudern. Die drei Silberringe an seinen Händen seien Zeichen seiner Mitgliedschaft beim Ku-Klux-Klan. Dort heißt er »Little Puma«. Etwa sechzig Pumas gibt es im Ort. Nochmals zweihundert Mitglieder gehören anderen Sektionen an. Keiner kennt alle anderen. Nur kleine Einheiten treffen sich. Man hat Angst, dass das FBI Informanten infiltriert. Heute sei die Lage eben schwieriger als früher.

Heavy war in Danang, Vietnam, stationiert. Als Marine bei den »Dreaming Eagles«. Erregt erzählt er vom Nahkampf, seiner M-60, seinem Rausch vom Töten: »I kill'em and God sorts'em out.« Als er nach dreieinhalb Jahren zurückkommt, hat er keine Probleme, die Aufnahmeprüfung beim KKK zu bestehen: glühende Kohle anfassen. Kochendes Wasser über die Hand laufen lassen. Fünf Minuten lang »gehängt« werden: Sie binden ein Seil um den Nacken des Bewerbers und ziehen ihn ein, zwei Fuß hoch. Zeigt er Angst, sollte er am besten nie wiederkommen.

Sind alle Prüfungen bestanden, wird er monatelang »beobachtet«. Unterläuft ihm keine Fehlhandlung, kann er bleiben.

Heavy demonstriert mit Philip die verschiedenen Rituale, auch den »blood shake«: Beide ritzen sich mit dem Messer in den linken Handballen, legen die blutenden Stellen aufeinander und sprechen, pathetisch und gemeinsam: »We are blood brothers now for the rest of our life.« Der blutige Handschlag verpflichtet. Philip: »Lässt er mich im Stich, darf ich ihn töten.«

Die Erregung hat Heavy ernüchtert. Mit eisernem Griff fasst er plötzlich nach meinem rechten Unterarm, Panik in seinen Augen, er flüstert: »Erzähl nichts, vergiss die gemachten Fotos. Wenn irgendetwas bekannt wird, machen die mich kalt. Aber du bist zuerst dran.« Ich beruhige ihn, erfinde mich einmal mehr als deutschen Nazi, der seit Jahren den Ku-Klux-Klan bewundert. Dass ich »from Germany« bin (Heavy will meinen Pass sehen), ist mein Trumpf. »Fat boy«, der Baumfäller, kommt. Das entspannt, der Fettfleck hat Charme.

Ich hole noch mal eine Ladung Bier, der Dusel besänftigt ebenfalls. Als ich am späten Nachmittag aufbreche, sind sie wieder vollzählig. Besser, ich verschwinde jetzt. Fünf Straßen weiter biege ich links ab, dort steht eine Telefonzelle. Heavy fiel eine Visitenkarte aus der Tasche, ich lese: »Confederate Knights of the KKK white power message line.« Ich wähle die angegebene Telefonnummer, eine Stimme auf einem Anrufbeantworter meldet sich, ich notiere: »I put on my robe and grabbed my gun/To see all the niggers and have some fun/And when I saw them I shot them all/So we have a white christmas after all.«

REINHARD BONNKE

Abzocke in Afrika im Namen des Herrn

Ein Deutscher will Afrika retten. Damit alle Afrikaner in den Himmel kommen. Unser letzter Kreuzfahrer heißt Reinhard Bonnke. Schon als Elfjähriger wusste er von seiner Mission. Damals fuhr der »Heilige Geist« zum ersten Mal in ihn: »Gehe hin und wasche Afrika mit dem Blut Jesu!« Seitdem wäscht Bonnke Afrika.

Fünfzig Jahre später, Tatort Oshogbo, Hauptstadt von Osun, Bundesstaat im Süden Nigerias. Bonnke wird erwartet, ein paar tausend Plakate kündigen den »christian crusader« an. Bonnkes 1974 gegründete Organisation »Christus für alle Nationen e. V.« (CfaN) will sich nicht scheren um die Empfindlichkeiten – Stichwort christlicher Kreuzzug – der muslimischen Bevölkerung, die hier etwa die Hälfte der Einwohner ausmacht. Auch nicht um jene Horde von Fanatikern, die vor Kurzem hier durch die Straßen zogen, über ein Dutzend Kirchen beschädigten und einen 24-jährigen Pastor zu Tode prügelten. Auch nicht um die prekäre Situation im Norden des Landes, wo nach erbitterten Auseinandersetzungen zwischen den beiden Religionsgruppen 4000 Tote liegenblieben.

Nichts bremst Bonnke, denn »jeder, der nicht Jesus Christus als Retter anerkennt, fährt senkrecht in die Hölle«. So wird er es nicht sagen, nein, so wird er es während der nächsten fünf Tage in den geduldigen Himmel über Oshogbo brüllen.

Die Vorarbeiten zum »Millennium Crusade« benötigen Kohorten rühriger Frauen und Männer. Im Stadion der Stadt arbeiten die Schreiner und zimmern seit einer Woche die Bühne für die »Fire Conference«. Feuer, weil hier an drei Vormittagen die

»Flamme des Heiligen Geistes« auf die Häupter der Versammelten niederkommen soll.

Hinter der Arena planierten bereits Bulldozer ein Gelände von der Größe dreier Fußballfelder. Auch hier schwitzen die kostenlosen Mitarbeiter, die achtzehn Tonnen Lichtanlage, plus Lautsprecher, Lampenpfähle und Eisenrohre hochziehen. Hier wird Bonnke zaubern, das Riesenposter daneben ist eindeutig: »Expect your miracles!«, *rechne mit deinen Wundern!*

Im Schatten, neben den 38 Grad, sitzen ein paar Polizisten, mit Kalaschnikow und Tränengaspistolen im Anschlag. Damit keiner die Scheinwerfer davonträgt. Sogar die ambulanten Toiletten haben ein Vorhängeschloss an der Tür. Nigeria ist ein reiches Land mit hundsgemein armen Nigerianern. Zwei Mamis, die für die Verpflegung der Arbeiter sorgen, umarmen mich strahlend, rufen: »How are you, Mister Bonnke?« Wieherndes Gelächter allseits. Witzig, das sind sie auch.

Am Vortag des Kreuzzugs, kurz vor Mittag, überfährt die Wagenkolonne von Reinhard Bonnke die Stadtgrenze von Oshogbo. Ein Dutzend schwerbewaffneter Sicherheitsleute müssen ihn schützen – vor der rabiaten Begeisterung seiner Anhänger. Er steigt aus dem CfaN-Land-Cruiser, Kostenpunkt 55 500 Dollar, winkt und schreit nicht weniger begeistert »Halleluja«. Eine Halleluja-Woge brandet zurück.

Der 61-Jährige mit dem Bürogesicht ist ein Ass. Eine fulminante Karriere liegt hinter ihm. Wie vom »Heiligen Geist« geweissagt, reist er nach dem Abitur nach Wales zum Bibelstudium, kommt als flammender Seelsorger wieder nach Deutschland, zieht 1967 nach Lesotho, dem Königreich inmitten von Südafrika, und beginnt nun rastlos, Afrika zu retten. »Retten«, er spricht das Wort oft aus, denn für kleinere Aufgaben hat der Herr den Pastor nicht auserkoren. Er tingelt zuerst, doch bald werden die Massen, die gerettet werden wollen, immer gewaltiger. Auch das in Auftrag gegebene Zelt für 34 000 Plätze wird schnell zu eng. Deutschlands größter Evangelist aller Zeiten muss in die Stadien. Nachdem auch die platzen, reicht nur noch die freie Natur.

Von der Stadtgrenze geht es direkt zum Regierungsviertel, Governor Bisi Akande empfängt Bonnke, »the man of God«. Die Geste hat Symbolwert, der Regierungschef ist Muslim, er gilt als bedächtig. Osun steht im Ruf einer bisher von religiösen Amokläufen – Ausnahmen ja – verschonten Provinz.

Grandios ölig bedankt sich Bonnke: »Ich segne diesen Bundesstaat vor allen anderen im Namen Jesu« und »Gelobt sei der Governor« und »Ich segne Sie«. Manchmal segnet Bonnke im Namen des Herrn, manchmal im eigenen Namen. Unüberhörbar: An allen Ecken und Enden von Bonnke-Sätzen stehen »Amen« und »Halleluja« und immer wieder »Segen«, die Herr Jesus und/oder Herr Bonnke austeilen. Dass solche Großtaten der Nachwelt erhalten bleiben müssen, versteht sich von selbst. Das ebenfalls angereiste »Video Department« zeichnet pausenlos auf.

Mit einem letzten Halleluja hinunter zur »Press Conference«. Hier gibt es keine Fragen, nur Antworten. Und Bonnke weiß: »Die Prophezeiungen in der Bibel sind vorweggenommene Geschichte.« Der Stuss bleibt unwidersprochen, die Presse ist hier zum Jasagen angetreten.

Andere Sprüche folgen, sie alle bestätigen, dass das Wort Gottes in der Bibel steht und Gott recht hat. Zuletzt gibt Bonnke das Programm für die nächsten Tage durch: »Wunder werden geschehen, Krankheiten geheilt, alle Sünden mit dem Blut Jesu fortgewaschen.« Mit einem »prayer rain«, einem Gebetsregen, endet die Inszenierung.

Drei Stunden später, nach üppigem Bankett und vielen schallenden Hallelujas, zieht die Bonnke-Karawane durch Oshogbo, dem Millionennest mit den hunderttausend rostigen Blechdächern. Nur wer dabei war, glaubt, was er gesehen hat: Menschenmassen tosen, Frauen, Männer und Kinder schreien vor Freude: »Bonnke, Bonnke, welcome to Nigeria« und »Bonnke, so good to see you«, sie hüpfen, sie tanzen, sie gellen, fluten immer wieder auf Bonnkes Wagen zu, werden immer wieder von den »patrol men« verscheucht.

Fotos von anderen Stadtrundfahrten Bonnkes in dieser Weltgegend zeigen nichts anderes. Seit Jahrzehnten tritt der Mann als König von Afrika auf. Der werfe den ersten Stein, der so viel kreischende Hingabe ohne Größenwahn übersteht.

Am nächsten Nachmittag beginnt die fünftägige Show. Den Eingang zum Gelände haben ein paar hundert Händler in Beschlag genommen. »Bonnke means business«, lacht der junge Samuel, er verkauft Bonnke-Kalender, andere verhökern Bonnke-T-Shirts (Logo: »Bonnke-The Miracle-Healer«), Bonnke-Mützen (Aufschrift: »Schäm dich, Teufel, Jesus zog mich nach oben«), Bonnke-Sticker (»Bonnke bekehrte Osama bin Laden«), »Bonnke-Kassetten« (Auszug: »Der Mensch will nicht ehebrechen, aber Beelzebub treibt ihn dazu«), Bonnke-Videos (Begleittext: »Der Herr gab Bonnke die Vision eines blutgewaschenen Afrikas«) und Bonnke-Bücher (ein Titel aus einem Dutzend: »Das Geheimnis der Macht von Jesu Blut«). Wie nebenbei erfährt der Käufer, dass Reinhard Bonnke der auflagenstärkste deutsche Autor ist, über 140 Millionen Mal gedruckt, in über fünfzig Sprachen übersetzt. Im Eigenverlag, macht nichts, Hauptsache sagenhaft, Hauptsache »im Auftrag Gottes«.

Um 16 Uhr legen die ersten Prediger los, nur Schwarze, Vertreter der lokalen Kirchen, die den Kreuzzug unterstützen. Wie bei Popkonzerten sollen sie einheizen, um das Auftreten des Stars vorzubereiten. Unter der Bühne schnüffeln drei Mann des »Police Bomb Squad« mit Hunden nach Sprengkörpern. Zwei Tage später wird Bonnke dem Reporter erzählen, dass er vor Monaten einen Auftritt in Khartum, der Hauptstadt Sudans, absagen musste, »da ich eine E-Mail von bin Laden erhielt, mit der Androhung, mich zu erschießen, sollte ich dort auftauchen.« (Die Bekehrung bin Ladens muss also nach der Morddrohung stattgefunden haben.)

In Oshogbo traf offensichtlich keine bedrohliche Post ein, um 18 Uhr rauschen unter Sirenengeheul acht Fahrzeuge an, aus dem 125 000 Dollar teuren, spezial hochgerüsteten Mercedes S 600 – Leihgabe des Bischofs der »United Gospel Churches« – steigt Reinhardt Bonnke. Ein zweihunderttausend stimmiger Willkommensschrei begrüßt ihn.

Eine dreistündige Brüll-Arie nimmt ihren Anfang, ohne Zwischentöne, ohne Anlaufzeit, von null auf Anschlag. Nur unterbrochen, wenn die Angebrüllten zurückbrüllen. Ja, Bonnke lässt brüllend wissen, dass er sich immer vornimmt, stimmlich maßzuhalten. Amüsiert gesteht er, wie jämmerlich er dabei gescheitert sei. Fazit: Hier brülle ich und kann nicht anders!

Zweimal brüllen, denn der Übersetzer schreit jeden englischen Satz in Yoruba hinterher, der Sprache der hiesigen Volksgruppe. Durchaus witzig: Bonnkes engste Mitarbeiter stopfen sich Ohropax vor die Trommelfelle, sobald der Chef nach dem Mikrofon greift.

Nach gefühlten hundert »Hallelujas« und »Are you happy?« und »I love you already« zieht Bonnke Bilanz. Vor einem Monat war er in Ibadan, der zweitgrößten Stadt Nigerias, die Folge: »Ibadan wurde mit dem Blut Jesu gewaschen«, was nichts anderes bedeuten kann, als dass das von wüster Kriminalität, Misere und einem Acht-Millionen-Einwohner-Verkehr verfluchte Stinkloch auf dem Weg steil nach oben ist. Die Zeitungen titelten damals: »Der Teufel in Schwierigkeiten, Bonnke in der Stadt.«

Das Volk schleudert von einem Freudentaumel in den nächsten. »Gott hat mich mit einem Auftrag versehen«, schallt es bald aus den Lautsprechern, und Bonnke kündigt mit diesem Satz die Wunder an, die er die folgenden fünf Tage erledigen will. Absolut übersichtlich, denn jeder und alles wird geheilt, auch Kröpfe, auch Aids und Krebs, auch unfruchtbare Schöße, zuletzt: »Den Fluch der Armut werde ich brechen, ganz und für immer.«

Nach vielen Geschichten, in denen Bonnke heilend und bekehrend die Erde umrundet und Huren, Säufer und Staatspräsidenten erlöst, ist es soweit: Jeder soll seine Rechte auf die kaputte Körperstelle legen und die Linke Richtung Himmel strecken. Dann Geschnatter, viele zucken sofort, als wäre ein Presslufthammer in sie gefahren, während Bonnke etwas wie »tallalarumtallarumbum, tallarumtallahalla, tallarumtallahalla« bramarbasiert.

Mehrere Minuten dauert die Hanswurstiade, gepaart mit der perfiden Lust, das Meer seiner Zuhörer als gackerndes Federvieh auftreten zu lassen. Dann röhrt der Meister: »Ich befehle blinden Augen, sich zu öffnen.« Der erste Befehl von vielen, mindestens zwanzig Krankheiten befiehlt der Wunderheiler zu verschwinden, garantiert auch Querschnittslähmungen, verstopften Eileitern und Depressionen.

Umgehend müssen die »Geheilten« auf die Bühne, Doktor Bonnke – bisweilen auch »Doctor Jesus« – examiniert im Hauruck-Verfahren das Wunderwerk, fragt den Ex-Blinden: »Was für eine Art Mann bin ich?«, und der jetzt (angeblich) Sehende: »Du bist ein weißer Mann.« Die drei Fußballfelder rasen, das Unfassbare ist vollbracht, unser Mann in Oshogbo: »Ist das nicht wunderbar?« Next, please!

Kurz vor 21 Uhr, nachdem mit ähnlich wissenschaftlicher Gründlichkeit Mirakel über Mirakel bestätigt wurde und ein letztes Mal die Durchsage kam, morgen alle noch Ungeheilten zu kurieren, rauscht Bonnke zurück in die Nacht. Wieder unter Polizeischutz. Die »Opfergaben«, die knapp sechzig (!) Säcke Geldspenden der Anwesenden, die inzwischen eingesammelt und neben dem Luxus-Mercedes abgestellt worden waren, rauschen mit. Im eigens dafür reservierten Pick-up. Ebenfalls streng bewacht.

Kein Schulheft, kein Schreibgriffel und kein Leintuch für ein Krankenhausbett werden damit bezahlt. Die Gelder dienen ausschließlich der Finanzierung der Reisespesen des Scharlatans. Tage später wird in der Zeitung stehen, dass das jährliche Durchschnittseinkommen eines Nigerianers unter dreihundert Dollar gesunken ist.

Warum fallen Afrikaner auf Bonnke herein? Mehrere Gründe: Der Mann hat einen Namen auf dem Kontinent. Und er bringt Abwechslung, er ist ein Entertainer, er unterhält, denn der Fernseher, das entscheidende Gerät, um Zeit totzuschlagen, fehlt oft in den Haushalten. Und: Vielleicht sind Schwarze »gläubiger«, zudem befinden sich viele Analphabeten unter den Abervielen.

Längst weltweit bestätigt: Je niedriger das Niveau der Bildung, desto verführbarer ist der Mensch für spirituellen Hokuspokus. Was bizarrerweise nicht immer stimmt, es gibt auch Leute mit

Geist, die beim Auftauchen vom lieben Gott den Verstand verlieren.

In der knappen Woche habe ich nicht eine kritische Stimme vernommen, nicht persönlich, nicht im Radio, nicht in anderen Medien. Nicht ein Lästermaul lief Fotograf Tom Haley und mir über den Weg. Dafür massenhaft – und das scheint das entscheidende Motiv für den Run auf Bonnke: Aussichtslose, Arbeitslose, Bankrotte, Verzweifelte. Die um Visa, um Arbeit, um Zukunft bettelten. Oder, wie Jeremy, um einen Platz als Sturmspitze bei Bayern München.

Bei der »Fire Conference« am folgenden Morgen – gedacht als Trainingsveranstaltung für 30 000 (!) Pastoren und Hiwis – wird Jesu Stellvertreter auf Erden schon ab 9:35 Uhr brüllen. Hinausbrüllen die Finsternis menschlicher Existenz. Nie wird ein Wort des Pfingstpredigers an die Lebensfreude erinnern, nie an die Sehnsucht nach Dasein und Welt, nie an die Brüderlichkeit untereinander. In seinem Universum lauern nur »Frevel«, »Drogen«, »Ketten«, »Perversionen«, »Verrat«. Unter jedem Bett, an jeder Straßenecke, hinter jedem Vergnügen verschanzen sich Teufel, Satan und Luzifer. Nicht eine Minute fällt ab, um zum Lernen und dem Hunger nach Wissen anzuspornen. Im Gegenteil: »Hört auf, Fragen zu stellen. Wie sprach Jesus? Mit dem Hirn? Hirne glauben nicht!« Dass Darwins Evolutionstheorie der »letzte Blödsinn« ist, auch das werden wir irgendwann erfahren. Ja, nicht einmal wird zur Toleranz für andere Religionen aufgerufen. Vom Humanismus gar nicht zu reden. Eisern stumpfsinnig brüllt er: »Jeder, der sich nicht dem Herrn Jesus Christus übergibt, ist zu ewiger Verdammnis verurteilt.«

Bonnke will nicht versöhnen, Bonnke will Kreuzritter sein. Nur Stunden nach Ende der Oshogbo-Tiraden steht unter der CfaN-Internet-Adresse: »Viele von ihnen (den Muslimen) nahmen Jesus als ihren Erlöser an und brachen – trotz Ramadan – ihr Fasten ab, um ihren neu gefundenen Glauben zu bekennen.« Missionar Bonnke in Hochform, genau »1 723 652 Bekehrte« brachte die »Ernte«.

Ach, Bonnke, unser Mann der Fake News, die angegebene

Zahl ist höher als alle Zuhörer zusammen. Niemand darf ihn ernst nehmen, zu unfreiwillig komisch sind seine Verlautbarungen. Würde er den folgenden Schwachsinn in Europa verbreiten, die Ambulanz käme angerauscht, um ihn in der nächsten Klapsmühle abzuliefern: Irgendwann geht es um eheliche Treue, und die wäre nur möglich – bitte festhalten –, wenn Ehemänner Unterhosen trügen! Er wiederholt den Irrsinn mehrmals, ja, bekräftigt ihn, kenne er doch eine ganz Reihe von Gottesmännern, die von Wunder zu Wunder eilten, aber dennoch kein heiliges Leben führen, denn – wir ahnen es bereits – die Unterhose fehlt: »No underpants, no holy life!«

Doch, das lässt sich noch toppen. Allerdings nur von Bonnke selbst. In einem Gespräch mit Tom und mir ging er die Liste all jener durch, die eine Ewigkeit lang durch die Hölle müssen. Ganz oben, klar, die Homosexuellen. Um zu demonstrieren, was natürlich, sprich, gottgegeben, und was nicht natürlich, sprich des Teufels ist, meinte der Mann, der nie aufhört, Botschaften vom »Heiligen Geist« zu empfangen: »Schauen Sie, den Zapfhahn steckt man ja auch nicht in den Auspuff, sondern in den Tank.«

Nun, der Vollständigkeit halber: Wir besuchten noch ein paar der »Geretteten«, oje, sie waren so lahm und blind und taub und von Ausschlägen verseucht wie eh. Was ungemein überraschte, ja, durchaus erheiterte: Sie alle waren unerschütterlich überzeugt, dass Bonnke sie geheilt hatte. Der Glaube versetzt Berge – von Hirn.

Irgendwann fingen Tom und ich lauthals zu lachen an. Bis uns die Tränen kamen, und alle anderen mitlachten. Unergründliches Menschenherz.

HELDEN UND HELDIN

DIE KINDER VON KABUL –
Für alle ein Heldenlied

RIKSCHAFAHRER IN KOLKATA –
Kleine flinke Männer und große flinke Gangster

KARLA SCHEFTER –
Eine wie keine

DIE KINDER VON KABUL
Für alle ein Heldenlied

Der zwölfjährige Turgut erzählt vom Paradies: »Weißt du, dann schlafe ich immer auf Muskatblüten. Und überall fließt Wasser. Und nie, nie muss ich rennen.« Wir stehen vor einer Ruine, irgendwo in Kabul. Das war einmal Turguts Haus, das Haus seiner Eltern. Bis der Krieg begann und ein Kugelhagel die Familie aus den Betten jagte. Fünf seiner neun Geschwister blieben zurück, ohne Umwege ins Paradies befördert.

Jetzt ist Turgut mit seinen (restlichen) Brüdern als Müllmann unterwegs. Er stochert im Unrat entlang der Straßen und sucht nach Pappe. Zum Weiterverkauf. Als Brennstoff, für ein paar Afghani.

Wer etwas Zeit in dieser Stadt verbringt, der wird bald wissen, dass alle Kinder Kabuls einen Platz im Paradies verdienen. Die Geschichte ihrer Angst, ihres Muts und ihrer Fähigkeit, das Tag für Tag auszuhalten, das ist eine Heldengeschichte.

Andere in diesem Land, sie müssen in die Hölle: Die Krieger und Hurensöhne, die beschlossen haben, dass der Irrsinn nicht aufhört. Und nicht die Schreie der Kinder.

Dezember 1979 marschierten die Russen ein. Kein Aufruhr in Kabul, die Schlachten fanden weit weg statt. Das Wort »Mudschahedin« ging durch die Weltpresse, *Freiheitskämpfer* (darunter Osama Bin Laden), die – mit amerikanischer Hilfe – dafür sorgten, dass im Februar 1989 der letzte Sowjetsoldat afghanischen Boden verließ. Noch drei weitere Jahre hielt sich das prokommunistische Regime von Präsident Najibullah.

Als am 17. April 1992 die Hauptstadt Afghanistans in die Hände der Sieger fiel, war die Schonzeit vorbei. Es wurde laut und blutig.

Die einmal Verbündeten erklärten sich gegenseitig ihren Hass und kämpften um den Standort der Macht, um Kabul.

Sommer 1996 sind siebzig Prozent Kabuls in Schutt und Asche gebombt. Augenblicklich herrscht eine lauernde Waffenruhe. Und eine nächtliche Ausgangssperre. Dunkelschwarz ist es nachts. Kein einziges Kilowatt Strom produziert das Elektrizitätswerk. Auch nicht tagsüber. Alles demoliert.

Das Bellen der Stalinorgeln hat aufgehört, vorübergehend. Die Drangsal der Kinder geht weiter. 22 Millionen Quadratmeter sind vermint in Kabul. Mörderischer Nachlass eines Bürgerkriegs. Täglich fliegen kleine Arme und kleine Beine in die Luft. Der Weg in den Himmel führt bei vielen durch das Fegefeuer auf Erden.

Der New Yorker Psychotherapeut Neil Postman hat vor Jahren ein Buch mit dem Titel »Das Verschwinden der Kindheit« veröffentlicht. Er erzählt darin von der Misere amerikanischer Jugendlicher, die fünf Stunden pro Tag vor dem Fernseher sitzen und als Zehnjährige bereits »wissen«. Die kaum Zeit haben, erwachsen zu werden. Die am eigenen Leib keine Geheimnisse entdecken dürfen, nicht den Sex, nicht die Liebe, nicht die Spielregeln des zivilisierten Umgangs. Weil sie ja schon alles – tausende Male – gesehen, gehört, konsumiert hatten: als Hollywood-Märchen, als rosafarbene oder blutrote Seifenoper.

In Kabul ist die Kindheit ebenfalls verschwunden. Hier vertrieb sie der Krieg, die nackte, tatsächliche Gewalt. Hier mussten sie rennen, um am Leben zu bleiben. Selten war Muße für ein schwereloses Kinderleben. Keine Huckleberry-Finn-Streiche, kein Blindekuhspielen, kein sorgloser Nachmittag mit Murmeln.

Ich treffe Unos, er ist neun und »volljährig«. Während wir reden, dreht er sich mehrmals um. Eine Reflexbewegung. »Warum?«, frage ich. »Man weiß nie«, sagt er trocken, »vielleicht steht einer hinter dir.«

Unos kam davon, er ist noch immer vollständig. Außer ein paar Brandnarben am Hinterkopf trägt er keine Kriegsmale. Er zählt zur Rasse der Überleber. Seit er etwas hochheben kann, muss er schuften. Er führt mich zur Judde Maiwan, einmal

Prachtstraße, einst größter Bazaar der Stadt. Jetzt auf zwei Kilometern Länge ein Trümmerhaufen. Doch ideal, um in den Häuserwracks nach Brennholz zu suchen. Mit einem Leinensack, mit Axt, Säge und drei Geschwistern kam Unos in den Wintermonaten zweimal pro Tag hierher. Die Temperaturen waren so eisig – bis minus 25° –, dass die gefundenen Bretter nur für den Eigenbedarf reichten und nichts übrig blieb für den Verkauf.

»Und die Minen? Hattet ihr keine Angst?« Und Unos, der Profi: »Ja, natürlich haben wir Angst. Aber ohne Holz wären wir erfroren.« Unos legte sich in den Jahren einen fein entwickelten Instinkt für brisante Seltsamkeiten zu. Auch ein absolutes Gehör für die Geräusche heranzischender Geschosse. Hörte er es brausen, dann hatte er ungefähr fünf Sekunden, um im nächsten Kellerloch zu verschwinden.

Weitere Gefahren lauerten. Sein siebenjähriger Bruder Yassin trägt seit März eine Narbe auf der Stirn. Erinnerung an einen anderen, eher unfreundlichen Holzsucher. Einer, der Yassins Fuhre zum Nulltarif an sich reißen wollte. Und Yassin sie nicht losließ. Und dafür mit einem Steinschlag ins Gesicht bezahlen musste.

Im Sommer, jetzt, ist Unos als Wasserverkäufer unterwegs. Bei fast vierzig Grad Hitze ist das eine intelligente Idee. Wir treffen uns meist vor einer Fassade voller Einschüsse, hinter der sich ein Kinosaal befindet. Nachmittags, wenn genug Sprit für den Generator vorhanden ist, läuft »The Road to War«. Die Ironie der Situation scheint niemanden aufzufallen. Heftiges Gedränge, um in einem kriegsgebeutelten Land eine indische Kriegsschnulze zu sehen. Unos interessiert der Film »einen Dreck«, er stellt seine beiden Kanister ab und kassiert pro Plastikbecher Wasser fünfzig Afghani, das macht einen Cent.

Jeden davon braucht die Familie. Sein Vater arbeitet als Träger, schleppt Lasten, bringt es auf immerhin 150 Cent pro Tag. Die Mutter backt Brot für die Nachbarschaft, noch ein Einkommen. Alles zusammen reicht knapp, damit alle zehn am Leben bleiben und die Eltern die Miete für die verrußte Küche und einen Raum als Schlafplatz für die Großfamilie bezahlen können.

»Was würdest du dir kaufen, Unos, wenn du viel Geld hättest?«, frage ich ihn. Und Unos, der Smarte: »Kaugummi und getrocknete Trauben.« Ich habe viel Geld, und so gehen wir Kaugummi und getrocknete Trauben kaufen.

Unos' außergewöhnliches Leben scheint nichts Besonderes zu sein. Die Schule besuchen kam (und kommt) nicht infrage. Er ist unabkömmlich als Arbeitskraft. Zudem, 24 Monate lang blieben die Schulen geschlossen, besetzte man sie – wie andere öffentliche Gebäude – mit »displaced persons«, mit Familien, deren Häuser unter einem Hagel von Brandbomben verglüht waren. Früher lebten zwei Millionen in Kabul, inzwischen ist die Hälfte der Einwohner davon. Vom Krieg davon. Um nicht zu verbrennen. Um dem Hunger zu entkommen. Um eines Tages zurückzukehren.

Wer nicht wegkam, muss malochen. Alte wie Blutjunge. Entweder im Abfall wühlen oder Holz organisieren oder Wasser verkaufen oder in der Schmiede der Väter antreten. Doch sie alle haben noch Glück. Sie haben noch ihre Väter.

Am westlichen Stadtrand von Kabul liegt Darul Ethan, das Waisenhaus. Hier wohnen jene ohne Väter und ohne Mütter. Vorgesehen war der finstere Bau für 250 Kinder, jetzt sind es 750, das jüngste neun Wochen alt, das älteste achtzehn Jahre. Seit Kurzem herrscht Aufnahmestopp.

Wer hier landet, sollte stark sein. Einige der Kleinen sind verrückt geworden. »Vom Krieg, vom Alleinsein«, meint der freundliche Direktor. »Wer hat Schuld?« Und er, leise: »Wir alle.« Er muss den Gedanken verstecken, denn offiziell taugen als Sündenböcke stets die anderen.

Warten als Lebensprinzip: In Marschformation vor dem Speisesaal Stellung beziehen. Bis die Vorderen fertig sind. Dann dürfen die Nächsten rein. In den schlimmsten Zeiten brachten Panzer die Lebensmittel. Das ist vorbei. Auch müssen sie beim Essen nicht mehr stehen. Eine französische Hilfsorganisation hat ihnen ein paar Holzbänke gezimmert. Das Geschirr reicht noch immer nicht. Acht Kinder trinken aus einem Becher. Morgens Tee und Brot, mittags ist die Verpflegung am besten: ein Blechteller mit Reis und Fleisch, oft Schaf. Dazu wieder ein Stück Brot.

Raue Zustände: die wenig appetitlichen Toiletten, die mit Doppelbetten überbelegten Schlafsäle, die Heizkörper längst »out of order«. Kommt der Winter, heizen sie mit Holz einen Bleiofen.

Der Tag beginnt mit einem Morgenappell auf dem Dach und dem inständigen Versuch des Heimleiters, die Halbwüchsigen zu den Tugenden des friedlichen Zusammenlebens zu überreden. Hinterher Schulunterricht, am Nachmittag Koranschule. Auf Arabisch. Die Gefahr, dass sie verstehen, was sie auswendig lernen, diese Gefahr besteht nicht.

Manchmal, erzählt der Direktor, schauen einsame Frauen vorbei und wollen ein Baby kaufen. Das letzte Angebot lag bei 5000 Afghani, immerhin 100 Cent. Beim Abschied schreien mir die (unverkäuflichen) Kinder nach, ihnen einen Ball mitzubringen, wenn ich wiederkomme. Versprochen.

Es gibt ein paar Adressen in dieser Stadt, da fragt keiner mehr nach einem Fußball. Denn hier fehlen die Füße zum Dribbeln. Oder die Hände zum Fangen. Oder beides. So eine Adresse ist das Karte Seh Hospital. 500 Betten, knapp zweihundert Ärzte, Pfleger und Schwestern. Das bestausgerüstete Krankenhaus im Land. Finanziert vom Roten Kreuz. Die Spezialität des Hauses: »Kriegschirurgie«. Häufigste Opfer: Kinder. Alltäglicher Befund: weggesprengte Glieder.

Ein einziger Tag vor Ort genügt, um etwas zu ahnen von den Abgründen menschlicher Einsamkeit. Oberschwester Marzia erklärt und übersetzt. Vorbei an kleinen Menschen, die alle gemeinsam ein besonderes Kennzeichen haben: einen Stumpf. Oder zwei. Oder drei.

Vorbei an Basry, die Zehnjährige führte eine Ziege spazieren. Manchmal hat sie die Kraft, sich an den Vormittag zu erinnern, an dem die Ziege tot umfiel und ihr rechter Fuß wegflog. Daneben liegt Jamiza, 12, sie hielt eine Blechdose für eine harmlose Blechdose. Der Irrtum kostete ihr beide Beine und den Verstand. Die nächsten Stümpfe gehören Rachmat, 9, er trat versehentlich auf eine Granate. Seine Mutter sitzt bei ihm und verscheucht mit einem Stück Pappe die Fliegen von seinem Gesicht. In Rachmats

Nähe liegen Hakima, Leila, Ahmad, Wahidila und dreiundzwanzig andere. Alle mit lebenslänglichen Wunden.

Beim Rundgang hörte ich jemanden sagen, dass die Kinder wohl zu jung seien, um ihr Unglück zu begreifen. Möglich, dass ein Besuch im Orthopaedic Temporary Center dem widerspricht. Mitten in der Stadt, geschützt hinter Sandsäcken, produzieren sie dort bis zu 120 Prothesen im Monat. Hier muss jeder irgendwann vorbei, dem eine Mine ein Bein (oder zwei) vom Leib riss. Armprothesen? Die haben sie nicht, dafür fehlt das Geld.

Nach einer wochenlangen Prozedur, den Stumpf mit Hilfe von Bandagen zu verengen, um ihn auf seine endgültige Form zu trimmen, wird ein Gipsabdruck gemacht. Er dient als Modell für das Original.

Es war der Vormittag, an dem die siebenjährige Nanna kam, zur ersten »Anprobe«. Ein Techniker schob das harte Plastik auf den Rest ihres rechten Oberschenkels. Und ein Schauder huschte über das Gesicht des Mädchens. Das war der Augenblick, in dem sie ihr neues Leben begriffen hatte. Das eine, das nie wieder sein wird wie zuvor.

RIKSCHAFAHRER IN KOLKATA
Kleine flinke Männer und große flinke Gangster

Durch die stille Ho Chi Minh Street schlendern. Um diese Zeit, gleich Mitternacht, ist Kolkata sinnlich, wunderlich wohltuend. Die Hitze, der Krach, die Luft, nichts schindet mehr.

Am Ende der Straße wartet Babur, der Rikschafahrer. Als er mich kommen sieht, läutet er mit seiner kleinen Glocke. Was für ein poetischer Klang, sanft, leise, ein dezenter Aufruf, ihn anzuheuern.

Babur und ich kennen uns seit einer Woche. Er gehört zu den über 40 000 »rickshaw pullers«, die versuchen, in Kolkata zu überleben. Als Babur mich zum ersten Mal anlächelte und mit seiner kleinen gusseisernen Kugel bimmelte, verweigerte ich das Angebot. Den Gedanken, dass mich jemand barfuß und mit nichts anderem als mit seinem armselig bekleideten Leib von einem Ort zu einem anderen zieht, diesen Gedanken fand ich frivol.

Die nächsten Tage sah ich Babur immer wieder an seinem Stammplatz, beobachtete ihn. Manchmal war er abwesend, entweder mit einem Kunden unterwegs oder vertrieben von einer Polizeistreife. Irgendwann begriff ich, dass meine eitle Rechtschaffenheit sich eher dümmlich anfühlte. Wären alle so edel wie ich, Babur würde verhungern. Also entschied ich, aufzusitzen.

Zugegeben, man muss sich daran gewöhnen. Schon ein herrisches Gefühl, obenauf zu hocken, mit der Stiefelspitze nur einen halben Meter vom Nacken des anderen entfernt.

Babur und seine Kollegen drohten zu verschwinden. Denn der Transportminister beschloss, sie abzuschaffen. Sie wären ein Hindernis für den Verkehr, beinlahme Trödler mitten im modernen Getriebe. Die Zukunft des Autos stehe auf dem Spiel, jetzt auch in Kolkata. Man suchte einen Sündenbock für das Chaos und entdeckte – die Rikschafahrer.

Erfunden hat das seltsame, durchaus bequeme Gefährt – so die eine Legende – ein gelähmter Dicker aus Kyoto. Seine bisherige Sänfte schien ihm zu eng. 1871, ein paar Jahre später – so die andere Legende – hatte ein amerikanischer Baptistenmissionar in Japan dieselbe Idee. Eine erste Rikschafabrik – ursprünglich »jin riki sha«, ungefähr: von Menschenkraft betriebene Räder – entstand in Tokyo. Exportiert wurde vor allem in die Küstenstädte Chinas.

Anfang 1900 brachte ein chinesischer Kaufmann den Zweisitzer nach Kolkata (einst: Kalkutta), der damaligen Hauptstadt von Britisch-Indien. Wie die Menschen in dieser Stadt, so vermehrten sich die Vehikel: rasend. 1939 hatte der englische Bürokrat Mister Hackney die bravouröse Idee, die Zahl der Rikschas auf offiziell 6000 Stück – unverändert bis heute – festzulegen. Bravourös, weil damit der Startschuss für eine Korruptionsseuche von titanischen Ausmaßen gegeben war. Folglich ist Baburs Story eine Allerweltsgeschichte in dieser Stadt, eine traurige, eine absurde, eine mitunter wunderbar witzige.

Kurz vor null Uhr legt sich der fünffache Familienvater schlafen. Mit zwei Sackleinen und einer Decke, direkt vor dem Eingang zur Heilsarmee. Auf meine Frage, warum es denn unbedingt fünf Kinder sein müssen bei einem Einkommen von knapp zwei Euro pro Arbeitstag, antwortet Babur verschlafen: »Baba, you know, Muslims no condom.« So wären es fünfzehn Babys, würde Ehefrau Sahara nicht eine 24-Stunden-Reise entfernt leben, in Patna, der Hauptstadt des Bundesstaats Bihar, dem Armenhaus im armen Indien.

Einmal im Monat geht die fünffache Mutter dort zum Hauptpostamt und signiert mit ihrem rechten Daumen den Empfang einer bescheidenen Geldsumme, überwiesen von Babur, der seinerseits mit dem (linken) Daumen die Anweisung über ein paar hundert Rupien unterzeichnete. So halten sie es seit einundzwanzig Jahren.

Jüngst kehrte Baburs Vater nach Patna zurück, lungenkrank und kniekaputt nach einem halben Jahrhundert Giftgasschlucken in Kolkata. Er sitzt nun ebenfalls in Baburs Hütte, als pensionierter Rikschapuller. Nur die Pension fehlt. »Was macht dein Vater jetzt?«, frage ich. Und Babur: »Just waiting.« Ich frage nach und erfahre, dass »just waiting« eben dasitzen und warten bedeutet. Warten auf nichts.

Eine solche Antwort erinnert mich an meinen Aufenthalt in einem buddhistischen Zen-Kloster in Japan. Jedem Schüler wurde ein »Koan« gegeben, ein Rätsel, das er lösen sollte, auch das so berühmte: »Erkläre die lautlose Stimme der einen Hand.« Kein Verstand auf Erden wird eine kluge Erwiderung auf diese groteske Forderung finden.

Indien ist so ein Koan. Keine Logik hilft aus, keine Psycho-Logik, nur – vielleicht – ein Geistesblitz. Baburs Vater wartet. Für den Sohn, den Inder, ist das die natürlichste Replik der Welt. Für einen getriebenen Westler klingt sie geheimnisvoll und unbegreiflich.

Um sechs Uhr morgens muss Babur aufstehen und seine Utensilien wegräumen. Denn ab dieser Uhrzeit liegt er im Weg, die ersten Obdachlosen verlassen das Gebäude der Heilsarmee. (Während der »watertime« – Baburs Ausdruck für die Monsunmonate – faltet er sich klein und schläft unter einer Plane in seiner Rikscha.) Zehn Schritte entfernt steht eine Wasserpumpe, wie alle Habenichtse wäscht sich Babur im Freien. Und wie so viele Inder scheint er von einem intensiven Waschzwang befallen zu sein. Hinterher schabt er mit einem Zweig des Neemtree seine Zähne sauber.

Eine in Plastik eingewickelte Kernseife ist sein einziger Kosmetikartikel. Ist alles blitzsauber, betritt er die Vierte-Welt-Toilette eines befreundeten »Restaurant«-Besitzers. Nicht einmal höre ich ihn klagen über die bestialischen Gerüche des Abtritts. Den Zusammenhang zwischen seinem Bedürfnis, sich rabiat zu schrubben, und dem stinkenden Grind seiner Umgebung, diesen Zusammenhang stellt er nicht her. Um sich zu schonen, so ist zu vermuten. Würde er, müsste er verzweifeln.

Zum Frühstück gibt es Chai, heißen Tee mit Milch, stark gezuckert. Nichts zu essen, er muss sparen. Bevor Babur als 14-Jähriger nach Kolkata aufbrach, verdingte er sich als »chapati man« in Patna. Jemand, der Brotfladen backt. Damals schaffte er einen halben Euro pro Tag. Selbst einer wie er kann davon nicht leben. Also nahm er den Zug nach Kolkata, der Metropole, die weltberühmt ist für ihr Elend und ihren Großmut. In keinen Ort flohen so viele Kriegsvertriebene, Religionsflüchtlinge und ärmste Schlucker wie in diese Stadt.

Reicher ist Babur in den letzten Jahrzehnten nicht geworden, mal abgesehen von seinen zwei Söhnen und den drei Töchtern. Er besitzt zwei Lungis (Hüfttücher), zwei Kurthas (überlange Hemden), zwei Unterhemden, zwei Unterhosen, einen Gamcha (Schal), ein Paar Sandalen (für den Klogang), ein Topi (Käppi der Muslime), das Keuni (kleine Plastikdose mit Tabak und Kalk, zum hinter die Zähne legen, macht high) und ein mit wohlriechendem Öl parfümiertes Stück Watte – fürs rechte Ohr. Jeden Freitag legt er ein frisch getunktes Bällchen nach, Unkosten 50 Paisa. So befriedigt er mit fast zwei Cent pro Woche sein Bedürfnis nach Extravaganz.

Die Rikscha gehört ihm nicht. Keinem Puller gehört irgendeine Riksha. Nach dem zweiten Tee kommt Jabbar vorbei und kassiert von Babur feine vierzig Rupien. Jabbar ist der »Sardar«, der ortsübliche Name für einen Agenten, der für den Besitzer – von Babur nie gesehen – den täglichen Mietzins für das Taxi eintreibt. Jabbar ist ein freundlicher Kassierer, schon eine Spur weniger bettelarm als die insgesamt 18 Fahrer seines Chefs. Jabbar fährt mit dem Fahrrad vor, alle drei Monate besteigt er – nach Abzug seiner eigenen Prozente und dem Batzen Schmiergeld für indische Ordnungshüter – einen Vorortzug, um zwei Säckel Geld beim Boss abzuliefern. Ich frage ihn, ob er ein glücklicher Mensch sei, und Jabbar, leise lächelnd und mit einem erstaunlichen Sinn fürs Praktische begabt: »Sure, Babur pays every day his forty rupees. He is no troublemaker.«

Das ist das Grundmuster der Produktionsverhältnisse. Der bescheidenste Halter hat drei Kutschen, der mächtigste 366. Fast alle Beteiligten sind Muslime, die ökonomisch schwächste Bevölkerungsgruppe im Land. Jeder – Puller, Sardar und Inhaber – kam irgendwann einmal nach Kolkata, um zu überleben. Dass viele Fahrzeuge viel Geld bedeuten, wie irrig. Unsere Geschichte spielt in Indien und ganze Heerscharen wollen mitabzocken.

Zurück also zu Mister Hackney und seiner virtuosen Idee, die Gesamtzahl der handgezogenen Rikschas auf 6000 festzulegen. Somit gibt es – offiziell – 6000 Lizenzen. Und – offiziell – 18 000 Fahrer: zwei pro 24 Stunden plus einen Ersatzmann: Er hilft aus, wenn einer krank wird oder – zweimal pro Jahr – in sein Dorf fährt, um bei der Ernte mitzuschuften. Die tatsächliche Wirklichkeit ist anders, wüster, romantischer, hundertprozentig indisch. Gesichert sind, als unterste Dunkelziffer: 40 000 Rikschas und – wieder bescheiden hochgerechnet – 70 000 Rikschapuller.

Das sind formidable Zahlen, wie nicht vieles dazu geeignet, veritable Orgien der Erpressung und Bestechung abzufeiern. Dass des Transportministers Erlass – nicht nur die Lizenzlosen, sondern auch die Legalen heimzuschicken – in kürzester Zeit zu Rekordumsätzen auf der Korruptionsbörse führte, auch das wissen alle. Selbst der Minister. Seit zwanzig Jahren versucht er und versuchten seine Vorgänger, »all slow moving vehicles« aus dem Verkehr zu ziehen. Was für ein rühriger, scheinheiliger, sinnloser und immens profitabler Versuch, Kolkata zu renovieren.

Wie sind die Spielregeln? Ich verabrede mich mit Anwar Hussin, kürzlich noch Besitzer von 151 Rikschas. Nun sind es nur noch 78. Den Rest hat ein 25 Mann starkes Polizeiaufgebot vor Kurzem um zwei Uhr nachts von seinem Hinterhof geholt. Unter Androhung von Gewalt und dem Hinweis, dass es sich um illegale Fahrzeuge handelte. Hussin zeigt mir die beiden Aktenordner mit allen 151 hochoffiziellen Lizenzen. Das Manöver ist offensichtlich, jetzt beginnt das Pokern.

Hussin holt den Packen Kopien der Bettelbriefe hervor, die er inzwischen an den zuständigen Polizeiposten geschrieben hat. Eile war geboten, denn treffen seine Ansuchen zu spät ein, werden die Rikschas mit Vorschlaghammer und Spitzhacke demoliert. Mit gebührlichem Respekt bittet er um die Freigabe der beschlagnahmten Objekte, weist – höchst devot – darauf hin, dass alle notwendigen Papiere in Ordnung sind.

Ab diesem Stadium der Verhandlungen geht die nackte Absurdität um. Hussin erfährt, dass er weitere Beweisstücke für seinen Besitzstand erbringen muss. So die Order von oberster Stelle. Will er diese Weisung schwarz auf weiß sehen, teilt man ihm mit, dass sie »Geheimsache« sei und er diesbezüglich bei einer anderen Stelle vorsprechen solle. Er wendet sich an dieses Büro, leider sei jedoch der Zuständige gerade im Urlaub. Beim nächsten Anlauf ist der frisch Erholte just krank geworden, beim dritten Mal ist die geheimnisvolle Verordnung schon wieder außer Kraft, doch andere Orders warten, aber dafür müsse er sich an die Dienststelle XY wenden.

Ab diesem Augenblick hat Hussin, haben alle zwangsenteigneten Besitzer begriffen, dass sie verloren haben. Der Rechtsweg ist ausgeschlossen, das Recht wurde erfolgreich entmachtet. Auch verstanden, dass ihnen nur eine Handlung dazu verhilft, erneut in die Nähe ihres Besitzstands zu gelangen: Cash vorbeibringen, quittungslos. Blöd vor Erschöpfung treten sie in Verhandlungen mit dem Polizeiboss des jeweiligen Reviers, um die neue monatliche Schmiergeldpauschale festzusetzen.

Babur und seine 70 000 Kollegen kommen – muss man es noch erwähnen? – ebenfalls unter die Räder: Mehrmals biete ich Babur an, neben ihm zu gehen, statt mich ziehen zu lassen. Aber er will nicht, ich muss drinsitzen. Das beschütze ihn vor den Frechheiten der Polizei. Sähen sie einen Weißen als Passagier, dann benähmen sie sich diskreter. Ansonsten halten sie Babur an jedem fünften Straßeneck auf und strecken die Hand aus, verlangen unter den abstrusesten Vorwänden – »gesperrte VIP area« (!) oder »Transport von ungesetzlichen Gütern« (!) oder »verdrecktes Lizenzschild« (!) – ein Bakschisch. Manchmal zwei, manchmal fünf Rupien. Almosen, aber für Indiens viertschwächste Lohnarbeiter – hinter ihnen kommen nur noch die Kulis, die Abfallwühler und die Bettler – bedeuten solche Beträge zwei Tassen Tee oder ein halbes Stück Sandkuchen.

Auf schier perverse Weise können folglich alle vom Ansinnen des Transportministers Betroffenen aufatmen: Die Polizei wird das zu verhindern wissen. Solange die Puller und ihre Arbeitgeber als Geldquelle dienen, solange wird ein Gesetz, das diese Geldquelle zu verstopfen droht, nicht in Kraft treten. Zudem: Wer soll die Kinder zur Schule bringen? Durch die tausend Gässchen und Hinterhöfe, durch die kein Bus, kein Auto sich schlängeln kann? Wer die schönen Inderinnen während der *watertime*, wenn der Monsunregen die Straßen Kolkatas knöcheltief überschwemmt, trocken und noch immer schön zu Hause abliefern? Wer den Kundendienst spätnachts organisieren, wenn Taxifahrer die Fahrt verweigern? Wer dafür sorgen, dass nicht aus jedem Verkehrsteilnehmer in dieser Stadt ein automobilrasender, penetrant hupender Volltrottel wird? Wer die sanfte Glocke schellen und geruchlos, lautlos und menschenfreundlich nützliche Arbeit verrichten?

Ich will es nicht übertreiben, ja, Baburs Beruf ist eine Gemeinheit. Und es entbehrt nicht einer gewissen Ironie, wenn er schwitzend an einem gigantischen Poster vorbeitrabt, auf dem erlesen sexy Damenunterwäsche angeboten wird: mit dem schriftlichen Hinweis, dass obige Dessous nur an Käuferinnen mit einem herzstarken Ehemann verkauft werden. Direkt davor muss Babur lautstark bellen. Nicht dass ihm schwindelte bei der Vorstellung an Ehefrau Sahara im knappen Tanga. Grund für seinen Hustenanfall ist eine verschleppte Bronchitis. Und die allgemeine Schwäche nach dem zu Ende gegangenen Fastenmonat Ramadan. Und kein Geld haben für Medikamente. Und nachts frieren auf dem Sackleinen. Und tagsüber gezüchtigt werden von Flüchen und Sirenen. Und die sorgenschweren Gedanken an seine zehnjährige (!) Tochter Afsanakaton, die er gerade »verheiratet«.

Auf meine Frage, ob ihm noch etwas Wahnsinnigeres einfiele, als ein analphabetisches Kind an einen analphabetischen Siebzehnjährigen zu verkuppeln, meint er treuherzig: »You know, Baba, Indian custom.« Je ärmer, umso früher trifft man in diesem Land die ersten Anstalten für eine Hochzeit. Wird für die Kleine jetzt kein Ehemann gefunden, so werden nach kürzester

Zeit die Nachbarn im fernen Patna eingreifen und das Schwätzen anfangen, sie einer Krankheit bezichtigen oder andere bizarre Verdächtigungen fabrizieren.

Um Bräutigam-Vater Setu und Tupai, den künftigen Schwiegersohn und augenblicklichen Schneiderlehrling, zufrieden zu stellen, müssen ein paar Haushaltsgeräte her, ein Fahrrad, eine Uhr, ein Ring und astronomische 8500 Rupien in bar. Da Babur derzeit gerade über genug Geld verfügt, um den Ankauf von zwei Fahrradschläuchen zu finanzieren, scheint die Aufnahme eines Kredits unvermeidlich zu sein: 85 monatliche Raten zu 110 Rupien. Bei Nichtzahlen: Prügel. Vorerst.

Baburs zweite Tochter, Ruskana, ist bereits neun. So droht ihm bald derselbe Stress. Deshalb der Fluch der Väter auf ihre Töchter. Aber Babur flucht nicht, auf seine Weise liebt er seine Kinder, ruhig und geduldig rennt er nach dem billigsten Plunder und kauft ein. Ich steuere unter anderem die zwei unentbehrlichen Nachttöpfe bei. Denn aller Voraussicht nach werden Afsanakaton und Tupai nie eine eigene Toilette besitzen.

Babur und die 70 000 anderen Puller und die nochmals 20 000, die als Schreiner, Mechaniker, Glockenverkäufer, Stoffdachnäher und Sardars vom öffentlichen Einsatz der Rikschas abhängig sind, plagen heftige Existenzängste. Hat die Absicht des Transportministers trotz allem – »Baba, you never know« – Erfolg, dann dürfen sie heimfahren. Nach Bihar, dem elendsten aller indischen Bundesstaaten, und: just wait, einfach warten. Warten auf nichts.

Alle wissen, dass Kolkatas verstopfte Straßen kaum etwas mit den (nicht motorisierten) Rikschas zu tun haben. Zwei andere Gründe, viel schwerwiegendere, wären zu nennen: Das Straßennetz der Stadt ist das dürftigste der vorhandenen Großstädte. Zu eng, zu kaputt, zu kurz. Und erst seit wenigen Jahren existiert eine einzige Metrolinie für die vierzehn Millionen Einwohner. Verschwänden die Puller, und ersetzte man sie – so die fulminante Idee des Stadtrats – durch 6000 offizielle Zweitakter-Rikschas (nicht zu reden von den inoffiziellen): Die durchschnittliche Verkehrsgeschwindigkeit von knapp über acht Kilometern pro Stunde stiege – vielleicht – um viereinhalb Meter. Ganz sicher zulegen würde der Pestgeruch, schon seit einer Generation auf einem jedermanns Gesundheit malträtierenden Hoch.

Sie wehren sich. Babur nimmt mich mit zu einer außerordentlichen Sitzung seiner Gewerkschaft, der »All Bengal Ricksha Union«. Über fünfzig andere Kollegen kommen, sie wiederum Vertreter anderer Kollegen, »tausender anderer«, heißt es. Hitzige Kampfstimmung, man schwört Widerstand, will den Vorschlag der Politiker – die Nagelneuen als Ersatz – nur akzeptieren, wenn sie kostenlos geliefert würden, will drohen und wenn es sein muss, Blut spritzen lassen. Somen Mitra, ein Chef der hiesigen Oppositionspartei (Congress), spricht zu der erregten Versammlung. Immer wieder taucht das englische Wort »harassment«, *Schikane*, in seiner sonst rein auf Bengalisch gehaltenen Rede auf.

Ihr Eifer bewegt, ich bin so mitgerissen von der Energie vor Ort, dass ich alles glaube, ihren Optimismus, ihre Kampfbereitschaft, den unbedingten Vorsatz, sich zu wehren. Als die Bosse – 35 »executive members« (keiner von ihnen zieht mehr eine Karre) – anfangen, Geld für Poster und Banner für die in drei Tagen stattfindende Demonstration einzusammeln, bin ich sogar bereit, einen größeren Schein zu spendieren. Alles geht seinen rechten Weg, so fantasiere ich, ja, jede Spende und jeder Spender werden vor meinen Augen säuberlich notiert.

Wahrscheinlich hat die Stinkluft Kolkatas mein Alarmsystem lahmgelegt. Wäre es anders, ich hätte längst angefangen, lauthals zu lachen über diesen so gerissen, so clever inszenierten Simsalabim. Mit der ausgestreckten geballten Faust und dem Schrei »Zindabad!« – *lang lebe der Kampf!* – ziehen sie hinaus.

In Bengalen besitzen sie ein gewiss wichtiges Wort, es heißt »Adda« und bedeutet irgendetwas zwischen Geplauder, Schwatz und blitzgescheiter Diskussion. Das ist der meisten Einwohner Lieblingsbeschäftigung: Reden schwingen, Wörter lieben, stundenlang sich gegenseitig verwöhnen mit Sprache. Und hinterher mit dem triumphalen Gefühl auseinandergehen, darüber gesprochen zu haben. Somit absolut folgenlos. Denn sobald ein bengalisches Wort in den Weltraum geschickt wurde, soll ihm nimmer eine Tat folgen. Das würde die Magie zerstören, das Wort erledigen, es profanieren.

Der dritte Tag, der Tag der »big demonstration«, beginnt als Suchbild. Babur sucht im Park Zirkus, dem vereinbarten Ausgangspunkt des Protestmarsches, die anderen Puller. Wir suchen gemeinsam und finden noch immer niemanden. Wir eilen zum »Maidan«, der riesigen Versammlungswiese mitten in Kolkata, dem geplanten Endpunkt der Kundgebung.

Und da sind sie. Zigtausende. Aber Zigtausende, die nichts, gar nichts mit den Rikschafahrern zu tun haben. Unter dem sengenden Gebrüll aus Hunderten von Lautsprechern zelebriert die Congress Party eine ihrer jedem und alles versprechenden Großveranstaltungen. Keine Spur, nicht die geringste, von den angekündigten Kampftruppen. Als ich endlich Somen Mitra treffe und ihn fragen kann, wo die »All Bengal Ricksha Union« abgeblieben sei, liefert er den lässig zynischen Satz: »Sie wissen doch, wie Inder sind.«

So eine Antwort ist ein Crashkurs zum Thema Indien. Weil er so wahr ist, so ehrlich, so brutal bekennend. Das am letzten Sonntag abgeknöpfte Geld ist längst verteilt, längst in der *big Blackbox* der Partei verschwunden. Nicht zehn Paisa wurden in die Zukunft der armen Teufel investiert. Wie auch, die allermeisten von ihnen stammen aus Bihar, verfügen über kein Stimmrecht hier, sind für Mister Mitra und Genossen so unerheblich wie ein Furz im Wind.

Dennoch, der Nachmittag endet mit einem überwältigenden Bild. Irgendwann finden wir sechs schmale Männchen, am Boden kauernd, zusammengedrängt unter einer Baumkrone. Jeder ein Rikschafahrer, jeder hält in der Rechten einen angerosteten Stecken, an dem drei indische Fähnlein flattern. Tapfer weist uns das unverwüstliche halbe Dutzend darauf hin, »dass noch tausend andere kommen werden«. Was für ein phänomenaler Satz. Weil er Kraft gibt und von der unverzagten Bereitschaft so vieler Inder erzählt, nichts mit der Wirklichkeit zu tun haben zu wollen.

Babur und ich gehen essen. Wir haben Zeit, die tausend anderen werden vor dem nächsten Jahrhundert nicht eintreffen. Und nicht viel rasanter wird der Transportminister seinen Willen durchsetzen. Die Idee, Kolkatas infernalisch desorganisierten Verkehr aufzuräumen, klingt aberwitzig tollkühn und fern, wundersam fern.

KARLA SCHEFTER
Eine wie keine

Woran erkennt ein Fremder, dass er die Grenze zu Afghanistan überschritten hat? An den herbeihumpelnden Krüppeln, an den Verkaufsbuden voller Ersatzreifen, an einem Mann, der den Weg versperrt und ein Schild hochhebt. Tausend Kilometer Schlaglöcher liegen hinter dem Alten. Und hunderttausend Ruinen. Und Millionen Analphabeten und Obdachlose bevölkern sein Land. Und auf dem Karton steht: »Gebt Geld für eine neue Moschee!«

Was treibt eine westliche Frau hierher? Ins Reich der Taliban, der derzeitigen Besitzer Afghanistans, der Herren der Finsternis und rigoros verordneter Ignoranz. Jener Männer, die ihre Ängste vor Frauen mit Berufsverbot und Hausarrest für alle Einwohnerinnen beschwichtigen?

In Kabul treffen wir Karla Schefter, eine Deutsche, eine Besessene, eine Widerspenstige, eine, die seit zehn Jahren ein Krankenhaus leitet und noch immer keine Idee hat, wo sie sonst leben könnte. »Was mir die Kraft gibt?«, verwundert wiederholt sie die Frage. Und dann: »Ich weiß es nicht.« Irgendwie muss es mit den Afghanen zu tun haben, den meisten anderen, die keine Taliban wurden und jene Freundlichkeit verbreiten, die jeden wärmt, der aus dem Westen kommt. Und irgendwie hat es mit Karla zu tun, einer Frau, die so vieles aushielt, nur nie die Ausweglosigkeit einer geregelten Existenz.

Wir verlassen Kabul Richtung Südwesten, Richtung Chak-e-Wardak, Ort und Name zugleich des von ihr im Herbst 1989 (mit-)gegründeten Hospitals. Karla trägt den Shadar, das für Ausländerinnen vorgeschriebene Kopftuch. Auf dem Weg durch die teilweise zertrümmerte Hauptstadt sollte man fairerweise sein Urteil revidieren, denn Frauen dürfen sich beschäftigen: als wimmernde Bettlerinnen, vermummt unter der Burka, wahrnehmbar nur noch als greinende Lebewesen, die mitten im Dreck auf der Straße hocken und die Hand ausstrecken.

Männer lungern ebenfalls herum, auch im Dreck, auch mitten im Verkehr. Nur strecken sie keine Hände heraus: Die sind weg, irgendwann weggefetzt während eines zwanzigjährigen Kriegs.

Die siebzig Kilometer dauern. Links und rechts der löchrigen Piste sieht man unzählige Schilder: »Achtung Minen – Sperrgebiet.« Daneben die Wracks ausgebrannter Panzer. Vor zwei Jahren verlief hier noch die Front. Karla Schefter erzählt, wie sie und Fahrer Karim – von Todesängsten gejagt – mehrmals nach Kabul preschten. Und zurück. Heute hat sich die Lage in dieser Gegend beruhigt. Nur an den Kontrollposten der Taliban hängen Büschel herausgerissener Kassettenbänder: die Beute der Lusthasser, die auch einen Heiligen Krieg gegen die dekadenten Freuden der Musik führen.

Karla Schefter soll von sich berichten. Ich dränge, die Frau gehört zu jenen Mitmenschen, die lieber tun als kommentieren. Ihr Vater fällt für Hitler, der Rest der Familie flieht aus Ostpreußen, als Siebenjährige lernt sie zum ersten Mal ihren Eigensinn kennen: Ein böses Gewitter geht nieder, alles rennt ins Haus, Karla rennt hinaus, will den Regen spüren und den Donner hören.

Nach der mittleren Reife zieht sie in ein katholisches Internat, muss immer schwarz tragen, darf nie ein Radio einschalten, schafft mit Auszeichnung ihren Abschluss als Krankenschwester. Sie weiß inzwischen, dass sie über ein paar Eigenschaften verfügt, die sie vom großen Haufen unterscheiden: Sie ist neugierig, genügsam und belastbar. Und besessen von der Sehnsucht nach einem besonderen Leben.

So fährt die 18-Jährige mit einem Frachter nach Brasilien, pflegt eine Schwerkranke in New York, kehrt zu einer Fortbildung zurück nach Deutschland, bekommt einen Job im amerikanischen Hospital von Istanbul, wird eingeladen nach Dortmund, übernimmt mit 24 einen leitenden Posten, publiziert nebenbei in Fachzeitschriften, spricht auf internationalen Kongressen, bleibt mehr als zwanzig Jahre und hat plötzlich das Gefühl, es reicht. Was Neues muss her.

Anfang 1989 meldet sie sich auf eine Anzeige, geht nach Afghanistan, reist heimlich mit einem mobilen Sanitätstrupp durch das Land, steht in Blutpfützen, sieht Kriegsleichen ohne Köpfe und holt sich die Energie beim Buddhismus, den sie in Tibet kennengelernt hatte: Mitgefühl, Disziplin, Eigenverantwortung.

Nach dreieinhalb Stunden erreichen wir Chak-e-Wardak, den Ort und das Krankenhaus. Fast alle ihrer männlichen Mitarbeiter – vom Chirurgen bis zum Wäscher – stehen am Eingang und begrüßen sie. Da ist nichts inszeniert, man erkennt die tatsächliche Freude in ihren Gesichtern. Im gleichen Augenblick erinnere ich mich an eine frühere Bemerkung von ihr: »Ich hätte gern einen Freund.« Einen Liebhaber und Gefährten wie Frauen im Westen ihn haben. Denn manchmal träumt sie davon, ihre Hand auf eine Männerschulter zu legen. Und sie dort liegen lassen zu dürfen. Diskret natürlich. Damit kein Minister für »religiöse Angelegenheiten« einschreitet. Oder jener andere ministerielle Hampelmann, der sich hierzulande für die »Förderung der Tugend und die Bekämpfung des Lasters« abarbeitet.

Liebeleien funktionieren hier nicht. Sie ist die einzige Europäerin in der Umgebung. Wie aufsehenerregend. Und der »Kommandant« der Taliban des Chak-Distrikts wohnt auf der Straßenseite gegenüber. Er und seine bewaffnete Miliz sind auch vor Ort, so verkünden sie, »um die Würde der Frau zu schützen«. Deshalb fühlt sich Karla Schefter bisweilen gehörig einsam. Weil andere ihre Würde schützen.

Wer als Fremder hier aussteigt, der will verstummen vor Seligkeit. Nach so vielen Kilometern vorbei an einem in den Abgrund geschossenen Land steht er plötzlich vor Männern, die nicht mit der Kalaschnikow aufeinander losstürmen, sondern mit Kelle und Schaufel in der Hand ein Haus, nein, Häuser bauen.

Sayed, der junge Ingenieur aus Kabul, leitet den Bau der TBC-Station. Auf die Frage, warum er nicht wie so mancher Intellektuelle ins Ausland floh, zitiert er eine Zeile aus der Nationalhymne: »Ich liebe mein Afghanistan und Afghanistan liebt mich.«

Neue Unterkünfte entstehen. Die eingebrochenen Lehm-
dächer – Schuld hat das letzte Erdbeben – werden durch Blech-
konstruktionen ersetzt. Zudem läuft ein Projekt, um an das
Grundwasser, dreißig Meter Granit tiefer gelegen, heranzukom-
men. Allerdings besitzt das Land, knapp doppelt so groß wie die
Bundesrepublik, nur drei Bohrer, die dazu taugen. Davon ist
einer »out of order«, und um die restlichen zwei streiten sich all
jene, die augenblicklich ein tiefes Loch bohren wollen.

Vor ein paar Jahren sah es hier anders aus: kein Trakt für zwanzig Frauen und Kinder, keiner für zwanzig Männer, keine Opera-
tionssäle, kein nagelneu blitzendes Ultraschallgerät, kein Rönt-
genapparat, keine Impfstation, kein Labor, keine Apotheke und
kein Stromgenerator und keine Toiletten gab es. Nur ein 1938 von
Siemens errichtetes Kraftwerk stand da, in dessen längst verrot-
teten Turbinenraum die ersten sieben Verwundeten und Kranken transportiert wurden.

Doch, einen Krieg gab es. Obwohl die letzten sowjetischen
Soldaten schon Monate zuvor afghanischen Boden verlassen hatten. Für den Frieden jedoch schienen die Bewohner des Landes
noch nie begabt zu sein. So fingen sie die nächste Schlacht an,
jetzt nicht mehr gemeinsam gegen die russischen Besatzer, jetzt
gegeneinander. Karla Schefters Arbeitsplatz war gesichert.

Die Frau hat Kräfte für mehrere Fronten, ein Multitalent.
Immer wieder tritt sie in der Rolle des betriebsamen Bettlers auf,
schreibt Bettelbriefe an die EU in Brüssel, schnorrt bei der deutschen Botschaft in Islamabad, will Reissäcke vom *World Food
Programme* der UNO und bekniet die Werkstatt des Internationalen Roten Kreuzes in Kabul, ihren Land Rover zu reparieren.
Kostenlos, bitte.

Und hat endlich eine Handvoll hilfsbereiter Leute in Deutschland gefunden, die sich an die monumentale Aufgabe machten,
700 großzügige Deutsche zu finden. So großzügig müssten die
sein, dass sie sich pro Tag von einer Deutschmark trennten, also
eine »Patenschaft« zu 365 DM pro Jahr übernähmen. Mit diesen
insgesamt 255 000 Mark – heute etwa 130 000 Euro – könnte das
Krankenhaus in Chak-e-Wardak zwölf Monate lang über die

Runden kommen. Damit wären es ein paar schlaflose Nächte weniger, in denen Karla in den grandiosen afghanischen Sternenhimmel starrt.

Ihr mutiges Herz spricht sich herum, 1993 wurde der damals 51-Jährigen das »Bundesverdienstkreuz am Band« verliehen. (Weitere Auszeichnungen werden folgen.) Sie holte es im Rollstuhl ab, da sie kurz zuvor eine Kellertreppe hinuntergefallen war. Da wieder in Eile. Vermutlich wird auf ihrem Totenschein »zu schnell« stehen. Die Trödler sind ihre Todfeinde.

Bereits um sieben Uhr morgens sieht die Welt hier märchenblau aus. Nur die verschossenen Panzerfäuste und der verrostete Panzerspähwagen neben der Hauptstraße, nur Bauer Ghulam, der mit seiner Halbautomatik auf dem Rücken seine beiden Ochsen antreibt, nur Redi, der mit einer Schrotflinte seine Apfelbäume bewacht, und nur die drei Taliban, die mit schwerem Geschütz auf dem Dach der Moschee Stellung bezogen, lassen ahnen, dass Misstrauen zu den ersten Tugenden der Einwohner zählt.

Kräftige Hammerschläge knallen, die neue Bäckerei und die Küche des Hospitals müssen fertig werden. Ein strahlender Alter – in diesem Land wohnen die bestaussehenden Sechzigjährigen – winkt mir aus einem Fenster zu, schreit fröhlich und unüberhörbar deutsch: »Ich heiße Salamuddin, ich bin Polier.« Salamuddin hat das (sozialistische) Handwerken einst in Leipzig gelernt. Seltsamerweise hört er nicht eine Sekunde – während unseres Gesprächs – mit dem Arbeiten auf. Hat gewiss mit Karla Schefter zu tun. Sie gilt als eisern gerechte Arbeitgeberin. Wer zu spät kommt oder als Faultier auffällt, trägt eine leichtere Lohntüte nach Hause. Sogar Familienangehörige, die einen Kranken begleiten, sollen mitanpacken. »Karla Boss« gehört zur Rasse jener, die glauben, dass Nichtstun ein zutiefst unglücklich machender Zustand ist.

So hat die Eiserne bis heute nicht verstanden, dass nicht alle so stark sein können wie sie. »Ich weiß, ich übe mich täglich in der Kunst der Demut«, kurze Pause, dann, »ich muss noch viel üben.«

Die ersten Patienten treffen per »afghan ambulance« ein, auf einem Eselsrücken. Andere sind zwei Tage gewandert, Lehrer Nazeer beförderte mit dem Fahrrad seinen verstauchten rechten Mittelfinger zum »Ticket Office«: Dort erhält jede/r eine Nummer und zahlt dafür tausend Afghani, etwa drei Cent. Ab jetzt geraten die insgesamt 44 Angestellten unter pausenlosen Stress. Chak-e-Wardak versorgt ein Einzugsgebiet von über 400 000 Bewohnern. In den letzten sechs Jahren hat sich die Zahl der Hilfesuchenden verdreifacht.

Karla Schefter, ihr afghanisches Personal und die Freunde in Europa sind ein Ausbund an kreativem Umgang mit den (bescheiden) vorhandenen Ressourcen. Während es die Taliban und ihre Gegner täglich auf eine – vorsichtig geschätzte – halbe Million Dollar bringen, die sie gegenseitig aufeinander abfeuern, versorgen sie hier für 1,50 Euro pro Tag einen ambulant Kranken und für neun Euro jeden, der stationär behandelt wird. Investierte Lady Di, die »Prinzessin des Volkes«, einst 60 000 englische Pfund jährlich zur Finanzierung der noblen Körperpflege von Kopf bis Fuß, so liegt im Kaff Chak die monatliche Höchstgage bei sagenhaften 90 Euro für den Chefarzt.

Vom findigsten Talent Karla Schefters war noch nicht die Rede: von ihrer Bauernschlauheit, von ihrer Fähigkeit, die Temperatur eines Lands zu messen, eben herauszufinden, was geht und was nicht. Dass bisher über 150 000 Afghanen hierher pilgerten, um einen Streckverband, einen Kaiserschnitt oder eine Augenoperation verpasst zu bekommen, wie beeindruckend. Dass allein im letzten Mai 16 144 Mädchen und Jungen gegen Polio geimpft wurden, auch nicht schlecht. Dass sie selbst in einer neun Quadratmeter winzigen Bude haust, mit Nasszelle und Plumpsklo vor der Tür, wie maßvoll. Dass sie morgens einen Tropfen Opium aufträgt, ihr Lieblingsparfum von Yves Saint Laurent, und an manchen Abenden zum Dorfbach (»mein Tränenfluss«) schleicht, um reinzuheulen, erledigt vom Druck und der Mühsal des rundum wuchernden Leids, wie menschlich.

Aber ihr Genie ist die Chuzpe, mit der sie das finstere Regelwerk der Taliban unterläuft. Ihr Krankenhaus funktioniert als

Bollwerk im Reich steinblöder Dunkelbirnen: Frauen arbeiten bei ihr als Ärztinnen! Frauen, die auf Anordnung von höchster Stelle ihr Medizinstudium abbrechen mussten, gibt sie vor Ort die Möglichkeit, sich als Impfspezialisten ausbilden zu lassen! Frauen, die noch nie ein Klassenzimmer betraten und es unter dem Regime der Taliban nie betreten sollen, verschafft sie in Kursen ein »midlevel-health-worker-Diplom«! Da die Teilnehmerinnen weder schreiben noch lesen können, muss der Stoff mit heiligmäßiger Geduld eingepaukt und abgefragt werden. Das geschieht (auch) mithilfe von bunten Tafeln voller Illustrationen. Was wiederum verboten ist. Denn der hiesige Islam verbietet jegliche Abbildung von Körperteilen. Also werden die Schilder rasch gezückt und rasch wieder versteckt. Wer diese Prüfung schafft, geht heim in sein Dorf und hilft dort als Physiotherapeutin, steht den von der Gewalt erledigten Opfern bei, den Beinlosen, den Armlosen, den Sprachlosen, hört den Verrückten zu, denen der Krieg und die Angst vor ihm den Verstand raubten.

Karla Schefter leimt keiner. Fünf offizielle Mullahs, jeder ein »Master of Islam«, arbeiten in ihren Reihen. Um für den Tag X gerüstet zu sein. Und der Tag X kam, und die Taliban ließen die gesamte Männerbelegschaft antreten, um a) die vom Propheten vorgeschriebene Bartlänge nachzumessen und b) die Koranfestigkeit aller zu hinterfragen. Und alle schlossen erfolgreich ab. Hochzufrieden gingen beide Seiten auseinander. Dass die streng gläubigen Schafsnasen die Angestellten auf ihre berufliche Kompetenz hin prüften, diese Gefahr bestand nicht.

An einem blauheißen Septembermorgen, dem letzten Tag vor unserer Abreise, wird das zehnjährige Bestehen des Hospitals gefeiert. Viele kommen, sogar der Leiter des Geheimdiensts ist aus der Hauptstadt angereist. Auch er wird – laut und penetrant via Mikrofon – die Welt wissen lassen, dass die neuen Machthaber »der afghanischen Frau ihre Würde zurückgegeben haben«. Im selben Augenblick blicke ich auf Karlas Gesicht. Bravourös cool nimmt sie den verlautbarten Schwachsinn zur Kenntnis. Vielleicht denkt sie an »ihre« Muslims, die hilfsbereiten und erfinderischen, die heiteren und respektvollen, jene eben, die ihre Fäuste ballen, wenn sie an ihre Töchter denken, die zu Hause Lebenszeit totschlagen, weil sie in keine Schule dürfen.

Auf dem Rückweg zur 300 Kilometer entfernten Grenze nach Pakistan erfahre ich die Antwort auf die Frage, was eine westliche Frau hier umtreibt. Ein mitreisender Arzt erzählt mir eine Anekdote. Sie geht so: Fast alle Westler hatten nach den Bomben der Amerikaner auf das afghanische Hauptquartier Osama bin Ladens das Land verlassen. Die Stimmung war gereizt, gefährlich, immerhin war der Saudi ein »Gast« der Taliban-Regierung. Doch Karla Schefter blieb, fuhr wieder einmal durch Kabul, wie so oft auf der Jagd nach Nachschub für das Krankenhaus. Bis ihr Wagen an eine Straßensperre kam und die bärtige Soldateska verwundert fragte, was denn die Deutsche hier noch suche. Und Fahrer Karim den Kopf Richtung Karla Boss wandte und trocken meinte: »Die da liebt Afghanistan.«

GEFÄHRLICHE ZEITEN

CLANDESTINOS –
Auf der Suche nach einem anderen Leben

KAPSTADT –
Die gefährliche Schöne

PESCHAWAR –
Wer sich traut, wird reicher davongehen

SUDAN –
Menschenfreundlichkeit und Menschenhass

CLANDESTINOS

Auf der Suche nach einem anderen Leben

Der Alte steht am Meer und blickt hinüber nach Afrika. Der Mann sieht gut aus. Die hochgekrempelte Hose, das weiße Hemd, die muskulösen Unterarme, das braun gebrannte Gesicht. Ein Tag wie jeder andere. Man hört von fern die fröhlichen Schreie der Urlauber am Strand: Windsurfing, Frisbee, ein *Fanatic Fun Center* bietet »Spaßkurse« an. Ein paar Schritte hinter uns liegt ein Ruderboot. Stunden zuvor kam es mit zwölf »illegales« über die Meerenge von Gibraltar hierher nach Tarifa, dem südlichsten Punkt Spaniens.

Das heimliche Dutzend befindet sich bereits in Polizeigewahrsam, die Flucht misslang. Ich war mit einer Nachtpatrouille der *Guardia Civil* unterwegs, die frühmorgens die Gruppe entdeckte: verschreckt, hungrig, keiner leistete Widerstand. Jetzt bin ich noch mal zurück an die Stelle und treffe den Alten. Er schüttelt den Kopf und deutet nach Marokko: »La vida no cabe allá.«

Poetischer Satz für eine schwierige Wahrheit: *Drüben in Afrika hat das Leben keinen Platz.* Weil es sich rasend vermehrt, weil es keine Demokratie und keine Arbeit gibt, weil ohne Gegenwart und ohne Zukunft. So suchen sie nach Notausgängen. Einer von ihnen klingt sagenhaft, alles versprechend. So macht sich der Mensch auf den Weg ins nahe Europa, lächerliche vierzehn Kilometer nah. Und dort erfährt der Flüchtling die andere Wahrheit, überraschend neu für ihn: »La vida no cabe aquí tampoco«, *auch hier hat das Leben keinen Platz.* Für ihn.

Europa ist zu. Wer dennoch hinein will, braucht einen Sack Geld oder eine Arbeitserlaubnis oder einen blutig geschlagenen Rücken. Als Beweis seines politischen Widerstands. Da viele nichts davon vorweisen können – kein Cash, keinen Vertrag, keine Wunden –, entscheiden sie sich für Umwege. Versteckte, waghalsige. So führen Europäer und Afrikaner an der Südflanke Spaniens einen kleinen Krieg. Damit alle, die reinwollen, draußen bleiben.

Es gibt sechs Fronten, zwei hier, vier drüben in Afrika. Direkt gegenüber der englischen Kolonie Gibraltar liegt die erste: Die spanische Stadt Algeciras. Ein Hunderttausend Einwohner großes Schmutzloch. Auf der Hauptstraße, der *Avenida de la Virgen del Carmen* – sie ist der Jungfrau Carmen gewidmet –, promenieren mehrheitlich Damen, die dem unschuldigen Zustand schon vor längerer Zeit entsagten. Überall – dort, hinter meinem Hotel, beim Frühstück im Café, vor einer Ampel, neben dem Justizpalast – wird »chocolate« angeboten: das mit reiner Kuhscheiße oder gefärbtem Wachs gestreckte Haschisch. Mitten auf dem Plaza Alta bittet mich eine junge Frau um Geld für ihren aidsdünnen Körper. Auf der Fassade des Rathauses steht: »Gomas No«, *keine Gummis.* Der hiesige Pfaffe hat die Antikondom-Aktion initiiert.

Ein Ort, der nur Sinn ergibt, wenn man ihn verlässt. Als größter Passagierhafen Europas funktioniert Algeciras tadellos. Während der Sommermonate verkehren täglich bis zu dreißig Fähren zwischen den beiden Kontinenten.

Das ist das Stichwort. Der Hafen, die Schiffe, die Möglichkeit sich einzuschleichen. Wobei es zu tumultartigen Auftritten kam. An manchen Wochenenden wurden bis zu 3000 Mann zurückgedrängt. Sie schafften es nicht einmal zur Gangway. Aus Wut zerlegten die Abgewiesenen bisweilen das Mobiliar der Ferry, auf der sie zurückmussten.

Inzwischen hat sich die Lage leicht entspannt. Denn die Regierung in Madrid führte den »doble filtro« ein, den *doppelten Filter*: Schon beim Einstieg in Tanger prüfen spanische Polizeibeamte die Ausweise.

Und gäbe es tausend Filter, keine Grenze bleibt wasserdicht.

Die *Policía Nacional* zögert, mich bei ihrer Arbeit zuschauen zu lassen. Dafür gibt es eine Erklärung: Der Polizeiapparat geriet in letzter Zeit in die Schlagzeilen, da ein knappes Dutzend Ordnungshüter mit Drogen wirtschaftete und diskret gegen Bares Papiere stempelte.

Nach ein paar Tagen schwindet das Misstrauen, ich bin dabei. Schwerstarbeit. Betreten die Beamten bei 36 Grad den Bauch eines Schiffs, laufen bereits alle 120 Motoren der startbereiten Autos. Die Lüftung lüftet nicht, produziert aber infernalischen Lärm. Zudem das wütende Hupen der Autofahrer, die rauswollen.

Der Stress ist nur einem Grund geschuldet: Vielleicht stecken in einem der Fahrzeuge »clandestinos«, *Heimliche*, verborgen im Dachgepäck, im Kofferraum, eingewickelt im mitgebrachten Teppich, versteckt unter der Geschirrablage des Caravans.

Jeder Einsatz in der riesigen Gaskammer dauert etwa 45 Minuten. Das reicht meist nur, um Pässe und – bei einem Touristenvisum – das erforderliche Geld zu kontrollieren.

Die Papiere der meisten Marokkaner sind in Ordnung. Eine *Carte de Résident* bestätigt, dass der Inhaber der *Aufenthaltsgenehmigung* nur durchreist und in Frankreich oder anderen europäischen Ländern arbeitet. Zweimal bin ich Zeuge, wie ein Beamter den Ausweis via Ultraviolettlampe prüft, um die eindeutigen Sicherheitsspuren zu identifizieren, sie nicht findet und den Pechvogel auffordert, das Auto zu verlassen.

Illegal einreisen ist nur eine »Übertretung«, laut Gesetz nicht strafbar. Illegal einreisen mit gefälschten Dokumenten ist jedoch ein »delito penal«, eine Straftat, also Handschellen. Macht der Missetäter einen ruhigen Eindruck, dürfen die Hände vorne bleiben. Ist eine Wutattacke zu befürchten, klickt es hinten. Bisweilen kommt es zu einer theatralischen Einlage: Ein »epileptischer Anfall« gehört zum Standardrepertoire der Simulanten. »Plötzliches Bauchweh« oder »fürchterliche Kopfschmerzen« überfallen den nächsten. Letzte Versuche, um davonzukommen.

Einmal gelingt die Flucht. Jagd durch das Schiff. Bis das Trio – verfolgt von allen Seiten – auf die metertief gelegene Mole springt. Und im Gedränge des Hafens in die (vorläufige) Freiheit verschwindet. Kurz darauf werden sie geschnappt.

Nach der *Policia National* kontrolliert die *Guardia Civil*. Eine Polizei mit Militärcharakter, zuständig auch an den Grenzen. Ihr Hauptaugenmerk: Drogen.

An jedem Tag und in jeder Nacht wird Haschisch gefunden. Als »resina« (die kompakte »chocolate«) oder als »polvo« (das Rauschgift in Pulverform) oder als »aceite« (als Haschöl zum Eintunken). Fast eine Tonne in zwei Wochen. Die Beamten schnüffeln erfolgreicher als ihre Hunde. Jedes Auto, das an Land fährt, muss an ihnen vorbei. Weckt es Verdacht, winken die Männer den Wagen zur Seite. Sind sie sicher, holen sie Meißel und Hammer. Manchmal hämmern sie Stunden, um einen sorgfältig präparierten Tank aufzubrechen, manchmal stochern sie ein paar Augenblicke, um das »Depot« ausfindig zu machen.

Der Job verlangt Nerven: in Echtzeit dabei zu sein, wie Nicola, der junge Kerl aus Verona, wie Carole und Alain aus Paris, wie Bernard, der Familienvater aus Holland – mit Frau und Baby und 443 (!) Kilogramm »Ware« an Bord – ihr lässiges Lächeln verlieren und Minuten nach der Entdeckung mit Handschellen vor Motorhaube und Beute beordert werden: für ein Foto, von dem sie nie träumten.

Um anschließend ihre Geschichten zu Protokoll zu geben, so hanebüchen und absurd: Ach, das hat gewiss ein Mechaniker beim letzten Besuch in der Werkstatt versteckt! Ach, ich weiß von nichts, das Fahrzeug ist ein Leihauto! Ach, ich hatte einen Unfall, da muss jemand die Ladung wohl heimlich verstaut haben!

Und nur wenige begreifen, dass hier in Algeciras – für ziemlich lange – Endstation ist. Ob sie am nächsten Tag weiterfahren könnten, so fragen sie tatsächlich. Ihre Angst macht sie blöd. Nein, können sie nicht. Nicht morgen, auch übermorgen nicht, aber in sieben, ganz sicher in acht Jahren dürfen sie die Reise fortsetzen.

Drogen und Illegale sind oft zwei verschiedene Storys. Es gibt jedoch Einzelfälle, in denen jemand mithilfe von dezent platziertem Stoff – Anus, Vagina, Magen – seine Flucht zu finanzieren versucht. Die Mehrheit der Entdeckten sind die ärmsten Teufel der Welt, die nichts anderes wollen als »buscar la vida«, als *das Leben suchen*, das Überleben, sprich Arbeit und Lohn.

Im Archiv des Hauptquartiers zeigt mir Comandante Carlos Guitard unveröffentlichte Polizeifotos: deformierte Körper toter Flüchtlinge. Einige klammerten sich an eine Lastwagenachse: zerquetscht. Andere schmuggelten sich in einen Container, der wochenlang ungeöffnet auf seinen Weitertransport wartete: erstickt. Die meisten Fotos zeigen (dunkle) Leichen im Sand: ertrunken und angeschwemmt.

Manche schaffen es, kommen in Lieferwagen und Anhängern, verkriechen sich im doppelten Boden eines Kofferraums, stinken still in den Abfalltonnen der Schiffskantine. Ein paar haben einfach Glück, nutzen eine Unaufmerksamkeit, schwindeln sich durch die Kontrollen. Lauter Ausnahmefälle. Das Gros der potenziellen »Immigranten« hat Algeciras längst abgeschrieben.

Wen der Hunger treibt, wer sein Land verlässt, weil er das Elend und die eigene Nutzlosigkeit nicht mehr aushält, dem gelten Ausländergesetz und Visaverordnung einen nassen Furz. Er will weg, er will leben.

Zwanzig Kilometer weiter liegt Tarifa. Kleiner Hafen, hübsches Touristennest mit Ausblick auf Afrika, Austragungsort für Weltmeisterschaften eleganter Windsurfer. Hier ist die zweite Front.

Während mehrerer Nachtschichten bin ich mit zwei Mann Besatzung in einem Nissan-Patrol der *Guardia Civil* unterwegs. Die Jagd auf Drogenhändler und Illegale entbehrt nicht einer gewissen Komik. Dreimal sehen wir flüchtige Schatten, hören verdächtige Geräusche. Und dreimal tapsen wir in ein Liebesnest, entdecken nackte Pärchen in eindeutige, völlig straffreie Taten verwickelt.

Frust im Dienst. Für die achtzig Leute der zuständigen *Compañía* gibt es eine einzige (!) Videokamera mit Infrarot-Objektiv, einen (!) Feldstecher als Nachtsichtgerät und eine (!) Thermokamera, die auf (Körper-)Temperatur reagiert. Sonst nichts. Keine Schnellboote, keine Hubschrauber, keine leistungsstarken Funkgeräte. Nur Taschenlampen, die funzeln und bisweilen ausfallen. Über was sie jedoch fast alle verfügen: ein feines Gehör und scharfe Augen.

Tarifa hat zwei entscheidende Vorteile für die nächtlichen Eindringlinge: die Nähe und die kilometerlangen Sandstrände. Noch vor Mitternacht starten von der marokkanischen Küste die »pateras«, jene notorisch überfüllten Ruderboote mit Außenbordmotor.

Gefährliche Überfahrt. Der Verkehr auf der Meerenge – bis zu 70 000 Frachter pro Jahr – ist enorm. Hilfsmittel? Haben sie nicht, keine Schwimmwesten, keinen Radar, keinen Kompass. Nur der Leuchtturm weist den Weg nach Europa.

Selten, dass eine Patrouille die Flüchtlinge in flagranti, beim Anlanden, überrascht. Fünfzig Kilometer ist der Landstreifen breit, der kontrolliert werden soll. Dennoch besitzen die »espaldas mojadas«, die *nassen Rücken*, kaum eine Chance. Der Steuermann hält aus Sicherheitsgründen weit vor dem Ufer: Wo jeder ins Wasser springt, um »zu Fuß« ans Festland zu gelangen. Aber auch hier, auf den letzten Metern, gibt es Tote. Vor allem unter Nichtschwimmern. Weil die Strömung plötzlich seichte Stellen vertieft und die (bekleideten) Körper nach unten zieht.

Doch die meisten schaffen es, einige retten sogar einen Sack Wäsche ins Trockene, rennen über den Sand, verstecken sich im Gebüsch und warten auf den Sonnenaufgang.

Ab diesem Zeitpunkt machen sie nur Fehler: Sie wandern am helllichten Tag die stark befahrene Carretera N340 entlang, winken (!) nach einer Mitfahrgelegenheit, besitzen kaum Geld, keine Kontakte, keine Landkarte, keine (spanischen) Wörter.

Schlepperorganisationen existieren nicht. Niemand erwartet sie. Ein paar tragen ein zerknittertes Stück Papier mit einer Telefonnummer in der Hosentasche: ein Freund, irgendwo in Barcelona, irgendwo in Madrid, wo sie »para una miseria«, *für einen erbärmlichen Lohn*, als Bauarbeiter und Handlanger unterkommen. Vielleicht. Oder auf den riesigen, von Plastikfahnen überzogenen Plantagen von Almería, wo sie sich ohne soziale Absicherung und bei kochenden Temperaturen schinden dürfen.

Wenn sie Glück haben. Wenn nicht, hört ihr europäisches

Dasein hier auf. An zwei Morgen bin ich dabei, wie die *Guardia Civil* insgesamt 48 Personen einfängt. Acht Pakistani, einen Palästinenser, einen Libyer, alle anderen sind »moros«, auf Hochdeutsch Mauren, im Alltag »Mohren«, konkret: Marokkaner. Ein Teil von ihnen wurde von der Bevölkerung denunziert. Anruf bei der *Comandancia*: Mohren neben dem Stadion gesichtet, bitte checken!

Was folgt, ist Routine. Die hungrigen, übermüdeten Männer, meist Bauern, werden nach ihren Personalien befragt, anschließend nach Algeciras transportiert, zur Hauptkommandantur. Die erkenntnisdienstliche Erfassung geht weiter, Fingerabdrücke und Fotos. Ist die Identität klar und liegt keine Suchmeldung vor, wird der Mensch umgehend oder am folgenden Tag abgeschoben: zurück auf die Fähre nach Tanger.

Komplizierter der Fall bei Nicht-Marokkanern. Die Behörden haben vierzig Tage Zeit, um Nationalität, Herkunft und Situation des Flüchtlings – oft ohne Pass – zu ermitteln. Reicht die Frist nicht, ist er frei. Mit der Auflage, sich einmal pro Woche zu melden. Ein Bürokratenwitz. Denn jeder taucht ab, da ja weiterhin die Abschiebung droht.

Auf afrikanischem Boden befindet sich Ceuta. Hier verläuft die dritte Front. Die knapp zwanzig Quadratkilometer kleine Enklave hat für die Illegalen einen enormen Vorteil: da sie zum spanischen Hoheitsgebiet gehört, werden weder vor dem Ablegen eines Schiffs – von Stichproben abgesehen – noch drüben bei der Ankunft in Algeciras die Papiere geprüft. Fahrkarte genügt. Das einzige Problem: Wie unbemerkt in die Stadt kommen? Auch hier zeigt mir die Polizei einen Stapel gefälschter Ausweise, auch hier flüstert man von gekauften Staatsdienern, die sich mit Stempel und Stempelkissen ein Zusatzbrot verdienen. Dennoch, die meisten huschen »por el monte«, über den Berg, nach Ceuta.

Wieder begleite ich eine Patrouille der *Guardia Civil*. Ein trockenes Flussbett bildet die Demarkationslinie, hügelig, bewaldet, oft dichtes Gebüsch, schwer zu kontrollieren. Die marokkanischen Wachtürme liegen auf der anderen Seite, die zuständigen Soldaten pennen.

Der Mond scheint, der warme Wind, das Zirpen der Zikaden. Das ist eine seltsame Welt, in der drei erwachsene Männer unbeweglich in einem Busch sitzen und lauschen. Mit dem klaren Auftrag, Europa zu beschützen. Gegen Hungerleider und arme Schlucker.

Die Nacht verläuft ohne Zwischenfälle. Manchmal raschelt es, ein Vogel. Zweimal sehen wir einen Schatten durch den grün schimmernden Sucher des Infrarotfernglases wetzen, ach, Wildschweine. Einige Male treffen wir andere Patrouillen. Eine Zigarette rauchen, Small Talk, warten auf Dienstschluss. Was auffällt, hier wie in Algeciras und Tarifa: Ich spüre bei den Beamten keinen kalten Rassismus. Der Missionarseifer fehlt, niemand will »die weiße Rasse rein halten«. Im Gegenteil, oft höre ich ein verständnisvolles Wort für die Leute, die sie festnehmen sollen.

Die vierte Front ist die längste. Sie beginnt im Osten mit Ceuta, führt siebzig Kilometer die marokkanische Küste entlang und endet im Westen, hinter Tanger. Das ist der richtige Ort, um etwas von diesem Land zu verstehen. Und den Frauen und Männern, tief aus dem Süden Afrikas kommend, die von hier aus die Flucht nach Europa antreten.

Noch am Abend meiner Ankunft in der Hafenstadt werde ich Tajir vorgestellt. Tajir ist Spediteur, Drogenspediteur. Da ich mich selbst als Scheckbetrüger ausgebe, bittet er mich in seine mit rosa Hirtenteppichen ausgelegte Villa. Zügig weiht er mich ein. Der Multimillionär erklärt, wen er wo abschmiert, wer die gestohlenen Pässe liefert, bei wem er die Reserveplomben für seine LKWs herstellen lässt, was der Typ beim Zoll verlangt. Ich glaube ihm jedes Wort, allein seine Musikanlage kostet mehr Geld, als ein braver Bürger in dieser Weltgegend in zehn Jahren nach Hause tragen kann.

Die Plauderstunde mit dem jungen Kriminellen erweist sich als Fehlgriff. Weil er seine Tätigkeit als Fluchthelfer längst – »unrentabel«, meinte er – eingestellt hat. Eine Kiste Hasch expedieren bereichert nachhaltiger als die Überführung einer Ladung Habenichtse. Ich muss mich anderweitig umsehen.

Um ein Uhr nachts gehe ich zum spanischen Generalkonsulat

in Tanger. Auf dem Grünstreifen vor dem Haupteingang schlafen zwei Dutzend Visumbewerber. Um acht Uhr früh sind es zweihundert. Nur drei Stunden lang ist geöffnet. Die allerwenigsten haben eine Chance. Gedränge, manchmal zuckt ein Polizeiknüppel, alle dreißig Minuten kommt ein Beamter heraus, um dem Nächstbesten ins Gesicht zu brüllen: »¿Qué hace aquí? ¡Fuera!«, *was machen Sie hier? Weg!*

Das Prozedere geht den traditionellen Gang: warten und vielleicht in fünf Tagen an der Reihe sein. Oder dem Chef der (marokkanischen) Ordnungskräfte ein paar Scheine zuschieben und einen Tag früher aufgerufen werden.

Ich höre mich um und fahre los, die Küste entlang, Richtung Osten. Einige Kilometer hinter Malabata steht ein unscheinbarer Flachbau, das beschriebene Café. Bemkare sitzt da, bittet mich, den Wagen woanders zu parken, das wäre unauffälliger. Bemkare ist »guide«, Mittelsmann zwischen Bootsbesitzer und Flüchtlingen. Er horcht mich aus, sagt, ich wäre der erste Europäer, der auf diese Weise verschwinden möchte. Ich erzähle wieder die Story von der spanischen Polizei, die mir auf den Fersen ist. Von wegen Scheckbetrug, unbezahlte Hotelrechnungen etc. Er mahnt zur Vorsicht, Marokko sei voller »Chekham«, voller *Spitzel*. Wir starten nach Ksar es-Seghir, dem nächsten Kaff.

Über fünf Stunden sind wir zusammen. Viel Tee trinken und viel warten. Der orientalische Weg. Palaver in kühlen Hinterzimmern. Bemkares Bruder kommt, dann noch ein Bruder. Dazwischen Pausen, um den Bootsbesitzer zu informieren, der nie auftritt. Meine Eile kostet extra. Endlich einigen wir uns. Wir fahren weiter nach El Jauma, nach Marsa, bis nach Benzú, direkt neben Ceuta. Von jedem dieser Orte gehen Boote nach Tarifa ab. Bemkare deutet auf brüchige Steinhäuser, Unterkünfte der hiesigen Grenzpolizei, zeigt mir den Platz, wo ich mich verstecken soll. Nach 23 Uhr will er mich abholen.

Ich habe Zeit, um mich vorzubereiten. Nachts um halb elf bin ich zurück, den Plastikbeutel mit zweiter Hose und Hemd am Gürtel. Ich kauere hinter einem Felsblock auf einem bewaldeten Hügel, zweihundert Meter Luftlinie zum Meer. Eine Stunde später sehe ich Bemkare, er macht eine stumme Handbewegung, ich folge. Auf dem Weg nach unten passieren wir eine Lichtung. Neun Schatten erheben sich, schließen sich wortlos an. Männer, die heute ebenfalls hinüber wollen: *clandestinos*.

Am Strand müssen wir nochmals warten. Der Boss verschwindet in der Dunkelheit, holt den Steuermann, holt den Außenbordmotor. Dann Geldübergabe. Jeder zahlt in Dirham. Zwischen zwei und fünf Monatslöhnen. Einsteigen, ein paar kräftige Ruderschläge, der 25 PS starke Yamaha-Motor springt an. Bemkare bleibt zurück, er winkt uns kurz nach.

Wir haben Glück. (Zwei Jahre später werde ich die Reise nochmals antreten, und einer von uns wird kein Glück haben.) Der Levante, der reißende Ostwind, hat sich gelegt. Somit kein Nebel und kein wildes Meer. Wolken ziehen auf, dunkeln den Mond ab. So sind wir relativ geschützt vor dem (spanischen) *Servicio de Vigilancia Aduanera*, der Küstenwache, die mit Hubschrauber und Schnellbooten nach Drogenfracht fahndet. Drüben blinkt der Leuchtturm. Zweimal gehen wir runter auf Schritttempo, lassen mächtige Tanker – Richtung Atlantik – vorbeiziehen.

Es gibt ein unverhandelbares Gesetz an Bord: Keiner redet. Auch kein Verlangen danach. Die Anspannung macht stumm. Nicht reden, nicht bewegen. Ein falscher Tritt, und der Kahn – die Seitenwände nicht höher als sechzig, siebzig Zentimeter – kippt. Die Bootsnummer ist überstrichen, zwei Angelruten liegen als Tarnung zwischen unseren Füßen. Vom Mann am Steuer sehe ich nur die Augen, alles andere verdeckt sein Schesch. Somit ist er unsichtbar, niemand kann ihn identifizieren.

Eine Stunde und 31 Minuten später drosselt er den Motor, etwa 100 Meter von der Küste entfernt. Kurz darauf schaltet er ganz ab, jetzt nur noch das Geräusch behutsamer Ruderschläge. Der Steuermann nickt mit dem Kopf, und der erste von uns gleitet ins Wasser. Um drei Uhr früh ist das Meer eiskalt. Wie belanglos, jeder erreicht das Ufer.

Nie werde ich erfahren, was aus den neun geworden ist, den sechs Marokkanern, den beiden Sudanesen, dem Äthiopier. Jedenfalls lese ich nichts von ihnen in der Zeitung. Aus Tarifa scheinen sie unentdeckt entkommen zu sein. Vielleicht machen sie es wie Amir und seine fünf Freunde, die ich abends in der Kajüte eines maroden Fischerboots finde. Ein Kerzenstummel gibt Licht, und im Motorenraum scharren die Ratten. Die hölzernen Wracks entlang der Strände sind beliebt. Als Versteck, als Warteraum, um sich zu gegebener Zeit nach Norden abzusetzen.

Die letzten Tage arbeite ich nochmals mit der *Guardia Civil* in Algeciras. Da ich als Übersetzer tauge, bin ich bei Protokollaufnahmen anwesend. Weiße Autodiebe, weiße Kiffer, weiße Alkoholiker. Und dunkle und schwarze Illegale. Die halbe Welt saß bereits in diesem Raum mit den abgewetzten Stühlen, dem Tisch, der Schreibmaschine, dem Ventilator. Wie an diesem Tag Hadri, das schöne Mädchen.

Was war passiert? Tags zuvor winkte Miguel E. – Beamter mit Hundenase – einen Caravan heraus. Gerade angekommen aus Ceuta. E. vermutete Drogen, klopfte das Blech ab, öffnete routinemäßig das Fach über dem Fahrersitz. Und sah in das schweißgebadete Gesicht einer jungen Frau, flach gepresst wie eine Sardine.

Jetzt, bei der Aufnahme ihrer Personalien, wird klar, dass Hadri, die Marokkanerin, weder lesen noch schreiben kann. Aber seit sieben Jahren zäh versucht, dem Dasein in ihrem Land zu entkommen, ja, jeden Dirham sparte. Gestern sollte es sein. Und gestern ist sie gescheitert. Plötzlich wird es still im Vernehmungszimmer. Der Capo rettet die Situation, sagt trocken »¡vamos-nos!«, und wir gehen hinunter, wo der vergitterte Transportwagen steht. Morgen muss Hadri zurück.

Als sie einsteigt, denke ich an ein Lied, an das ich mich oft hier erinnere. Es kam aus einem Autoradio, im Vorbeigehen schnappte ich den Titel auf: »La vida tiene un color muy especial«, *das Leben hat eine ganz besondere Farbe.* Schönes Lied vom hellen, schönen Leben. Wie wahr. Und wie verlogen. Welche Farbe hat das Leben von Hadri und Amir und all den anderen? Eher dunkel. Kein Blau, kein Rot, kein blitzendes Weiß.

KAPSTADT
Die gefährliche Schöne

Feines Frühstück. Der kühle Orangensaft, der warme Toast, die diskrete Umsicht des Personals. Blick durch das Restaurantfenster auf den fehlerlos blauen Himmel über einer grandiosen Stadt. Wie fast an jedem Sommermorgen protzt Kapstadt mit seinen Wundern. Noch mitreißender aber klingen heute die Überschriften der Zeitungen: Mister F. W. de Klerk, ehemaliger Präsident des Landes, Träger des Friedensnobelpreises und 39 Jahre lang unbescholtener Ehegatte, hat sich verliebt. In die aparte Griechin Elita. Beide – Frederik Willem und Elita – hätten energisch versucht, den losbrechenden Gefühlen Einhalt zu gebieten, vergeblich: »… finally we succumbed«, *zuletzt erlagen wir*. Das Foto zeigt zwei glückliche, von der Liebe gezeichnete Gesichter.

Knapp dreißig Minuten später – noch immer in Kapstadt und noch immer dieser afrikablaue Himmel – sehen Fotograf Rolf Nobel und ich in andere Gesichter. Diesmal durch die Seitenfenster unseres gewissenhaft verschlossenen Leihwagens. Die Gesichter gehören vier Männern, einer Frau und einem Kind. Ein rabiater Anblick: Die vier tragen das blutjunge Mädchen, während die Frau daneben – alle im Laufschritt unterwegs – mit einem Gürtel auf die Wehrlose einpeitscht. Unter den gellenden Schreien des Opfers verschwinden die sechs in einem Haus, über dessen Tür – wunderbar absurd – »Social Services« steht.

Wir rennen hinterher. Es handelt sich tatsächlich um eine öffentliche Einrichtung, dazu da, sich um die Nöte der Bewohner zu kümmern. Als wir das halbe Dutzend in einem Büro mit einer

Sozialarbeiterin wiederfinden, wissen wir nach dem ersten Satz, dass es um die gnadenloseste Not geht, die diese Stadt zu bieten hat: Drogen. Die Peitscherin ist die Mutter der Gepeitschten. Und die vier Männer gelten als hilfsbereite Freunde der Familie. Nur mit ihrer Hilfe konnte die 12-jährige Tochter – ganz wörtlich – den Klauen eines Dealers entrissen werden.

Tapfere Mummy. In einem Zustand heftiger Erregung – »God help me« – erzählt sie von ihren schlaflosen Nächten, in denen sie mit ansehen muss, wie die Kleine – statt zur Schule aufzubrechen – drogenblöd und lallend morgens um fünf ins Bett wankt, erzählt von den Raubzügen der Minderjährigen durch die Wohnung, immer auf der Suche nach etwas, das sich verschleudern lässt und für einen weiteren Tag die Sucht finanziert.

Sieben andere Kinder hat die Frau. Und einen Mann, der sich vor langer Zeit verabschiedete. Und einen Obststand, um die Schar zu ernähren.

Auch das ist eine Liebesgeschichte. Aber eine, die abstürzte. Denn sie spielt in den Cape Flats, nur ein paar Kilometer entfernt von der *Amour fou* zwischen Frederik und Elita. Die »Flats« – flach, windig, riesig – liegen hinter dem imposanten Table Mountain, im Osten der Stadt. Eingerichtet von den weißen Herrenmenschen, um dort alle Nicht-Weißen, sprich Schwarzen, Farbigen (»Mischlinge«) und Inder, abzuladen. Eine Art Massenschlafsaal für die »un-people«.

Wer im schönen, weißen Kapstadt Arbeit fand, kam morgens rein und musste abends raus. Die »Kaffer«, so hatten es die *Masters* entschieden, durften in ihrer Nähe nur als Arbeitsstiere auftreten. Nach Feierabend verschwanden sie wieder im Dunkel ihrer Behausungen.

Wir sind mit Aldino – so soll er heißen – unterwegs. Er ist zehnfacher Vater und dreifacher Killer (»Ich schwöre, es war Notwehr«), lebte schon immer in den Cape Flats und genießt seit einiger Zeit seinen Ruhestand. Für das Schmuggeln von Juwelen und das behände Umlegen anderer Ganoven, die sich für sein (gestohlenes) Hab und Gut interessierten, taugen seine Hände nicht mehr. Arthritis plagt sie. »Ein rheumatischer Gangster ist ein toter Gangster«, unpathetisch zieht er Bilanz.

Ich fand Aldino in einer Kneipe und heuerte ihn an. Wer in die Cape Flats fährt, braucht einen, der die Fluchtwege weiß. Er kennt sie, jeden, trotzdem werden wir unter die Räder kommen. Diese Gegend verschont keinen, nicht ihre Bewohner, nicht ihre Besucher.

Ein schneller Rückblick: In den frühen 6oer Jahren nahm das Gangstertum in den Flats seinen Anfang. Mandrax – ein selig machendes Rauschmittel, ein schweres Beruhigungsmittel – gelangt von Bombay nach Südafrika. Banden bilden sich, um das uralte Spiel aller Drogenbanden zu spielen: das Schachern um Straßenecken und Häuserblocks, wo die einen ihre Ware verkaufen und die anderen – wollen sie am Leben bleiben – nichts verloren haben.

Das zu jener Zeit wirtschaftende Apartheidregime sah dem Treiben nicht ohne Sympathie zu, Grundtenor: dass sich die Kaffer gegenseitig drogenverseuchen und wegblasen, wie erfreulich! Man verfiel dem fatalen Irrtum, an ewige Verhältnisse zu glauben. Man ließ die Seuche wuchern.

Eine Generation später ist alles anders. Nelson Mandela tritt auf, und die *Masters* verlieren in den ersten freien Wahlen Südafrikas – April 1994 – ihre Macht. Wie in allen Ländern, die von einem Tag auf den andern aus einer Knüppelherrschaft in demokratische Zustände entlassen werden, boomen überschäumende Freude, Ideen und die zügellosesten Projekte.

Was noch boomt: die Zunft der Gangster. Zu Hilfe eilt ihnen ein Phänomen, das just zu diesem Zeitpunkt seinen triumphalen Einzug hielt: Crack, das halsbrecherischste Rauschmittel seit Erfindung der Lust auf Ekstase. Denn Crack ist ein »upper«, es jagt die Nerven, es legt sie bloß. Stets lauert Gewalt in seiner Nähe.

Nun herrscht Krieg. Verschiedene Kriegsparteien nehmen teil: die Gangs, mehr als hundert soll es geben. Die Polizei, schlecht bezahlt, schlecht ausgebildet, schlecht gelaunt. Und, seit November 1995, eine Organisation mit dem seltsamen, so einleuchtenden Namen »PAGAD«, *people against gangsterism and drugs.*

Eine vor allem aus Muslimen (und einigen Christen) bestehende Gruppe, die irgendwann begriffen hat, dass die staatlichen Autoritäten nicht willens (?), nicht fähig (?) sind, um dieser Inflation schneller Morde, ruchloser Erpressung und Vernichtung via Drogen Einhalt zu gebieten.

Am 4. August 1996, spätnachts, gingen die Bilder von diesem Krieg zum ersten Mal durch die internationalen Medien: PAGAD zog – zweitausend Mann stark – vor ein Haus, in dem täglich säckeweise Mandrax und Kokain den Besitzer wechselten. Fatalerweise kam Hausbesitzer Rashaad Staggie in seinem Land Rover vorbei. Der rasende Mob zerrte ihn auf die Straße, zündete ihn an und durchlöcherte den brennenden, bis dato brutalsten und erfolgreichsten Gangster von Kapstadt. Sein Zwillingsbruder Rashied Staggie schwor Vergeltung.

Soweit der Stand der Dinge, Rache und Gegenrache florieren, eine Lösung scheint eine Unendlichkeit und tausend Fragezeichen weit weg zu sein.

Nun kommt niemand als verkrachte Seele auf die Welt. Auch nicht in Südafrika. Er wird es. Wie das Dutzend Kinder, die wir hinter der Mauer eines öffentlichen Abtritts finden. Verdreckt kauern sie im Schatten. Ihr Alter zwischen sieben und sechzehn. Ihr Leben verirrte sich von Anfang an in die falsche Richtung. Ihre Geschichten klingen banal und katastrophal zugleich: die versoffenen, prügelnden oder abwesenden Väter und die Mütter, armselig und asozial, längst nicht mehr fähig zu Gesten familiärer Fürsorge. »Hier«, sagt der zehnjährige Riaan und deutet auf die anderen, »ist meine Familie.«

Noch betteln sie. Reicht das Geld nicht für ein paar Laib Brot, dann betäuben sie sich. Sie gehen auf den billigsten, nicht minder ruinösen Trip, den die Cape Flats zu bieten haben: sniffen. Im nahen Supermarkt steht flaschenweise das Verdünnungsmittel »Famgrip« zur Verfügung, ein Euro für einen Dreiviertelliter: Jeder streckt das Ende seines Hemdsärmels nach vorne, damit Kacem, der Älteste, es anfeuchtet. Jetzt die Nase reinstecken, die Augen schließen, hastig und gierig einatmen, nach hinten kippen und wegdriften. Im Kopf. Der ätzende Fusel hat zwei Funktionen, die er auf bravouröse Weise erledigt: das Hungergefühl verdrängen und bewusstlos machen, sprich, für Stunden die Welt vergessen.

Laut verschiedener Statistiken gebührt der winzigen Karibik-Insel St. Lucia der zweite Platz. Auf der Hitliste der meisten Morde. Abgeschlagen an erster Stelle rangiert Südafrika. Einmal sind es 47 Leichen pro 100 000 Einwohner, einmal 45, eine dritte Untersuchung kommt auf 54. Aber Zahlen sind stumm, gefühllos. Weil sie nicht riechen, nicht nach Schmerz, nicht nach Angst, nichts spüren lassen vom Akt des Tötens, nichts vom Entsetzen, getötet zu werden.

Wir fahren durch Manenberg, eine der hitzigen Zonen in den Flats. Ein großes Wandgemälde des Rappers Tupac Shakur gibt den Ton an. Seine heiseren Aufrufe zum unkomplizierten Abschießen aller »enemies« – er selbst wurde in Las Vegas liquidiert – wird vor Ort besonders gern gehört.

Wir kommen zur rechten Zeit. Als wir in die Manenberg Avenue einbiegen, sehen wir drei vergitterte Polizeibusse stehen, eingekeilt von atemlosem Gebrüll. Wir verlassen das Auto, Aldino soll mit laufendem Motor auf uns warten.

Der nackte Hass geht um, zwei Dutzend Polizisten umzingeln mit gezogener Waffe – Schrotflinte und Pistole – ein Haus. Und die Bewohner umzingeln die Polizei, brüllen ihre Verachtung heraus, nennen sie »bunch of monkeys«, »bunch of assholes« und »corrupt and paid by Staggie«. Wir gehören ab sofort ebenfalls zu den Arschlöchern, sie halten uns für Vertreter der lokalen Presse, reißen an den Fotoapparaten, glauben, dass wir für Staggie recherchieren, ihn mit Bildern versorgen: als Vorlage für spätere Hinrichtungen.

Was ist passiert? Einen Straßenzug weiter werden gerade die Leichen weggeräumt, von Faried, 17, Antony, 18, und Rijaad, 19 Jahre alt. Das Trio, Mitglied der hier ansässigen Bande der *Clever Kids*, wurde eine halbe Stunde zuvor von Leuten der *Hard Livings* – mit Rashied Staggie als Boss – exekutiert. Das Motiv des barbarischen Standgerichts ist unklar, ein Gerücht redet von Querelen bezüglich »protection money«: wer wo kassieren darf.

Taxifahrer und Ladenbesitzer müssen »Schutzgebühr« zahlen, um sich vor ihren Beschützern zu schützen.

Im Augenblick findet eine Durchsuchung in der Wohnung mehrerer *Clever Kids* statt. Deshalb die schäumende Wut der Anwohner. Sie halten die Bullen für Komplizen der *Hard Livings*, sehen sich um ihren Rachefeldzug gebracht. Dass ein Teil der Polizeikräfte – gegen jeden Vierten läuft, allein im Großraum Johannesburg, ein Untersuchungsverfahren – vor Korruption stinkt, wie wahr. Aber viele stinken nicht. Hier riskieren sie gerade ihr Leben, mehr als hundert Frauen und Männer kreisen die zwanzig jetzt ein, ein Schäferhund wird losgelassen, und die Polizisten laden ihre Pumpguns durch. Als die ersten Verhafteten abgeführt werden, steigert sich der Volkszorn in kreischende Hysterie, erste Schüsse knallen, unter Feuerschutz ziehen die vergitterten Vehikel los, der Einsatzleiter gibt uns ein Zeichen, wir wetzen zum Wagen zurück, Aldino drückt auf das Gaspedal.

Muss keiner sich wundern: Über sechzig Prozent Arbeitslose in dem Stadtteil, über die Hälfte der Bewohner lebt ohne Strom und ohne fließendes Wasser, über die Hälfte lebt nicht, sondern vegetiert in »shanty towns«, den Abertausenden aus Blech und Pappdeckel zusammengenagelten Bruchbuden.

Und die Achtung vor dem Leben des anderen? Woher soll die kommen? Wurde ihnen doch jahrhundertelang von der weißen Herrenrasse eingeprügelt, dass ihr eigenes Leben nicht genug taugt, um achtenswert zu sein.

Nehmen wir Sani. Mittelsmänner verschafften uns den Kontakt. Sani ist einer der Chefs der *Americans*, neben den *Hard Livings* die stärkste und gefürchtetste Gang in den Flats. Entspannt sitzt er mit acht seiner Leute am Gartentor, am helllichten Tag, mitten in Kensington, einem gutbürgerlichen Viertel der Farbigen. Alle Klischees sind vorhanden: die Smith & Wessons und ein Haifischmesser unterm T-Shirt, die üppig getragenen Goldketten und Goldringe, der Kasten Bier, die vielen Mobiltelefone, die zahlreichen, ebenfalls bewaffneten Bräute und – auch das ein Klischee, denn Neureiche hatten noch nie Geschmack – die ungeheuerlich spießig möblierten Zimmer, die Couchgarnitur aus Kunstleder, das Holzschiffchen auf dem Videogerät, der Glasschrank voller Nippes und Porzelleneulen.

Die von Einschusslöchern überzogene Fassade seines schmucken Eigenheims legt Zeugnis davon ab, dass PAGAD hier schon dreimal vorbeikam und – wortlos und aus einem halben Dutzend Kalaschnikows pulvernd – den Hausbesitzer an seine zwei Hauptberufe erinnerte: die des Mörders und die des Drogenhändlers.

Small Talk. Damit klar wird, dass wir nicht als Spitzel für die Polizei unterwegs sind, kaufen wir vor Ort Mandrax und rauchen es. Zusammen mit den Gangstern und Gangstergirls.

Wer raucht, macht sich strafbar, somit beweisen wir, dass wir »clean« sind.

Aldino präpariert: das Rauschgift mit den Zähnen kleinquetschen, einen Flaschenhals mit Tabak und Marihuana vollstopfen, den Papierfilter einsetzen, anzünden, heftig ziehen, sprich, die »Pfeife« gebrauchsfertig machen, jetzt das gemahlene Mandrax zugeben, wieder anzünden, dann in die Runde reichen, jeder raucht, jeder inhaliert. Schnell überzieht ein pelziges Gefühl Zunge und Rachen, die Droge wirkt rasch, und der Körper wird selig, Mandrax ist ein *downer*, ein Seligmacher, ein Schmerzstiller und Hungervertreiber.

Irgendwann ist der rechte Moment für Fragen. Sani ist bauernschlau, auf verblüffend unsentimentale Weise antwortet er. Während wir reden, geht das ganz normale Leben weiter: Die einen rauchen, die anderen kümmern sich um den Geldfluss, Kunden kommen und ein paar *Americans* bedienen, holen aus versteckten Löchern im Trottoir die Ware, kassieren, übergeben.

- Sani, hast du keine Angst vor dem Tod?
- Nein. Muss ich sterben, sterbe ich. Nur Gott entscheidet.
- Warum verkaufst du Drogen?
- Wir Schwarze haben schon zu lange gewartet. Zuerst die Verhöhnung durch die Apartheid. Und nun Mandela und sein ANC, alle korrupt. Jetzt nehmen wir uns, was uns zusteht.
- Wie oft hast du getötet?

- *(Sani denkt nach, zählt mit den Fingern).* Ich glaube neun Mal.
- Wann ist die beste Zeit zu töten?
- Anytime. Aber besser tagsüber, da ist es leichter, in der Masse unterzutauchen.

»Mögest du in interessanten Zeiten leben«, so lautet ein chinesischer Trinkspruch. Die Cape Flats sind interessant, gefährlich interessant. Wir finden ein Haus, dessen Erdgeschoss mit schweren Eisenplatten gepanzert ist, ein »crackhouse«.

Dank Iva, einem Freund Aldinos, werden wir eingelassen. Mehrere schmuddelige Zimmer, voll mit dösenden *crackheads.* Wieder rauchen wir, um kein Aufsehen zu erregen. Aber Crack ist ein Unruhestifter. Nach einer knappen Stunde wird es handgreiflich. Zwei Prostituierte haben ihr drittes, von mir gespendetes, Pfeifchen, nicht vertragen und legen sich mit uns – Kamerabesitzern, Geldbesitzern – an. Plaudern und Fotos machen, alles ist blitzschnell vorbei. Es kommt zu der aberwitzigen Szene, in der Rolf die Tür sichert, damit sich niemand mit einer handlichen 9 mm semi-automatic Glock zu uns verirrt, und ich mich mit einer Hure am Boden wälze, um in den Besitz entwendeter Habseligkeiten zu gelangen. Ihre Drohung, mich zu beißen, wenn ich sie nicht loslasse, verspricht wenig Freude, denn kurz vorher hatte sie erwähnt, dass sie HIV-positiv ist. In rettender Sekunde findet uns Iva, er hilft mit, die Tollkühne zu bändigen, wir hetzen im Sturmschritt hinaus. Aldino sieht uns rennen und lässt den Motor an. Auf und davon.

Kapstadt, starker Ort mit starken Widersprüchen. Zwei Tage später werden wir einmal mehr Zeuge eines Schusswechsels, diesmal zwischen Polizei und den *Hard Livings.* Nachdem die Verwundeten vom Asphalt geräumt und die Verhafteten in die Arrestzellen verfrachtet wurden, ja, Täter und Opfer – falls davongekommen – vor dem Fernseher lungern und sich mit dem Hollywood-Schund »Melrose Place« betäuben, wohl ahnend, dass sie morgen wieder töten und wieder um ihr Leben fürchten müssen: keine Stunde nach alldem chillen Rolf und ich im *Paradiso Café* aus. Wir sind noch immer in derselben Stadt, doch fern jeder *war zone*, ja, im eher paradiesischen Teil der City, da, wo der Blick auf elegant gekleidete Frauen und Männer und die Lichter des Hafens fällt, da, wo dir niemand »if you don't wanna be shot, you better fuck off« entgegenschreit, da, wo ein hübscher Mensch den Campari serviert und lächelnd »with pleasure« sagt, genau da sitzen wir. Unversehrt, kichernd, leicht betrunken. Ungefähr so – so anstrengend, so *easy living* – lebt es sich im himmelblauen Kapstadt.

PESCHAWAR

Wer sich traut, wird reicher davongehen

Wie so viele Kriege beginnt auch ein Heiliger Krieg mit Gebrüll. Ich besuche eine Madrassa, eine Koranschule in Peschawar. An diesem Samstag, kaum zwei Tage, nachdem amerikanische Tomahawk-Missiles auf sechs Camps von Multimillionär Osama bin Laden zischten, brüllen die Schüler noch lauter. Keine dreißig Flugsekunden von ihrer Moschee entfernt, hinter der nahen Grenze zu Afghanistan, hat der »most wanted man on earth« überlebt. Viel mehr noch: Als Held wurde er wiedergeboren. So liegt in dem Jubelgeschrei beides, der Hass auf Amerika und die Freude über einen unsterblichen »heiligen Krieger«.

Mullah Ali Qureshi führt mich herum, ich verlasse mich auf sein Wort, dass mir in seiner Nähe nichts zustoßen wird. Denn schon Stunden nach der amerikanischen Keule wurden die meisten Ausländer unter Polizeischutz aus Peschawar evakuiert. Der kleine Rest spurtete aus ihren billigen Pensionen ins Pearl Continental, dem sichersten Hotel am Ort. Zivilbeamte rückten an, Reportern wurde strenger Hausarrest empfohlen, in der Halle stand der beruhigende Hinweis: »Gunmen are required to deposit their weapons at the reception«, *bitte die Waffen am Empfang abgeben.*

Kurz darauf stürmten 20 000 Wutentbrannte durch die Straßen, angeblich hatten einige Muftis während des Freitagsgebets eine Fatwa, ein religiöses Verdikt, losgelassen: »Tod allen Amerikanern in Pakistan!« Gerüchte sind hier so heiß wie Tatsachen, es kam zu Straßenschlachten und Schusswechsel, die 20 000 brüllten nach einem Heiligen Krieg, brüllten nach der Wiedereinführung der »Sharia«, brüllten nach Allah.

Die Amerikaner waren nach Islamabad verschwunden, und wir anderen Weißen wurden noch blasser. Vor den Augen des Mobs waren wir alle »angrez«, eben Weiße, eben Amerikaner. Peschawar? Es gibt müdere Städte.

Die Ashrafia-Madrassa ist eine der wenigen Koranschulen, die noch nicht geschlossen ist. Alle Jugendlichen ab 15 Jahren – über 8000 insgesamt – wurden auf Anweisung der Taliban über die Grenze in den Krieg geschickt. Die Sechsjährigen bis Vierzehnjährigen »dürfen«, so Mullah Ali Qureshi, noch nicht losziehen. Sie dürfen dableiben und acht Stunden lang, sechsmal die Woche, laut, heute sehr laut, die bereits auswendig gelernten Suren in die Welt schreien. Und neue einbimsen. Acht Jahre, fügt der Mullah ohne jede Ironie hinzu, wird das dauern.

Die Gefahr, dass die Kinder etwas von dem verstehen, was ihnen hier eingetrichtert wird, diese Gefahr besteht nicht: Der Text ist in Arabisch geschrieben.

Warum bebt es in Peschawar, wenn in einem anderen Land Bomben krachen? Weil hier alle Muslime sind? Auch das. Aber die Wurzeln liegen tiefer. Nehmen wir die »Eingeborenen«. Tariq, mein Geldwechsler im Saddar Basar, weiß es so einleuchtend zu formulieren: »51 Jahre lang bin ich Pakistani, 1400 Jahre lang Moslem und seit 5000 Jahren ein Paschtun.«

Fünfzig Millionen soll es von ihnen geben. Somit gehören sie zur größten »tribal society« Asiens. Nach außen halten sie zusammen, die übrige Zeit sind sie begabt unfriedlich, überziehen sich gegenseitig und ausdauernd mit Blutrache. Die Männer mit den dicken Bärten und dem Turban über den stolzen Augen gelten als trotzig, hemmungslos gastfreundlich und so unheimlich tapfer und freiheitsversessen, dass selbst die Briten über ein Jahrhundert lang an ihnen scheiterten.

Das politische Ergebnis der gleichstarken Gegner war die Schaffung der »tribal area«, ein Streifen Land zwischen dem 1947 neu gegründeten Pakistan und dem damaligen Königreich Afghanistan. Geografisch gehört das Gebiet zu Pakistan, aber nah fühlen sich die Paschtunen dem anderen Land, ungeniert pendeln sie von einem Staat in den nächsten. Von niemand lassen sie sich dazwischenreden, kein pakistanischer Polizist hat Zugang zu ihrem Stammesgebiet.

Hinein dürfen indes – heimlich – eine Menge ehrgeiziger Gangster, Mörder, Brandstifter, Entführer und freiberufliche Söldner. Deshalb nennt Tariq den Landstrich »the trouble area«, die Lieblingsadresse aller *troublemaker*. Wie praktisch, ein Katzensprung daneben liegt Peschawar. Auch hier bestimmen die Paschtunen, die aufrechten und die nicht so aufrechten.

Ich komme auch rein, über Umwege: Ich nehme ein Taxi zur Hauptpost, doch Fahrer Saqeb chauffiert mich – ohne jede Rücksprache – zu Arifulla's & Sons, einem Waffengeschäft. Verstehe, seine Kumpels arbeiten dort. Der imposante Abdullah, so stellt er sich vor, beugt sich ins offene Fenster und fragt: »Was brauchst du, brown sugar oder crystal white?« Ich vergesse meine Briefe und gebe mich interessiert, verlange jedoch den Stoff – Heroin und sehr gutes Heroin – vorher zu testen. »Warum«, fragt Abdullah, leicht entgeistert, da ich seine Bonität bezweifle. Ich insistiere, er akzeptiert, steigt zu und dirigiert das Taxi nur Ecken weiter. Wagenwechsel, ich soll mich auf die Hinterbank des Pick-ups legen und mit einer Plane zudecken. Als Vorsichtsmaßnahme, damit wir ohne Schwierigkeiten in das »Stammesgebiet« kommen. Die paar tausend Quadratkilometer taugen auch als Schlupfloch für Dutzende von »factories«, jenen *Werkstätten*, in denen das Rohopium bearbeitet wird.

Nach einer schnellen Viertelstunde darf ich mich aufsetzen, ein massives Tor quietscht, wir fahren in die »Hujra«, den Vorhof einer der zahlreichen Lehmburgen, hinter denen sich wohlhabende Familien verschanzen. Eine Zinne dient als Wachtturm.

Mit ausgestreckten Armen begrüßt mich Abbas, der Boss. Abdullah hatte ihn bereits per Walkie Talkie über meine Ankunft informiert: Über »Andy«, den angeblichen Drogenkurier – Reporter sind hier weniger willkommen – aus Germany, der hier nach einem »sauberen« Lieferanten sucht.

Abbas erweist sich als umsichtiger Gastgeber. Auch wenn er augenblicklich etwas kränkelt, da gerade auf Entzug des selbst produzierten Rauschgifts. Jeden Tag kommt der Doktor und verpasst ihm eine Glukose-Spritze. Das soll helfen.

Wir trinken Tee und reden argloses Blabla, dann ruft Abbas – ganz Paschtun und Herrscher der Zitadelle – den siebenjährigen Darab, den Zweitjüngsten seiner neun Söhne. Und Darab bringt säckchenweise das brisanteste Handelsgut dieser Gegend: verführerisch weißes Heroin. »Have a try«, ich soll kosten und den Fabrikbesitzer für sein Beharren auf erste Qualität loben. Ich lobe. Und verspreche, in Bälde einen Rucksack voller Rupien gegen sein Dope einzutauschen.

Drogenbaron Abbas wird auch ohne mich über die Runden kommen. Keine zwei Autostunden westlich von seinem Bunker – hinter der langen unbewachten grünen Grenze – liegt die afghanische Provinz Helmand. Sie gilt als der Welt größtes Opiumanbaugebiet. Milliarden Dollar werden dort pro Jahr umgesetzt.

Ein fetter Teil davon wandert nach Peschawar, wandert in die Schwarzkassen respektabler Businessmen und allzeit käuflicher Politiker. Als dritte Nutznießer guter Ernten treten die »Dschihadi« auf, die *heiligen Krieger*. Das sind all jene einfachen Gemüter, die »Allah as Sabur« – *Allah, den Geduldigen* – als Kriegsgott feiern und die Menschheit ins unduldsame Mittelalter zurückjagen wollen.

Peschawar schwelt. Zu den Brandstiftern gehörten auch die Sowjets. Dezember 1979 überfielen sie Afghanistan. Über drei Millionen Afghanen entkamen in die damals 700 000 Einwohner kleine Stadt. Nun fegte der erste Schrei nach heiliger Rache über den Khyber Pass. Monströse Lager entstanden, Peschawar ächzte unter den blutüberströmten »Mudschahedin«, den *Freiheitskämpfern*, die als Blindgeschossene, als Beinlose, als Rollstuhlfahrer, als Geisteskranke die Lazarette, die Rehabilitationszentren und Irrenhäuser überfüllten, ächzte unter den kommunistischen Bombenlegern, die sich nach Peschawar einschmuggelten und die Kinosäle leer sprengten. Immer auf der Suche nach ihren Todfeinden, jenen, die ihr Land zurückhaben wollten.

Aber gewiss, zehn grausame Jahre später triumphierten die

Afghanen. Sie feierten den sensationellsten Sieg in der Geschichte des Islams, den Sieg über eine Weltmacht. »Heiliger Krieg« klingt folglich gut in Peschawar, es klingt nach Stolz und Eigensinn und Unbesiegbarkeit. Ohne diese Stadt hätte es dieses Wunder nicht gegeben. Rufen sie ihn heute wieder aus, dann sollten ihre Gegner hinhören.

Von dem amerikanischen Schriftsteller Christopher G. Moore stammt der Satz: »Go directly to the edge and stare down«, *geh nah ran an den Abgrund und starr hinunter.* In Peschawar kann einer lange starren. Im Grunde müsste einer nie die Basare dieser stinkreichen, stinkarmen Metropole verlassen. Der dort verabreichte Crashkurs in »Erdkunde« – verbunden mit Einsichten in uralten Hass, in Männertreue, in feile Geheimnisse und hundsgemein tägliche Schindereien – würde genügen.

In der 39-Grad-Hitze im Schatten der Mahabat Khan Moschee, zwischen den Nebelkerzen auspufffreier Autobusse, in den kühlen, stillen Hinterzimmern der Waffenhändler und religiöser Zeloten, im Büro eines Chefredakteurs, wo die von Polizeiwillkür kaputt Geschlagenen ihre Schreckgeschichten erzählen und entlang dem Qissa Khawani Basar, wo mich Rafaat mit den Resten seiner vom Krieg übrig gelassenen Armstümpfe in den Rücken stupst, »look« sagt und gern hätte, dass ich ihm ein paar Geldscheine in die Hemdtasche stecke: Überall hier wird der Fremde näher an das Herz dieser Stadt herankommen als irgendwo sonst. Und irgendwann wird er verstanden haben, warum Peschawar als Seismograf funktioniert: für das Entdecken ausstehender Desaster, die in dieser Weltgegend lauern.

Nervenschonende Attraktionen sind hier eher selten. Ein Gang durch das riesige Jalozai Flüchtlingscamp, eines von 23, bietet die Möglichkeit, links und rechts in unzählige Abgründe zu stieren.

Wenn ich abends – verschwitzt, verdreckt – zurück in mein Hotel komme, dann weiß ich wieder, dass eine Badewanne zu den großen Erfindungen der Menschheit gehört. Nach all den Bildern im Kopf, mit denen die Stadt den Besucher malträtiert, nach all den Gemeinheiten, denen man den Körper ausgeliefert hat, legt man sich anders in sie hinein: selig dankbar, erlöst, auf seltsame Weise beschützt. Warmes Wasser als Therapie gegen die Anwürfe der Wirklichkeit.

Peschawar steigt ab. Die Paschtunen wissen nichts anzufangen mit Triumphen. Ihren fulminantesten Sieg – damals im Frühjahr '89, als der letzte russische Soldat aus der Schusslinie verschwand – haben sie nicht ertragen. Kaum brach der Frieden aus, mussten sie ihn abschaffen. Die Mudschahedin erklärten sich – noch blutend, noch humpelnd – gegenseitig den Krieg, jeder wollte herrschen in der Hauptstadt. So eilten die Flüchtlinge, die Agenten und die Waffenschieber zurück nach Peschawar. *Business as ever.*

»Unter jedem afghanischen Baum sitzt ein König«, der einfache Satz stammt vom Leiter des Internationalen Roten Kreuzes in Kabul. Als die Barbareien der zu »Kommandanten« avancierten Freiheitskämpfer bereits aus den Schlagzeilen der westlichen Presse verschwunden waren, tauchten im Sommer 1994 die »Taliban« auf, die »Koran-Studenten«, auch sie mehrheitlich Paschtunen. Sie kamen meist in den Elendslagern von Peschawar zur Welt. Ihre oft einzige Erziehung erhielten sie in den »Madrassas«, jenen sich furios vermehrenden Kaderschmieden eines dunklen, freudlosen Islams. So dumpf und lebensfern wie der »Unterricht« in der Ashrafia-Koranschule, von der sich ihre 350 Schüler schon bald, schon freudigst für den Heiligen Krieg verabschieden werden: analphabetisch und von den Rätseln der eigenen Religion so unberührt wie vom Begreifen des kleinen Einmaleins.

Die Taliban sind heute die Herren Afghanistans. Schweres Gepäck bringen sie mit aus dem Nachbarland: ihre Wut auf Erkenntnis, ihre Wut auf Frauen, ihre Lust auf öffentliche Hinrichtungen, alles lässt keinen Zweifel an der Finsternis, die einmal mehr das afghanische Volk heimsuchen wird.

Peschawar stinkt, von allen Seiten infiltriert von Giftmischern. Die atombombenstolze, von einem Debakel ins nächste manövrierende Regierung Pakistans wird den Tag noch verfluchen, an dem sie sich bereit erklärte, mit den »fous de dieu«, den *Gottes-*

verrückten, zu paktieren. Haben jene Apologeten grenzenloser Ignoranz erst einmal Afghanistan »befriedet«, werden sie sich um Pakistan kümmern, werden auch diesen Staat mit ihren Botschaften maßloser Einfalt und maßloser Herzenskälte infizieren, werden die Minister, ihre rund um die Uhr korrupten Förderer, als erste an den hiesigen Straßenlampen aufhängen. So haben sie es versprochen. Halblaut, doch immerhin. Noch ist es nicht so weit, aber in den Köpfen ist alles beschlossen. Peschawar brodelt.

SUDAN

Menschenfreundlichkeit und Menschenhass

5:33 Uhr, der Muezzin schreit zum Gebet. Ich wache auf und verlasse den Holzverschlag, um den Sonnenaufgang anzubeten. Afrika hat das schönste Licht. Wir sind in Lokichoggio, dem nördlichsten Kraal Kenias, direkt an der Grenze zum Sudan. »Loki« – meist ist es hier zu heiß, um das ganze Wort auszusprechen – hat etwas Besonderes: Auf der einen Seite der Hauptstraße liegt die Dritte Welt, auf der andern die Erste, links die Tagelöhner, die einen Liter Wasser für einen Shilling verkaufen, rechts das Hauptquartier der UN, die Restaurants, die Shops, die Klimaanlagen, die Landebahn.

Seit 1989 gibt es hier ein Unternehmen – von den Vereinten Nationen finanziert –, das den sinnigen Namen »Operation Lifeline Sudan« trägt. Diese Operation, die wohl längste in der Geschichte der Menschheit, hat die aberwitzige Aufgabe übernommen, den an einem gigantischen Hungertuch zehrenden Sudan am Leben zu erhalten.

6:17 Uhr, ein erstes Transportflugzeug des »World Food Programme« donnert über Lokichoggio hinweg. Um 14:30 Uhr sitzen Fotograf Uli Reinhardt und ich in der letzten Maschine, die heute in den Sudan fliegt. Die Hercules C 130 hat 11 700 Liter Kerosin getankt, um 16 200 Kilogramm »Unimix«, ein proteinreiches Breipulver, über Turalei abzuwerfen. Der Ort liegt 745 Kilometer von Loki entfernt, im Norden der sudanesischen Provinz Bahr el Ghazal.

Ein mühselig ausgehandelter Waffenstillstand herrscht: Papierkram. Der angolanische Pilot Victorino berichtet, dass vor zwei Tagen auf die Hercules geschossen wurde. Ein Blick auf das trübe

Land bestätigt gewiss, was mir vor Jahren ein Freund in Khartum zuflüsterte: »Hörst du ihn heulen? Das ist Allah, er denkt gerade an den Sudan.«

Lässige Atmosphäre an Bord, Ricky, einer der zwei »loadmaster«, liegt in der Hängematte, ein paar Sonnenstrahlen treffen auf sein müdes Gesicht. Die fünf Mann Besatzung bestehen aus drei Nationalitäten. Coole Profis, ihre ruhigen Bewegungen strahlen Umsicht und Sicherheit aus.

Um 16:10 Uhr ist es soweit, wir werden neben der Rampe festgeschnallt, die Luke öffnet sich, das Flugzeug geht runter auf 700 Fuß, Siegfred, der zweite Lademeister, kniet jetzt direkt an der gewaltigen Öffnung, späht hinunter, gibt das Zeichen, Ricky durchschneidet mit einem schweren Taschenmesser den Gurt, und die ersten neun Paletten mit je 36 Säcken Unimix rauschen in die Tiefe. Für Sekunden sackt das Heck der Hercules nach unten, mein sausender Bauch erinnert mich an das fröhliche Schreien von Kindern in solchen Momenten. Der Vorgang wiederholt sich, die nächste Fuhre wird abgeladen. Dann dreht die Maschine ab, um 18:30 Uhr sind wir zurück in Lokichoggio.

Eine knappe Million Dollar investierten die UN täglich für diese »airdrops« auf die Hungerlandschaften des Sudan. Das ist viel und reicht nie. Weil zwei miteinander Krieg führen. Angetreten ist das arabische, radikal islamische Regime in Khartum gegen den christlich animistischen, schwarzafrikanischen Süden.

Soweit die Stammtischversion. Hinter dem Gejohle einer blutrünstigen »National Islamic Front« und dem Weihrauchgeleier einer christlich barbarischen Soldateska – offiziell als »Sudan People's Liberation Army« berüchtigt – verbergen sich knallharte, Billionen Dollar teure Interessen. Die zwei offensichtlichsten: Öl und Macht über die Wasser des Nils. Wer beides besitzt, kann auf beide – Allah und den lieben Gott – verzichten. Er ist der König von Afrika. Auf dem Weg dorthin haben sich die Todfeinde vorgenommen, die sudanesische Bevölkerung auszurotten. Das erledigen sie nicht ungeschickt.

Damit die Misere erträglicher zum Himmel stinkt, sind – neben den Vereinten Nationen – Dutzende von NGOs vor Ort tätig. Wir suchen und haben Glück, die französische Hilfsorganisation UDA – *Urgence Développement Alimentaire* – nimmt uns mit. Da wir über kein offizielles Visum verfügen, müssen wir illegal wie alle einreisen. Wir besorgen – als kleine Aufmerksamkeit für die dortige »Belegschaft« – ein paar Whiskyflaschen, hundert Bierdosen und 15 Embassy-Zigarettenstangen. Die Piloten maulen, die H. S. Andover wäre bereits überladen, unsere Geschenke und die Fotoausrüstung machten das Flugzeug nicht leichter. Zudem wäre Mittag, da ist die Luft dünner, weniger »tragfähig«. Fiele ein Motor aus, der andere hätte nicht die Kraft, uns oben zu halten. Aber Afrika ist immer überladen, irgendwann beruhigen sich alle, wir heben ab. Wieder geht es Richtung Norden.

Todtristes Land, die 2.5 Millionen Quadratkilometer riesige Fläche taugt für jede Katastrophe. Vom Co-Piloten kommt der Satz: »Suchst du ein Problem, geh in den Sudan.« Hier haben sie alle: weggeholzte Wälder, Überschwemmungen und Dürre, Heuschreckenraubzüge und Ratteninvasionen, eine galoppierende Bevölkerungszunahme und 54 Prozent Analphabeten, einen ersten Bürgerkrieg, einen zweiten und zurzeit einen Völkermord in der Provinz Darfur.

Nach zwei Stunden landen wir in Mapel. Öffnet sich die Tür, wird klar, dass ich eine Drangsal vergessen habe: Wie ein Flammenwerfer faucht die Hitze in die Kabine. Und ein Blick auf die dünnen Gestalten, die das Flugzeug umringen, lässt ahnen: Arbeit liegt an.

Hier in diesem Savannendorf haben »Ärzte ohne Grenzen« und UDA gemeinsam ein Camp aufgeschlagen. Kümmern sich die einen um die medizinische Versorgung der hiesigen Bevölkerung, übernehmen die anderen den Nachschub der Lebensmittel.

Die sechs Weißen vor Ort – Krankenschwestern und Logistiker aus verschiedenen Kontinenten – sehen mitgenommen aus. »Africa sucks«, meint Nick, der Techniker aus Melbourne. Sein rotgestochener Oberkörper erzählt von der Wut der Moskitos. Malaria geht um, zwei Mitarbeiter wurden bereits mit Typhusverdacht ausgeflogen. Wir packen unsere Mitbringsel aus. Wer hier drei Monate – die übliche Länge eines Vertrags – durchhält, hat ein Recht auf starke Beruhigungsmittel.

Was angenehm auffällt: Niemand empfängt uns mit salbungsvollen Worten. Keine nach Afrika verschlagenen Heulsusen greifen hier ein, keine einzige Bemerkung aus dem Wörterbuch des humanitären Wortschwalls werden wir hören, keine Silbe Pathos. Dass ihre Anwesenheit umstritten ist, dass ihre Hilfe nebenbei den Schlächtern hilft, auch das wissen sie.

Am Eingang des Lagers hängt ein Schild, es zeigt eine mit rotem Balken durchgestrichene Kalaschnikow: »Bitte unbewaffnet eintreten!« Viel wäre hier nicht zu rauben, ein paar Lehmhütten, ein »bomb shelter« gegen etwaige Luftangriffe, eine fliegenverseuchte Latrine und eine plastiküberzogene Nasszelle mit einem Kübel Wasser: die Dusche.

»Der Held«, notierte Albert Camus einmal, »beweist sich im Alltag.« An solchen Orten kann jeder für sich den Satz nachprüfen.

Mapel wird von der »Befreiungsarmee des sudanesischen Volkes« kontrolliert, einer Armee, die sich vorgenommen hat, den Süden des Landes vom Norden, also von Khartum und seinem friedlosen Fundamentalismus, zu befreien. Dass die Befreier sich zwischendurch gegenseitig massakrieren, sollte noch erwähnt werden. Die afrikanische Krankheit – Tribalismus – feiert auch im Sudan blutschwappende Orgien. Dass alle Kriegsparteien neben dem Abschlachten den Hunger, nein, das Aushungern – selbst der eigenen Bevölkerungsgruppe – als Kriegswaffe benutzen, das garantiert ebenfalls die Endlosigkeit des Desasters.

Zehn Minuten Fußmarsch vom Palisadencamp entfernt, liegt das »Therapeutic Feeding Center«. Die Erschöpften sitzen nicht, sie liegen, hingestreckt von tagelanger Flucht, von wochenlanger Hungerkost, vom jahrelangen Krieg.

Die 28-jährige Isabelle, Krankenschwester aus Quebec, leitet den Hungerladen. »Warum?«, frage ich. Und der hübsche Mensch sagt trocken: »Ich hatte immer Glück. Es wurde Zeit, dass ich etwas zurückgebe.« Das Zurückgeben beginnt frühmorgens. Zusammen mit ihrem Personal – ein paar Kenianer, der

Rest Sudanesen, insgesamt 22 Frauen und Männer – empfängt Isabelle täglich ab sieben Uhr die hereinwankenden Skelette. Keines verfügt über 70 Prozent seines Normalgewichts.

In der ersten Hütte werden sie gewogen. Um zu wissen, ob die fünf Mal pro Tag verabreichte Spezialmilch – plus Proteinriegel und warmem Unimix-Brei – anschlägt. Wie Gehängte sehen die Kleinen aus, wenn ihre mürben Körper in der Waage – an der Decke befestigt – baumeln. Viele sind nackt, wer zwei, drei Fetzen am Leib trägt, muss sie nicht ablegen. Sie sind zu löchrig, zu porös, um ins Gewicht zu fallen.

Der achtjährige Deng schlurft auf einer Krücke herein, kauert sich auf den Boden, wartet, bis er drankommt. Will er aufstehen, muss er wie ein Dromedar die Erdanziehungskraft überwinden, muss die wenige Last zuerst auf die Knie verlagern. Kniet er endlich, stellt er den Stock vor sich auf und zieht konzentriert sein 126 Zentimeter langes und fünfzehn (!) Kilo leichtes Knochengerüst mit dem parasitenverseuchten Wasserbauch nach oben. Dutzende gefräßiger Fliegen schmarotzen gerade an den vereiterten Eingängen seiner Haut.

Nach dem medizinischen Check-up – eine Lungenentzündung liegt hinter ihm – pilgert der Junge achtsam wie ein Greis Richtung erste Mahlzeit, Richtung Leben. »Erstaunlich«, sagt Isabelle und deutet auf ihn, »wie gut er vorankommt.« Sie weiß es, denn vor Kurzem trugen sie Deng noch herein. Er löffelt die Milch vor dem Zelteingang, sein rebellischer Magen – permanente Durchfallgefahr – fordert einen Sicherheitsabstand zu den andern Essern.

Wer 80 Prozent seines Gewichts erreicht hat, wird als »mäßig Unterernährter« entlassen und hat einmal wöchentlich Anspruch auf vier Kilo Mais und zwei Kilo Unimix, angereichert mit Zucker und Speiseöl. Eine von der Weltgesundheitsorganisation festgelegte Kalorienmenge, um eine Woche über die Runden zu kommen.

Die Elendsten, zu schwach, um zu stehen, geschweige denn zwölf Pfund tragen zu können, liegen im »Primary Health Care Center«. Das ist ein pompöser Name für ein paar Hütten und

Zelte, die als Sprechzimmer, Impfstelle, Apotheke und Isolations-
abteilung für Kinder mit blutigem Stuhlgang dienen. In der fins-
tersten Baracke haben sie das »hospital« eingerichtet, mit genug
Platz für eine Petroleumlampe, sieben Pritschen, sieben zerschlissene Moskitonetze und sieben leise seufzende Patienten:
krank an Malaria, Hepatitis und Tuberkulose. Besucher und Angehörige hocken auf dem Lehmboden, übernachten dort.

»Vielleicht 45«, meint Pfleger Lueth auf meine Frage nach seinem Alter, so genau wisse er das nicht. Er vertritt die gerade auf
Erschöpfungsurlaub befindliche Ärztin, eine Französin. Die Geduld des Kenianers und seine auch bei 39 Grad Innentemperatur
nicht nachlassende Menschenfreundlichkeit sind bemerkenswert.

Lueth führt mich zur Lagerstatt von Munga, einer knapp
50-jährigen Frau, die an einer rektal-vaginalen Fistel leidet. Mit
solchen Abszessen geschlagen, wird jeder Stuhlgang zum Weg
ins Fegefeuer. Das Rote Kreuz hat bereits über Funk signalisiert,
die Patientin im Krankenhaus von Lokichoggio aufzunehmen
und zu operieren. Ärzte ohne Grenzen will die Transportkosten
übernehmen. Dennoch, heute kommt Munga nicht weg. Vom
Rollfeld erfährt Lueth die Nachricht, dass der anwesende Pilot´
sich weigert, die Kranke mitzunehmen. Als Erklärung liefert er
den so wahren, so unglaublichen Satz: »She stinks.«

Jeden Samstag haben sie in Mapel »Welthungertag«. Eric, der
Cheflogistiker, beschreibt die vier morgendlichen Stunden mit
einer interessanten Metapher: »Afrika platzt die Halsschlagader,
und wir reichen ein Pflaster.« Hunderte Mütter sind mit ihren
Kindern gekommen, um je 3,6 Kilogramm Mais und je ein Stück
Seife zu erhalten. Alle haben Zugang, auch die, deren Skelette
schon vor Wochen aus der Intensivstation entlassen wurden.

Viele Bilder werden irgendwann aus meinem Gedächtnis verschwinden, Bilder von frenetischer Angst, zu spät zu kommen,
Bilder von trampelnden Massen, Bilder von Frauen, die sich
schützend auf ihre Babys werfen, Bilder niedersausender Bam-
busrohre, die die Hungernden davon überzeugen sollen, dass
kein Anlass zur Panik besteht.

Doch der junge Akem bleibt unvergessen. Er versuchte, sich durch den Spalt in einer Palisade zu zwängen. Ein paar Meter von ihm entfernt lag der Mais. Aber er schaffte es nicht, der Dünne war nicht dünn genug. Auf seinem T-Shirt stand: »You don't deserve to win.«

SELIGE ZEITEN

GANGES –
Immer am Paradies entlang

HOWRAH BRÜCKE –
Auf jedem Meter irres Leben

INLE SEE –
Schönheit und Eleganz

TANGER –
Leichtfertige Träume, schwerwiegende Tatsachen

BIG SUR –
Wilde Natur, wilde Kerle, ein Liebespaar

GANGES

Immer am Paradies entlang

Der Alte gehört zu jener Rasse von Siebzigjährigen, an denen alles schön ist. Das Gesicht, der Blick, die Gesten. Shivanand arbeitet als Fährmann, vor seinem kleinen Haus zieht der Ganges vorbei. An diesem Abend bin ich sein letzter Kunde gewesen. Wir sitzen am Boden und trinken Tee. Und Shivanand erklärt mir das Geheimnis dieses Flusses, den unfassbaren Zauber, den er auf sein Land ausstrahlt: »Weil er nie Nein sagt, weil er uns behütet und uns alle Sünden vergibt.«

Wer Mata Ganga, Mutter Ganges, entlangreist, muss behütet werden. Sonst bleibt er bald als Krüppel oder Wasserleiche auf der Strecke. Erste Unbill lauert kurz vor Gangotri, dem Ausgangspunkt für alle Wallfahrten zur Quelle. Ruckartig hält unser Bus, Vollbremsung. Jetzt hört jeder das drohende Prasseln. Der Fahrer legt den Rückwärtsgang ein und kurvt entschlossen die Serpentinen zurück. Flucht vor Steinschlag. Wir entkommen. Wobei die Inder eher beschwingt weiterreden, und mir der Angstschweiß auf der Stirn klebt.

Auf dem Marktplatz von Gangotri, hoch am Fuße des Himalaya, ist die Straße zu Ende. Daneben beginnt der steinige Pfad. Neunzehn Kilometer lang und 1100 Meter Höhenunterschied: bis zum Beginn des Wunders, den sie »Gaumukh« nennen, *Kuhmaul*. Der heiligste der heiligen Ströme entspringt dem Schlund des Heiligsten der Tiere. Wer – wie logisch – auf dieser Etappe abstürzt, fährt senkrecht ins Paradies, heißt es. Ich riskiere die Mühsal einer Wiedergeburt und achte auf meinen Weg.

Aller Anfang ist leicht. Unten der grüne Fluss, den sie hier »Bhagirathi« rufen, oben der blaue Himmel. Und in den schwankenden Wipfeln der Pinien sitzen kleine Jungs, die waghalsig die Baumstämme hochklettern. Auf der Suche nach Brennholz.

Die Ruhe im Tal, die sonderbare Erfahrung eines menschenleeren Indiens. Nur ein paar Männer mit dunklen, starken Gesichtern überholen mich. Träger, die für siebzig Rupien (zwei Euro) dreißig Kilo Proviant zum Gipfel schaffen.

Bald wird alles schwer. Das Blau verzieht sich, ein gemeiner Wind kommt auf, das Tal wird weiß, Schnee fällt. Glitschiges Geröll überdeckt jetzt den oft nur fußbreiten Pfad. Die Gefahr, in Sekundenschnelle im Nirwana zu landen, nimmt zu.

Nach über sechs Stunden auf 4233 Metern Höhe, in Gaumukh, am heiligen Kuhmaul. Aus einer Spalte, inmitten des zweitgrößten Gletschers der Welt, rauscht ein Gebirgsbach, der Urquell des Ganges.

Ein Sadhu badet, einer, der fast nichts mehr besitzt, nur noch das brennende Verlangen nach Gott. Neben einem Felsblock liegt sein Hab und Gut, zwei Decken, ein Wanderstab, der Wassertopf. Drampuri notiert auf einem Blatt, dass er vor sieben Jahren aufgehört hat zu sprechen. Er will still sein und suchen. Er bietet mir die Gelegenheit, meine künftigen Wiedergeburten zu verschönern und schreibt die Wörter »money, please« auf. Ein Moment großer Heiterkeit, denn der »holy man« zückt einen Quittungsblock und bestätigt ordnungsgemäß den Erhalt der Spende.

Am nächsten Morgen Abstieg mit Dick, den ich im eisigen Schlafsaal einer Pension traf (ein Stück unterhalb der Quelle), wo wir übernachteten. Der Engländer ist ein weißer Sadhu, das Leben im Westen hält er nicht mehr aus. Auch er sucht, will »etwas finden, das wichtiger ist als der Tod«. Erstaunlich die dramatischen Vorsätze mancher Zeitgenossen.

Nach vierzig Minuten zeigt Dick auf die »Subhrangi«, auf *die, die einen wunderschönen Körper hat*. Einer von 108 Namen für den Himmelsfluss, den die Götter den Menschen schenkten. Neben der Schönen liegen augenblicklich zwei Leichen, ein Inder und ein Italiener, die vor Tagen ein Geröllhagel in die Tiefe riss. Über Nacht taute es, kein Schnee mehr auf den Toten. Wir schärfen den Blick, müssen zweimal zurückpreschen, um donnernden Steinlawinen auszuweichen.

Die Glühendsten unter den Gläubigen haben den 2600 Kilometer langen Fluss – vom Himalaya bis hinunter zur Bucht von Bengalen – auf dem Bauch zurückgelegt. Ein paar Schritte gehen, sich niederwerfen, mit der Stirn die Erde berühren, wieder gehen, wieder sich niederwerfen. So bleiben – im Laufe von sechs tapferen Wallfahrtsjahren – alle Sünden auf der Strecke.

Dick und ich kommen, noch immer sündig, in Gangotri an, suchen einen Jeep, fahren durch Ochsenherden, ziehen vorbei an sauber gezirkelten Terrassenfeldern, überqueren behutsam – Rami, unser Fahrer wartet, bis die übrigen Vehikel verschwunden sind – verdächtige Steinbrücken.

Schönes Indien, saftig und gelb und grün, nirgends das stinkende Großstadtelend. In einem Dorf rennen zwei Männer auf die Straße, halten uns an, reden erregt auf Rami ein. In Hindi. Wobei mehrmals das Wort »urgency« auftaucht. Eine Frau ist krank, wir sollen sie mitnehmen. Wie einleuchtend diese Szene. Um einen Zustand von Dringlichkeit und Stress auszudrücken, benutzen sie einen Begriff aus dem Westen.

Wir nehmen die alte Dame mit, sie ist scheu und kränklich. Am nächsten Krankenhaus laden wir sie aus. Am Eingang steht schon ein Familienangehöriger. Wir wissen sie gut versorgt.

Nach 250 Kilometern erreichen wir Rishikesh, von Minustemperaturen mitten hinein in 41 Grad Hitze. Heiligster Ort am heiligsten Fluss. Hierher kamen die Beatles, um bei Yogi Maharishi Mahesh Schutz vor den Abgründen des Weltruhms zu suchen. Des Meisters *Transzendentale Meditation* sollte mithelfen, ihr Ego zu schrumpfen. Ein herkulisches Unterfangen, das sie hinterher als gescheitert betrachteten.

Die kleine Stadt hat eine wundersame Ausstrahlung, spürbar sogar von gottlosen Durchreisenden. Links und rechts des Ufers befinden sich Dutzende von Ashrams, Yogazentren und *retreats*: Klöster, in die sich Greise zurückziehen. Weil sie genug von der Welt haben und weil jetzt Zeit ist, sich auf den Tod vorzubereiten. Hier liegen auch die Ghats, jene endlos breiten Stufen, die zum Ganges führen, ihrem geduldigsten Ziel der Liebe, ihrem *river of comfort*. Von dem sie alles fordern und in den sie alles schleudern, was sie bedrückt: ihr Flehen, ihre Sehnsüchte, ihre Toten, ihre Tränen, ihre Körpersäfte, ihre Gebete – und ihre Hoffnung, nie wieder geboren zu werden.

Mitreißend der Alte, der sich täglich bei Sonnenaufgang vor den Fluss stellt und laut mit ihm redet. Zart und beleidigt. Als hörte Mutter Ganga ihm zu. Seiner Einsamkeit und seinem Verlangen, die Dinge des Lebens mit ihr zu besprechen.

Rishikesh ist heilig und lustig. Ich treffe Martin, der in der *Divine Life Society* via »oustrasana«, *der Kamelstellung*, den Körper schindet. Um den Geist zu erlösen. Er sieht mitgenommen aus, das ist seine erste Reise nach Asien. Ohne Umwege aus Bern. Nun scheint die Schweiz das Gegenteil von Indien zu sein, monumentaler können Gegensätze nicht sein: »Bist du jetzt geschockt?«, frage ich vorsichtig. Und Martin, weise: »Nein, aber wenn ich zurückkomme, dann ja.«

Rishikesh kümmert sich um jeden. Auch um jene mit ganz irdischen Sorgen. An einen dicken Ast hat Dr. S. M. Kanshal seine Öffnungszeiten genagelt. Er ist »Gold Medalist and Sexologist«. Ich höre mich um und erfahre, dass er beim Heilen von sexuellen Nöten die Goldmedaille gewonnen hat. Zwei Bäume weiter hat Swami Narayan sein Hauptquartier aufgeschlagen. Er ist der strahlende Erfinder von »entgifteten Quecksilberkugeln«. Famose Allesheiler, direkt aus dem Samen Shivas hergestellt, jenem fantastischen Gott, durch dessen wildes Haar der Ganges vom Himmel zur Erde tobte.

Ohne diesen Fluss können sie nicht sein. Selbst das Kurieren eines verrenkten Halswirbels geht auf sein Konto. Erzählt der Swami. Seit ein paar tausend Jahren versorgt er das Land mit dem dringendsten Grundnahrungsmittel: mit Wasser. Kein Strom der Welt, obgleich mächtiger, ist fürsorglicher als er. Über dreihundert Millionen Inder wohnen heute in seiner Nähe. Er ist ihr Leben.

Bis zum Tod. Auf der untersten Stufe eines Ghat liegt ein wimmernder Alter. Verwahrlost, nur noch Fetzen am Leib. Niemand bei ihm, ich entdecke ihn eher zufällig. Sein röchelnder Mund, das zitternde Fleisch, die vereiterten Augen, die von Lepra verstümmelten Zehen, die löchrige Haut. Ich flöße ihm Tee ein, schiebe vorsichtig winzige Stücke Blätterteig nach, besprühe seinen glühenden Körper. Der Mann dreht langsam den Kopf nach rechts. Da stehen Bäume. Ich trage ihn hinüber in den Schatten.

Zehn Meter daneben hechten kleine Nackte glückselig schreiend in die »Duhkha-Hantri«, *die Kummer Vernichtende*. Ambulante Händler verkaufen Erdnüsse und Mangos. Und Plastikeimer für den sicheren Heimtransport des superheiligen Wassers. Masseure locken Kundschaft, eine Kuh sonnenbadet – und ein Greis liegt im Sterben.

Das ist Indien. Nicht um ein Haar schonungsloser als wir. Eben anders, unvorstellbar anders. Weil der Tod nicht so wichtig ist. Auch nicht das Leben. Da doch im Überfluss vorhanden, da doch noch abertausende Mal Wiederkommen und Wiedervergehen auf den Alten warten. Und sterben am Ufer der »Naba-Biti-Hrt«, *der Angst Verjagenden*? Es gibt schlimmere Tode.

Eine Stunde entfernt befindet sich Hardwar. Stadt, an der der Fluss die letzten Ausläufer des Himalayas verlässt und seinen weiten, trägen Weg durch die riesige Gangesebene antritt. Natürlich ist Hardwar »holy«. Heiliger, sagen sie, als Rishikesh. Die Rishikesher widersprechen. Der Fall ist noch nicht entschieden, das seit Jahrhunderten schwebende Verfahren zieht sich. Ob es »just another stinky Indian town« ist, wie nachzulesen im Reisejournal eines Zynikers, oder eben nicht, das ist eine Frage von Zuneigung oder Verachtung. Wer dieses Land nicht liebt, der wird es verurteilen.

Fest steht, behaupten die Liebhaber, dass Vishnu – einer der drei Chefgötter der dreihundertfünfzig Millionen anderen Götter – hier vor Ort, direkt am rechten Ufer, seinen Fußabdruck hinterlassen hat. Somit die »Sünden hinwegwaschende Kraft« des Ganges an dieser Stelle schier nicht mehr zu überbieten ist.

Schon verblüffend die Hingabefähigkeit der Inder, ihre unwiderrufliche Inbrunst, mit der sie in die Fluten tauchen, um ihr

Herz zu waschen. Und ihre Freude, Schiffchen aus Blättern und Blüten mit brennendem Docht aufs Wasser zu setzen: der lichterloh helle Fluss, früh abends, was für eine grandiose Hommage an seine Schönheit und Nachsicht.

Abschied von Hardwar. Lange Zugfahrt, Felder, Dörfer, der Dunst der Hitze, der Loo, der glühende Wind, der durch die Zugfenster weht. Still und mächtig fließt der Ganges. Nichts Heiliges in der Gegend, keine Pilger, keine Sadhus.

Small Talk mit dem freundlichen Mister Sinha, der mit Frau und hübscher Tochter im selben Abteil sitzt. Ich will wissen, wie ein erfolgreicher indischer Mensch mit der Armut in seinem Land umgeht. Sinha beruhigt mich sofort: »Die meisten verstellen sich. Wohlhabende Faulpelze, die nicht arbeiten wollen.« Seine Antwort klingt umso witziger, als nach fünf Minuten einer dieser Versteller – einäugig, einbeinig und bis unter die Achselhöhlen verschorft – an uns vorbeihinkt und um Geld bettelt.

Am späten Abend erreichen wir Kanpur, größte Stadt zwischen Hardwar und Allahabad. Einst wohnte ich hier ein paar Tage bei einem Freund. Und Prasad führte mich zu Shree Abhayana Baba. Der »Heilige« in einem nahen Dorf. Ich wollte ihn besuchen, und der Alte war einverstanden. Durch eine Bodenklappe stieg ich hinunter in sein Erdloch. Nach drei Metern, so hatte Prasad empfohlen, sollte ich zu kriechen aufhören. So stoppte ich und saß blind in vollkommener Stille und Dunkelheit. Irgendwann hörte ich den gleichmäßigen Atem des Dorfheiligen. Er meditierte. Seit vier Jahren war dieser finstere Schacht sein Leben, Tag und Nacht.

Natürlich redeten wir kein Wort. Nichts interessierte ihn weniger als Sprache. Ich saß da und lauschte. Er tue das, so hatte er vor dem Abstieg in diese strenge Askese verkündet, »for the happiness of god«, *damit sein Gott glücklich werde.* Was für ein geheimnisvoller Satz. Wie soll ein westlicher Mensch das begreifen?

Am nächsten Morgen Ankunft in Allahabad. Die Großstadt am Ganges spielte eine entscheidende Rolle im Kampf um die Unabhängigkeit von England. Das Haus der Familie Nehru dient heute als Museum. Auch Gandhi wohnte zeitweise dort. Sein Spinnrad, die Bücher, das Schreibpult, alles im Original noch vorhanden. So die Urne von Jawaharlal Nehru, aus der man eine Handvoll Asche in den Fluss streute. Er hatte ausdrücklich in seinem Testament darum gebeten. Obwohl er Atheist war, fühlte er sich ihm so nah. Seiner Magie war er wie jeder seiner Landsleute erlegen.

Für den gläubigen Inder gilt dieser Ort als Vorhof zum Paradies. Denn eine Sensation findet da statt: Drei heilige Flüsse, der heiligste Ganges, der zweitheiligste Yamuna und der geheime – unsichtbare und nie gesehene – Sarasvati fließen hier zusammen. Ihre sündenvernichtende Potenz ist folglich pyramidal. Satellitenfotos beweisen, dass das hier alle zwölf Jahre stattfindende Fest, die *Purna Kumbh Mela*, das größte religiöse Happening der Welt ist. Mit etwa siebzig (!) Millionen Teilnehmern. Und jeder von ihnen drängt sich ins Wasser. Um seine Schuld loszuwerden. Und um hinterher sündenfrei wieder nach Hause zu fahren.

Urzeiten zuvor – so berichtet eine der tausend Legenden – kämpften Götter und Dämonen um ein Gefäß voll mit Amrita, dem Nektar der Unsterblichkeit. Bei der Rauferei fiel einer von vier Tropfen auf Allahabad. Seither kann die Stadt nicht untergehen.

Im Süden liegt der Sagam, die Stelle, wo die beiden Flüsse zusammentreffen. (Den dritten gibt es ja nicht, aber er strömt, unauslöschbar, durch die Herzen der Hindus.) Eine 42-Grad-Sonne brennt auf das riesige, jetzt menschenleere Areal. An der Zufahrtsstraße sitzen die Krüppel auf ihren Holzkarren. Alte und junge. Mädchen mit Engelsgesichtern und Armstümpfen aus der Hölle. Sie wohnen im nahen Lepradorf, beziehen hier jeden Tag Stellung. Ihr Leben als Opferstock. Vorbeikommende Wallfahrer werfen ein paar Münzen in die Blechteller.

Haratlal vermietet sein Boot und rudert mich hinaus zu genau dem Punkt, wo der seichte, gelbe Ganges und der tiefe, blaue Yamuna sich treffen. Seefahrende »holy men« kommen uns entgegen. Der eine will seine »holy words«, der nächste seine »holy milk« und der dritte seine »holy coconut« loswerden. Dann ist es ruhig, die beiden Flüsse sind friedlich und still. Hunde und Ochsen stehen im Wasser, Pilger beten am Ufer, flehen innig zu ihren Göttern. Sie haben sich für den langen, mühseligen Weg entschieden. Anders als jene hektischen Gottessucher, die sich einst kopfüber von einem Banyan Baum stürzten, siegessicher davon überzeugt, unbeschädigt im sorglosen Jenseits zu landen.

Noch hundertzwanzig Kilometer zum Paradies, Busfahrt ins Allerheiligste, nach Varanasi. Wieder muss Mutter Ganga uns beschützen, scheint es doch, als habe Fahrer Hari heute beschlossen, uns alle als Asche an diesem seligen Ort versenken zu lassen. Kein Gegenverkehr kann ihn bremsen, keiner der am Straßenrand liegenden, vor Stunden oder Monaten zerschellten Lastwagen mahnt ihn zu Vorsichtsmaßnahmen. Getrieben von heiterer Todessehnsucht prescht er dahin.

Wer als Fremder heil ankommt, sollte sich vorbereiten. Damit die Ohren nicht schmelzen im frenetischen Tumult der Hupen. Damit er nicht strauchelt im blauen Gas zügelloser Auspuffrohre. Damit er nicht erblindet im Dreck einer von Kuhhaufen und Menschenhäuflein übersäten Stadt. Damit er das sieht und das spürt, was ihren Weltruhm ausmacht: jene Gassen einer unentwirrbaren Altstadt, jene Shivajünger, Hungerkünstler, Handleser, Sternendeuter und Abertausende von Wundermenschen, die hierher ziehen, weil sie nirgends auf Erden glücklicher leben und leichtsinniger sterben können als hier, ja, jenes Licht bemerken, das die Morgensonne auf die Ufertreppen strahlt, jenes Feuer der Toten, das nachts in den Himmel lodert, jenen Ton einer Tablatrommel, der vom anderen Ufer herüberweht.

Die grandioseste Stunde des Tages – seit 3000 Jahren, sagen sie – beginnt mit dem Sonnenaufgang. Dann strömen die Gottessüchtigen zum Westufer des Ganges und nehmen »the holy dip«, *das heilige Bad*. Heiliger als entlang der vierundsiebzig Ghats kann ein Bad nicht sein. Keine Todsünde wäre sündig genug, um – einmal hinweggewaschen – zu überleben.

Täglich, nur entschuldigt von einer Naturkatastrophe, tauchen sie ein, flüstern hinauf zu den Göttern, sind auf wunderliche Weise – mitten unter den 50 000 Frauen und Männern – allein mit ihnen. Nichts holt sie in diesen Augenblicken auf die Erde zurück. Auch nicht die so irdische Tatsache, dass am Tulsi Ghat ein Labor steht und davor eine schwarze Tafel hängt, die tagtäglich darüber Auskunft gibt, dass der hier vorbeifließende Strom eine lebensbedrohliche Brühe ist. Hingerichtet von Myriaden lässlicher Sünden, vollgemacht mit allem Abfall, den Mensch und Tier, tot oder lebendig, zu produzieren imstande sind.

Doch wie jemandem die Sorge um die Welt einreden, wenn sein einziges Ziel ist, sie loszuwerden? Wartet doch etwas, was um so vieles verführerischer ist: der Himmel, diese Ewigkeit ohne Sehnsüchte und Schrecken.

Ich treffe Govind im Gassengewühl, rein zufällig. Trotz dickem Bart und der orangefarbenen Kleidung ist er als Weißer erkennbar. Früher war er Kanadier und hieß Joe oder Jeffrey. Er will es nicht mehr wissen. Als er vor zwanzig Jahren in Varanasi ankam, »was not much singing in my heart«. Inzwischen ist er ein Sadhu geworden und hat fast alles hergegeben, sogar seinen kanadischen Akzent. Lupenreines Indienenglisch spricht er jetzt. Wann immer ich ihn sehe, nehme ich ihn mit zum Essen. Sein dünner Körper, zu oft nur ernährt von Dal und Reis, braucht Abwechslung. Und ich brauche seine Geheimnisse. Weil der Mensch so unglaublich anders ist.

Selbst sein Wunsch zu leben verging. »I want to get out of life«, sagt er heiter. Kein Hass auf sein Dasein, kein Ekel, nur diese durch hartnäckiges Training erworbene Gleichgültigkeit, dieser friedliche Drang, irgendwann sacht und unauffällig zu verschwinden, ja, am Manikarnika Ghat zu enden, auf den Stufen, wo sie seit Jahrhunderten die Toten verbrennen.

An diesem Platz, mitten in dieser Stadt, direkt neben diesem Fluss. Was für ein bewegendes Ritual: Den in Seide oder Baumwolle gewickelten Leichnam tragen die Familienangehörigen hinunter ans Ufer, stellen ihn samt Bambusbahre ins (flache) Wasser. Die Familie, das sind die Männer. Frauen haben keinen Zutritt. »Ihr Heulen und Kreischen«, so sagen sie es, »würde den Geist des Verstorbenen beunruhigen.« Kurz darauf schütten sie fünfmal Gangeswasser auf den Mund, betten die Leiche auf den inzwischen sauber geschichteten Stapel schwerer Äste, umkreisen fünf Mal mit Sandelholz und glühender Kohle den Holzstoß, zünden ihn an. Und warten, schauen hin, reden leise, rauchen einen Bidi, nehmen so stundenlang Abschied.

Die Dhobi, eine Kaste der Unberührbaren, kümmern sich um die Überwachung der Zeremonie, schichten um, holen frisches Holz für frische Leichen. Oft brennen sechs, sieben Scheiterhaufen gleichzeitig. Was für ein monumentales Bild. Erhellt vom Schein der Flammen leuchten im Hintergrund die Fassaden ehemaliger Maharadschapaläste. Daneben die Schatten im dunklen Wasser. Und dazwischen der Feuertod glücklicher Toter. Stille. Nur begleitet vom Knallen des Fleisches.

Dasitzen, sehen, wie ein Schädel sich aufrichtet, wie die gelbe Hitze aus leeren Augenhöhlen faucht. Dabei sein, wenn ein vor Stunden noch anwesender Mensch in Schutt und Asche zerfällt.

Lepratote, Kinder und Sadhus werden nicht verbrannt. In diesen Fällen wird der Leib mit einem schweren Stein in der Mitte des Flusses versenkt. Und Schlangenbisstote legen sie in ein Boot. Mit einem Brief. Darin steht, woran er starb. So besteht die Möglichkeit, dass ein »spiritual man«, der dem Leichenboot begegnet, die tödliche Schlange herbeizitiert und sie zwingt (!), das Gift abzusaugen. Und das scheintote Opfer wieder aufersteht.

Ein hundertjähriges Leben wäre um hundert Jahre zu kurz, um jede Legende zur Entstehung dieser Stadt zu erzählen. Unbestrittener Hauptdarsteller aller vor Ort inszenierten Märchen ist Lord Shiva, der Schutzpatron. Sein Markenzeichen, Sinnbild seiner Schönheit und Kraft, ist der Lingam, sein stolz erregtes Männerglied, das hier überall in tausendfacher Ausführung, auch in Marmor gehauen, unbekümmert ins Freie ragt.

Über Umwege finde ich Swami Dashvan. An letzter Stelle denken fromme Hindus beim Anblick des Lingams an Sex und Erotik. Für sie ist er Ausdruck von mentaler Stärke und göttlichem Schutz. Der Swami ist ein junger, schöner Mensch. Ein Sadhu, sehr ernst, sehr beschwingt, hat er sein Dasein Shiva geweiht. Keine Eitelkeit plagt ihn, nichts muss er beweisen. Weil ich ihn bitte, nimmt er mich mit zu einem kleinen Tempel, der leer steht.

Und ohne Scheu entkleidet er sich und wickelt seinen Penis um einen Holzstock. Manche Sadhus, so hatte ich gehört, vollbringen Wundertaten mit ihrem Geschlechtsteil.

Was jetzt folgt (schon hinsehen schmerzt), sind uralte Techniken, um das »kama«, *das Feuer der Leidenschaft*, umzusetzen in »tapa«, *geistige Energie*. Dashvan »zieht«, dehnt, zerrt, zwängt und quetscht sein Geschlecht in alle denkbaren und undenkbaren Himmelsrichtungen. Exerzitien, die jeden Ungeübten schreiend in Ohnmacht jagen würden. Nicht den Swami. Sorglos, völlig entspannt blickt er mich an. Er hat so vieles hinter sich. Um so viele Wiedergeburten ist er dem Gleichmut, diesem Desinteresse dem Schmerz und der Freude gegenüber, näher.

In Varanasi, so sagen sie, hören alle Reisen auf. Dass der Ganges noch tausend Kilometer weiterfließt, irgendwann an Kolkata vorbei, um endlich im Indischen Ozean zu verschwinden, es kümmert sie wenig. Sogar Westler, Frauen wie Männer, fühlen so. Sie kamen. Und blieben. Besänftigt vom Fluss und ungerührt von den Schmährufen giftiger Witzbolde, die diese Stadt unter »holy latrine« abhakten. Ich begegne einer Handvoll dieser wunderlichen Immigranten, unwiderruflich davon überzeugt, dass das Leben an diesem Ort mehr wert sei als im lebenshungrigen Westen.

Jeder, der hier haltmacht, wird sich bereichern. Selbst diejenigen, die weiterziehen. Und bestünde dieser Reichtum nur aus Momenten flüchtiger Gelassenheit, so einer Nonchalance, die einverstanden ist. Auch mit der eigenen Ignoranz.

So geschah es an einem späten Nachmittag. Ich saß am Rana Ghat und hörte das gleichmäßige Schlagen der Wäscher. Ein paar Kinder spielten Kricket, von fern die Glocke eines Tempels, vor mir der stille Fluss. Seltsamerweise erinnerte ich mich plötzlich an eine vor Jahren in Oklahoma City beobachtete Szene. In der ein Mann – mit Tüten und Paketen voll beladen – von einem Supermarkt auf sein Auto zustürmte, schon von Weitem seiner Frau zurief, den Kofferraum zu öffnen, mit titanischer Willenskraft weiterstürmte, um nicht zusammenzubrechen unter der Fracht so viel rastloser Gier. Und tatsächlich, bis auf zwei Meter kam er an seinen Wagen heran, verlor dann doch das Gleichgewicht und verschwand – unvergesslich – mit dem Kopf voraus in der Tiefe des Kofferraums, alle Last, eisern, mit sich reißend.

Anschließend, wie folgerichtig, fiel mir der Alte in Kanpur ein. Der sich unter die Erde verkroch, um verzichten zu üben. Nur nicht auf seine tägliche Schale Milch und die Liebe zu Shiva.

Das letzte Rätsel an diesem Nachmittag am Ufer des Ganges war meine indische Freundin Mira. Vielleicht dachte ich an sie, weil wir uns bald in New Delhi wiedersehen würden. Sie teilte alles mit mir, nur nicht ihre Suppe. Niemals durfte ich mit meinem Löffel in ihren Teller tauchen. Denn das verstieße, so behauptete sie todernst, gegen die »Hygieneregeln«. Rätselhafte Welt.

Keinen der drei verstand ich, nicht den Gierigen, nicht den Mann in der Finsternis, nicht diese so freundliche, so kluge Inderin. Aber es machte mich nicht nervös. Mir widerfuhr das, vor dem jene warnen, die mehr wissen von der sanften Hinterhältigkeit des Flusses und dieser Stadt: Leichtigkeit. Selig grinste ich vor mich hin, so erstaunt über die Tatsache, dass ich nichts begriff und nichts mich beunruhigte. Ein paar Stunden lang war ich leicht, so einverstanden.

HOWRAH BRÜCKE
Auf jedem Meter irres Leben

Als Albert Camus durch die USA reiste, sah er am Eingang eines Highway-Tunnels einen Mann stehen. Der Mensch war dazu abgestellt worden, die »mit ohrenbetäubendem Lärm« vorbeifahrenden Autos zu zählen. Das wäre, bemerkte Camus in seinem Tagebuch, »ein Held für einen modernen Roman«.

Der französische Schriftsteller kam nie nach Indien. Dort hätte er vielleicht den alten Rajat getroffen, der immer wieder und immer wieder besessen mit einem Staubwedel über seine zum Verkauf ausgelegten Brillen wischt. Rajat sitzt vor keinem Tunnel, sondern direkt neben der Howrah Bridge in Kolkata. Kein Krach betäubt mehr seine inzwischen tauben Ohren. Seine Kraft investiert er in den Kampf gegen die Staubtonnen, die seit Jahrzehnten auf seine Brillengläser fallen. Rajat ist der Held eines anderen Romans.

Der dritte Held ist die Brücke. Wie kein zweites Bauwerk auf dem Planeten steht sie unter einem permanenten Belagerungszustand. Und keiner wird nachgeben. Nicht Rajat und alle anderen, die sie täglich besetzen. Nicht die Brücke, eine der letzten, grausig schönen Hinterlassenschaften der englischen Kolonialherren. Als ich Rajat frage, wann er aufhören wird, seine Brillen abzustauben, meint er trocken: »An meinem Todestag.« Nicht anders, ich wette, wäre die Antwort der Brücke. Erst ihr Ende, erst ihr physischer Zusammenbruch wird sie erlösen.

Bricht sie zusammen, so verschwindet sie im Hooghly, so der bengalische Name für den heiligsten aller Flüsse, dem Ganges. Das wird dauern. Wie eine fette Kröte aus 27 000 Tonnen Stahl ragt die »Auslegerbrücke« 172 Meter in die Luft, verbindet – genau 705 Meter lang – die 14 (15? oder 16?) Millionenstadt mit dem Vorort Howrah und dem Rest von Indien, mit nochmals 1300 Millionen Einwohnern. Solche Zahlen vermitteln eine Ahnung vom Fleiß Rajats. Denke ich an ihn, denke ich an einen Dick-und-Doof-Film, in dem Dick mit einem Feuerwehrschlauch auf ein Fenster spritzt und Doof sein Taschentuch herauszieht, um die Scheibe zu trocknen.

Die achtspurige Zufahrtsstraße auf der Kolkataseite sieht aus wie der Eingang zu einem Schlund, gasblau verstunken und rastlos gepeitscht von einem Bataillon indischer Autohupen. Und die Ausfahrt in Howrah – direkt neben dem berühmten, dem berüchtigten Bahnhof – ähnelt dem Ende der Welt: versaut und schrill wie die Trompeten von Jericho. Eine Viertelmillion Vehikel will in 24 Stunden von einer Seite auf die andere. Begleitet von über sechshunderttausend Fußgängern auf den beiden vier Meter breiten Gehsteigen. Und verstellt von Hunderten von »hawkers«, jenen fliegenden Händlern, die – zwischen den Füßen der Vorbeihetzenden – ihre Mohrrüben, Büstenhalter, Mottenkugeln und Horoskope verkaufen.

Als ich zum ersten Mal auf ihr stand, hatte ich das Gefühl, Teil einer gigantischen Flüchtlingsbewegung zu sein, jeder vorwärtsgetrieben von der Möglichkeit eines unmittelbar bevorstehenden Untergangs. Und jeder verstört, nicht wissend, in welche Richtung er ziehen sollte.

Alles falsch. Jeder hat einen Plan, ein Ziel, einen ziemlich genau festgelegten Platz. Was Zeit braucht, ist die Fähigkeit, das Chaos zu dechiffrieren. Wie bei Kumar, der mich von einem der Spielertische wegzieht, wo Anfängern das Fell über die Ohren gezogen wird. Weil sie, so Kumar, den »ultimate trick« nicht kennen. Den Trick, um die rote Rose zu erraten, die auf die eine Unterseite von drei – stets wieder neu gemischten – Plastikchips gemalt ist. Wer auf die richtige Karte zeigt, bekommt das Doppelte seines Einsatzes zurück. Wer nicht, verliert alles.

Ich verliere gegen beide: gegen das Pokerface, das seinen Küchentisch zwischen einem Brückenpfeiler mit der Aufschrift »Be proud of this bridge, keep it clean and beautiful« und einem

Haufen verrotteter Tomaten aufstellte – und Kumar. Weil er grundsätzlich um ein Mittagessen schnorrt und immer eine dubiosere Ausrede erfindet, um den allerletzten Trick erst »tomorrow« zu verraten.

Bis mir der Ober vom gegenüberliegenden Restaurant erzählt, dass Kumar der Bruder des Pokerface ist. Während mir Polizeiinspektor K., der am anderen großen Pfeiler in einem Holzverschlag seine Dienstzeit absitzt, mitteilt, dass alle Pokerfaces und alle deren Brüder für Mister M. arbeiten, dem sie abends die Gewinne abliefern, und der sich gerade – K. deutet auf ein fünfzig Meter entferntes Hochhaus im Rohbau – ein Hotel bauen lässt. Dass Polizeiinspektor K. jedes Monatsende von Mister M. eine »provision« – so nennt der Empfänger das Schmiergeld – bekommt, um kein Pokerface und keinen Bruder von der Brücke zu verjagen, davon erfahre ich drei Tage später vom überaus jovialen Mister M.

Ich liebe Indien.

Bis 1874 musste sogar der englische Vizekönig in Howrah den Zug verlassen und mit dem Boot auf der anderen Seite, in Kolkata, seiner damaligen Hauptstadt, anlanden. Seit knapp zwei Jahrhunderten existierte das Problem, aber schon die Konstruktion eines bescheidenen Stegs schien nicht machbar. Dann jedoch zimmerten sie – unter dem schieren Andrang der zu befördernden Massen – eine hölzerne Pontonbrücke: ähnlich einer schwimmenden Straße, mit einem beweglichen Mittelteil, um Schiffe passieren zu lassen. Sie war als Zwischenlösung gedacht und hielt fast siebzig Jahre.

Der Zweite Weltkrieg entschied. Die Amerikaner machten Druck und forderten eine funktionierende Infrastruktur für ihre Birmaoffensive gegen die Japaner. So entstand 1943 die Howrah Brücke, die ersten anrollenden Panzer bewiesen, dass sie für die Ewigkeit gebaut wurde.

Das kann der alte Togur nicht vergessen. Er steht genau in der Mitte der 705 Meter und lädt mich ein, mit ihm nach New York zu segeln. Mithilfe des Geländers als Startrampe. Um sich zu bedanken. Vor langer Zeit hat Togur seinen Verstand verloren.

Nicht aber seine Dankbarkeit gegenüber den Alliierten. So wartet er seit Generationen auf den günstigsten Wind. »Wo schläfst du in der Zwischenzeit, Togur, hier auf dem Asphalt?« Und Togur, der verrückte Poet: »Schau, ich schlafe nicht auf dem Boden, ich schlafe unter dem Himmel.«

Wir tauschen Adressen aus, seine extravagante Anschrift lautet »Broadway, right side, knock three times.« So könnte ich ihn finden, für den Fall, dass heute Nacht die Windstärke stimmt, und ich allein ihm nachfliegen müsste.

Jeder auf dieser Brücke hat seinen »Punkt«, seine Aufgabe, jeder. Ein paar Schritte von Togur entfernt steht Sujoy, der Kassierer. Er steht genau da, wo die minimale Steigung der Fahrbahn wieder abfällt. Nähert sich ein schwer bepackter Handkarren, gezogen und geschoben von vier dünnen Männern, dann streckt Sujoy die Hand aus und streicht ein. Denn Sujoy ist Ex-Kuli und jetzt Chef. Die vier Dünnen schuften für ihn, angeheuert wurden sie vom Besitzer des Karrens, der den Anstieg solo nicht schaffen würde. Ab der Mitte jedoch geht es bergab, also kommt er ohne Hilfe zurecht. So zahlt er Sujoy nun aus, der reicht einen Teil weiter an seine Arbeiter, die nun erneut an den Ausgangspunkt zurückgehen und auf einen neuen Auftrag warten.

Die Welt fährt vorüber, Sattelschlepper, Kutschen, Motorräder, Leiterwagen, Taxis, Feuerwehrautos mit einem Mann auf dem Trittbrett, der die große Glocke bimmelt, Busse, heftig nach rechts oder links ausschlagend, seit Jahrzehnten schief und ächzend unterwegs, Krankenwagen, aus denen der Fahrer eine rote Fahne schwenkt, von der aberwitzigen Hoffnung beseelt, irgendeiner würde Platz machen, ja Platz machen können, ein Pechwagen mit einem offen fauchenden Feuerloch, daneben acht Straßenarbeiter, pausenlos damit beschäftigt, den erbarmungslos von Reifengummi, Sonne und Regenwasser geschundenen Teer zu flicken. Und die »thelas«, jene zentnerschwer überladenen Gefährte auf Rädern, die bereits im Mittelalter zum Einsatz kamen und unabweislich daran erinnern, wie hundsgemein dornenreich sich viele ihre Rupien verdienen müssen.

Der Rest der Warenflut wird via Abertausende indischer

Köpfe über die Brücke befördert, kopflastig und zu Fuß: Auto-sitze, Kanalrohre, Spinnweben-Wedel, Bettgestelle, Bürostühle, »VIP-Luggage«, Götterbilder von Krishna, Affengott Hanuman, Rambogott Sylvester Stallone und Himmelskurvengöttin Samantha Fox. Andere balancieren gläserne Schwäne, eine Garnitur Hufeisen, Koffer mit zehntausend Rasierklingen, Polizeiknüppel, Milchkannen, Klobrillen, Klobürsten, Kohlensäcke, Äste für zukünftige Zahnbürsten, dreißig Kilo Karotten, ein Sortiment Fahrradsättel (Baujahr 1951) und Kisten voll roter Plastikherzen, mit einem Pfeil mittendurch und den zwei Worten »Dile Jale«: *brennendes Herz, verbranntes Herz, gebrochenes Herz.*

Ein Ding – ich erkenne nicht sogleich, um was es sich handelt – wird geschultert. Ich komme näher, und das Ding ist ein Mensch, und die Schulter gehört Sumanta, einem Verwandten, der den verkrüppelten Sandip morgens zu seinem Arbeitsplatz trägt. Hier auf der Brücke wird der Schwerbeschädigte auf einer zerschlissenen Decke abgestellt und in dramatische Position gebracht: wie gekreuzigt und die extrem verwachsenen Beine Richtung vorbeieilendes Publikum gerückt. Anschließend fängt der 63-Jährige zu greinen an, lange zwölf Stunden lang. Zwischen sechs und sieben Uhr abends kommt Sumanta wieder vorbei, diesmal, um die herumliegenden Münzen einzusammeln und Sandip nach Hause zu tragen. Ein klarer Rhythmus, den die beiden seit Jahrzehnten reibungslos praktizieren. Dass ein tägliches Bakschisch an die Männer von Inspektor K. dazugehört – als Parkgebühr sozusagen – versteht sich von selbst.

Vier Jahre nach Fertigstellung der Brücke wurde das Land 1947 unabhängig. Alle Erinnerungen an die bösen Briten sollten verschwinden, so auch der Name Howrah. Also beschlossen die Stadtväter, sie auf »Rabindra« umzutaufen, auf Rabindra Bridge. Ausdruck der Liebe für ihren begnadetsten Mitbürger, den Dichter und Nobelpreisträger Rabindra(nath) Tagore.

Das funktioniert nicht, nicht in Indien. Einmal gegebene Inschriften halten mindestens tausend Wiedergeburten durch. Die Umbenennung bleibt praktisch unbekannt. Ein kleiner Test bei einem Dutzend Taxifahrer zeigt nur erstaunte Gesichter, »sorry, I don't know«.

Milliarden Rupien teurer ging ein anderes Projekt daneben, das Projekt einer zweiten Brücke, ein paar hundert Meter weiter südlich. Indira Gandhi legte 1972 den Grundstein zur »Vidyasagar Bridge«, benannt nach einem mutigen Sozialreformer aus dem 19. Jahrhundert. Als die imposante Hängebrücke nach zwanzig Jahren – endlich – eingeweiht wurde, muss die alte vor Glück gestöhnt haben. Wie vergeblich. Weil die neue für den Massenverkehr nicht taugte, nicht taugt: Sie ist mautpflichtig, weder Fußgänger noch Radfahrer sind erlaubt, das Gebilde ist modern, kalt, ohne Leben, unsäglich unindisch. Die Howrah Brücke aber ist wie dieser Subkontinent, so anstrengend und so behütend.

Wer sich auf ihr auskennt, all ihre Schlupfwinkel, Rastplätze und Wohltaten kennt, der wird sie oft und lange überleben. Nahe dem Hölleneingang steht ein »electric jotish«, aus dem Indienenglisch vielleicht mit »elektrische Schicksalsvorhersage« zu übersetzen. Ich werfe ein paar Münzen ein und erfahre, dass ich »hard times« hinter mir habe (wie wahr), »but soonly (sic) you are touching success«. Bald werde ich wissen, dass alles stimmt, denn der Tag bringt nur Freude.

Eine komplette Brückenüberquerung beginnt schon zweihundert Meter davor. Da, wo die Händler anfangen, ihren Krimskrams auf den Trottoirs auszubreiten, da, wo der Transportminister kürzlich ein Problem sah: Ende letzten Jahres führte er die Aktion »Sunshine« durch, zitierte Polizei und Bulldozer an Ort und Stelle und ließ die armen Teufel wegräumen. Sie – so der kommunistische Politiker Subhas Chakraborty – behindern den Verkehr, zudem verunstalten sie die Umgebung. Der eigentliche Grund: Der Besuch des englischen Premiers stand bevor. Ihm wollte er ein aufgeräumtes Kolkata präsentieren. Damit er ein gutes Wort einlege für einen Weltbankkredit an Westbengalen.

Inzwischen ist der britische Regierungschef zurück in der Downing Street 10, und die Vertriebenen wieder an ihrem angestammten Arbeitsplatz, der Zufahrt zur Howrah Brücke.

Nichts, fast nichts fehlt. Rajendra installiert jeden Morgen seine Waage. Keine schlechte Idee, um für 50 Paisa herauszufinden, wie viel Gewichtsverlust der Weg über den Ganges bringt. Als ich mich zum Wiegen hinaufstelle, fällt mir plötzlich auf, dass kaum Dicke vorbeikommen. Ach ja, sie werden gefahren. Nur die Dünnen, die Sportlichen, trauen sich.

Neben den Waagen-Besitzern hocken die Rostigen-Nägel-Händler und die Zungenschaber-Verkäufer: mit einer gehörigen Auswahl verschieden schmaler Bleche, um die Zunge von den Resten des letzten Mittagessens zu befreien. Wer sein Schmalz loswerden will, dem reinigt Nari – »Baba, come, please, ear clean« – auf der Stelle sein Paar Ohren. Daneben wirtschaftet eine ganze Riege Schuster, die mittels kleiner Öfen ihre Brennstäbe erhitzen, um auf das jeweilige Loch der Kundensohle einen Gummiflecken zu kleistern.

Besonderes Interesse gebührt den knapp fünfzig Anbietern sauber versiegelter Schmuddelhefte, auf deren Rückseite die Stadt Kolkata offiziell erklärt, dass es sich um »unobscene literature« handle. Bezaubernde Vorstellung, wie hauptamtlich dazu abbestellte Beamte die Heftchen durchhecheln, um obszön von nicht-obszön zu unterscheiden. Wer die Zehn-Rupien-Literatur entsiegelt, findet ineinander verschlungene Damen und Herren – stets in Bikini und Unterhose – beim (angedeuteten) Liebesspiel. Entschieden witziger jedoch als die linkischen Zeichnungen ist der (viele) Text. Eine Art Fibel für indischen Ehesex. Hier werden dem Gatten genaue Anweisungen gegeben, um gewissenhaft und fehlerlos den Körper seiner Gattin durchzuchecken: auf der Suche – wenn ich richtig verstand – nach einem »Anlasser«, den es zu betätigen gilt, damit die Frau Gemahlin hurtig anspringt. Vorsichtshalber heißt es noch: »don't pinch!«, *bitte nicht zwicken!*

Die echt scharfen Hefte – »Baba, please look, real fuckyfucky« – holen sie blitzschnell unter der Decke hervor, reichen sie, nur für Sekunden, dem Kunden zur Ansicht. Ich habe gerade genug Zeit, um zu erfahren, dass sich auch Deutschland am Crashkurs sexueller Aufklärung in Indien beteiligt. Nirad reicht mir verständnisvoll lächelnd die Vierfarbenbroschüre: »Mein Lollipop auf Abwegen«.

Keinem soll etwas mangeln. Ranjan ist als ambulante Teekanne unterwegs, serviert für ein paar Paisa jedem ein Tonschälchen Chai. Debajoti trägt auf seinem Bauchladen als Blickfang Bill Gates' »The Road Ahead«. Und Girish verkauft für umgerechnet fünf Cent jedem, der es riskiert, eine frisch abgasgetünchte Mangoschnitte. So wird allen auf wunderlich indische Weise das Leben erleichtert. Nach spätestens zehn Metern kommt die nächste Linderung.

Sag einer, sie wäre nicht notwendig. Das gilt sogar – selbst wenn der erste Eindruck täuscht – für Sankargahan, den Howrahbrücken-Zahnarzt. Seine Praxis, ein guter Quadratmeter in einer Nische, ist dreimal wöchentlich durchgehend geöffnet. Sein Handwerkszeug liegt auf einer löchrigen, nicht mehr ganz keimfreien Plastikdecke: Angerostete Zangen sowie drei Fläschchen »Anästhesietropfen« gehören zu seiner Grundausstattung. Nicht zu vergessen das halbe Dutzend Gebisse, »second hand«: bereits in Hunderten von indischen Mundhöhlen zwischengelagerte Modelle, ordentlich in vorderster Reihe platziert.

Patient Atulchandra wird momentan traktiert. Sankargahan betupft mit Watte, gelb tropfend, zwei letzte dunkelschwarze Backenzähne, reicht hinterher eine bizarr violette Flüssigkeit zum Nachspülen. Das scheint die 67-jährigen Stummel des Alten nicht zu beruhigen. Nun zückt der Meister eine spitze Feile, will den Schmerz wegfeilen, und Atulchandra, gerade noch wimmernd, beginnt zu brüllen.

Man muss nahe genug sein, um die Verzweiflung des Patienten zu hören, denn der kleine Eingriff findet neben dem Musikstand des jungen Ashit statt. Und Kishore, einer der beliebtesten Schnulzensänger Indiens, plärrt – über Atulchandras Verzweiflungsschreie hinweg – einen seiner großen Hits: »In sensational mood.«

Das ist eine wunderbare Metapher für die Howrah Brücke, Schreie und Heilung, beides entspricht so haarscharf der hiesigen Wirklichkeit: morgens um sechs vorbeikommen und Frauen und Männern zuschauen, wie sie die Stufen zum Fluss hinuntersteigen. Weil die Seele nicht ruhig sein kann, bevor nicht der Leib – die Damen in voller Montur – in der braunen Soße des Ganges verschwunden ist, somit gereinigt und beflügelt via »holy dip«, dem *göttlichen Eintauchen.*

Dann den Kopf nach links drehen und den farbenwildesten Blumenmarkt im Universum bewundern. Und bewundern – nun allerhöchste Stufe – die schönen Inderinnen, die wie Königinnen durch den Sumpf der Abfälle zwischen den Blumenbergen schweben. So das menschliche, nein, das männliche Auge dazu zwingen, alles Krumme und Stinkige zu übersehen, ja, es ohne die leiseste Anstrengung verführen, auf ihre Gesichter zu blicken, auf die Leuchtfarben ihrer Saris, auf die taufeuchten Blumen, die sie so sacht umarmen.

Zwanzig Sekunden Fußweg weiter kugeln starke Männerleiber. Alle im »Langot«, dem knappen Ringerslip. Die einen Körper rank und gemeißelt, die anderen schwer mit schweren Sumobäuchen. Hier trainieren, so sagen sie selbstgewiss, Kolkatas begabteste Ringer. Morgens und abends, direkt neben dem Fluss, direkt neben der Brücke. Schwitzen an Geräten aus einem früheren Jahrhundert, turnen an einem Eisenbarren, schwingen ein dickes Stahlrohr mit einem mächtigen Stein, hetzen eine Bambusleiter hinauf, die nach 22 Sprossen in einer Baumkrone endet, biegen sich, recken sich, ölen sich ein, spazieren über den liegenden Rücken des Trainingspartners (um das Rückgrat zu stählen), probieren die neuen Griffe aus, werfen sich gegenseitig in den Sand und lachen bei jedem Missgeschick laut und lang, beten und singen am Ende zu Hanuman, dem Superstarken, vertrauen endlich ihren Schweiß Mutter Ganges an, trocknen sich ab, ziehen sich an. Und gehen zur Arbeit. Oder heim zur Familie.

Auf bestechende Weise strahlen diese Jungen und Alten eine Noblesse und lässige Bescheidenheit aus, ähnlich der Eleganz der Fischer, die unter der Brücke hindurchsegeln und mit einem einzigen fehlerlosen Schwung ihre Netze auswerfen. Und bei Windstille gestochen synchron ihre sechs, acht, zehn Ruder ins Wasser tauchen, so begabt für Rhythmus und Harmonie.

Nicht anders als die Sadhus, heilige und weniger heilige Männer, die Haus und Hof verlassen haben und nun seit Unendlichkeiten neben dem Sandkasten der Ringer leben und Haschisch rauchen, Gebete tanzen, am Fluss meditieren und mit Glocken schellen, ihren Lieblingsgott Shiva anhimmeln und dabei gleichzeitig das zelebrieren, was sie am innigsten beherrschen: das so hohe, so friedliche, so menschenfreundliche Lied der Faulheit.

»All that is not given is lost«, erzählte mir Kumar, der Bruder des Pokerface, während unseres sechsten – von mir finanzierten – Mittagessens. *Alles, was nicht gegeben wird, ist verloren.* Wie recht das Schlitzohr hatte. Ich sorgte für seine Ernährung, er zahlte stets mit einer Stunde indischer Märchen.

So ein Satz kann man nur in Indien erfinden. Weil er – in jedem Augenblick – in diesem Land stimmt. Und in jedem Augenblick an diesem Ort.

Hier der Beweis: Wer den Kampf gegen die Howrah Brücke aufnimmt, wer sie erkunden will, bis sein Schädel grünblau schwillt, ja, eines Vormittags zugegast ist von Hunderttausend Auspuffen und irgendwann gehörlos geschlagen von Hunderttausend Dezibel, der wird zuletzt fünf Männer entdecken, die ihn ins Paradies schicken. Die einem alles zurückgeben, was immer einer hier investiert hat.

Direkt am Fluss, keinen halben Steinwurf vom Eingang zum Orkus entfernt, geheimnisvoll versteckt hinter den schönen Frauengesichtern, den Catchern und dem feinen Geruch der Haschischpfeifen bieten die fünf – bis auf den Lendenschurz nackt – ihre Dienste an: eine Massage.

Und nichts und niemand verwundet mehr. Auf magische Weise scheuert kein schriller Laut an den entzündeten Ohren, nur das Fließen des Ganges und das Fließen ihrer Hände, die den Torso und seine Arme und Beine sanieren, alles jetzt eine fantastische Welt weit weg von den Sünden der Menschheit, nur noch sagenhafte Fürsorge: den erledigten Leib wälzen, ihn von verschiedenen Seiten angehen, bedacht das *Lal Tail Baby Oil* auftragen, dann eine kleine Ewigkeit die geschrumpften Knochen lang ziehen, den ganzen Body auslüften, ihn wieder einrenken, bald mit allen vier Extremitäten über die Haut gleiten, nicht zehn Quadratzentimeter vernachlässigen, immer auf der Suche nach dem Glück des Kunden. Bis er vor Seligkeit wegsinkt: Sechs Meter unter der Hölle schlafe ich ein.

INLE SEE
Schönheit und Eleganz

Die Erde wackelt. Es ist 4:20 Uhr, und ich liege im Bett. Panik. Der Boden schwingt, die Matratze, die Zimmerdecke. »7,3 auf der Richterskala«, wird tags darauf in der Zeitung stehen. Das ist nicht schlecht, das gäbe Anlass zu hastigsten Reaktionen. Aber nichts geschieht, kein Schrei, kein Hochfahren und Trampeln, kein verzweifeltes Suchen nach Fluchtwegen. Alles in der kleinen Pension bleibt still, unheimlich still.

Ich hätte es wissen müssen. Mein Zimmer befindet sich neben dem Inle See. Leises, flaches Wasser, 158 Quadratkilometer groß, mitten in Myanmar, zwanzig Fahrstunden von der Hauptstadt Yangon entfernt. Hier vertrauen sie Gautama, dem Erleuchteten. Auch wenn die Welt bebt. Beim Frühstück sagt jemand: »Ach ja, das Erdbeben.« So nebenbei, als wäre ein Apfel vom Baum gefallen.

Der See und Buddha und alle, die um ihn herum wohnen, das ist eine Liebesgeschichte. So harmoniesüchtig sind sie: Zu Beginn des letzten Jahrhunderts verließen ein paar Stämme den kriegswütigen Süden und zogen nach Norden. Bis sie hierher kamen. Einen friedlicheren Platz konnten sie nicht finden. Sie blieben und nannten sich »Intha«, *die Söhne des Sees*. Jetzt sind sie über 70 000 und auf dreifache Weise einmalig: als Farmer, als Fischer, als unwiderruflich freundliche Burmesen. Als ich ankomme und zerknittert von der Ladefläche eines Lastwagens klettere, öffnet ein wildfremder Mensch sein Fenster und ruft lachend: »Good morning.«

Kleines Nyaungshwe, größte und älteste Siedlung am See. Betriebsam, Frauen und Männer mit westlicher Kleidung, Hemd,

T-Shirt, Plastiksandalen, Hose. Oder der Longyi, das große Tuch um Bauch und Beine. Und statt der Baseballmütze der flache Strohhut. Und die Kinder in grünen Uniformen auf dem Weg zur Schule.

Mittendrin haben sie einen Markt, und am Dorfeingang, nicht weit von der einzigen Zapfsäule entfernt, sitzt Suk und treibt die »wheel tax« ein. Jeder, der vorbeifährt, muss eine Reifensteuer zahlen. Winzige Beiträge, um damit – irgendwann – die Löcher im Teer zu stopfen. »Wie viele Einwohner habt ihr?«, frage ich, und Suk antwortet schlau: »Du kannst sie nicht zählen.« Also viele, also viel mehr als die zehn Finger an meiner Hand.

Die modernen Zeiten, wie fern. Obwohl, es gibt ein Schild, das auf eine andere Welt verweist. »Sharing the challenge«, steht da. Die Herausforderung annehmen im Kampf gegen AIDS. Das ist eher erheiternd, denn keine der angeprangerten Versuchungen scheint hier vorhanden zu sein: keine Nadeln, kein hitziges Nachtleben, keine streunenden Mädchen. Im Gegenteil, seit Tagen lesen die Ältesten in der großen Pagode die Pali-Schriften. Über Lautsprecher am steilen Turm überall hörbar. Als Vorbereitung auf die Fastenzeit verkünden sie die fünf Gebote des Buddha: Kein Lebewesen sollst du töten, kein fremdes Eigentum an dich nehmen, nicht die Frau eines andern berühren, nicht die Unwahrheit reden und keine berauschenden Getränke trinken.

Keine Ahnung, ob sie das alles durchhalten, wer weiß. Gewiss jedoch, so höre ich es bald wispern, der letzte Punkt ist der heikelste: In manch mondhellen Nächten kippt einer dunkelblau vom Boot. Und verschwindet.

Von Nyaungshwe führt ein kurzer Wasserweg zum schmalen See. Viel schöner kann die Welt nicht werden. Links und rechts die dreihundert Meter hohen Hügel des Shan-Plateaus, das märchenstille Wasser, oben die wilden Wolken. Und allgegenwärtig wuchert das, was die Intha und diesen See so einmalig macht: Hyazinthen.

Nichts inspirierte sie inniger als der Anblick dieser Pflanze. Sie ist verantwortlich für die Erfindung ihrer »kyunpaws«, ihrer *schwimmenden Gärten.* Die warme Temperatur, die sanfte Strömung und die geringe Tiefe taugten ideal, um ein Gemisch aus Blumen und Schlamm in üppigen Humus zu verwandeln. Fünfzig Jahre dauert eine solche Prozedur.

Wie simpel sie vonstattengeht: Entlang der Ufer stehen die mehr als zweihundert Intha-Dörfer auf Stelzen. Für die privatesten Bedürfnisse verfügt jeder Haushalt über eine Art Hochsitztoilette. Was immer Großvater und Großmutter von sich gaben, erwies sich knapp zwei Generationen später als saftige Erde. Auch alles andere – solange »natürlich« und faul – war willkommen und zuträglich.

So entstanden im Laufe der Zeit jene Humusparzellen, welche die Intha in Teile von zwanzig Metern Länge und einem Meter Breite zuschnitten und mit stabilen Bambusstöcken am Seeboden verankerten. Und dann kultivierten. Mit Gewürzen, mit Kohl, Auberginen, Bohnen, ja Blumen. Heute zählen die Intha im armen Myanmar zu den Wohlhabenderen im Lande.

Die zwölfjährige Nay nimmt mich mit, während sie – im Boot kniend – entlang der Schrebergärten ihrer Familie paddelt und Tomaten pflückt. Drei Reihen weiter arbeitet ihr Bruder Win und löscht eine Ladung Seealgen. Nach ein paar Wochen wird er zentnerweise Schlamm auf die Beete abladen. Beides liefert der See, und beides dient als Dünger.

Vormittags gehen die zwei zur Schule. In manchen Dörfern gibt es sogar eine »Highschool«. Trotzdem, die Allgemeinbildung ist eher bescheiden. Viele Alte können nicht lesen und schreiben.

Jeden Tag wiederholen sich die Bilder. Mit sagenhafter Gleichmäßigkeit vollziehen sie die stets gleichen Bewegungen ihres Lebens. Wenn sie arbeiten, wenn sie ruhen, wenn sie säen, ernten und fischen. Einige verdienen zusätzlich, weben Schals und Taschen und drehen in Akkordarbeit grüne Zigarren, sägen dicke Bretter und leimen neue Boote. Doch nachts, wenn für Stunden der dorfeigene Generator läuft, besuchen sie einander und plaudern.

Kommt ein Unglück, ist keiner allein. Wem elend wird, den

rudert die Familie zu einem der beiden Spitäler. Malaria und Gastritis grassieren. Die Geburtenstation ist oft überbelegt. Ehemänner begleiten ihre schwangeren Frauen und übernachten neben dem Wochenbett. Wer Pech hat wie Minmir, der liegt mit einem Schlangenbiss darnieder. (Stolz zeigt er die zerstückelte Viper.) Wer zu waghalsig ist, muss wie Khin einen mächtigen Verband am Kopf tragen. Nachdem er senkrecht von einem Baum stürzte.

Nichts Katastrophales scheint sie zu bedrohen. Nie fegt ein Sturm vorbei, nie passiert ihnen eine vernichtende Missernte, nie bestimmen launische Börsianer ihre Zukunft. Tomaten und Gurken werden gegessen bis zum Ende aller Tage. Buddha wacht. Im luftigen Holzhaus der Eltern Nays verbeugen sie sich morgens und abends vor dem Hausaltar. Und wie alle anderen Intha legen sie sich schlafen Richtung Osten: Dort geht die Sonne auf.

Viele Familien haben beides, einen schwimmenden Garten und ein Fischerboot. Und eine ganz eigenwillige Technik: mit einem konisch geformten Korb in der Hand – innen ausgelegt mit einem Netz – suchen sie die Wasseroberfläche ab. Vermuten sie eine Beute, senken sie blitzartig den Korb und ziehen den zappelnden Fang nach oben. Was das Boot vorwärtstreibt, ist ihre nächste Fertigkeit: Mit einem Fuß stehen sie am Heck, den andern »wickeln« sie um das eine, einzige Ruder. Eintauchen, hochheben, eintauchen. Von Weitem sieht es aus wie ein Mensch, der – halbe Pirouetten drehend – über Wasser gleitet.

Als Soi, mein Bootsmann, und ich an einem Abend zurück nach Nyaungshwe fahren, begleiten uns drei wundersame Phänomene: der noch hellblaue Himmel, fünf dunkel brausende Wolken, die Schemen des Vollmonds. Und vom Ufer strahlen die ersten Lichter. Und die letzten Pirouetten-Menschen schweben vorbei oder halten mitten auf dem See, zünden ein Feuer an und rösten die frisch gefangenen Aale. Und Soi singt ein Lied.

Mindestens die Hälfte ihrer Zeit verbringen die Intha auf dem See, müssen also unablässig balancieren. Ist das ein Grund für ihre Sanftmut? Vielleicht überträgt sich eine solche Körperhaltung auf ihr Herz. Das ihre scheint zu gleiten, es hetzt nicht, prallt nicht ab, stößt nirgends an.

Dass Buddha Mitschuld hat, natürlich. Über 180 Klöster mit mehr als fünfhundert Mönchen liegen zwischen den Dörfern. Am verehrungswürdigsten von allen die Phaungdaw U Pagode, mit den von Goldblättchen überklebten Buddhastatuen. Die fünf sehen aus wie uralte Kartoffeln, so zugepflastert von Abermillionen Beweisen der Liebe.

An einem Nachmittag kommen acht Soldaten dorthin. Das Geräusch ihrer Kalaschnikows und Patronengürtel fällt auf, die sie klirrend ablegen. Doch dann tun sie, was alle tun, kaufen winzige Tüten mit Gold und kleben es auf die heiligen Kartoffeln, beugen sich nieder und bitten um Glück.

In einem Gedicht schrieb Bert Brecht, dass sich Buddha selbst bei seinem Begräbnis »leicht machte«. Damit er niemanden schwerfalle, auch nicht beim Sterben. Diese Sehnsucht, keine Mühe zu bereiten, ist einer der Gründe, warum sie jedes Jahr im September das große Phaungdaw-U-Festival feiern. Weil die Allerärmsten kein Geld haben, ihn, Herrn Buddha, in der Pagode zu besuchen, fährt er zu ihnen. Auf einer »königlichen Barkasse« transportieren die Intha ihre Gold-Buddhas zu 22 verschiedenen Dörfern. Das machen sie tagsüber. Und nachts lassen sie Tausende von Laternen über die Wellen segeln. Glorioser Höhepunkt dieser drei Wochen lang dauernden Fete sind die Bootsrennen. Bis zu hundert Mann formen eine Mannschaft. Dorf gegen Dorf. Zweihundert Beine, die um die Wette Ruder und Füße ins Wasser tauchen. Jeder ein Weltmeister der Eleganz. Und der See als Bühnenbild. Ich bin ganz still, manche Bilder fordern alle Energie. So umwerfend ist ihr Anblick. Man zittert ein bisschen, zittert vor Glück.

Redet einer von der Schönheit, so redet er von ihrer Vergänglichkeit. Der Traum ist in Gefahr. Der See droht zu ersticken. Schwemmsand flutet während der Regenzeit von den Bergen. Und zu viele Hyazinthen drängen nach oben. Üppigkeit als Plage. Wie so oft: Irgendwann schadet Wachstum.

Erste Maßnahmen wurden erlassen, um den Erstickungstod

zu verlangsamen: Keine neuen schwimmenden Felder anlegen! (Was trotzdem geschieht, heimlich.) Zudem finanziert die Regierung zwei tuckernde Rostlauben, die mit einem Eisengitter am Bug die Oberfläche durchpflügen. Um den eingesammelten Dreck hundert Meter daneben wieder abzuladen. Wenig intelligent.

Soi übergibt mir grundsätzlich das Steuer, wenn wir am Polizeiposten vorbeifahren. Er muss sich dann unter einer Plane verstecken, weil er (einmal mehr) kein Bündel herausgerissener Hyazinthen abliefert. Das ist Pflichtübung für jeden, der auf dem Wasserweg nach Nyaugshwe zurückkehrt. Eine Pflicht, die viele vergessen. Dennoch, eines Abends erwischt es uns. Der Junge wird zurückgepfiffen, und wir beide werden für fünfzehn Minuten zum Zwangsjäten abkommandiert. Soi verspricht Buße und Besserung. Wie man ihm glauben möchte. Undenkbar, dass die Intha ihre Lebensgrundlage riskieren.

Einen ganzen Tag Unkraut rupfen würde ich, um nochmals mit Way, dem »business man monk«, Zeit verbringen zu dürfen. Und mit den fünf anderen Mönchen, die im fröhlichsten, im verrücktesten Kloster am See, dem Nga Phe Chaung, Besucher bewirten, Katzen das Turnen beibringen und drei Mal am Tag meditieren. Also nichts Schwereres unternehmen, als Leichtigkeit zu trainieren, ja, nichts Unglaublicheres erreichen wollen, als den unduldsamen Verstand zu zähmen: »Damit«, so lässig sagt es Way, »wir im Kopf nicht davonrennen, wir stets im Augenblick bleiben.«

Das halbe Dutzend ist berühmt, so heiter, so cool führen sie sich auf. Und die Intha kommen vorbei, sitzen ohne Mucks oder schlafen oder treffen Freunde und rauchen die feinen Cheroot-Zigarren. Oder hocken am Landungssteg und schauen die Welt an. Nichts jagt sie, sie scheinen dankbar zu sein für das, was sie haben.

Jedes Mal erzählte mir Way eine Geschichte. Er ist der *business man monk*, weil er noch vor ein paar Jahren Geschäftsmann war und plötzlich alles hergab. Die Familie, das Vermögen, das Prestige. Und weil er beschlossen hatte, »not to do mystics any more«.

Schwierig zu übersetzen sein erfinderisches Englisch. Nun, er wollte klar und eindeutig werden, in keine (nahe) Beziehung mehr treten zu Menschen und Dingen, die in nicht überschaubaren Konsequenzen enden: Menschen wie Frauen und Dinge wie Sex und Geld. Alles Zustände, die in schwerwiegende Gefühle verwickeln, in »mystics« eben. Jetzt hat er sie los, jetzt lebt er keusch und pleite. Und ohne Hintergedanken, dafür mitten »in this very moment«.

Wenn Soi und ich unterwegs sind und durch die Dörfer der Intha schippern, kommen wir unter zwanzig Teetassen pro Tag nicht davon. Immer müssen wir anlegen, reinkommen und begutachten: die Kochstelle, den Altar, das Wohnzimmer und die Poster heimischer Kinostars an den Holzwänden, säuberlich staubfrei in Plastikfolie verpackt.

Jeden frage ich, und jeder sagt »Nein«. Nein, kein Polizeibericht liegt vor. Nicht einer, der sich an ein Verbrechen erinnert. Kein Mord, kein Totschlag, keine Messerkämpfe, nie der Notruf einer verprügelten Ehefrau.

Stirbt einer zu früh und zu unnatürlich, hat er entweder zu viel »insect killer liquid« beim Sprühen der Gemüsegärten verschluckt oder sich heimlich und zu oft mit selbst gebrautem Reiswein versorgt. Nicht die Zirrhose bringt ihn um, sondern der flüchtige Augenblick, in dem er auf der Heimfahrt das Gleichgewicht verliert und selig trunken ins Wasser sinkt.

Gibt es ein auserwähltes Volk, so lebt es hier. Ihre Aufmerksamkeit füreinander ist erstaunlich. Kommt ein großes Boot einem kleinen entgegen, dann bremst der Große die Fahrt. Damit der Kleine nicht umfällt mit seinen Tomaten. Bei dem »floating market« im Dorf Ywama, wo sich ihre Ware auf winziger Ladefläche türmt, fällt kein lautes Wort. Trotz eminenter Platznot. Ihre Begabung, so wenig Raum einzunehmen wie möglich, scheint unbegrenzt. Kein *big ego* schindet sie. Kauft man nichts, sagen sie »sorry«. Sorry, weil sie nichts anzubieten haben, was gefällt. Wer sie anlächelt, dem lächeln sie zurück. Frauen wie Männer.

Was wehtun könnte, lassen sie aus. Politik in diesem Land ist ein tränenreiches Kapitel. Wer das aufschlägt, muss sich wappnen. Gegen die Gewaltorgien der zuständigen Militärjunta. So erhalte ich nie eine Auskunft. Nur ein freundliches Schweigen. Politik schmerzt, folglich hält man den Mund.

An einem Abend kommt über die BBC die Meldung, dass Aung San Suu Kyi, die 1991 den Friedensnobelpreis erhielt, wieder frei ist. Nach Jahren des Hausarrests darf sie sich ungehindert bewegen. Keine Person wird in Myanmar so verehrt wie sie. Keiner bewies beim Kampf um Demokratie in Myanmar mehr Intelligenz, mehr Mut als diese Frau. Und ich frage sie, meine Gastgeber. Und noch immer kommentiert niemand die Lage. Kein Wort. Aber sie leuchten, man spürt, wie wichtig diese Nachricht für sie ist.

Von den Intha und ihrem See bin ich nicht weggegangen. Denn wer hier Abschied nimmt, der geht nicht, der fliegt. So leicht ist ihm. Und am leichtesten war mir in einer der letzten Nächte, ein paar Stunden vor Beginn der buddhistischen Fastenzeit. Ich saß im Restaurant von Pyi. Um seine Gäste zu unterhalten, zeigte der Hausherr eine Show mit klassischen Tänzen. Plötzlich Schreie von draußen. Zwei raufende Halbwüchsige hielten sich gegenseitig an der Gurgel und versuchten gleichzeitig mit ihren Taschenlampen den Kopf des anderen zu bearbeiten. Wie ich erfuhr, ging es um eine Frau. Das »schwerwiegende Gefühl« der Eifersucht trieb sie aneinander. Way, der Mönch, fiel mir ein. Die beiden Kerle »did mystics«, waren noch verwickelt in ganz irdische Zustände.

Wie mich das beruhigte, ach, wie nahe ich mich wieder den Intha fühlte. Weil noch immer Widersprüche sie plagten. Und weil fünf andere sogleich eingriffen und das zänkische Duo trennten. Damit kein Hass ausbricht, damit kein Blut fließt. Wie fürsorglich.

Auf dem Nachhauseweg über nachtschwarze Pfade zu meinem Bett kam ich an der großen Pagode vorbei. Das Vorlesen der Pali-Texte war noch nicht zu Ende. Vom goldenen Turm klang die Stimme des alten Tima. Gelassen berichtete er von den Einsichten Buddhas.

Ah, wie reich sie hier sind: einen schönsten See haben sie hier und die schwankenden Gärten und ihr Talent für atemberaubende Eleganz. Und einen Erleuchteten, der nie aufhört, sie zu besänftigen.

TANGER
Leichtfertige Träume, schwerwiegende Tatsachen

Links und rechts der schmalen Gasse stehen nur Schwarze. Das Licht aus den kleinen Hotels der Medina fällt auf ihre Gesichter. Es ist nachts, und sie flüstern. Sie wollen weg. Flüchtlinge, Verbannte, Ausweglose. Hier ist Tanger, und drüben liegt Spanien. Die Überfahrt ist gefährlich und teuer. Und verboten. Davon flüstern sie. Als ich die Steintreppe vom Hafen heraufkomme, löst sich Kamal, der Nigerianer, aus der Gruppe seiner Freunde und kommt auf mich zu. Wir lächeln, wir kennen uns. Gleich wird das passieren, was ich so liebe in dieser Stadt: die Träume, die bodenlosen Verrücktheiten. Kamal zerrt mich um die Ecke, legt los:

- Jetzt weiß ich, wie ich an das Geld komme.
- Und wie?
- Easy, easy. Ein Mann mit einem Koffer voller Dollar wird in den nächsten Tagen hier aus Lagos eintreffen. Er will sich auf dem Schwarzmarkt rotes Quecksilber besorgen.
- Ja, und?
- Oh, god, don't you get the picture? Du wirst nach Germany fliegen und das rote Quecksilber beschaffen. Zehntausend grüne Dollar bekommen wir für das Gramm. Und mindestens vierzig Mal so viel will er davon haben. You get it now?
- Yes, yes. I see. Vierzig Gramm Quecksilber, no problem.

Morgen, meint er noch, besprechen wir die Details. Bis dahin hat sich Kamal die Sache gewiss nochmals überlegt und unterbreitet mir einen neuen Coup. Wieder ein wildes Abenteuer, das in seinem Hirn zur Welt kommt und dort nach ein paar Stunden tot liegenbleibt. Gestorben an Gigantomanie.

Tanger, ein Suchbild. Zuerst wirkt die Stadt unschön, überrannt von einer rekordsüchtig sich vermehrenden Landbevölkerung, verdreckt von Armut und Gleichgültigkeit, entzaubert von Horden wohlgenährter Westler, die mit dicken Videokameras wie Öllachen durch die Altstadt schwappen.

Den Zauber Tangers, die Magie, man muss sie suchen. Spätabends, nachts, frühmorgens. Dann gerät man in die Nähe von Frauen, von Männern, von Zuständen, für die der Ort einmal berühmt war. Dann wird sichtbar, was früher viel bedenkenloser zugänglich war: das Sinnliche, das Süchtige, das Geheimnis, die frivolen Vergnügungen, die zügellosen Fantasien.

Die ersten 3000 Jahre verlaufen der üblichen Blutspur entlang: Phönizier, Karthager, Römer, Vandalen, Türken, Araber, Portugiesen und Engländer schauen vorbei, zündeln, randalieren, schleifen. Zu Beginn des 20. Jahrhunderts werden die politischen Machenschaften Europas raffinierter, zynischer, immer serviert mit grandioser Scheinheiligkeit. Sogar Kaiser Wilhelm reitet ein und fordert entrüstet die Souveränität Marokkos. Wie vergeblich, wie heuchlerisch. 1912 verliert Marokko seine Unabhängigkeit, Spanien bekommt den (kleineren) Norden, Frankreich den (größeren) Süden. 1923 wird Tanger zur »Internationalen Zone« erklärt, verwaltet von acht Nationen.

Ab diesem Datum produziert die Stadt den Stoff, aus dem man Drehbücher schreibt, alles da: Todsündenpfuhl, Steuerparadies, Freihafen, Schriftstellerabsteige, Nuttenbataillone, Männerprostitution, Schwarzmarkt, Agentenzentrale, Waffenschmuggel, Drogenhandel, Whiskyschwemme, lauter Wörter, denen man auf der Fahrt zur Hölle über den Weg läuft. Der Name Tanger roch bald so fantastisch wie am anderen Ende der Welt der Name Shanghai. Roch international, roch nach Verführung, nach schnell, nach notorisch, nach Herzschlag, roch – so formulierte es einer: »Comme la vie devrait l'être«, *so, wie das Leben sein sollte.*

Kurze 33 Jahre dauert die Liederlichkeit, dann wird das Land unabhängig. »The big clean-up« setzt ein. Scharenweise rennen die Europäer davon. Anständigkeit droht, der Sultan verspricht Keuschheit und Ordnung. Heute, ein knappes halbes Jahrhundert später, gilt das Unternehmen als gescheitert. Unkeuschheit und Korruption blieben, die auf jeden Fall.

Die Faszination dieser Stadt auch. Doch jetzt muss man nach ihr bohren. Wer Glück hat und sentimental ist, der wird sie finden: in den Köpfen der Alten. Im Licht über dem Hafen. In den Suadas der Verrückten. In den Drogenhöhlen der Kasbah. Im Seitenblick einer Frau. In den Märchen der Lügner. In den Fluchtplänen der Gestrandeten.

Elias Canetti schrieb in seinen *Stimmen von Marrakesch*: »Gute Reisende sind herzlos.« Weil sie sich für alles begeistern, selbst für die dunklen Schatten des Lebens. Weil ihr Enthusiasmus stärker ist als ihre Barmherzigkeit. Der Satz fällt mir ein, als ich Abdul sehe, wie er gerade den Viktoriasee über den Place de France trägt. Wir kennen uns flüchtig. Seine Beine sind verkrüppelt, er schlurft auf mich zu: »Tu sais quoi? Moi, je ne suis pas malade comme les autres.« Das stimmt. Abdul ist hell, hat keine Schraube locker wie die anderen. Den Viktoriasee hat er gestern gemalt, und heute will er ihn verschachern. Er ist Maler, aber im Augenblick »un peu bloqué«, *ein bisschen pleite*. Ich verstehe. Zwei Meter neben uns befindet sich eines der 400 Cafés der Stadt. Vor der Tür redete er noch von einem *thé à la menthe*, zu dem ich ihn einladen soll, drinnen bestellt er einen großen Milkshake mit drei Croissants. Es eilt, er ist hungrig.

Hinterher sieht Abdul klarer denn je: »Moi, tu sais, je prends le chemin vers la gloire.« Unwiderruflich, ein Blick auf den abgerissenen Künstler und sein Werk erlauben keinen anderen Gedanken, als dass beide auf dem Weg zum Ruhm sind. Um den Aufstieg zu finanzieren, zieht Abdul ein hellbraunes Päckchen aus der Tasche, legt es auf den Tisch: »Sputnik, voilà Zero-Zero.« Die Wörter bedeuten das gleiche, bezeichnen erstklassiges Haschisch. Der Kunstmaler jobbt nebenbei als Wasserträger. Das sind jene (unzähligen) armen Teufel Tangers, die Kundschaft für die (wenigen) big Bosse suchen. Jeder weiß davon, als Erstes die Polizei.

Um die Provision nicht zu versäumen. Es gibt nichts, absolut nichts zu enthüllen. Komplette Neubauviertel stehen auf den Profiten der Cannabispflanze aus dem Rifgebiet.

Abdul inhaliert jetzt entspannt und öffentlich seinen Joint. Wir haben uns geeinigt: Ende des Monats erwarte ich eine größere Überweisung, dann steige ich ein. In die Maroccan-German-Connection. Der Künstler hinkt zufrieden hinaus, zwinkert noch einmal, unterm Arm den riesigen Viktoriasee. Ich bin unbesorgt, spätestens heute Abend hat er unseren Husarenstreich vergessen.

Ich streune durch die »Ville Nouvelle«, die Neustadt. Über den Boulevard Pasteur, die elegante Hauptstraße, wo man auf beiden Seiten die hohe Schule des Kaffeehaushockens praktiziert. »Café tue temps«, nennen sie das, ein Kaffeehaus, um Zeit totzuschlagen. Männerwirtschaft. Lieblingsort der Arbeitslosen und Spitzel. Die einen verdienen nichts, die anderen eine Misere. Der Geheimdienst braucht die Heerscharen ohrenspitzender Zuträger. Es brodelt im Land. Hassan II., von Beruf König und »Sauveteur«, *Retter*, hört mit, wenn das Volk murrt.

Weiter unten am Grand Socco, früher ein großer Markt, jetzt eher Parkplatz mit kaputten Telefonzellen, warten die Freelance-Klempner. Handwerker auf Abruf. Vor sich den Kübel mit dem Werkzeug und die Stahlkurbel für verstopfte Toiletten. Tahir erzählt, dass ihm seit fünf Tagen niemand einen Job anbot. Auch er knurrt. Grimmig lässt er es raus: »Ein Krieg muss her, der reinigt. Dann gibt es Arbeit.«

Drei Kilometer Vogelflug von Tahir entfernt, liegt auf luftiger Anhöhe »La Montagne«, das Nobelviertel mit den Zweitschlössern des Herrn Königs und den Prachtvillen saudischer Scheichs und einheimischer Drogenbarone. Weiße Mauern, blauer Himmel, schwarze Maschinenpistolen. Dazwischen das sachte Geräusch von wiegenden Palmenblättern und elegant vorbeiziehenden Achtzylindern.

Ich sehe eine einfach gekleidete Frau ein Anwesen verlassen. Ich frage sie, ob sie eine Stelle wüsste, von wo aus man auf Tanger schauen könne. Ein hinreißendes Missverständnis nimmt seinen

Lauf. Sie sagt freundlich: »Ja, bitte, folgen Sie mir.« Sie geht zurück zu dem Tor, durch das sie gerade gekommen ist, und ruft ein paar Worte auf Arabisch. Die Stahlflügel öffnen sich, dahinter sechs Mann »Sécurité«, bewaffnet, plus Walkie-Talkie.

Wir passieren, keiner fragt, keiner kontrolliert. Hinter dem nächsten Mauervorsprung liegt ein Palast, ja, ein Palast, davor der Palastgarten, daneben der Palastswimmingpool. Hollywood in Tanger. Wir beide gehen über den gepflegten Rasen auf einen zweiten Prachtbau zu, der vollkommen verspiegelt ist. Die Frau streckt die Hand aus und zeigt auf drei mächtige Parabolantennen, fragt wunderbar rätselhaft: »Haben Sie die Schlüssel dabei?« Vage ist mir seit einigen Sekunden bewusst, dass hier etwas in die falsche Richtung läuft. »Aber ja!«, sage ich großspurig, wohl vermutend, dass sie eine positive Antwort erwartet. Ich will das Spiegelhaus sehen und darf keinen Fehler machen. Sie öffnet, und innen ist jeder Quadratmeter aus Marmor. Eine Kathedrale für einen zweiten, diesmal überdachten Pool, rundherum stehen orientalische Sitzgarnituren, dazwischen opulent gedeckte Tische.

Totenstille. Alles scheint vorbereitet zu sein für einen großen Empfang, für mindestens hundert Personen. Ich bin auf dem Sprung – oben die Kingsize-Betten? – zur Wendeltreppe, als ich durch die hohen Scheiben vier Männer auf die Kathedrale zurennen sehe. Die Sicherheitsbeamten. Sie reißen die Türen auf, ihre Stimmen überschlagen sich: »Sortez immédiatement!«, *verschwinden Sie unverzüglich!*

Das Märchen hat ein schlagartiges Ende. Vielstimmiges Palaver, es stellt sich heraus, dass ich nicht der erwartete Elektriker bin, der die Fernsehanlage am Swimmingpool reparieren sollte. Was die Herren aber so außer Atem geraten lässt, ist der peinigende Tatbestand, dass das Millionending dem »Prince Héritier«, Kronprinz Mohammed, gehört. Ihre Panik ist mein Segen. Wird publik, dass ein Wildfremder ungecheckt durch die Gemächer des ersten Königssohns flanierte, fliegen sie. Wenn sie Glück haben. Gackernd und kopflos begleiten sie mich zum Hintereingang. Ich soll abhauen. Ich haue ab.

Unten am Grand Socco wartet noch immer Klempner Tahir. Noch immer freiberuflich und unbeschäftigt. Er sitzt jetzt in einem Café, von dem aus er seinen Werkzeugkübel beobachtet. »Ich lasse mich treiben«, sagt er halblaut. Er schraubt seine zweiteilige Sebsi, die Holzpfeife mit dem winzigen Tonkopf, zusammen. Aus einem Plastiksäckchen holt er den Kif, Marokkos Volksdroge, hergestellt aus den Deckblättern der Cannabispflanze und schwarzem Tabak. Kif beschwichtigt, bremst seine nagenden Gedanken. Zuhause warten sechs Kinder, eine Frau und eine 25 Quadratmeter kleine Wohnung.

Es gibt eine Uhrzeit, die nennen die Franzosen »entre chien et loup«, *zwischen Hund und Wolf.* Das Zwielicht, in dem man die beiden nicht mehr voneinander unterscheiden kann. Das ist die rechte Stunde, um sich am Hafen herumzutreiben. Das Meer sieht nun aus wie ein hellblauer See, darüber der leichte Dunst des Abends, darüber der Himmel, auf den zögerlich die ersten Sterne wandern.

Das ist auch die Stunde, in der die Tangerinos den »Paseo« üben. Jenen ganz speziellen Spaziergang, der bestimmten Spielregeln unterliegt. Er gehört zum Spiel zwischen Frau und Mann, ist der Moment der Parade: aneinander vorbeidefilieren, dabei cool bleiben, souverän, nonchalant. Ein heißes Herz haben und nichts davon preisgeben. Die nachlässigen Posen vorführen und gleichzeitig die Blicke der anderen dechiffrieren, ach, wissen wollen, was sie verbergen.

Wer nicht mitspielt, wer nicht sucht und nicht gefunden werden will, der besetzt den Boulevard Pasteur und den Belvédère, jene breite Aussichtsterrasse direkt daneben, als Arbeitsplatz: die Schuhputzer, die Wasserträger, die Standfotografen, die Verkäufer garantiert falscher Cartier-Uhren und Ray-Ban-Sonnenbrillen. Um diese Zeit ist die Stadt in Hochform. Man hört ihre vielen Sprachen, hört den sanft verwirrten Karim übers Meer nach Allah schreien, sieht im Gegenlicht der untergehenden Strahlen die schönen Profile der Frauen.

Kurz nach der Unabhängigkeit Marokkos hat Tanger noch einmal einen Höhepunkt, gerät noch einmal in die Schlagzeilen:

Die Amerikaner kommen. Nicht der Johnny next door, sondern die produktivsten Köpfe ihrer Generation, der *Beat Generation*. Was sie hertreibt, sind die schönen Mädchen oder die schönen Knaben, sind die afrikanische Sonne und die Aussicht auf Haschisch. Und die große Entfernung zur puritanischen Heimat.

Die Stadt besitzt noch alles, um ihren Hunger nach Leben, nach Rausch und Kreativität zu stillen. Das berühmteste, das berüchtigtste Trio bilden Allen Ginsberg, Jack Kerouac und William S. Burroughs. Ginsberg ist gerade aus der Psychiatrie entlassen worden, Kerouac gilt als schwer trunksüchtig, und Burroughs hat vor nicht langer Zeit seine Frau erschossen. Aus Versehen. Dieses Desaster war wohl notwendig, damit er auf Zimmer Nummer 9 des unscheinbaren Hotels El Muniria – es steht noch immer – ein Manuskript halluzinieren konnte, das in die Weltliteratur eingehen würde: »The Naked Lunch«. Mit kaltblütiger Aufrichtigkeit beschreibt Burroughs seine infernalischen Trips als Junkie. Denn zum nackten Mittagessen gab es stets nur eins: Heroin.

Tangers Ausstrahlung auf Literaten und Schreiber war enorm. Die drei Erwähnten sind nur drei von dreihundert, die hier vorbeikamen, hängenblieben oder weiter irrten. Der Reichtum der Sprachen, die Nähe zu Europa, die erstaunliche Toleranz, der permanente Geruch von Eros und Versuchung, es gab nicht viele Orte, die das zu bieten hatten.

Die Ekstase hat sich gelegt. Die Jilalatänzer, die in Trance fallen, wenn »ihrem Herzen der Heilige innewohnt«, sie sind verschwunden. Vertrieben von der Seuche moderner Zeiten: von religiöser Bigotterie. Gekommen sind der Club Méditerranée, Bingo und Filmcrews, die nun jene Geschichten drehen, die hier einmal als tatsächliches Leben stattgefunden haben.

Zwei Schriftsteller von Format sind übrig geblieben. Mohamed Choukri, der Marokkaner, den sein Hunger vom Rifgebirge nach Tanger trieb. Und Paul Bowles, der Amerikaner, der vor sechzig Jahren aus Überdruss seine Heimat verließ und über Umwege – Paris und Berlin – nach Tanger kam.

Choukri, der Analphabet, der mit 20 anfängt, lesen und

schreiben zu lernen. Und ein Meister wird. Choukris bewegendstes Buch ist der Bericht über seine verheerende Kindheit. »Das nackte Brot« schildert, wie er seinen Vater, den Mörder und Sadisten, überlebt, wie er die Mülleimer der Reichen leerkratzt und auf Ziegen und Schafe losgeht, um sein Geschlecht zu befriedigen.

Als ich ihn besuche, entfährt ihm ein beachtlicher Versprecher. Wir reden über das Buch, und er sagt: »Oui, j'ai crié ma vie«, *ja, ich habe mein Leben geschrien*. Dann merkt er den Fehler, korrigiert schnell: »Oui, j'ai décrit ma vie«, *ja, ich habe mein Leben beschrieben*. Seine Autobiografie wurde in Marokko bis heute nicht veröffentlicht. Die Angst des Regimes vor der Wirklichkeit.

Mit Choukri auszugehen ist eine Erfahrung. Seit einem halben Jahrhundert lebt er in dieser Stadt, man kennt ihn, alle, die Bettler, die Barbesitzer, die Huren. Ab 16 Uhr trinkt er, nicht kübelweise, aber ordentlich. Anders schafft er die nächsten 24 Stunden nicht, meint er. Als ich das Abendessen zahlen will, watscht (!) er den Kellner. Und feuert ein paar arabische Sätze auf ihn ab. Er tat das, so erklärt er anschließend auf Französisch, aus »Höflichkeit« mir gegenüber. Wäre ich doch sonst Opfer einer betrügerischen Rechnung geworden.

Choukri hat ein zorniges, verwundetes Herz. Rastlos, jetzt bald sechzig, muss er kämpfen. Die Vergewaltigung seiner Jugend eitert noch immer.

Suad setzt sich an unseren Tisch, hübsche Vietnamesin, vollgetankt bis hinter die glasigen Augen. Vor Jahren hat sie ihr Studium in Frankreich abgebrochen, um auf einen Mann hereinzufallen, der ihr das schöne Leben in Tanger versprach. Jetzt gibt es keinen Mann mehr. Dafür viele, die hinterher einen Geldschein dalassen. Die beiden kennen sich. Choukri hat sie heute einen Fünfzeiler mitgebracht, selbst gebastelt. Nun will sie Dichterin werden. Der Dichter stöhnt, um drei Uhr früh müssen wir hinaus.

Draußen weht der Chergui. Der kalte, aggressive Ostwind fährt in die Abfalltüten, Staub wirbelt durch die Straßen. Kleine Feuer brennen, zum Aufwärmen für die Nachtwächter. Die Kifpfeifen glimmen. Die mageren Hunde und Katzen streunen noch immer.

Choukri ist berühmt, in zahlreiche Sprachen wurde sein erstes Buch übersetzt. Andere folgten, auch erfolgreich. Aber irgendwie kam er nie zu viel Geld. Stets sehe ich ihn in derselben fleckigen Hose. Aber eine trockene Wohnung hat er. Mit zwei Betten. Ein großes für den Damenbesuch, ein schmales, auf dem er, so sagt er es, »überlebt«. Dort schreibt er. Jede Nacht.

Die Begegnung mit Paul Bowles verläuft kühler. Er hält sich bedeckt. Er ist jetzt über achtzig, und sein Desinteresse für meine Fragen ist unüberhörbar. Zu oft habe er sie gehört, so wenig habe er zu antworten. Tanger erklärt er seit 1956, dem Jahr der Unabhängigkeit, für tot. Erstickt von bürokratischem Schindluder und terrorisiert – »today's tourist is tomorrow's psychopath« – von einer frenetischen Freizeitindustrie. Er komponiert noch, als Schreiber hat er aufgehört, hält sich, so sagt er es – für »eher zweitklassig«. Bowles kam als Erster, 1931, nach Tanger, und wird wohl als Letzter hier sterben. Folglich hat er Horden von Schriftstellern, Kiffern und Depressiven, Sehern und Besessenen, Suchern und Süchtigen, Selbstmördern, Totschlägern und Päderasten hier gesehen, viele von ihnen begleitet und wieder verabschiedet. Seine Zähigkeit verdankt er seinem entscheidenden Wesenszug: *no attachment*. Während die andern am Leben verbrannten, blieb er »draußen«, sah gefasst hin und notierte. Nicht zu Unrecht trägt eine Biografie über ihn den Titel: »An Invisible Spectator«. Bowles nahm nicht teil, er war nicht sichtbar. Nur seine Augen öffnete er, den Rest hielt er verschlossen.

Suchbild Tanger. Seine Geheimnisse, seine Geschichten existieren. Wenn auch versteckter, unsichtbarer, unhörbarer. Der berühmteste Mensch, der hier geboren wurde, hieß Ibn Batouta. Im 14. Jahrhundert fuhr er durch die Welt und als er zurückkam, veröffentlichte er, was er gefunden hatte. Er nannte es das »Geschenk der Beobachtenden, behandelnd die Merkwürdigkeiten großer Städte und die Wunder der Reisen«.

Der Petit Socco fungiert als Zentrum der Medina. Kaffeehäuser, Pensionen, ein Dutzend Pappschachteln, auf denen sie die aus Gibraltar geschmuggelten Marlboros verkaufen. Reibungsloses System: In dem Augenblick, in dem der Straßenhändler für die letzte Zigarette kassiert, verlässt sein Lieferant das Tischchen auf der Caféterrasse und steckt ihm unauffällig die nächste Packung zu. Denn erst jetzt besitzt der andere genug Geld, um zwanzig Zigaretten auf einmal zu bezahlen. Während der Transaktion machen sie »Shufti-Shufti«: Schauen, wer schaut. Das ist ein marokkanisches Brauchtum. Auch wenn sie über das Wetter reden: Stimme senken und Umsicht walten lassen. Ausdruck tief verinnerlichter Schutzmaßnahmen gegen königliche Denunzianten. Wie sinnig folglich die Antwort eines Alten, als ich ins heruntergekommene Café Central trete und auf den Fernseher deute. Blut fließt gerade, Menschen liegen erschossen auf der Straße, im Hintergrund Gewehrsalven. »C'est quoi ça?«, frage ich. Und der Alte, trefflich: »C'est de la politique.«

Die Medina als Fundgrube, als Fundus aller maghrebinischen Merkwürdigkeiten. Die Wirrwarrgassen, das Fehlen der Straßenschilder, die Orientierungslosigkeit, die fremden Sprachen, alles hilft mit, um das Wichtige zu finden: Hafid, zum Beispiel, den 71-jährigen Schuster, den ich in einem Hammam treffe. Es dampft, durch die Löcher an der Decke sieht man den Himmel, es hallt. Wir schrubben uns gegenseitig Rücken und Beine, spülen ausgiebig. Hafid erzählt, wie er in der Schule von den spanischen Besatzern angeworben wurde, nach Madrid kam und im Bürgerkrieg als Halbwüchsiger an der Seite der Falangisten, der Franco-Truppen, kämpfte. Er ist fünfzehn und träumt von einem abenteuerlichen Leben. Faschisten, Republikaner, Demokratie, er hat keine Ahnung. Als er mit Malaria zurückkommt, überreden ihn seine Freunde, hierzubleiben und gegen Spanien und für die Unabhängigkeit Marokkos zu kämpfen. Erneut sagt er Ja, diesmal überlegt und politisch motiviert. Untergrundarbeit, manchmal Todesangst, für zwei Jahre landet er im Gefängnis.

Die Unabhängigkeit kommt, Hafid sucht drei Quadratmeter Arbeitsfläche und wird Schuster. Es reicht, er lebt bescheiden. Vierzig Jahre später isst er eine Dose Sardinen und vergiftet sich den Magen. Irgendwann muss er aus dem Krankenhaus, die

Medikamente fehlen. Inzwischen hat jemand seine Werkstatt leer geräumt. Der 65-Jährige kriecht ins Bett seiner Schwester, die ihn pflegt. Nach vielen Monaten kann er wieder gehen. Er macht sich auf den Weg zum Rathaus und verlangt eine Entschädigung, eine Rente, irgendetwas, das nach Geld aussieht. Man hält ihn für einen Analphabeten, schiebt ihm siebzig Dirham (sieben Euro) hin und einen Zettel, den er mit dem Daumen unterschreiben soll. Der Beamte liest ihm vor: »Hiermit bestätige ich, einhundert Dirham erhalten zu haben.«

Ich finde einen dreieckigen Buchladen, vier kleine Schritte lang und zwei Schritte breit. Monsieur Hamish verkauft dort fein gebundene, zweisprachige Koranausgaben. Im Regal daneben steht – diskret verstellt und entschieden befingerter: »Sex in the Afternoon«. Der Buchhändler erzählt, dass er den Kunden zuvor abschätzt, bevor er auf das Buch mit den verbotenen Fotos weist. Er lächelt weise, erklärt, dass die meisten intensiv blättern und dann einen Koran kaufen. Um für die schmutzigen Gedanken zu büßen?

Eine Ecke weiter hält Abdelkadar die Stellung. Er wechselt Geld. Obwohl es keinen Schwarzkurs gibt, gehe ich zu ihm. Denn ich weiß, dass er für das Eintreiben von Devisen von ein paar Spitzbuben (bescheiden) entlohnt wird. Zudem gefällt mir sein Abschlusssatz, den er, nach dem Geschäftlichen, unverdrossen aufsagt: »Please, please, please come with me, please, please, please make me happy.« Dass ich stockhetero bin, will er nicht wahrhaben. Er will mich. Wie den nächsten Kunden. Und den vor mir. Ich habe ihn mehrmals beim Betteln um Sex erwischt. Ich liebe solche Situationen, sie erheitern mich ungemein.

Tanger hat noch so vieles. Auch Mohammed – mein Dreiundzwanzigster – und seine uralten Zeitschriften. Gestapelt auf dem Bürgersteig, seinem Laden. Jedes Durchblättern verschafft eine kleine Geschichtsstunde. Einmal ziehe ich »España« vom 18. April 1947 heraus, die damalige Tageszeitung. Auf der Titelseite ein Bericht über Franco, der die gebärversessensten Mütter seines Landes auszeichnet. Diesmal ging der Orden an Señora Felisa Mansanal Moral, sie schaffte neunzehn.

Und die Stadt hat Bechir, der auf der Kifmatte vor dem Café Baba lümmelt und das stille Lob der Faulheit singt. Er schmaucht, schlürft, kugelt sich endlich auf seinen Hintern und unterbreitet ein Angebot. Für 600 Dirham (60 Euro) könne ich das komplette »Set« erwerben. Lieferzeit sieben Tage. Bechirs Name wurde mir zugeflüstert, sein Ruf ist einwandfrei. Das Set besteht aus einem marokkanischen Reisepass, einem Führerschein, der Bestätigung meiner Islamzugehörigkeit sowie dem ärztlichen Attest einer durchgeführten Beschneidung. Tee kommt, Kif kommt, Shufti-Shufti. Wir zwei passen ins Bild. Das mit dem Set will ich mir noch überlegen. Himmel, wie viele habe ich hier schon vertröstet.

Wenn es dunkel wird in der Medina, sagt Mohamed Choukri, könne man »el suspiro de la noche« hören, *das Seufzen der Nacht*. Wie verschieden es klingt. Es klingt auch nach dem jungen Said, der mich durch eine Haustür entführt, so niedrig und eng, dass man geduckt und seitwärts hineinschlüpfen muss. Klingt nach Missetat und List, weil sich oben im ersten Stock seine Stammkunden via heiße Silberfolie das Heroin hineinziehen und weil Said mit mir – sollte die Polizei vorbeikommen – den Fluchtweg abgeht: durch die Dachluke über die Dächer.

Und das Seufzen klingt lustig und bizarr. Jede Nacht hat der Petit Socco zwölf Stunden geöffnet. Die Cafés leuchten, die Fernseher laufen. In das Zelluloidstöhnen spanischer Softpornos mischen sich das Schnarchen der Kiffer und die Bettelsuren der blinden Kapuzenmänner. Irgendwo in den Hintergassen warten die »ladrones«, die Diebe. (Viele, gerade die Alten, sprechen noch Spanisch.) Es gibt sie, ich sehe sie Küchenmesser auspacken und Bierflaschen zersplittern. Aber für eine halbe Million Einwohner ist Tanger ein friedliches Nest.

Spät abends treffe ich bisweilen zwei meiner besten Bekannten. Zuerst Anis, den Turner. Um 23 Uhr führt er in der Rue Siaghin, der Hauptstraße der Medina, den Spagat vor. Sieht er mich, muss ich mitturnen. Meine steife Grätsche stimmt ihn bedenklich. Weniger fordernd ist Kamal, der Nigerianer, der ja wie Hunderte andere auf eine Gelegenheit lauert, sein Achtbetten-Hotelzimmer zu verlassen und sich in den Norden abzusetzen. Bei unserem letzten Treffen hat er mir den Quecksilberauftrag – ich ahnte es – wieder entzogen. In der Zwischenzeit begegnete er einem chinesischen Seemann. Als er mich sieht, strahlt er verschmitzt: »It's just going great.« Dann klärt er mich auf, zieht ein schmuddeliges Papier aus der Tasche. »This is it«, verkündet er ergriffen. Sagenhafte tausend Dirham (knapp 100 Euro) habe er dafür investiert. Aber es lohne, lohne hundertmal. Ich falte das DIN-A4-Blatt auseinander und erkenne im Schein der Straßenlampe den Plan eines Flughafens. Rechts am Rand stehen die Buchstaben »JFK«. Eine Fotokopie, alles schwarz-weiß, nur Mitte links wurde mit einem Filzstift ein rotes Kreuz eingetragen. Kamal fiebert vor Erregung: »Verstehst du denn nicht? Das ist der John F. Kennedy Flughafen in New York. Und das rote Kreuz markiert die Tür, durch die ich ohne Visum und Pass ins Land schleiche. Der Chinese hat mir alles genau erklärt.«

Aber Kamal, der so freundliche, so arglose Tor hat Pech. Ich finde einen, der ihn und alle anderen entthront. Die letzte Nacht über bin ich aufgeblieben und sitze unten am Hafen. *Morning Glory.* Ich höre das Meer und sehe ihn kommen. Sved heißt er. Sagt er. Ein Weißer, blond, ein Gesicht wie aus einem Film von Visconti. Der schönste Irre, den ich je sah. Alter? Sieben, behauptet er feierlich. Ich schätze ihn auf dreißig. Sein Geburtsland bleibt unergründlich. Er spricht Englisch mit slawischem Akzent. Sein bettelarmer Aufzug, ohne Papiere. Seinen Pass, berichtet er beiläufig, habe er vor vier Jahren an Hassan II. geschickt. Als Zeichen der Völkerverständigung.

Sved erzählt: Sein zweites Leben fing an, als er in Liverpool in den Zug stieg, weil er bemerkt hatte, dass die Schotten hinter ihm her waren. So kam er nach Tanger, da gibt es keine Schotten. Bis vor einer Woche. Da trafen sie ein, jetzt muss er weg.

Ich nehme ihn mit zum Frühstück. Die Sonne scheint auf die Terrasse des Café Marsa. Ich bin voller Dankbarkeit. Denn das Wunderlichste und Ergreifendste in Tanger, das sind seine friedseligen Fantasten.

BIG SUR
Wilde Natur, wilde Kerle, ein Liebespaar

Die Mär vom glücklichen Hans geht so: Hans ist Restaurantbesitzer und Inhaber einer Zapfsäule mitten im Paradies. Eines Tages stellt er sich vor die Tür und zählt alle Autos, die vorbeikommen. Er zählt sieben in 24 Stunden. Hans kann sein Glück nicht fassen, er vergrößert.

Wahres Märchen. Hans Ewoldsen hieß der Gewitzte, Ex-Deutscher. Gezählt hat er im Sommer 1943 vor seinem River Inn, einem der ersten Restaurants in Big Sur, dem Paradies.

Viele Jahre nach Hans stelle ich mich vor dieselbe Tür und zähle an einem Wochenende die Dads und Moms in ihren dicken Schlitten, alle. Und bei Hans waren es sieben in 24 Stunden, und bei mir sind es 24 in sieben Sekunden. O. K. übertrieben, aber wenig, verdammt wenig übertrieben.

Als Männer noch mutig und beneidenswert aussahen, noch nach einem intensiven Leben und intensiven Gefühlen hungerten, wanderten sie hierher. Rauf und runter auf einem abschüssigen Pfad. Die ersten kamen Mitte des neunzehnten Jahrhunderts. Kamen auf Eseln und Pferden. Und jagten Grizzlys und Wale. Legten sich mit jenem Erdteil an, den seine »Entdecker«, die Spanier, »El Sur Grande«, den Großen Süden, nannten. Jenem auf die Erde gefallenem Zauber, südlich von San Francisco, nördlich von Los Angeles, keine hundert Kilometer lang und stets bedroht, stets verwöhnt vom Pazifik. Eben jenem Meer, über dem Henry Miller in seinem Big-Sur-Haus schwebte und ergriffen »the look of always« flüsterte. So grandios und ewig lag es vor ihm. Ach ja, »Amen«, murmelte er auch noch. Das himmlische Wort sollte den teuflisch launischen Ozean besänftigen.

Mithilfe emsiger Chinesen und träger Zuchthäusler wurde aus dem Trampelpfad der *Highway 1*. Achtzehn Jahre Maloche und so viele von der Brandung verschlungene Leiber waren der Preis. Verantwortlich für das 1937 eröffnete Kurvenwunder mit den 29 Brücken zeichneten nicht Politiker, sondern fürsorgliche Generäle. Wie immer lagen sie auf der Lauer vor dem Weltkommunismus und entdeckten an der Westküste eine offene Flanke. Die fertige Straße beruhigte sie, Panzer und Infanterie konnten nun zügig gegen jeden an Land kletternden Bolschewiken in Stellung gebracht werden.

Der Kommunismus hat es nie hierhergeschafft, andere Desaster schon. Auf der Bixby Creek Bridge – hier beginnt inoffiziell Big Sur – treffe ich David, den Kranführer. Die Brückenstreben werden seit drei Jahren »erdbebensicher« betoniert, Kosten zehn Millionen Dollar. David kennt sich aus, Fluten, Tornados, ja Winterstürme rasten bereits an ihm vorbei. Noch heute stehen achtstellige Schulden aus, die der Steuerzahler für die Verwüstungen von El Niño abtragen muss.

Als Odysseus an der Insel der Sirenen vorbeisegelte, ließ er sich von seinen Gefährten an einen Schiffsmast fesseln. Damit er nicht den Verstand verlöre beim Hören der zauberischen Klänge. Durchaus möglich, dass es jedem Fremden hier ähnlich ergeht. Er sollte sich folglich wappnen gegen die Zumutungen irdischer Schönheit, denen er nun hilflos und dreidimensional ausgesetzt ist: rechts das silberseidenglitzernde Meer um sieben Uhr morgens, links die blau leuchtenden Wälder der Santa Lucia Range, weit oben der maßlose Himmel.

Big Sur strengt an. Wie der Blick auf eine atemberaubend schöne Frau. Weil man von keinem Serum weiß, um sich vor so viel Übermacht zu schützen. Was bleibt – so empfiehlt es uns Herr Goethe –, ist der Vorsatz, als hemmungsloser Bewunderer anzutreten.

Ich biege auf die Old Coastal Road ab, die einige Kilometer parallel zum Highway verläuft, fern vom Wasser und behütet vom Schatten einsamer Bäume. Vom Weg aus sieht man ein paar versteckte Häuser. Seltsame Dinge passieren. Ich frage nach einer

Adresse, und ein zahnloser Mann ruft heiter »wait«, hüpft zurück in seine Blockhütte und kommt nicht wieder. Beim zweiten Mal grient mich eine Greisin an und zeigt in die exakt falsche Richtung. Die beiden – und fünf weitere werde ich die nächsten Tage treffen – stecken unter einer Decke: die der Einheimischen. Sie wachen mit Eifersucht und pfiffigen Finten darüber, dass jeder Eindringling zur Hölle fahre und sich dort verirre.

Aber die verkehrte Route bringt Glück. Ich überhole einen jungen Kerl und bleibe stehen, weil mir im Rückspiegel sein Gesicht auffiel. Klar, ruhig, sanft. Wir reden, Brian erzählt, dass er auf dem Weg zum Tassajara Zen Retreat sei, einem hier in den Tälern versunkenen buddhistischen Kloster.

Brian verströmt die Ausstrahlung eines Menschen, der seit Monaten auf einem harten Kissen sitzt, den Mund hält und meditiert. Acht Stunden lang, dann Gemüsejäten und Reisschalen spülen. Immer mit der einzigartig fordernden Aufgabe beschäftigt, sich auf den jetzigen Augenblick zu konzentrieren. Nur wer am Rande entlang wankte, tut sich das an. Brian wankte auf einen frühen Tod zu, dreimal pro Tag fädelte er die Heroinnadel ein.

Ich frage ihn, warum er sich für Big Sur entschieden habe, um sein Leben in Sicherheit zu bringen. Der 23-Jährige vermutet, dass über bestimmten Orten der Erde »lines« gespannt sind. Und im Großen Süden wirken die Linien der Magie, der Leichtigkeit. Hier könne er genesen.

Zurück Richtung Highway 1. Mit Zwischenlandungen auf den Gipfeln der Santa Lucia Range. Und Blicken hinunter auf die Erde. Und mit der Erinnerung an eine Zeile von Robinson Jeffers, der als »Poet of California« berühmt wurde: dass einst Meteore hier niedergingen, um die gewaltigen Furchen der Täler zu pflügen. Wie wortmächtig. Nur Metaphern taugen noch, um ein solches Geheimnis zu beschreiben.

Ziemlich genau in der Mitte der hundert Kilometer liegt der Ort »Big Sur«. Das wären ein paar Geschäfte und ein paar Motels, eine Leihbücherei und der Big Sur River.

Rücksichtsvolle Mitmenschen wirtschaften hier. Alle Gebäude riechen nach Holz, ducken sich, sind bescheidener als die Natur.

Und noch immer reizt die Größe der Parkplätze zu keinem gellenden Wutschrei. Und noch immer stehen das River Inn und die Zapfsäule vom längst verschwundenen Hans im Glück, dem Amerikaner, der aus Deutschland kam.

Dass der Glückliche auch die Preise mit ins Grab nahm, war vorauszusehen. Kostete ein Zimmer bei ihm noch dreißig Dollar – für einen ganzen Monat (!), so reicht die Summe heute kaum für eine halbe Nacht. Bob, der Mann an der Tankstelle, spricht es weise aus: »Hier zahlst du nicht fürs Schlafen, hier zahlst du fürs Träumen.«

Einen Steinwurf weiter – direkt vorm Laden, direkt neben seiner gerade gekauften Sixpack-Packung – steht Ron. Gleich werde ich wissen, dass ich nicht zu träumen brauche, da die Wirklichkeit ab sofort hinreißend wird. Denn Ron mit den drei Jahre alten Tomatenflecken auf dem Hemd über dem Bierdosenbauch, mit den dreieinhalb Löchern im linken Hosenboden und den zehn Gramm Dreck, die seit vielen Sommern unter seinen Fingernägeln wuchern, feuert famose Sätze ab. Ich frage ihn nach den Scharen von Hippies und Hobos, die einst über Big Sur herzogen. Und Ron, trocken und souverän: »Wir haben sie weggeschrubbt, wie der Regen den Highway schrubbt.« Dann Pause, wohl um den muskulösen Wörtern nachzuschmecken, dann eine halbe Dose gurgeln, dann: »Wir wollen saubere Leute hier, Leute, die Verantwortung übernehmen.«

Das Umwerfende an der Szene: Ron meint es ernst. Über seine hübschen blauen Augen huscht kein Blinker Unsicherheit. Er, der Schluckspecht, dem die Sonne gerade die Schaumkronen auf seinem Schnauzer wärmt, legt ungerührt nach, sagt glatt: »Listen, man, I'm working my butt off here«, *hör zu, ich arbeite mir hier die Arschspalte heiß.*

Stimmt, fast alles. Ich werde es bald genau wissen: dass der 47-Jährige heil – sagen wir, beinahe heil – aus Vietnam zurückkehrte. Und ein feiner Typ ist. Schräg und windschief, gewiss, aber kein Grobian, kein kalter Mensch.

Rons Hautfarbe verrät seinen Wohnort. Wie so viele andere in Big Sur geht er strahlend und bronzefarben durchs Leben. Ich lade ihn auf den Beifahrersitz, eine Minute später biegen wir in den Wald ab, runter zum Fluss. Behütet von den Schwingen verschwiegener Redwoods, den fantastischen *Mammutbäumen*, steht »his home«, sein Wohnwagen.

Da findet sich kein schnelles Wort im Universum, um das Innere des rostlöchrigen Blechkastens zu beschreiben. Vielleicht passt: zwei Räume, ach, zwei Höhlen, getrennt durch eine Sperrholzplatte. In der ersten, rechts, liegen zwischen Spinnweben und daumendickem Grind ein demontierter Ventilator, ein paar Werkzeuge, drei lange Messer. Und eine nie gespülte Tasse auf einem in alle vier Himmelsrichtungen zerfledderten Buch – The Angels' Guide to Spirituality. Mit einer erstaunlichen Widmung: »Darling, glad you are on your way to a new life, Mariah.« Eine Ex-Freundin und ihre Anspielung auf Rons Versuch, sich in einer Klinik von seinen täglich zehn (!) Sixpacks loszusagen. Das war einmal, denn im zweiten Loch, links vom Eingang, liegt der »bedroom«: eine Bierdosen-Halde und obenauf eine Matratze, älter als alle tausendundeine Bierdosen zusammen.

Ron lebt gern, man kennt ihn in Big Sur, bisweilen bekommt er einen Job, schlossert, flickt einen Zaun, nagelt eine Hundehütte. Er sagt die zwei so verschiedenen Sätze, dass er oft »grinst und lacht« und darauf achtet, dass ihn »jeder mit Würde« behandelt.

Bald kommen Freunde, zu Fuß, per Autostopp, einer mit seinem stoßdämpfermüden Buick. Alle abgerissen, alle Tagelöhner, alle verliebt in Big Sur. Wir drehen eine schnelle Runde, um »etwas zum Inhalieren« zu besorgen. Die Gegend ist bekannt für sauberes, selbst gezogenes Gras. Dann am Wasser sitzen und chillen. Bemerkenswert, wie sie miteinander umgehen, wie sie mit cooler Selbstverständlichkeit ihr Bier teilen, ihre Zigaretten, ihren Pot. Und von der Idee besessen scheinen, dass sie »space« brauchen, Raum, Platz, um sich auszubreiten in der Welt. Zu lange hätten sie diese (anstrengende) Freiheit genossen, zu lange sich von dieser (erfüllten) Liebe ernährt, um jetzt noch heimkehren zu können in ein Allerweltsdasein.

Federico, der Italiener, meint: »We live on the edge«, wir leben auf Messers Schneide. Das klingt bombastisch und ist doch wahr. Jeden Morgen fangen sie von vorn an, ohne Rückendeckung, ohne Netz, ohne Hinterausgang, ohne lieben Gott. Und haben nichts als diesen verrückten Glauben, dass immer etwas stärker in ihnen sein wird als die gerade eintreffende Pleite. Und sie ein für alle Mal wissen, dass keine Existenz unzumutbarer wäre als das Dasein eines »nine-to-fiver«, jenes armen Arsches, der mit trostlos stumpfsinniger Arbeit sein Leben abstottert. Lebenslänglich.

Auf einem Felsenbuckel mit Ausblick aufs Meer entstand vor einem halben Jahrhundert das Restaurant Nepenthe – das ägyptische Wort für »sorglos«. Keine fünf Autominuten von Rons Lager entfernt. Neben der Küche hängt ein Foto von Henry Miller mit Freunden beim Abendessen. Der Schriftsteller, ein Bildhauer, ein Dichter, ein Filmemacher, vier haltlos prustende Männer beim Erzählen dreckiger Limericks. Das war. Wie die Zeit, in der ein Robert Louis Stevenson *Die Schatzinsel* schrieb und dabei an diesen Küstenstrich dachte. Auch ziehen kein Jack Kerouac und kein Lawrence Ferlinghetti mehr vorbei. Big Sur als Refugium bärenstarker Spinner scheint in Gefahr.

Fährnisse dräuen. Die »dot.commers«, so nennt Ron sie, haben das Gelände für sich entdeckt. Reiche Spießer, die hier ihre Villen aufstellen wollen. Schön protzig. Magnus Torén, der Leiter der *Henry Miller Memorial Library*, zählt die Konsequenzen auf: Die Preise jagen nach oben, der Kontakt zwischen den Anwohnern schrumpft, die aberwitzige Schönheit von Big Sur kommt unter die Räder. Ja, den *Local Coastal Plan* gibt es, er verhindert so manche Auswüchse, ja, die Korruption, die Schliche, die zügellosen Egos, die gibt es auch.

Ich will mit keinem schwarzen Gedanken davonziehen, will noch eine Frau und einen Mann treffen, die wie nicht viele andere zum Glanz dieser Landschaft beitragen, und die – von Miller klaue ich das Gleichnis – zum »Salz der Erde« gehören.

Im Süden von Big Sur liegt das Esalen Institut, eine »weltweite Gemeinschaft von Suchern«, ein Therapiezentrum zum Besänftigen weltweiter Neurosen, ein Ort mit sprudelwarmen Quellen zum Auferwecken erledigter Körper.

Hier arbeitet der Amerikaner Charlie Cascio in der wild duftenden Küche. Als Boss, mit langem silbergrauem Haar und dem gut geschnittenen Gesicht eines Menschen, der ein Leben hinter sich hat: Erblickt vor 55 Jahren das (schauerliche) Licht einer texanischen Großstadt. Und zieht als junger Kerl davon. Zieht nach Amsterdam und wird Koch und »Provo«, jene Bewegung von Provokateuren, die mit gewaltfreien Methoden die Stadtväter zur Weißglut trieben. Zieht als ambulanter Küchenchef durch Europa und französische Schlösser. Zieht nach Big Sur und verzieht sich – er schwört es – in (sic!) einen kolossalen Baum, »his tree home«. Lernt eine Frau kennen, verlässt den Baum und findet via einen nächsten Umweg über die Welt wieder hierher zurück. Mit einer anderen Frau, mit Marion, der so bedenkenlos lachenden Deutschen.

Und ich sehe die zwei nebeneinanderstehen und begreife plötzlich, warum Frauen verrückt nach Köchen sind. Weil sie etwas zaubern, das anschließend durch den Leib der Frau gleitet. Und sie so von den Zauberkräften des Mannes erfährt. Und nach mehr von ihm verlangt.

Sie nehmen mich mit. Wir fahren über den Highway 1, kurven irgendwo rechts ab, sperren eine Privatstraße – nur für Anrainer – auf und landen nach haarigen Serpentinen ganz oben. Wo ihr leichtes Haus steht, das sie mit sagenhaftem Eifer hochstemmten. Wo die Bücher stehen und der Ofen und draußen vor der Tür die paar Dutzend Weltwunder von Big Sur.

Wir trinken Tee und plaudern über ihre Liebe. Von der sie nicht wissen, wohin sie sie führen wird. Doch momentan – und seit fünf Jahren geht das so – würde die Nähe wachsen, würde auf geradezu unheimliche Weise nicht nachlassen. Man muss den beiden beim Reden zuschauen und weiß, dass jedes Wort wahr ist.

Abends trete ich den Rückweg an. Mit verwirrenden Gedanken. Weil ich am Bettende von Marion und Charley eine Badewanne entdeckte. Direkt neben dem großen Fenster zur Welt.

Und ich nicht mehr sagen könnte, ob es glücksverheißendere Handlungen für einen Mann gibt, als morgens aus dem warmen Bett in die warme Wanne zu steigen und mit seinen Augen hin und her zu wandern zwischen der so ansehnlichen Freundin und dem Wunderwerk Big Sur.

Zurück nach San Francisco, auf halber Strecke bremse ich vor einem McDonald's-Restaurant, Pause für einen schnellen Kaffee. Am Eingang hängt ein Poster mit dem Porträt eines Teenagers, darunter der Text: »I work here. It's a job that fits my life. Apply!« Sofort denke ich an Brian, an Ron, an Miller, an die beiden in der Badewanne, an den Pazifik. Und sofort wird offenbar, dass jeder für sich entscheiden muss, ob ein McDonald's-Leben zu ihm passt. Oder ein anderes.

WÜSTE ZEITEN

ANAMORÓS –
Ein Dorf am Ende der Welt

CHINESISCH EISENBAHNFAHREN –
Bevölkerungsexplosion in Echtzeit

DER NEUE KONGO –
Neues Land, neue Banditen

DURCHS WILDE TURKESTAN –
Vom Glück, kein Chinese zu sein

KRASNOYE –
Mütterchen Russland und das unergründliche
Menschenherz

PALÄSTINENSERLAGER AIN AL-HILWEH –
Kein Tag ohne Unfreiheit

ANAMORÓS

Ein Dorf am Rande der Welt

Ein Hubschrauber zieht über das Dorf, wird leiser, verstummt. Wieder beginnt eine Frau zu singen: »Perdóne, señor, perdónenos nuestros pecados«, *vergib, Herr, vergib uns unsere Sünden.* Juana Benito Álvaro wird begraben. Durch das kleine Fenster im Sarg sieht man ihr Gesicht, Mitte dreißig, schon gelb vor Hitze. Ein Ausschlag entstellt ihren Mund, Blutkrebs. Vor einigen Jahren starb ihr Mann, im Streit vom eigenen Bruder erschlagen. Fünf Kinder schauen auf die Tote, Schweiß und Tränen vermischen sich, ihre von Trauer und Anstrengung bewusstlosen Blicke. Ein Schwein grunzt. Neben dem Eingang zum Friedhof liegt ein Schlammpfuhl. Das Tier ist aufgewacht und wetzt schlecht gelaunt davon. »Vergib, Herr, tausend Mal reut uns unser aller Bosheit.«

Der Herrgott soll diesem kümmerlichen Dasein vergeben. Einen Glauben wie Märtyrer haben sie hier, so schuldbeladen, so demütig.

Vier Männer versenken die Holzkiste in einem Betonloch. Noch ein paar Gebete, noch ein paar Schluchzer, dann vertreibt die Sonne die wenigen Freunde der Verstorbenen. Nur die Arbeiter bleiben, schaufeln die Erde zurück, rauchen entspannt eine Zigarette. Das Holzkreuz ist morsch, die dünne Kerze fällt um, hier sind sie so armselig tot, wie sie am Leben waren. Manuel, der Chef der Totengräber, hat das längst verstanden, heiter ruft er mir nach: »Andrés, komm, hier gibt es Wasser.«

Anamorós kennt niemand, es liegt irgendwo in El Salvador, nahe der Grenze zu Honduras. Ein Fliegenschiss am Ende der Welt. Seit einem halben Jahrtausend steht es, heißt es. Tausend

Einwohner hat es, sagen sie, schätzen sie. Genaue Zahlen liegen nicht vor. Und den Bürgermeister kann man nicht fragen, er verließ vor Jahren fluchtartig den Ort.

Anamorós ist überall, kein Sonderfall in einem Staat, der zum Schrottplatz verkam. Weil kein Geld übrig bleibt, um Schultafeln zu kaufen und Ziegel für das Rathausdach. Weil mit vielem Geld ein Krieg finanziert wird, der Lehrer massakriert und Krankenhäuser niederbrennt. So ist Anamorós pleite. So pleite und ruiniert wie ein paar andere hundert Nester auch. Die einzige Investition, die sich die Stadtkasse derzeit leistet, ist der Bau eines »servicio público«, eines öffentlichen Pissoirs mit vier Kloschüsseln. Dort treffe ich Carlos und Arturo, zwei Hilfsarbeiter, im Augenblick als Maurer beschäftigt. Sie werden mich bereichern, von Anfang an. Hier weiß jeder Storys, die vom Leben in schwierigen Zeiten erzählen.

El Salvador kennen alle, das Land ist weltberühmt. Obwohl ein Däumling mit fünf Millionen Einwohnern und dem Bruttosozialprodukt einer Bananenrepublik. Dafür hat es die höchste Geburtenrate, die höchste Mordrate und die meisten Analphabeten in Zentralamerika. Seine Geschichte ist die ewig rabiate, ewig gleiche Wirklichkeit aus der »Dritten Welt«: gebeutelt von Korruption, Klassenhass, Gier und Elend, geknebelt von Unwissenheit und Frömmelei. So taumelt El Salvador von einer Ausweglosigkeit in die nächste.

1980 verschärft sich die Lage, der Bürgerkrieg beginnt. Wie voraussehbar, wie zwangsläufig. Das Maß war voll. Zu leer die Bäuche der Hungerleider, zu fett die Gesichter der Nutznießer. Fünf Guerillagruppen schließen sich zur *FMLN* zusammen, zur *Frente Farabundo Marti para la Liberación Nacional,* und schlagen los. Unterstützung kommt aus Kuba, der Sowjetunion, aus Nicaragua, von Freunden in Europa und in den Staaten. Das Regime auf der Gegenseite – arrogant, privilegiert und gewalttätig – bekommt Hilfe aus Washington. Eine Million Dollar pro Tag. Auch dieses Muster ist bekannt. Erzbischof Rivera y Damas kommentierte trocken: »Die USA liefern die Waffen, und wir liefern die Toten.«

Wer mit dem Bus neben dem »Parque«, dem Hauptplatz von Anamoròs, ankommt, versteht sofort so vieles: Ein Dutzend Kinder und Frauen rennen herbei, zetern, verkaufen durchs Fenster ihre Ware, etwas zum Essen, zum Trinken, Eis. Vier Schweine suhlen sich in den Pfützen der letzten Nacht, drei Schweine stochern im herumliegenden Abfall. Zwei Hunde rammeln. Mittendrin das Geräusch gackernder Hühner. Einige Blechbuden stehen herum, Bäumchen darben, dazwischen ein paar Sitzbänke und eine zementierte Bühne. Sie dient als Tor. Fünf Jugendliche schießen gerade Elfmeter, zwölf schauen zu, die achte Sau läuft in den Strafraum. Ein Schuss geht daneben, und der Ball trifft ein Graffito: »Castigo a los corruptos«, *Strafe für die Korrupten*.

Als ich vor Tagen hier eintraf, spürte ich ihre Blicke. Auf den »chele«, den *Weißen*, den Fremden. Keine Spur feindselig, nur stumm und überrascht, ja, überrascht.

Wo schlafen? Als ich nach einer »hospedaje« fragte, den so beliebten Herbergen, schüttelten sie verlegen den Kopf. Gab es nicht. Der Pfarrer schickte mich zum Lehrer. Die Gegend um Anamorós gilt offiziell als »zona conflicta«, als Unruhegebiet, Kriegsgebiet. An den Häuserwänden sieht man die Einschüsse, Erinnerungen an Überfälle und Todesangst.

Niemand verdächtigte mich, im Gegenteil, sogleich brach ihre Hilfsbereitschaft aus. Schon beim zweiten Satz bot mir Schulleiter Señor Peña an, bei seiner Familie zu übernachten. Dann kam zufällig seine Nachbarin vorbei, Señora Gloria Elsy, und erwähnte ihren Schuppen. Ideal, so wäre ich unabhängig.

Wir räumten ihn leer, eine Pritsche fand sich, die alte Nähmaschine diente als Tisch. Über dem Wellblechdach glühte die Sonne, 34 Grad Innentemperatur. Die beiden Hunde meiner Zimmerwirtin begrüßten mich begeistert und kleksten vor Freude auf den frisch geputzten Betonboden.

Meine neue Adresse im Stadtteil »Las flores«, *die Blumen*, hört sich elegant an: Hausnummer 1 in der »Primera Avenida del Sur«. Durch die leicht abschüssige *erste Avenue des Südens* fließen – direkt in der Mitte – grüne Abwässer.

Im Parque treffe ich Señor Ríos. Minuten später nimmt er

mich mit zum Abendessen. Es gibt – wie so oft noch – Reis, Bohnen, Hühnerfleisch, Tortillas und Wasser. Die Familie versammelt sich, um mich zu inspizieren. Dass ein Mensch aus dem superreichen *Alemania* hierher reist, um herauszufinden, wie sie in Anamorós leben, das klingt seltsam. Plötzlich hat Vater Ríos eine Idee. Er lacht fröhlich: »Yo sé, yo sé todo. Usted busca a una hembra!« Jetzt dröhnen Mutter, Töchter und Söhne. Das ist es, ich bin entlarvt, ich suche eine *hembra*, ein Weibchen, die Ehefrau. »Gefallen sie dir?«, fragen sie strahlend. Und ich antworte genauso strahlend: »Und wie.«

Um 18 Uhr wird es dunkel. Und um 20 Uhr ist das Dorf tot. Kommt der Strom, brennen auf den Straßen fünf Lampen. Als ich mich verabschiede, knallen Pistolenschüsse. Kein Krieg, eher Ausdruck von Missmut. *Los bolos*, die Trunkenbolde, sind unterwegs. Die Schüsse in die Luft gelten als lautstarkes Erkennungszeichen, dass man nun auf dem Nachhauseweg ist, also abgebrannt. Einer begegnet mir, er wechselt gerade das Magazin. Ich husche nervös um die nächste Ecke. Katzen streunen, im Schein der Taschenlampe leuchten die Augen hungriger Hunde. Durch die Wände der Häuser hört man das Schluchzen von Frauen: Fernsehschluchzen aus Endlosserien, der tägliche TV-Müll aus Mexiko.

Mein Schlafplatz wird gut bewacht. Princess und Negro kläffen bei jeder Bewegung. Daneben liegt der Stall von Señora Elsy, mit 200 Küken, zehn Hähnen und sieben Ziegen. Stechmücken schwirren. Der Ventilator klappert irgendwann wieder los, dann endgültiger Stromausfall.

Hernán, einer der Söhne von Señor Ríos, und ich freunden uns an. In seinem Gürtel steckt eine *Smith & Wesson*, Trommelrevolver, sechs Schuss, Kaliber 38. Viele sind bewaffnet. Bissige Köter gibt es. Und Spitzbuben.

Wir reiten hinaus auf die Felder seines Vaters, Kühe melken. Nichts eilt, keiner treibt, nie sehe ich jemanden außer Atem. Die Zeit zwischen Mitte Juli bis Mitte August nennen sie »Canícula«, *Hundstage*. Eine Trockenperiode während der Regenzeit. Das wäre ein Grund für die Langsamkeit. Andere Gründe sitzen tiefer. Es dauert, bis ich sie verstehe.

Am frühen Abend gehen wir baden, runter zum Fluss, der so heißt wie das Dorf. Eine träge Brühe, sogar das Blut vom Schlachthof kommt hier vorbei. Da tagsüber das Wasser rationiert wird, ist das der einzige Ort, um abzukühlen. Mehrere Male zieht ein Hubschrauber über uns hinweg. Provianttransport für Soldaten, die zehn Kilometer entfernt stationiert sind. Sie hausen im Wald, ohne festes Lager. Aus Angst vor den Rebellen.

Hernán erzählt absurde Geschichten: Keiner der Jugendlichen verlässt Anamorós. Denn der gesetzlose Ort, leer gefegt von jeder Autorität, gewährt ihnen Sicherheit. Weiter unten im Süden, ab Santa Rosa de Lima, da, wo die marode Straße aufhört, beginnt der Stress. Dort wird rekrutiert. Ohne schriftliche Vorladung, ohne Bedenkzeit, dafür blitzschnell und mitten am helllichten Tag: Rollkommandos von je zwei Mann arbeiten als Häscher. Wer den Anforderungen entspricht – 15- bis 25-Jährige – wird gestoppt: »Papiere!« Dann gibt es einen legalen und einen illegalen Ausweg. Entweder man zeigt das »Carné« vor, den Ausweis, der bestätigt, dass man seinen Militärdienst bereits hinter sich hat oder »se tiene mucho cuello«, *man hat viel Hals*, sprich, viel Einfluss: Reiche Familien schmieren die zuständigen Stellen, der Fall ist erledigt.

Hernán hatte nichts. Weder das eine noch das andere. Er berichtet, wie sie ihn festhielten, und er sich losriss, wie er durch das Menschengewühl davonstürmte, sich das Hemd vom Leib zerrte, um nicht wiedererkannt zu werden. Ja, wie er die Fänger zweimal wieder auftauchen sah und einmal einen Kriegsverletzten simulierte, der seufzend den Bürgersteig entlang hinkte, und er beim nächsten Mal eine Frau anbettelte, ihm ihr Kind zu überlassen: Und sie ihm das Baby reichte, und Hernán es sanft in seinen Armen wiegte. Und davonkam.

Die Armee hat einen schlechten Ruf, die zwei Jahre Dienst sind gefährlich und der Lohn – 600 Colones, etwa 60 Euro – miserabel. Fünf Mal wurden die Busse aufgehalten, mit denen ich durch das Land fuhr. »¡Jovenes abajo!«, *Jugendliche raus!*, hieß es dann. Sechs, sieben Soldaten – auch sie blutjung – warteten am Straßenrand, im Kampfanzug, die M-16 im Anschlag.

Und mindestens drei arme Teufel blieben jedes Mal zurück, frisch requiriert für den Bürgerkrieg.

So rührt sich keiner vom Fleck in Anamorós. Die politische Lage hält gefangen. Reisen macht Angst. Arbeit oder Studium in einer fremden Stadt kommen nicht infrage. Zudem fehlt oft das Geld für Wohnung und Ausbildung.

Die Arbeitslosenrate liegt – so die Optimisten – bei siebzig Prozent. Trotzdem ist die Situation besser als vor einem Jahrzehnt. Damals waren noch Polizei und Militär im Ort stationiert: *la Policia Aduana*, die Zollbehörde, *la Defensa Civil*, eine paramilitärische Organisation, und die *Guardia Nacional*, eine »Schutztruppe«, die als Mördergang verrufen war. Wer seinen Nachbarn erledigen wollte, denunzierte ihn als Mitglied der FMLN. Von diesem Augenblick an war der Mann tot. Oder er zahlte.

Die Bewohner von Anamorós hatten nichts zu lachen, Schikanen gehörten zur Tagesordnung: »Huckepacktransport« über den Fluss, Gewehrkolbenschläge bei »respektlosem Gesichtsausdruck«, Konfiszierung von Lebensmitteln und Zwangsarbeit. Es fehlte nicht an Einfällen.

Im November 1982 überfielen die Rebellen das Dorf und verbrannten die Akten der Stadtverwaltung. So kam der Krieg nach Anamorós. Aparicio Contrera, der damalige Bürgermeister, berichtet, dass sie im Jahr darauf wiederkamen und ihn entführten. Sie erkundigten sich nach seinem Leumund. Es stellte sich heraus, dass er kein Leuteschinder war. Vier Tage später ließen sie ihn frei. Der Richter des Ortes, Paulo Ramirez, hatte kein Glück. Die Revolutionäre verurteilten ihn zum Tod, das Urteil wurde vollstreckt. Mai 1984 kam die Guerilla erneut zurück und zündete das Rathaus an. Alle Staatsgewalt trat die Flucht an. Seitdem gibt es keine Polizei, keine Soldaten, keinen Bürgermeister und keinen Richter mehr in Anamorós. Die zwei Gefängniszellen verrotten.

Inoffiziell »gehört« das Kaff jetzt den Aufständischen. Sobald Soldaten sich wieder hierherwagen, kommt es zu Auseinandersetzungen. Mit Straßenkämpfen, Verwundeten und ein paar Toten. Während der Schießereien rennt die Bevölkerung um ihr

Leben. Die kellerlosen Häuser, oft aus Adobe, bieten zweifelhaften Schutz. Jeder hat sein Fluchtloch. Oscar, der Schneider, wirft sich mit seiner Familie unter die Spüle in der Küche. Vater Ríos zeigt mir die Betten, hinter denen sie sich verkriechen. Eliseo, der Hausmeister der Schule, drückt sich in die Ecke, wo selbst Querschläger nicht hinkommen. Alle beten.

Anamorós ist kein Einzelschicksal. Mehrere Gemeinden in der Umgebung wie Lislique, Polorós und Monteca: auch sie gesetzlos, bettelarm, bedroht. In den Tagen meines Aufenthalts wird im neun Kilometer entfernten Nueva Esparta noch ein Richter ermordet. Mit der Konsequenz, dass am nächsten Morgen Soldaten durch dieses Dorf ziehen. Auch durch Anamorós. Aber nach zwei Stunden wieder verschwinden. Blieben sie, die Rebellen kämen zurück aus den »campamentos«, ihren ringförmig verminten und unterirdisch angelegten Lagern in den Wäldern.

Der Krieg dauert zu lange, als dass sie ihn hier nicht satthätten. Doch eine eindeutige Parteinahme ist schwer auszumachen. Hass ebenfalls nicht. Eher Gleichgültigkeit, Überdruss, der scheue Wunsch nach einem anderen Zustand der Welt.

Ein Beispiel, wie Gewalt und Gegengewalt das Leben ruinieren: Vor einem Jahr zerschossen die Guerrilleros einen Transformator. Anamorós saß im Dunkeln, über acht Monate. So lange brauchte die Verwaltung im *Departamento La Union*, um ihn zu reparieren. In der Zwischenzeit aber schickte sie Rechnungen, kassierte Geld für Strom, der nie verbraucht wurde.

Solche Erfahrungen machen schwerhörig für die Parolen und Tiraden der verfeindeten Lager. Wer immer an die Tür pocht, Schneider Oscar hat keine Wahl: Er muss die Hosen und Hemden der Krieger flicken. Die drohende MP überzeugt ihn, ganz gleich, wem der Finger am Abzug gehört. Schuster Valentino erzählt eine ähnliche Geschichte. Campesino Antonio verteilt seine Tortillas an beide Parteien, beide müssen essen, beide versprechen den Frieden.

Oft ist kein Krieg. Dann ist Anamorós der viereckige Parque mit den drei schiefen Straßen in die nächsten Dörfer, ist das Stinkloch hinter den sieben Bergen, ist friedlich und brav. Und hat nichts, kein Kino, keinen Buchladen, kein Café, keine Kneipe, keinen Schuhputzer. Nicht einmal einen Lotterieverkäufer. Doch eine Zeitung, die gibt es. Wenn der Busfahrer sie nicht vergessen hat. Und eine *casa de la cultura*, eine kleine Bibliothek, haben sie auch. Wenn Schlüsselinhaber Jaime nicht blaumacht. Weil blau. Und, immerhin, ein einziges *teléfono* für insgesamt 23 000 Menschen aus der Umgebung steht zur Verfügung. Wenn kein Sturmwind bläst, kein Regen und kein Kurzschluss es lahmlegen.

Um vier Uhr aufstehen. Hinterm Gartenfenster liegt die Tierfarm meiner Wirtin, die zehn Gockel krähen mich wach. Aufs Plumpsklo, mich waschen, neben der Wasserstelle liegen die Gedärme der gestern Abend geschlachteten Hühner, Fliegen wimmeln, ein Schwein scharrt an der Haustür. Hier leben die glücklichsten Säue der Welt, Anamorós als Paradiesfleck. Müll, Abwässer, Hundewürste, Kuhfladen, Katzendreck, Menschenhaufen, alles ist warm und riecht, lädt ein zum wohligen Ausstrecken.

Um 4:30 Uhr kommt der erste Bus. Die kleine Nelly, 12, ist da, hat ihre Feuerstelle aufgebaut. Daneben ein Tisch, zwei Bänke, ihr mobiles Wirtshaus. Es gibt *Cafecito* und gebackene Bananen. Saul frühstückt mit mir. Er ist »Despachador«, treibt von jedem Busfahrer ominöse fünf Colones ein, eine Art Maut für die Benutzung der Schotterpiste, die hierher führt.

Sauls halbe Zunge ist gelähmt, doch er bleibt tapfer. Wie Demosthenes mit einer Handvoll Kiesel im Mund berichtet er von seiner Liebe zu Rosaelia, einer Fahrscheinverkäuferin, die fünfmal pro Tag mit ihrem Bus vorbeikommt. Ist sie da, verstummt er, jetzt lahmt die ganze Zunge. Dafür stempelt er doppelt so schnell und schaut in die andere Richtung. Und jedes Mal verspricht er mir – hinterher –, dass er es der Hübschen beichten wird: seine Sehnsucht nach ihr.

Um neun wandere ich zur Post, täglich. Es gibt keinen Briefkasten dort, aber Chanito gibt es. Der ist immens dick, und die O-Beine hat er von seinem Großvater. Und die Arthritis vom vielen Sitzen neben den Whiskyflaschen. Chanito ist Briefträger. Meistens schlummert er in seinem Verschlag und wartet auf den

Postsack aus Santa Rosa. Manchmal kommt er, manchmal nicht. Dazwischen klebt er Briefe zu und erklärt jedem geduldig, wo der Absender stehen muss und dass zu einer vollständigen Adresse ein Wohnort gehört. Chanito hat ein gutes, versoffenes Herz. Siebzig Jahre ist der Alte, und 400 Colones (70 Euro) trägt er monatlich nach Hause. »Tranquilo«, antwortet er, wenn ich frage, wie es denn ginge. Tranquilo heißt ruhig, und es bedeutet: Komm rein, reden wir, ich habe stundenlang Zeit.

Überschaubares Leben. Gäbe es keinen Krieg, alles hätte Platz auf dem Millimeterpapier. Luiz sitzt in seinem Rollstuhl. Seit seinem 103. Lebensjahr, seit dem letzten Sommer, als er einen Unfall hatte. Still sitzt er, schaut regungslos hinaus auf den Parque. Laut sollte man sein, damit er einen hört. Don Luiz ist einverstanden mit seinem Leben, mit seinem Tod. Er rechnet nicht ab. Er ist da, ohne Widerstand, ohne Verlangen.

Miguel lauert neben dem »Estanco«, dem *Schnapsladen*. Durch ein Eisengitter verkaufen sie hier »El Golfo«, einen 45-Prozentigen für zwölf Colones (1,20 Euro) den Liter. Miguel schlurft auf mich zu. Wenigstens eine »Pancha«, einen bescheidenen Flachmann, solle ich springen lassen. Der junge Mensch ist auf dem Weg in den Ruin. Dabei hatte er mehr Chancen als andere. Als begabter Fußballer war er im Gespräch für die »Primera División«. Keine Liga, um Millionär zu werden, doch der Verdienst liegt beträchtlich über dem Durchschnitt. Aber irgendwann ging Miguel die Kraft aus. Jetzt trödelt er durch den Tag, arbeitet bisweilen als »jornalero«, als *Tagelöhner*. Hinter Miguel sabbert José, hinter José träumt Pedro. Alle in nächster Nähe des Alkoholausschanks.

Lorenzo tut gut. Sein Friseurladen ist ein Stuhl, den er morgens vor die Lehmhütte stellt. Er hat überlebt, denn der Damenfriseur gab auf, zog weiter. Ich komme täglich zur Rasur. Lorenzo ist zufrieden. Wie überhaupt die Alten besser mit Anamorós fertig werden. Es bohrt nichts mehr in ihnen. Keine Gedanken an die Zukunft, keine Reue über eine misslungene Vergangenheit. Das wenige, was es gibt, akzeptieren sie als ihr Schicksal. Schönster Augenblick: wenn Lorenzo sanft mit seinen 69-jährigen Händen den »Face Conditioner« auf meine Wangen verteilt und das Gesicht massiert. Eine Wonne.

Jeden Abend fernsehen. Damit die Zeit vergeht. Sieben Tage die Woche laufen sieben »Novelas«, eine Auswahl: *Die Rache* und *Wenn die Liebe kommt* und *Dona Bella* und *Tage ohne Mond* (sic) und *Schweigen und Liebe*. Hundert Kapitel *amor* mit einem exemplarischen, tausendfach variierten Plot: Bedienstete vom Land findet Arbeit in einem herrschaftlichen Haus. Die einfache Magd sieht den Sohnemann, er sieht sie, eine orkanartige Liebe fährt in beide. Nächste Folge: Schwangerschaft, Skandal, Flucht des Mädchens, der Jüngling hinterher. In den restlichen neunzig Kapiteln treten auf: böse Tanten, ein Findelkind, eine ohnmächtige Mutter, der rasende Vater, ein gütiger Onkel, viele Betten, immer wieder eine Frühgeburt, zahllose Tränensäcke, ein triumphales Ende.

Oft sitze ich bei Eliseo. Aus der »Caja idiota«, der *Idiotenkiste*, flimmert der Überfluss der Welt. Gepflegte Menschen, die nie schwitzen, reden rastlos dummes Zeug. Eliseo hat vierundzwanzig Jahre lang bei der *United Fruit Company* in Puerto Tela in Honduras den Buckel krumm gemacht, für 2,5 Dollar den Tag. Jetzt döst er in seiner zerfransten Hängematte und glotzt. Um ihn herum sechs, acht Kinder, die eigenen und deren Freunde. Kakerlaken rennen über den Lehmboden.

Um 21 Uhr ist meist Schluss, das Elektrizitätsnetz bricht zusammen. Im Kerzenschein tapse ich hinaus. Nur ein paar Schritte vor der Tür jammert José. Der 33-Jährige war einmal Bierfahrer, bis er mit drei Promille an einen Baum knallte. Seitdem hat er ein lädiertes Knie und ist hauptberuflich Schnorrer und Säufer. Dreimal die Woche ist er blau vor Traurigkeit und Whisky. Mondlicht fällt auf sein dreckiges Gesicht. Glühwürmchen leuchten. Vor der Rathaustür hat sich Benito ausgestreckt. Neben ihm sein Arbeitsplatz, ein Berg Melonen. Er erkennt mich, will, dass ich noch eine Scheibe mitesse. Drüben schläft Pedro bei seinem Gemüse. Eine freundliche Nacht, nur das Jaulen streitsüchtiger Katzen.

An der Ortsausfahrt nach Santa Rosa befindet sich die »Unidad de Salud«, die Krankenstation. Wie das einzige Telefon ist sie zuständig für 23 000 Menschen. Zwei schäbige Zimmer dienen als Behandlungsräume. Kein Trinkwasser, keine Toilette für die täglich sechzig Patienten, auch heute – wie an allen anderen Tagen, an denen ich vorbeikomme – kein Strom. Batterien halten die Impfstoffe kühl. Meist sitzen Frauen und Kinder herum. Und 15-jährige Kindfrauen mit dicken Bäuchen. Ein Stoß Papier liegt bereit, Aufrufe zur Familienplanung. Ein schwieriges Unternehmen, wenn siebzig Prozent nicht lesen können. Und der Katholizismus dagegen hetzt. Auf einem Poster steht: »Dame Amor«, *gib mir Liebe.* Sporadisch liefert die Regierung Medikamente. Nach Wochen sind sie verbraucht. Gerüchte schwirren von wegen Schwarzhandel und Privatverkauf.

Doctora Hilda Gladis behandelt vor allem Bronchitis, Grippe, Denguefieber, Durchfall, Stichwunden und Hundebisse. Meinen, zum Beispiel. Doch Hilda ist nur Aushilfe. Bald geht ihr »soziales Jahr« zu Ende, sie muss zurück in die Hauptstadt, weiterstudieren. Bevor sie kam, warteten sie hier zehn Monate auf einen Ersatz. Jetzt werden sie wieder warten.

Clarivell, eine der beiden Krankenschwestern, lädt mich zu ihrer Geburtstagsfeier am nächsten Tag ein. Aus reiner Gastfreundschaft. Und ich komme in ein Haus, in dem ein bescheidener Wohlstand herrscht. Die gesamte Verwandtschaft ist angerückt, und ich bin tapfer und beantworte alle die Fragen, die alle Fremden auf Reisen erdulden: woher man käme, wo meine Kinder seien, warum ich nicht verheiratet bin, ob mir El Salvador gefalle und endlos so fort. Ich habe mir vor langer Zeit geschworen, dass ich immer so antworte, dass keine Diskussionen entstehen. Charmant lüge ich mich davon, im Namen des Weltfriedens. Leeres Reden deprimiert mich.

Der Nachmittag nimmt eine überraschende Wendung. Norma, die Schwester des Geburtstagskinds, und ich flirten. Sie ist gewiss die Hübscheste weit und breit. Und neugierig, richtig neugierig. Mir ist, als würde sie sich bei mir, dem Fremden (!), Fragen trauen, die zuhause undenkbar wären. Fragen zu Mann und Frau, zu Intimität zwischen den beiden, Fragen, die in derlei Breitengraden nur geflüstert gestellt werden. Wie recht mir das ist, denn solche Momente – wenn kein falscher Ton und keine falsche Bewegung passieren – können zu wundersam sinnlichen Taten führen. Und als alle, Kinder und Erwachsene, das Wohnzimmer verlassen, um im Garten die Geburtstagstorte anzuschneiden, geschieht es. Wir hatten über das Küssen geredet, und Norma schließt jetzt die Augen, rückt näher und küsst mich. Wie eine, die das schon lange kann. Das Spiel der Lippen. Und sie sagt den sensationellen Satz: »Era mi primer beso«, *das war mein erster Kuss*. Mit 22. Und sagt, es wird noch sensationeller: »¿Que hize, que hiize?«, *was habe ich getan, was habe ich getan?* Sie flattert nun vor Aufregung, ein Drama geschah, eine Sünde, etwas ganz und gar Verbotenes. Abrupt geht sie weg und folgt den anderen.

Das war's. Nie mehr wird uns ein zweiter Kuss gelingen. Wann immer wir uns zufällig begegnen, scheint sie erdrückt von Schuldgefühlen zu sein. Wie eine »puta«, wie eine *Hure* (!), fühle sie sich. Im Religionsunterricht habe sie gelernt, dass eine Frau bis zu ihrer Hochzeit »rein« sein müsse, unberührt. Überall.

Armes Mädchen. Arme Frauen.

Die Pfarrer – Carlos, der Alte, und Jesús, der Jüngere – gehen der freundlichen Ärztin Hilda aus dem Weg. Moderne Ideen interessieren sie nicht. Die zwei verwittern. Wie ihr Arbeitsplatz: Die Kirchenfassade bröckelt, vor Jahrzehnten blieb die große Uhr stehen, Gras wächst auf den Türmen, das Glas auf den Kreuzwegbildern ist zerbrochen, vor einer hellblauen Pappwand wackelt die Virgen Carmen, dahinter Jungfrau Nummer 2, die Himmelfahrtsjungfrau. Der »heilige Geist« – aus Silberfolie gebastelt – schießt im Sturzflug auf sie nieder.

Die Padres kommen aus dem Mittelalter: Von der Kanzel speien sie Schuld und Verderben. Während der Predigt rufen sie öffentlich zum Boykott von Pille und Kondom auf, denn die künstliche Geburtenregelung hätte der Teufel geschickt. Sie töte Kinder und gelte als Todsünde. Gummi und Diaphragma? Auch Todsünden, die nebenbei noch Krebs verursachen. Eine Großmutter von 32 Enkelkindern wispert leise in mein Ohr: »Das stimmt, manche Frauen bestraft der Herr und lässt kleine Bällchen in ihrem Bauch wachsen.« Herr, hilf!

In Anamorós verführt keiner in eine andere Richtung. Die Sprache reicht gerade, um die Handgriffe des Alltags zu beschreiben. Nach zehn Sätzen hört die Welt auf, dann beginnt der Glaube. Der liebe Gott kann sich alles leisten – einen Bürgerkrieg, Todesschwadronen, ein erbärmliches Leben – und noch immer sagen sie: »Gracias a Dios, gracias a Dios.«

Hier haben sie eine Leidensfähigkeit, die überwältigt: Um 4:30 Uhr bimmelt es zum ersten Rosenkranzgeleier. Es folgen: *Misa de réquiem* (Totenmesse), *Oración de sanación* (Gesundbeterei), *Enseñanza bíblica* (Bibelunterricht), *Novenario* (Trauertag). Und als Rahmenprogramm, je nach Bedarf: Fastenwochen, Strafgebete, Sonntagsmessen, Beichtstunden. »Der Herr ist unter uns«, höre ich sie leiern und sehe durch die Kirchentür, dass José wieder im Dreck liegt. »Das Paradies wird bald kommen«, singen sie, und ein dürrer Hund schnüffelt in den Bänken.

So viel Aberwitz hat auch seine Sternstunden, unfreiwillige Komik vom Feinsten: Carlos liest die Messe, mittendrin betritt ein Huhn den Altarraum. Instinktiv spürt es, dass es sich in die falsche Gegend verirrt hat: kein Futter, kein Gegacker. Es stellt sich auf ein Bein und horcht. Gleichzeitig schleicht Ministrant Bernardo von hinten an, das Tier rennt Richtung Sakristei, der Knabe hinterher, die Henne stiebt davon, der 16-Jährige wirft sich auf sie, man hört Gegenstände zu Bruch gehen, der Pfarrer hebt die Hostie, Wandlung, die Alten kichern. Endlich ein menschlicher Ton.

Manchmal hat der Rektor Depressionen. Señor Pena zeigt mir seine Schule. Immerhin gibt es in Anamorós alle neun Klassen der Grundstufe. Aber nur drei von zehn Schülern kommen. Das hat Gründe: der lange Weg, die Abwesenheit von Transportmitteln, kein Geld für Lehrmittel und Uniform. Dazu das mangelnde Vertrauen der Väter in ihre Kinder, die deshalb zur Feldarbeit antreten müssen. Und es fehlt an Motivation, auch aufseiten der Erzieher. Die staatliche Unterstützung wird laufend gekürzt, das Gehalt ist eine Zumutung, die Korruption in der Schulverwaltung – Postenvergabe via Klüngelwirtschaft – wuchert.

Unterricht aus dem 18. Jahrhundert. Kein Wort über politische

Zusammenhänge, kein Satz über die aktuelle Situation, keine Viertelstunde Sexualkunde. Peña hat ein Notprogramm erstellt, versammelte seine Lehrer, die Druck auf die Eltern machen sollen, um zumindest die einfachsten biologischen Funktionen zu erklären. Das dauert. El Salvadors Prozentsatz von Teenies mit Babys – geschwängert im Zustand völliger Unwissenheit – ist beträchtlich.

Ich frage Arturo, den Tagelöhner, der immerhin fünf Tage lang mit dem Hochziehen des Pissoirs beschäftigt war.

- An was denkst du?
- En nada, *an nichts.*

In einer Stunde sammle ich ein Dutzend ähnlicher Antworten. Ich frage wieder:

- Was macht ihr die meiste Zeit?
- Calle arriba, calle abajo, *die Straße rauf, die Straße runter.*

Die heißen, stillen Nachmittage. Kein Gedanke, der nicht längst gesagt wäre. Und keine Zukunft. Ist da ein Leben vor dem Tod? Arturo lächelt abwesend.

Macondo brütet hinter jeder Hausecke. Viele haben versucht, ohne Papiere in die USA zu entkommen. Das ist teuer. Der »Kojote«, der *Schlepper,* verlangt knapp 1500 Dollar für seine gefährliche Dienstleistung. Viele scheitern, werden von der mexikanischen Polizei geplündert, müssen ins Gefängnis, kehren bankrott zurück. Doch in Arturos Stimme liegt keine Wut, kein produktiver Hass. Er schreit nicht, er glaubt nicht mehr an ein eigenes Schicksal. Er verdämmert.

Unten im »rastro«, im Schlachthof, ist Stimmung. Seltsam, aber das ist der fröhlichste Ort in Anamorós. Jeden Samstag um achtzehn Uhr treffen sich die sieben »Metzger« und bringen dreizehn Kühe um. Meist Schmuggelware aus Honduras. Sie töten nicht anders als vor zwei Jahrtausenden: mit Lasso und Tritten das Rind von der Straße durch die Tür zwingen, dann mit dem dicken Holzknüppel ausholen und das Tier k. o. prügeln, bis es ohnmächtig umfällt, dann die Füße zusammenbinden, den Kopf nach hinten zurren, Messer her und ein tiefer Stich in die Kehle. Blut sprudelt, das Schlachtvieh prustet, röhrt seinen schaurigen Todeskampf, Speichel quillt aus dem Maul, ein letzter Furz entfährt dem zuckenden Körper, die Kreatur verendet. Einige der Burschen schlürfen das frische Kuhblut. Der Tod scheint sie zu erheitern. Die Metzelei ist ein willkommener Zusatzverdienst. Sie sind nicht wählerisch.

Bis vier Uhr früh arbeiten sie. Einfangen, abstechen, aufschneiden, zerlegen. Manchmal kommt ein Kalb zum Vorschein, 25 Zentimeter oder fast einen Meter lang. Alle acht Mann schuften barfuß, nur mit Turnhose bekleidet. Ihre von Blut und Exkrementen beschmierten Leiber. Dazwischen blödeln sie, Männerwitze, Zoten, Angeberstunde, Lachorgien.

Nachts regnet es wieder, Wasser tost vom Himmel, Blitzschläge, das Licht fällt aus, draußen keilen Schweine und Hunde um die Innereien, bald hacken die Aasgeier. Ein ungeheures Bild, archaisch und grandios.

Morgens wird das Fleisch auf dem Sonntagsmarkt verkauft. Aus dem ganzen Departamento strömen die Händler und Kunden. Fische gibt es, Sombreros, Secondhandnägel, Zaumzeug, Stichmesser, Babywäsche, Kugelschreiber mit Guckloch auf nacktes Frauenfleisch und – zur Sühne – das dornenkranzumzäunte Herz Jesu in Plastik.

Ab sieben Uhr tritt Thomas auf und schreit die »Frohe Botschaft« über den Parque. Er arbeitet bei der schmächtigen Konkurrenz, sammelt Stimmen für seine »Iglesia evangelica«. Der Herr träumte ihm, und so sei sein Auftrag unwiderruflich. Der Schaum auf beiden Mundwinkeln legt Zeugnis ab von seiner Inbrunst. Kurz darauf läutet der katholische Herrgott zum Gebet, 8:30 Uhr Sonntagsmesse. Viele gehen, viele nicht, würfeln weiter, spielen Karten, fragen den Papagei nach ihrem Los. Ricardo zupft die Gitarre.

An jedem ersten Sonntag des Monats ist das Büro der »Cooperativa«, der Bauerngenossenschaft, geöffnet. Ein müder Verein.

Ein paar tausend Campesinos gibt es in der Gegend, und genau 50 sind Mitglieder. Tendenz fallend. Salvadorianer sind argwöhnisch geworden im Umgang mit Institutionen. Zu oft wurden sie hintergangen, zu selten reichte die Kraft zum hartnäckigen Widerstand.

Hier hat nie eine Landreform stattgefunden, da es nie etwas zu reformieren und nie jemanden zu enteignen gab. »Somos todos pobres«, wir sind alle arm. Die meisten überleben, mehr nicht. Der Boden ist unfruchtbar, hart. Mais, Bohnen und Hirse werden angebaut, dazu Zucker und Reis. Die Kooperative hilft mit kleinen Krediten zum Ankauf von Dünger, Samen und Herbiziden. Viele Bauern verloren alles, mancher zog nach dem letzten Dürrejahr endgültig weg.

Um ein Uhr nachmittags ist Anamorós wieder allein. Die Händler haben gepackt, zurück bleiben zehn Zentner Dreck und die glücklichen Schweine. Und »la Gordita«, das Dickerchen, es sitzt noch immer in ihrer Limonadenhütte und wartet. Saul wartet. Arturo raucht. Sonntagnachmittage sind die unbarmherzigsten Stunden in Anamorós. Männer unter sich, die Frauen woanders. Machozeit. Die Betrunkenen hängen dunkelblau auf ihren Eseln, die Machete am Sattelknauf, die Pistole am Gürtel, in der rechten Hand die Bierflasche. Die Whiskyfreunde liegen bereits flach.

Plötzlich höre ich jemanden schreien. Ich renne die Straße hinunter, zu spät. José strauchelt schon, Pedros Fäuste landeten in seinem Gesicht. Während der Tagelöhner umkippt, schnappt der Gemüsehändler nach dessen Flasche, trinkt sie hastig leer.

Ich schleife den Kaputten in den Schatten, der Schläger verzieht sich. »Somos amigos carnales«, *wir sind Blutsbrüder*, flüstert José. Er riecht. Schweiß rinnt über den schmierigen Hals. Ich zerre ihn hoch, will ihn aufsetzen. »A better way in Naperville« steht auf seinem zerrissenen T-Shirt. Vom Fluss nähert sich das Geräusch eines Hubschraubers. José kotzt.

CHINESISCH EISENBAHNFAHREN
Bevölkerungsexplosion in Echtzeit

Bahnhof von Anshun, im Süden Chinas. Der Zug ist längst überfüllt. Doch ich bin drin. *Lucky me.* Die Frau neben mir streckt ihr Kind in die Höhe. Um es vor dem Erstickungstod zu retten. Wir stehen, der Zug steht. Auf dem Bahnsteig warten noch Leute, vielleicht zweihundert. Sie schreien und fluchen. Wer keinen Platz findet, muss dableiben. Bis morgen Mittag. Und es ist März, und die Nächte sind kalt.

Der Stationsvorsteher unternimmt einen letzten Versuch: Mit den Händen klammert er sich an die außen befestigten Haltegriffe, schwingt mit dem Körper zurück und stößt mit beiden Beinen (!) und voller Wucht in den verkeilten Haufen. Der Mensch als Vieh. Hinter ihm die anfeuernden Rufe derer, die mitwollen. Hoffnungslos. Wir rühren uns nicht. Der bedauernswerte, brutale Beamte, beschimpft von allen Seiten, lässt nach dem dritten Mal von uns ab.

Noch ein Hindernis bis zur endgültigen Abfahrt: die offene Tür. Wie sie schließen bei dem Gewühl? Erbitterte Diskussionen. Keiner rührt sich vom Fleck, um seinen Weitertransport nicht zu gefährden. Dann der richtige Gedanke: In der Toilette ist noch ein halber Quadratmeter frei. Drei zwängen sich hinein, die Tür geht zu, wir fahren, das wütende Gezeter der Zurückbleibenden wird stiller.

Hier wird eine Phrase zur Wahrheit: Dabei sein ist alles! Hier gibt es keine Preise. Die ersten tausend Plätze sind schon belegt. Jeder ein Sieger, der – in welchem Zustand auch immer – anwesend ist.

Wir bewegen uns. Zäh löst sich das Gewimmel. Eine Spur.

Ganz hinten, im nächsten Wagon, steht der Heißwasserkessel. Eine fünfzehn Meter lange Schlange bildet sich. Chá, Tee, jetzt sofort. Viele halten plötzlich eine Blechtasse in der Hand. Andere warten, kauern sich nieder, versuchen, sich auf den Boden zu setzen. Die Aussicht auf dreizehn Stunden Stehplatz ist ernüchternd.

Es wird dunkel. Mit der Zeit lernen wir, ökonomischer mit der vorhandenen Fläche umzugehen, wir sparen – wörtlich – an allen Ecken und Enden. Und richten uns ein. Einige schlafen bereits. Beneidenswert, in welch bizarren Positionen ein Mensch sich ausruhen kann.

Die Ruhelosen sind unterwegs. Mit dem brühend heißen Tee den verstopften Mittelgang entlang. Drübersteigen, sich vorbeizwängen, balancieren. Irgendwann der Schrei eines Verbrannten. Später holen sie das Wasser für die Nudeln, beim dritten Mal müssen sie aufs WC. Das wiederholt sich. Ein Chinese will ohne Tee nicht sein. Eine Art Lebenselixier. Manche legen zwei Dutzend Mal denselben Weg zurück.

Die Stimmung steigt. Sprudelnde Gespräche. Kartenspieler, Backgammon-Spieler, Essenszeit, auch mitten in der Nacht. Wie weißes Mehl bedecken die zertretenen Eierschalen den Boden. Hühnerbeine, faules Obst, Wursthäute, Bananenschalen und ausgespuckte Kaugummis folgen. Plus der regelmäßig abgesonderte Nasenschleim, plus der rausgerotzte Speichel. Kein Taschentuch, niemand unternimmt den geringsten Versuch, irgendetwas zu verheimlichen. Geräusche aus der Unterwelt. Bierflaschen fliegen zum Fenster hinaus. Bisweilen der Geruch von Kinderpisse. In China sind Windeln eher unbekannt, deshalb tragen die Kleinen *splitpants*, die sogenannten »Schnellfeuerhosen«: Ein Handgriff genügt, und alles ist unten offen und alles kann raus. Immerhin werden die großen Geschäfte hinter der Toilettentür erledigt.

Inzwischen trugen mir Wang und Cheng ihre Freundschaft an. Genau so, wunderlich altmodisch und ohne Hintergedanken. Nur Freundschaft und Hilfsbereitschaft. Bereits beim Einsteigen haben sie rabiat ihre eigenen Landsleute beschimpft und mich tapfer hineingezerrt.

Der erste Begriff, den sie in meinem Lexikon suchen, heißt »Nachfolger«. Wo ist mein Sohn, fragen sie, meine Familie? Unfassbar, dass ich allein reise, allein bin. Ungläubig, ja betroffen mustern sie mich. Diesen Blick kenne ich. Alleinsein gibt es nicht. Einer allein kommt in China nicht vor. Womöglich besitzen sie nicht einmal ein Wort dafür.

Wang und Cheng kümmern sich rührend um mich. Beide über fünfzig, der eine Schreiner, der andere Angestellter bei den Elektrizitätswerken. Wir drei geben unsere Plätze nicht auf, befinden uns noch immer auf dem Verbindungsstück zwischen zwei Wagen. Sie wollen stehen, damit ich mich hinlegen kann. Ich muss ihr Angebot vehement zurückweisen, denn ein klares »nein danke« akzeptieren sie nicht. Kaum will ich zur Toilette, steht einer als »Führer« zur Verfügung, begleitet mich über die querliegenden Schläfer, wartet vor der Tür, bringt mich zurück. Ich vermute, sie schämen sich für die unübersehbaren Zustände. Dass ich als Ausländer in der billigsten Klasse reise, scheint ebenfalls ein Rätsel für sie zu sein.

Sie teilen ihr Essen mit mir. Ich steuere den Kuchen bei und die Hälfte meiner Aspirintabletten für Wangs Frau, die mit Kopfschmerzen neben dem Abtritt liegt. Ihr weher Kopf hat Gründe. Eine Luft zum Heulen. Rauchschwaden, die Volksrepublik gilt als der größte Tabakhersteller der Welt. Meist schwere, filterlose Zigaretten. Und die Einwohner sind begnadete Kettenraucher. Cheng saugt hingegeben an seiner Wasserpfeife. Ich darf mitschmauchen. Sie schmeckt wie eine leichte Droge, das Leben wird unbeschwerter.

Mitternacht vorbei, der tote Punkt ist überwunden. Die Neonlampen brennen noch immer. Die krächzenden Zuglautsprecher. Erstaunlicherweise lässt der Schmerz in meinem Rückgrat, rastlos stehend, nach. Ich beginne zu fotografieren. Viele schlafen, hören nicht das Geräusch der Kamera. Andere lassen mich freundlich gewähren. Eine Minderheit reagiert aggressiv, einer reißt mir für Augenblicke den Apparat aus der Hand. Wie ich von Cheng erfahre, handelt es sich um Parteimitglieder, stramme Kommunisten, die gewiss registrieren, dass ich hier Tatsachen wahrnehme, die im Widerspruch zum allseits verlautbarten Aufschwung stehen.

Drei Uhr morgens. Wir stoppen, irgendwo. Im fahlen Licht erkennt man einen kleinen Bahnhof. Eine junge Frau, die nicht weit von uns entfernt schlief, wacht auf. Als sie bemerkt, dass der Zug steht, beginnt sie zu schreien, weckt ihre beiden Töchter und stürzt über alle Hindernisse hinweg auf die Tür zu. Man hält sie zurück, sie fällt auf die Knie, bettelt schluchzend hinauszudürfen. Cheng macht eine eindeutige Handbewegung: Sie ist verrückt. Die Schaffnerin wankt verschlafen aus ihrer Koje. Die Kinder hängen plärrend an ihrer Mutter. Die Frau hat Kraft, wie ein Tier wehrt sie sich gegen die vier Männer, die sie festhalten. Man versucht, beruhigend auf sie einzureden, und deutet auf den Bestimmungsort auf ihrer Fahrkarte: Viel zu früh, um jetzt auszusteigen! Aber die Frau versteht nicht, ihr tränenüberströmtes Gesicht zeigt unablässig zum Ausgang. Eine bange Viertelstunde vergeht. Dann hört man das scharfe Bremsen eines Autos. Ein junger Arzt steigt aus, weiße Kappe, weißer Mantel, Handkoffer. Auffallend die Mühe und Freundlichkeit, mit der alle Beteiligten die Unglückliche zu beschwichtigen versuchen. Keine Gewalt, keine Ungeduld. Dann ein blitzschneller Moment, und die Beruhigungsspritze ist injiziert. Erlöst fällt die Verstörte in Schlaf. Der Doktor verabschiedet sich, Weiterfahrt.

Die restlichen fünf Stunden dauern. Suche nach Erleichterung für die strapazierte Wirbelsäule. Irgendwann habe ich Glück, zusätzliche 200 Quadratzentimeter werden frei. Genug Platz für den Hintern. Zwei Minuten lang. Dann kommt der Zigarettenmann, dann die Bäuerin mit den Eiern, der Dritte will mich zum Kauf eines Hühnchens überreden. Aufstehen, hinsetzen, aufstehen. Der nächste Ruhestörer transportiert einen Packen gebrauchter Illustrierter, drei Cent das Stück. Mein Nachbar liest in Ruhe an, bis er sich abschlägig entscheidet. Ich darf mich wieder setzen. Bis die Limonaden kommen. Zuletzt verliere ich für eine Viertelstunde das Bewusstsein. Dann rüttelt jemand an meiner Schulter. Die Zugbegleiterin steht vor mir, zwischen uns liegt der zusammengekehrte Abfall. Sie zeigt auf die Tür, vor der ich penne. Ich verstehe. Seelenruhig fegt sie den Unrat in die nachtschwarze Landschaft.

»Ying Zhou«, sagen die Chinesen. »Hard Seat«, nennen es die Ausländer: die berüchtigte vierte Klasse. Die Bezeichnung ist irreführend. Die Sitze sind – mit Ausnahmen – nicht hart, sondern gepolstert. Was das Reisen so dornenreich macht, ist das penetrante Gedränge, der Gestank, der Krach, das versaute Ambiente. Offiziell gibt es keine Klassen, da jeder gleich ist. Für eine Milliarde trifft das auch zu. Der Rest ist gleicher und reist bequemer, sprich, teurer. *Hard Sleeper-, Soft Seat-*, sogar *Soft Sleeper*-Wagons stehen zur Verfügung: ein Teppichboden (no spitting!), eine genau festgelegte Anzahl von Passagieren (no overcrowding!) und ein stark reduzierter Lärmpegel (no noise!) sind kostbarste Vorzüge. Nur ein Minus: die Langeweile. Es gibt keine Erfahrungen, keine innigen. Dort treffe ich auf Touristen und eine schmale Oberschicht Einheimischer, die viel weniger preisgeben als ihre bescheiden lebenden Landsleute.

Morgens um sieben erreichen wir Kunming, die Hauptstadt der Provinz Yunnan. Herzlicher Abschied von Cheng und Wang, die mich noch einmal fürsorglich umarmen. So mancher der restlichen 1.3 Milliarden könnte sich ein Beispiel an den beiden nehmen: Ich bin selten durch ein Land gereist, in dem sie sich so hartnäckig darum bemühen, einen Fremden zu übervorteilen. Prellen als Volkssport.

Ich habe noch nicht genug vom Zugfahren. So fordernd China sein mag, so aufdringlich die Zumutungen daherkommen. Hier lernt einer. Auch über sich: wie schnell man Handlungen vollzieht, die vorher nicht denkbar waren. Wie drastisch man seinen Lebensstandard senkt. Wie radikal man (wohlfeile) Meinungen aufgibt, weil eine andere Wirklichkeit umgeht: rauer, härter, drängender.

Diesmal geht es von Ürümqi, im fernen Westen, zur fernen Ostküste, nach Shanghai. 81 Stunden wird die Tour laut Fahrplan dauern. Durchschnittsgeschwindigkeit etwa fünfzig Kilometer. Ein »Express Train«, heißt es.

Es beginnt ähnlich wie in Anshun, nur ein paar atü aggressiver. Von Anfang an, kaum, dass der Zug aus dem Bahnhof rollt: scharfe Wortwechsel, ein paar versteckte Faustschläge, wieder die unheimliche Platznot. Und ich finde keine Verbündeten. Jeder für sich und alle gegen alle. Ich stehe an die Tür gepresst und weiß nicht weiter. Nirgends scheint es einladender.

Das Heer der Passagiere flutet an mir vorbei, Plastiksäcke und Koffer im Schlepptau, immer auf der Suche nach mehr Komfort. Eine Stunde lang bitte ich jeden einzelnen, mir nicht auf die Füße zu treten. Ohne Erfolg, sie trampeln drauflos, als gäbe es mich nicht. Bis der Geduldsfaden reißt, und ich dem nächsten Tölpel meinen Zorn ins Gesicht brülle, ganz laut, ganz nah. Das hat überraschende Folgen: Sie lachen und – registrieren mich. Meine Zehen bekommen eine Schonfrist.

Sind Chinesen rücksichtsloser als andere Völker? Ich vermute, dass sie den Begriff »Rücksicht«, wie wir Europäer ihn begreifen, so nicht kennen. Hier kämpfen sie um jedes und alles. Hier, wo der Gang zur Toilette, der Weg über die Straße, das Eindringen in einen Bus (oder Zug), der Kauf eines Tickets, ein Kinobesuch, das Finden von zwei (uneinsehbaren) Quadratmetern für Verliebte und tausend andere Tätigkeiten so Energie raubend, ja, so oft erniedrigend sind, da so viele dasselbe im genau selben Augenblick ebenfalls wollen. In einer solchen Weltgegend hat der Mensch keine Reserven für seelische Feinmotorik. Hier muss ein robustes Fell her, ein Pelz aus Hornhaut. Um zu überleben.

Seit ich das Land zum ersten Mal betreten habe, bin ich überrascht. Denn gehört und gelesen habe ich, vor Antritt der Reise, dass Chinesen meist »höflich«, ja, »herzlich« seien. Nein, sind sie nicht, zumindest nicht oft. Wie auch? Bei so viel Konkurrenz? Jeder Anspruch, jede Sehnsucht, jede Hoffnung muss millionenfach geteilt werden. Die Masse als Maß aller Dinge und der Einzelne die Null, die nie zählt, nichts wiegt, nach der niemand fragt.

Schon klar, die Tradition fordert eine regungslose Fassade, hinter der die Gefühle verkommen. Jahrhunderte lang erdrosselt. Doch selbst in China sind sie in den modernen Zeiten angekommen, dort, wo sich herumgesprochen hat, dass die Psyche leichter atmet, wenn bisweilen ans Tageslicht darf, was beschwert.

Aber ja, das macht das Leben ruppiger. Wie viele Tritte, Puffer und schnelle Hiebe habe ich beobachtet, die von demjenigen, dem sie zugedacht waren, gar nicht registriert wurden. Das Fehlen von Sensibilität wirkt in beide Richtungen, beim Austeilen *und* Nehmen. Ein unschlagbares Beispiel bietet der Straßenverkehr, die Hupen der Busfahrer, die wie Trompeten von Jericho aus den Vehikeln fauchen: Sie werden zuerst nicht zur Kenntnis genommen. Nur beim dritten, vierten Versuch, wenn die Trompeten direkt in das Ohr des Betroffenen knallen, erfolgt eine Reaktion. Und er geht zur Seite.

Mein Notschrei, um den Erhalt meiner Füße sicherzustellen, war keineswegs ein Akt der Unfreundlichkeit. Wurde auch so nicht verstanden. Er war das einzig gemäße Mittel, um mein Vorhandensein zu demonstrieren.

Nach sieben Stunden der erste Halt. Als ich die Tür öffne, um für Minuten meinen festgewurzelten Körper in Bewegung zu setzen, komme ich nur bis zur letzten Stufe. Dann hat die Disziplin der Wartenden ein Ende, und ein dickes Weib rammt mit gesenktem Kopf in meine Weichteile. Dass es sich hier um höchst empfindliche Organe handelt, will sie nicht kümmern. Alles, was sie »fühlt«, ist ein Gegenstand. Der weg muss. Damit sie rein kann. Ich bin dann weg, taumelnd.

Spätnachts steigen vier Kinder zu, nur Mädchen, nicht älter als zehn. Sie sind verwahrlost, struppige Haare, verschmierte Gesichter, die zerschlissene Nationaltracht. Wo sie leben, bleibt unklar. Mister Li, der mich in dieser Nacht als Opfer auserkoren hat, um sein Englisch an mir auszuprobieren, erfährt es auch nicht. Bestimmt gehören sie nicht zu den Han-Chinesen, die 96 Prozent der Bevölkerung ausmachen. Die Kleinen werden gefragt und antworten in einer Sprache, die niemand versteht. Sie haben Angst, stehen nicht still, rennen vor, rennen zurück. Sie spüren die Feindseligkeit der Frauen und Männer, die nicht zusammenrücken, sie nur kalt interessiert begutachten. Kein

Stück Brot rücken sie heraus, obwohl Körbe voller Lebensmittel über ihren Köpfen hängen.

Zwei der Kinder benutzen meinen Rucksack als provisorisches Kopfkissen. Die beiden anderen wandern weiter, auf der Suche nach etwas Essbarem.

Ich gehe los, um ein paar Bananen und Orangen zusammenzubetteln. Das klappt, ich bekomme genug für die ganze Fahrt. Warum sie sich so engherzig gegenüber den vier – ich stecke ihnen diskret das Obst zu – benehmen? Ich weiß es nicht.

Eine lange Nacht nach einem langen Tag: das harte Neonlicht und die Stimme des »Boyinshi«, des weiblichen Zugdiscjockeys, die pausenlos Nachrichten, Wetterberichte und Informationen über Landschaften und Städte verlautbart, die wir – in totaler Dunkelheit! – passieren. Dazwischen das Hohe C einer Peking-Oper und als Höhepunkt die Aufnahme eines Dialogs zweier Witzbolde. Absurde Welt: die Lachsalven vom Tonband und die Passagiere als todmüde, unfreiwillige Zuhörer.

Irgendwann kracht die Tür zur Toilette. Acht Mann bilden eine Schlange. Bis den Ersten die Wut überkommt und er mit seinen Stiefeln auf das Holz eindrischt. Bis es splittert. Und die anderen, nach Sekunden der Schamfrist, ebenfalls reintreten. Wie verständlich. Ich könnte nicht sagen, wie oft – aus welch törichten Gründen auch immer – das Personal den Zugang zu dem Stinkloch versperrt hat.

Drei Uhr früh. Deng, der Junge, mit dem ich ein paar Brocken Englisch gesprochen habe, will nicht mehr stehen, sagt, er sei am Ende seiner Kräfte. Doch der 14-Jährige zögert, der einzig verfügbare Platz befindet sich unter den Bänken, übersät von menschlichen Absonderungen. Mein Klopapier erleichtert die Entscheidung, er benutzt es als Putzlappen. Dann kriecht er unter die Sitze. Was keinen abhält, weiterhin haarscharf neben ihm auszuspucken. Aber Deng ist widerständig, kurz darauf höre ich seinen regelmäßigen Atem, er schläft.

Als er bei Tagesanbruch wieder nach oben kommt, ist sein heller Pullover voll dunkler Flecken. Er orientiert sich, fragt und springt beim nächsten Bahnhof aus dem Fenster, läuft über die

Schienen und spurtet davon. Die anderen Fahrgäste schirmen ihn ab, sein Verschwinden verläuft unbemerkt vom Zugpersonal. »Ich bin immer pleite«, meinte er. So reist er prinzipiell zum Nulltarif.

Das wunderbare Licht der Morgensonne, wir blinzeln. Bald wird das Frühstück verteilt: Styroporbehälter, gefüllt mit Reis, Gemüse und Wurst. Es schmeckt, ich will nicht klagen. Das halbe Dutzend Jugendlicher, das gestern Abend im Vollrausch eingeschlafen ist, wacht auf. Ihr Zeitvertreib bleibt unverändert. Nach dem Griff zur Flasche intonieren sie lautstark chinesische Schlager. Darüber der fröhliche Singsang des Discjockeys, der allen einen guten Morgen wünscht. Der allzeit redselige Mister Li übersetzt.

Die Bilanz der dreieinhalb Tage kann sich sehen lassen. Vier Schlägereien, oft wegen Kleinigkeiten: ein beschlagnahmter Sitzplatz, ein hartes Wort, ein Rempler zu viel. Bei der fünften Rauferei, die zum Messerkampf ausartete, war der Grund erfrischend unkompliziert: money. In China vagabundieren eine Menge Berufskartenspieler, meist zu zweit. Ausgekochte Burschen, die zu einem Spiel einladen und – abzocken.

Diesmal spritzte Blut, und beim nächsten Halt rückte die Polizei an. Und verhaftete das Quartett, zwei Gangster, zwei Opfer. Wie alle Fahrgäste war ich während der Stecherei ans Ende des Wagons geflüchtet. Und knipste. Trotz meiner Proteste verlangen die Polizisten nun höflich, aber bestimmt den Film. Eine verwirrende Situation: Einige hatten die Beamten darüber informiert, dass ich den Kampf fotografierte, andere setzten sich für mich ein. Fong, mit dem ich mich kurz vorher unterhalten hatte, verteidigte mich hartnäckig. Erfolglos, die Aufnahmen werden konfisziert.

Wer lange in der *Hard Seat*-Klasse reist, wird feststellen, dass sich die Erfahrungen irgendwann wiederholen. Und dass es eine Menge zu lachen gibt, auch das: wenn an einer Haltestelle ohne Warnung die Koffer durch die Fenster fliegen und der dazugehörige Besitzer gleich hinterherklettert, in atemloser Hetze Teegläser und Suppenschalen umwirft und sich nicht einmal zu entschuldigen braucht, weil schon der nächste Koffer auf dem Tisch landet und sich der nächste Mensch für diesen Noteingang entscheidet. Oder wenn die Platznot so katastrophal wird, dass manche auf die Gepäckträger flüchten, um dort oben gefahrloser zu übernachten. Wenn Passagiere sich auf die Rücklehne der Sitzplätze stellen und zehn Kniebeugen absolvieren, um den starren Leib für Augenblicke wieder zum Leben zu erwecken.

Noch begeisterter lachen, wenn die Schaffnerin hereinkommt und Stück für Stück die nicht präzise auf genau vier Ecken gefalteten Waschtücher der Fahrgäste von der Leine nimmt und sie akkurat zurückhängt. Um in diesen versauten, nach Urin stinkenden Aufenthaltsraum eine Ahnung von Ordnung und Wohlgefallen zu bringen. Dass mir kurze Zeit darauf Bierdosen, Pappschachteln und Limonadenflaschen um die Ohren fliegen, da ich gerade den Kopf zum Fenster hinausstrecke, klingt weniger witzig. Aber die Frau verkörpert eben diesen typisch chinesischen Widerspruch: ihre Lust auf penibel ausgerichtete Waschlappen und ihre Unbekümmertheit fünf Minuten später beim rabiaten Entsorgen von Müll in die freie Natur.

Auch diese 81 Stunden gehen vorüber. Wobei in Shanghai ein letzter Kraftakt auf uns wartet: ein Menschenmeer am Bahnhof, so verkeilt, dass der Verkehr zusammenbricht, der Fußgängerverkehr. Uniformierte stehen am Rand und bellen Kommandos in ihre Megafone. Um die Massen zu disziplinieren. An der Sperre – irgendwann erreicht man die Barriere tatsächlich – muss jeder seine Fahrkarte abgeben. Keine Ausreden. Wer nichts vorzuweisen hatte, wird in einen Nebenraum geführt: nachzahlen plus Strafgeld.

Es gibt viele Gründe, warum man lieber tot sein will, als in diesem Land zu leben. Doch der schauerlichste wäre die Unmöglichkeit, allein zu sein. Der Tag kommt, ich schwör's, an dem man hier um Einsamkeit winselt. Inständig.

DER NEUE KONGO
Neues Land, neue Banditen

Sieben Tage lang wanderte Valentin durch den Urwald. Weil er drei Nachrichten gehört hatte: dass Mobutu verjagt worden war, dass sich der neue Boss des Landes Laurent-Désiré Kabila nannte und dass Zaire von nun an »Demokratische Republik Kongo« hieß. Das reichte, um die Strapazen der Reise auf sich zu nehmen.

Die Meldungen stimmten Valentin froh, denn vor Jahren wurde im fernen Lubumbashi die Bank, in der er arbeitete, geplündert. Die Plünderer schleppten alles davon, auch seinen Arbeitsplatz. Die kleine Sparkasse musste schließen, seit diesem Septembertag hat er kein Einkommen mehr. So kehrte er zurück in sein Dorf.

Als Valentin nach dem beschwerlichen Marsch in die Hauptstadt Kinshasa direkt auf den *Boulevard du 30 Juin* einbiegt, begegnen wir uns. Zufällig haben wir denselben Weg, das Hotel Intercontinental. Dort logiert zurzeit ein Großteil der neuen Regierung, jene Männer der AFDL/*Alliance des forces démocratiques pour la libération du Congo*, die den hochbegabten Raubritter Mobutu nach einer Ewigkeit hemmungslosen Raubrittertums ins Ausland vertrieben. Wie selbstverständlich sagt Valentin, der ehemalige Buchhalter und nebenberufliche »Chef Coutumier«, eine Art Friedensrichter im fernen Busch: »Ich werde Monsieur Bugera die guten Wünsche und Vorschläge der Ältesten überbringen. Und ihn um Arbeit bitten.«

Das ist ein aufschlussreicher Satz: Deogracias Bugera ist der Generalsekretär der AFDL und somit, nach Kabila, der augenblicklich einflussreichste Mann. Und es ist ein kindlicher Satz: weil Valentin tatsächlich glaubt, dass nun alles möglich sei, auch ein Plauderstündchen mit einem Revolutionär, der wie alle Revolutionäre versprochen hat, dass nun alles anders werden wird. Auch der Fluch einer rabiaten Arbeitslosigkeit.

Als wir um die letzte Ecke biegen, wird klar, dass Valentin nicht der erste war, dem die derzeit heißeste Adresse in Kinshasa einfiel. Eine imposante Menschenschlange steht bereits an, um die besten Glückwünsche auszurichten und einen Arbeitsplatz einzufordern. Eingedenk der Tatsache jedoch, dass mehr als die Hälfte der Kongolesen ohne Beschäftigung ist, hat meine Zufallsbekanntschaft Glück: Statt zwanzig Millionen Bittsteller kamen nur ein paar Hundert.

Wer wird dieses Land von den Toten auferwecken? Da leergeplündert von Mobutu und seiner zehntausendköpfigen »Entourage«, befindet sich einer der üppigsten Staaten der Erde – üppig an Diamanten, Gold, Holz, Kobalt, Kupfer, Erdöl, Kaffee und Landmasse – am Rande des Abgrunds.

Auf dem Rückweg zum Zentrum komme ich am Hauptpostamt vorbei. Seltsamerweise stehen fast alle Angestellten davor. Sie warten, so berichten sie, auf Geld. Vor Monaten sahen sie zum letzten Mal ihren Lohn. Als Sofortmaßnahme beschlossen die neuen Machthaber, den Postlern zumindest einen Teil ihres Gehalts auszuzahlen.

Erstaunlicher Anblick: Je vier Männer tragen schwerste Geldsäcke ins Büro des Personalchefs. Bis knapp drei Milliarden Zaire – so heißt auch die Währung – einen riesigen Haufen bilden. Hier sind alle Millionäre. Mit durchschnittlich drei Millionen – sagenhaften 23 Dollar – gehen sie heute nach Hause. Claude Bomboli, seit dreißig Jahren hinter einem Schalterfenster, kommentiert beißend: »Ach, wie lange wissen wir schon, dass unser Land groß, reich und schön ist. So bleibt nur ein Problem: Ich bin nicht groß, nicht reich, nicht schön. Ob Kabila mich groß und reich und schön machen wird?« Alle lachen. Das Unglück, das den Ex-Zairern den Humor austriebe, das kam noch nicht.

Auf den Trottoirs verkaufen Halbwüchsige kopierte Zeitungsartikel, jeder schreit: »Liste des redevables de la république«, *Liste der Schuldigen der Republik*. Auf ihr findet man die Namen aller (wichtigen) Gangster, auf Platz 94 – sauber alphabetisch geordnet – rangiert Gangsterhäuptling Mobutu. Daneben liest man die Adressen der Immobilien, die er und seine Buddies sich »par acquisition frauduleuse«, *betrügerisch*, angeeignet haben.

Man faltet das Blatt und kichert. Mindestens zehn Leute schieben gerade ihre liegen gebliebenen Autos an. Mit derlei Vehikeln Ganoven einfangen, die bereits sechs oder sieben Flugstunden entfernt ihre prallen Auslandskonten inspizieren?

Der Weg zur Demokratie, der wird steil. Zu viele Rechnungen stehen offen. In diesen Tagen unternimmt das neue Regime eine Inventur des Bankrotts: Die Presse wird zu einem Hausbesuch des inzwischen geflohenen Generals Baramato eingeladen. In einem seiner Schlafzimmer wurden eine Giftschlange, Giftsäfte und eine Schildkröte gefunden. Seine bevorzugten Hilfsmittel, um seinen Gegnern – beim Buhlen um Mobutus Gunst – den Tod an den Hals zu hetzen.

Nicht alle schafften rechtzeitig den Absprung. Vom Botschafter eines (europäischen) Staats erhalte ich die Erlaubnis, mit einem der »Flüchtlinge« zu sprechen, der plötzlich schweißgebadet und umgeben von seinen neun Kindern vor dem hohen Gitter seiner Residenz stand und um Einlass bettelte. Der freundliche Gastgeber ist nicht der einzige Diplomat, der »Mobutisten« beherbergt, die ab sofort Tag und Nacht gejagt werden.

Viele Länder hatten sich bestens mit den Machenschaften der »zweiten Republik« arrangiert. Mobutu galt als strammer Antikommunist, somit im Westen gesellschaftsfähig und berechenbar. Wer nun als ehemaliger »Würdenträger« – getrieben von nackter Todesangst – an die Tore der schwer bewachten ausländischen Missionen pocht, darf auf Zutritt hoffen. Zu oft wurde die Hilfe eines Korrupten in Anspruch genommen, um jetzt Nein sagen zu können.

Monsieur X – seine Anonymität war die Bedingung unseres Treffens – zeigt sich gesprächig. Bis zum Vizeminister brachte er es. Noch gestern Abend kauerte er hinter einer Bananenstaude, versteckt vor einer Soldateska, die sein Anwesen durchstöberte. Alles hätten sie requiriert, inklusive zwei Limousinen. Nicht jedoch den erlesenen, bei einem seiner letzten Auslandsbesuche gekauften Mercedes-Benz. Den hat er rechtzeitig in Sicherheit gebracht, fürsorglich untergestellt bei einem Freund. Sein Stolz, Mercedesbesitzer zu sein, scheint drängender als das Bedürfnis, sich bedeckt zu halten.

Der Herr Minister schwitzt – selbst Stunden danach – beim Berichten des Dramas. Über das Drama von Zaire, das er jahrelang mitinszeniert hat, fällt kein Wort.

Besuch im größten Krankenhaus der Hauptstadt. Vor drei Wochen hieß es noch »Mama Yemo«, benannt nach Mobutus Mutter. Seit dem 18.5.1997, dem Tag, an dem die Rebellen in Kinshasa einmarschierten, nennen sie es wieder »Hôpital Général«. Ein halber Tag Aufenthalt vor Ort reicht als rasanter Einführungskurs in die Wirklichkeit dieses Lands.

2000 Betten gibt es, ich will nur eines erwähnen, will die banale, grausige Allerweltsgeschichte erzählen, die sich dort abgespielt hat: Bei den Irrgängen durch das riesige Areal verlaufe ich mich, öffne rein zufällig die Tür zu *Salle 9* und sehe jemanden auf einer schmierigen Plastikfolie liegen. Das Wimmern ist nicht zu überhören, Oberkörper und Gesicht sind von gräulich verbrannter Haut überzogen. Der Patient ist allein. Ich finde Schwester Jackie, die berichtet, dass der 18-jährige Pamfile Swala vor drei Stunden eingeliefert wurde. Ein Unbekannter hatte einen Kanister voll Benzin auf ihn ausgeschüttet und ein Zündholz hinterher geworfen. Motiv unklar, politischer Racheakt oder private Abrechnung? Die (mittellose) Familie war da, stob nach Minuten wieder auseinander, um finanzielle Hilfe zu organisieren. Das Krankenhaus der reichsten Mutter Afrikas ist pleite. Jeder Eingriff muss im Voraus bezahlt werden.

Es geht um den lächerlichen Betrag von acht Millionen Zaire, etwa sechzig Dollar. Jean Michel, Medizinstudent, der gerade seinen von einem Bauchschuss niedergestreckten Vater besucht, hilft mit. Die folgenden Zeilen sollen zeigen, wie anstrengend es ist, in dieser Weltgegend am Leben zu bleiben. Selbst dann, wenn jemand zur Stelle ist, um ein bisschen Geld in den nach verbranntem Fleisch riechenden Pamfile S. zu investieren.

Zur »Pharmacie de l'hôpital« eilen. Auf dem Weg dorthin sieht man Schwerstbehinderte, bettelnde Kinder, Ratten, freundliche Ärzte, Waschfrauen, Tote auf dem Weg ins Leichenschauhaus, hübsche Kraniche und einen Gebäudekomplex, der vor Jahren mitten in der Renovierung aufgegeben wurde. Die krankenhauseigene Apotheke hat nicht genug Natrium, also auf die Straße laufen und in einem halben Dutzend Läden nachfragen, bis alle Medikamente und Geräte – Spritzen, Skalpell etc. – vorhanden sind.

Ins Krankenzimmer, abladen. Ins Büro spurten, um den Preis des »acte médical« auszuhandeln. Da sie hier, erstaunlicherweise, keine Dollar annehmen, wieder hinaus vor das Haupttor und direkt am Straßenrand wechseln. Das dauert, denn man muss ganze Schuhschachteln voller Scheine nachzählen. Zurück ins Büro, wieder nachzählen, endlich zahlen und mit Pfleger Pius zum Patienten.

Sechs Stunden nach der Einlieferung findet der kleine Eingriff – den Katheter für den Natriumtropf am Fußgelenk applizieren – statt. Dabei verrutscht Pius' Hand, er sticht sich durch den Handschuh in den linken Daumen, er sagt nachlässig: »Hoffentlich hat er kein Aids.«

Am nächsten Morgen ist Pamfile tot. Nicht aidstot, sondern verseucht von einer (anderen) Infektion. Selbst ihn kalt waschen, mit antibakterieller Creme einreiben und flächendeckend verbinden half nicht mehr. Als ich ihn zum ersten Mal sah, war sein Immunsystem bereits am Ende: einen von Flammen gehäuteten Leib auf eine dreckige Decke legen, das ist ein Todesurteil. Ein sauberes (unbezahlbares) Bettlaken fehlte ihm wohl zum Leben. Doch was für Leben sollte das sein? So entstellt, so ruiniert.

Als Laurent-Désiré Kabila im großen Fußballstadion von Kinshasa seine Antrittsrede hielt, versprach er unter anderem, die Millionen Straßenlöcher zu stopfen, die Krankenhäuser zu möblieren, den Staatsbediensteten ihren Lohn auszuzahlen und Arbeitsplätze zu schaffen. Für jeden. All das solle sogleich in Angriff genommen werden. Die Demokratie allerdings müsse warten, erst in 24 Monaten wären die ersten freien Wahlen geplant. Versprochen. Kein Satz über die Massaker seiner Soldaten während des langen Marschs auf Kinshasa.

Jeder, der eine Ahnung der hiesigen Zustände hat, wird ihm recht geben. Nachdem sich die politische Elite – Regierung wie Opposition – jahrelang in Orgien endlosen Palavers verheddterte, stehen wichtigere Prioritäten an als das detaillierte Aufstellen demokratischer Spielregeln. Ignore, der 27-Jährige, der auf allen vieren vor meinem Hotel auf und ab kriecht, um ein paar schmutzige Geldlappen aufzuschnappen, hat dringlichere Sorgen als das Durchlesen – könnte er lesen – von 300 (!) verschiedenen Parteiprogrammen.

Die UDPS/*Union démocratique du progrès social*, die stärkste Oppositionsgruppe, sieht das anders. Obwohl Kundgebungen verboten sind, gehen über 5000 Sympathisanten auf die Straße. Was sie am heftigsten demütigt, ist der Ausschluss ihres Führers Etienne Tshisekedi – zuerst Mitarbeiter, dann Gegner Mobutus – von jeglicher Regierungsverantwortung.

Kurz vor zehn Uhr setzt sich der Zug in Bewegung. Die Demonstranten provozieren. Sie beschimpfen die AFDL als »association des fous et des drogués de Lubumbashi«, als *Verein der Verrückten und Drogensüchtigen aus Lubumbashi*. Einer hält ein Poster hoch mit der Aufschrift: »Kabila, wo sind deine Frauen?«, Anspielung auf Gerüchte, denen zufolge der jetzige (selbst ernannte) »Präsident« während seiner Exiljahre nicht nur als Widerstandskämpfer unterwegs war, sondern auch als Bordellbesitzer. Und Goldschmuggler. Sie tanzen, äffen den hinkenden Gang Kabilas – Erinnerung an eine Schusswunde – nach, lassen sich nicht einschüchtern von Lastwagen voller Soldaten, die in die auseinanderstiebenden Reihen brausen.

5000 von fünf Millionen Hauptstadteinwohnern, nicht zu viele, nahmen teil. Die meisten Kinois – durchaus wohlwollend Kabila gegenüber – bedrängt ein ganz anderes Problem: Die Ausländer! Das böse Wort betrifft ausschließlich die Tutsis, jene Militärs und Politiker, die direkt oder im Hintergrund an der Rebellion beteiligt waren und nun zahlreiche Mitglieder der Regierung stellen. Ihr bedenklichster Fehler: Sie sprechen Suaheli und nicht

Lingala, die Sprache Kinshasas. Ob es sich um Tutsis aus Ruanda oder um Tutsis handelt, die seit Langem als »Banyamelunge« in Osten Zaires leben: wie belanglos. Ihre Präsenz und ihre Macht, Befehle zu erteilen, verwundet den Stolz der Kongolesen. »Pendons tous les Tutsis«, rufen sie ungeniert, *lasst uns alle Tutsis aufhängen*. Und die Zuschauer am Straßenrand lachen und klatschen Beifall.

Doch, Lobenswertes geschieht, die ersten Wochen, immerhin: Wer genau hinsieht, dem werden die Anstrengungen nicht entgehen, um dieses Land denen zu entreißen, die es unter der Führung von »Président Soleil«, dem *Sonnen-Präsidenten* Mobutu, in den Abgrund manövrierten.

Ich treffe Zaheda Ramji, eine Asiatin, die seit Jahrzehnten erfolgreich hier wirtschaftete. Was sie von den übrigen Mitgliedern der libanesischen oder indischen Gemeinde unterscheidet, ist ihr Mangel an Heuchelei. »Wir haben alle Dreck am Stecken«, bekennt sie. Wehmut nach der so leichtsinnigen, so korrupten Zeit befällt auch sie. Ein neuer Wind ginge nun um.

Erwartete sie früher eine Ladung technischer Geräte – vornehmlich Radios und Fernseher aus Dubai und Singapur –, dann »rief ich meinen General an«. Und ihr General (schon flüchtig) kam abends kurz vorbei, um ein Gläschen zu trinken, ein paar Hinweise entgegen zu nehmen und den unauffälligen Briefumschlag mit genau 10 000 US$ in seiner (maßgeschneiderten) Uniform zu verstauen. Damit war die geräuschlose, sprich zollfreie Einfuhr der Ware in das zairische Hoheitsgebiet gesichert. Gewiss, bei den zehn Riesen handelte es sich um einen Klacks im Vergleich zu den offiziellen Importsteuern.

Tage später stand der bestellte Container auf Missis Ramjis Hinterhof. Die attraktive Betrügerin: »Jeder von uns schmierte, anders wäre man nicht konkurrenzfähig gewesen.«

Wie alle Zyniker glaubt sie an eine »Reafrikanisierung«, das baldige Wiederauftauchen vertraut-dubioser Spielregeln. Manchmal haben Spötter recht, manchmal nicht. Früher wurden Reporter hier von einer Militärpatrouille gestoppt und um ein Bakschisch »gebeten«. Mehrmals die Woche. Hält mich heute jemand an, dann sind es »les filles de joie«, *die Freudenmädchen*. Sie kichern und tragen keine Kalaschnikows. Und nicht einmal musste ich am Flughafen in ein abgedunkeltes Hinterzimmer treten, um plötzlich auftauchende »Ausreisegebühren« cash und quittungsfrei nachzuzahlen.

Der neue Kongo hat – sagen wir, hätte – durchaus Chancen. Das glauben sogar diejenigen, die bei den letzten Plünderungen unter die Räder kamen. Wie der französische Bauer und Gastwirt Daniel Thomas, dem sie jetzt wieder (nach den Unruhen 1991 und 1993) das Restaurant niederbrannten und ein halbes Tausend Bierkästen, drei Tonnen Fisch und 410 Schafe davontrugen. »Wissen Sie«, sagt er beim Kofferpacken, um nach Frankreich zurückzukehren und dort Mittel für den Wiederaufbau aufzutreiben, »Zaire hat eine Magie und Schönheit, die niemand versteht, der sie nicht verstehen will.«

Ich höre dem Mann gern zu. Kein Hochmut plagt ihn, vielmehr – trotz seiner persönlichen Katastrophe – Verständnis, ja, Mitgefühl für die Lage. Er kennt die Geschichte. Er weiß, dass die europäischen Kolonialherren – allen an Grausamkeit überlegen: Leopold II., der König von Belgien – ungeheure Verbrechen, die berüchtigten »Kongogräuel«, an der Bevölkerung begingen. Über Jahrzehnte.

Die Erinnerung daran ist keine Entschuldigung für das Chaos, eher ein Hinweis auf Zusammenhänge.

Grundverschieden klingen die Reden des Fotografen, der mit mir hierher geschickt wurde. Auch ein Weißer, doch finster im Kopf. Dass er kein Wort Französisch spricht, soll nicht zählen. Dass er von den hiesigen Zuständen keine Ahnung hat, passt wunderbar zu seinem dritten besonderen Kennzeichen: Rassist. Aber keiner mit ein paar dummen Sprüchen, zu denen wir uns alle bisweilen hinreißen lassen. Nein, ein Überzeugungstäter, ein Hardcore-Verächter, der die Bewohner hier grundsätzlich »Mohren« nennt und jedem Einzelnen mit dem souveränen Hochmut eines Menschen begegnet, der noch an »Rassen« glaubt und die eine, die weiße, für die auserwählte hält. Ich kenne ihn schon von einer gemeinsamen Reportage in Thailand und lernte ihn bereits

dort fürchten. Als einen sturzunglücklichen Zeitgenossen, der –
wie könnte es anders sein – auch die Thais für »hinterhältig und
berechnend« hielt. Als wir uns am Flughafen in Bangkok verab-
schiedeten, wusste ich nicht, ob ich Thomas H. – so soll er heißen – mehr für sein abstruses Gerede oder sein steinkaltes Herz
bedauern sollte. Man fror in seiner Gegenwart.

Kleines Nachwort. Zaheda Ramji und die übrigen Zyniker hatten doch recht. Nicht in jedem Punkt, denn die Verhältnisse entwickelten sich noch monströser als bei Mobutu. Kabila wurde
derselbe Halunke, eine »demokratische Republik« kam nie zu-
stande, freie Wahlen fanden nie statt, politische Gegner wurden
beseitigt, unliebsame Journalisten weggesperrt, seine »Regierung
des öffentlichen Wohls« verschaffte dem Volk keine Wohltaten.
Alles Gründe, warum der »Befreier« schon nach ein paar Jahren
erschossen wurde. Sein Sohn Joseph – wer sonst in einer Klepto-
kratie? – übernahm das »Erbe«. Zwei weitere »Kongokriege«
wüteten, mit nachweislich Millionen (sic) von Toten. Heute ist
das Land ein Scherbenhaufen, das auf ungeheuren Bodenschät-
zen sitzt: stinkreich und bettelarm und nirgends die Aussicht auf
eine rosige Zukunft.

DURCHS WILDE TURKESTAN

Vom Glück, kein Chinese zu sein

Die Reise beginnt mit einer Exekution. Während des Anflugs auf Islamabad lese ich die Nachricht, dass die chinesische Regierung 49 Drogenhändler hinrichten ließ. Um den »Internationalen Tag gegen den Rauschgifthandel« gebührlich zu feiern. Hinterher wird man den Leichen Nieren und Lebern herausschneiden und an kränkelnde Hongkongchinesen verkaufen. Ein feiner Nebenverdienst, der zugleich die Unkosten für Henker und Totengräber begleicht.

Die meisten Missetäter kippen blutend in den dreckigen Staub von Chinas westlichster Provinz: Xinjiang. Hier tötet das Regime am liebsten. Eine Landschaft, die früher das »Wilde Turkestan« hieß. An der Barbarei und der Wildheit, so hört man, hat sich so viel nicht geändert. Wie beängstigend, wie beruhigend.

In der pakistanischen Hauptstadt geht es los. Per Bus. Zuerst auf der *Grand Trunk Road*, dann entlang des *Karakorum Highway*, weltberühmt geworden als Zufahrtsweg zur märchenhaften, sagenhaften Seidenstraße.

Achtzehn Stunden sind wir am ersten Tag unterwegs. Die innigsten Momente: der Felsbrocken, der kurz vor unserer Ankunft vom Gipfel hagelte und die Weiterfahrt versperrte. Und der Blick auf eine Schule, auf deren Eingang zwei bunte Bilder hingen, links leuchteten die Erdkugel und der Hinweis: »Our World«, und rechts sah man Pakistan und: »Our Pakistan«.

Vielen Herren mit Kalaschnikows begegneten wir, die alle fünfzig Kilometer unser Fahrzeug stoppten. Soldaten auf der Suche nach bewaffneten Fundamentalisten: Für den kommenden Tag war »Ashura« geplant, Höhepunkt der Trauer der Schiiten über den vor langer Zeit ermordeten Imam Ibn al-Hussain. Eine Orgie aus Zorn, Selbstkasteiung und blutüberströmten Rücken.

Spätnachts erreichen wir Gilgit. Eine Laterne vor den »Marco Polo Huts« weist die Richtung. Ein bescheidener Schlafplatz, eine Wasserflasche für die Körperreinigung, dazu die Sterne, die Berge und die Erinnerung an den venezianischen Kaufmannssohn, der hier vor 700 Jahren durchreiste und der keine andere Gier mitbrachte als seine Neugier. Und seine Begabung, von der Schönheit der Welt zu singen.

Anders die Schiiten. Als der Abend kommt, legen sie los. Um ihren Schmerz über einen eineinhalb Jahrtausende alten Toten zu besänftigen, schwingen sie die eisernen Ruten, peitschen mit neun zweischneidigen Messerklingen den eigenen Körper, ziehen mit einem frenetischen Gesang durch die Gassen. Eine ungeheure Atmosphäre von Kraft und Bestimmtheit. Jeder Blutstropfen, jeder Schrei ist Ausdruck ihrer Bereitschaft, ihr Leben zu lassen für al-Hussain. Bataillone von Polizisten überwachen die Wut. Erste-Hilfe-Posten warten in zweiter Reihe. Vier Uhr früh verstummt die Trauer. Die erschöpften Flagellanten verreiben gestampften Bananenbrei auf ihre geschundene Haut.

Morgens per Anhalter ins Hunza Tal. Schöne vergangene Welt. Auf halber Strecke lungert ein junger Kerl am Straßenrand. Bruno wird ein formidabler Gefährte. Weil der Schweizer die deutsche Sprache liebt, und ich noch Wochen später kichere, wenn ich an ihn denke. Denn Bruno ist Dichter, Haiku-Dichter, hat schöpferisch die Langeweile genutzt und schnell Opus 11 geschaffen, den »Karakorum Blues«:

Kein verirrter Jeep
Kein Kamel, kein Esel, nichts
Wart auf einen Lift

Wir warten gemeinsam. Esel und Kamel kommen heute nicht vorbei, aber irgendwann ein Truck mit leerer Ladefläche. Wir springen auf. Bruno streckt seine Arme aus, eine mächtige Uhr schmückt das linke Handgelenk. Ein Wunderwerk mit eingebautem Kalkulator. Wie sinnig. Wir nähern uns China, der Dichter will mit Schweizer Präzision den jeweiligen Schwarzkurs ausrechnen.

Übernachtung in Sust, der pakistanischen Grenzstadt. Weiter mit einer Busladung uigurischer Moslems, die von einer Wallfahrtsreise nach Mekka zurückkehren. Durch das Khunjerab-Valley, das »Tal des Bluts«. Hier raubten sie einst die Seide, das Gold und das Leben. Unsere Karawane hat andere Sorgen: Von der nachlässig befestigten Straße bis hinunter zum Schlund des Hunza Rivers liegen zehn Sekunden freien Falls.

Nach dem Tal kommt der gleichnamige Pass, 5250 Meter hoch. Die Grenze. Einst teilten sie die Berge in »Großes Kopfweh« und »Kleines Kopfweh« ein. Je nach Intensität der Höhenkrankheit. Im Augenblick herrscht großes Kopfweh. Doch nicht wegen der dünnen Luft: Wir beobachten eine Szene, die schlagartig klarmacht, wo wir jetzt sind. Ein Zollbeamter, Teil der 1150 Millionen starken Mehrheit der Han-Chinesen, brüllt den Beifahrer an, einen Angehörigen der sechs Millionen schwachen Minderheit der Uiguren. Die Straftat: unerlaubtes Wasserauffüllen seiner Thermosflasche.

Hier beginnt Xinjiang. Seit die Chinesen sich diesen Landstrich unter den Nagel rissen, lassen sie keine Gelegenheit aus, die anwesenden Ureinwohner zu demütigen. Die offizielle Bezeichnung »Uigurische Autonome Region Xinjiang« gehört ins Wörterbuch des politischen Wortschwalls. Autonom ist hier nichts. Nicht einmal die Entscheidung, einen Liter dubiosen Trinkwassers mitzunehmen. Die Uiguren kochen, der Mann muss aussteigen und den Inhalt seiner Thermosflasche wegschütten.

Am nächsten Nachmittag erreichen wir Kashgar. Der Name roch in anderen Zeiten so magisch wie Shanghai. Das war. Inzwischen sind die Kommunisten eingezogen, haben eine 18 Meter hohe Mao-Statue aufgestellt und den Rest der Stadt mit ihrer Lieblingsfarbe Grau angestrichen.

Ich gehe zum Chini Bagh und warte auf Ni Long, meinen Dolmetscher. Ich warte und träume: von einem englischen Konsulat, das gegenüber stand und einst als Brutstätte von Intrige, Perfidie und als Anlaufstelle berüchtigter Schatzsucher berühmt war. In diesem Haus spielten die Engländer mit den Russen ihr »Big Game« um die Aufteilung des wilden Turkestans.

Das Spiel ist lange aus. Der gierige Westen hat verloren, China gewonnen. Jetzt steht dort ein viereckiges Hotel. Mit der typischen Badezimmerfassade, Fliesenschick, schön gräulich. Nur Chini Bagh blieb, der Name. Und das Tuscheln der jungen Kerle am Eingang.

Das sind die Spitzel vom lokalen *Public Security Bureau*. Es wimmelt von Lauschern und Zuträgern in diesem Land. Nong, mein Übersetzer, und ich werden sie kennenlernen, in ein paar Tagen, Minuten vor Mitternacht, als wir beide in tiefem Schlaf liegen.

Krieg führen sie noch immer in dieser Stadt. Drei verschiedene Kriege. Vom tatsächlichen zeugt ein Bombenkrater in einem Bürogebäude, vor Kurzem gezündet vom uigurischen Widerstand. So der Verdacht. Von mindestens hundert anderen Kriegen künden die Massen von Videogeräten vor jedem zweiten Geschäft. Werbung für Kinoschrott mit Meuchelmord und Todesschreien. Dabei reden die Täter und Opfer Hindu oder Urdu oder Englisch. Ganz überflüssig, verzögern sie doch nur die Lust am Killen.

Am dritten Krieg nehmen Nong und ich teil. Denn *líder máximo* Deng Xiaoping hat dem Volk einen Crashkurs in Sachen Kapitalismus verschrieben. Mit erstaunlichem Erfolg. Der Nepp als Volkssport. Bevorzugter Kriegsschauplatz: die kleinen Straßenrestaurants. Wir bestellen und fragen – vorher – nach dem Preis. Hinterher kostet die Suppe dreimal so viel. Warum? Weil es Nacht ist! Sonderzugschlag! Zugleich umzingeln zwei Dutzend Suppenverkäufer den Tisch. Damit keine Missverständnisse aufkommen.

Wir packen. Durch Kashgar kamen alle vor uns. Als erster der tapfere Zhang Qian, der vor 2134 Jahren mit einer geheimen Mission seines Kaisers aufbrach und 4749 Tage später zurückkehrte.

Mit einem einzigen Überlebenden aus seiner hundert Mann starken Begleitung. Und der Ahnung eines fremden Kontinents: Europa.

Die Geburtsstunde der 14 500 Kilometer langen Seidenstraße. Von Chang'an, der Hauptstadt des chinesischen Reichs, nach Rom, der Hauptstadt des Römischen Reichs. Weil die Asiaten ein Geheimnis wussten – die Herstellung von Seide. Und weil die Römerinnen ein Verlangen quälte – das Tragen dieser Seide. Philosoph Seneca notierte bald mit erigiertem Zeigefinger: »Ich sehe diese Kleider – wenn man das noch Kleider nennen darf – und behaupte, dass keine Frau aufrichtig schwören könnte, sie sei nicht nackt.«

Was zählt ein Philosoph gegen die Sehnsucht nach Schönheit. Der Handel boomt. Aus dem Osten kommt der sündige Stoff, zudem Pelze, Lacke, Zimt, Waffen und Spiegel. Der Westen liefert Gold, Wolle, Elfenbein, Edelstein und Glas. Und den romantischen Namen »Seidenstraße«, erfunden im 19. Jahrhundert von dem deutschen Geologen Freiherr von Richthofen.

Andere Phänomene ziehen über diese Straße: Kriege, Gedanken, Religionen. Die Manichäer kommen, die Nestorianer, die Buddhisten, die Muslims. Zehntausende bleiben auf der Strecke, niedergemacht von Mensch und Natur, entstellt, enthauptet, vergewaltigt, verhungert, vertrocknet, vereist, vom Winde verweht.

Wir haben 2369 km vor uns. Von Kashgar nach Dunhuang, damals der grausigste Streckenabschnitt, damals eine Todespiste, auf der die meisten Leichen zurückblieben. Denn zwischen den beiden Städten lag die Taklamakan, mit 372 000 Quadratkilometern die größte zusammenhängende Sandwüste der Welt, mit 75 Grad Temperaturunterschied, mit Windböen so finster, dass sie nur »Kara Buran«, *schwarzer Sturm*, hießen, mit teuflischen Stimmen und Geistern, die ganze Karawanen in den Wahnsinn trieben.

Heute lauern andere Überraschungen, andere Fallen, andere Stimmen. Wir nehmen die südliche Route, unsere erste Station heißt Shache. Ein Nest mit drei asphaltierten Straßen, einem

Busbahnhof und einem »Busbahnhofhotel«. Für ein paar Yuan bekommen wir zwei Betten und eine mit den Andenken der letzten zehn Gäste vollgemachte Toilette.

Um 23:32 Uhr ist es soweit. Jemand knallt gegen die Tür, »Polizei, aufmachen!« Nong und ich sind uns keiner Schuld bewusst. Gewissenhaft nahmen wir die Hausordnung zur Kenntnis: Wir sind »nicht unzüchtig zugange«, rennen »nicht in Unterhosen auf dem Gang« herum, »defäkieren nicht auf den Fußboden« und »haben keine explosiven Gegenstände versteckt«.

Trotzdem schuldig. China ist ein Polizeistaat, und irgendein Zuträger hat gemeldet, dass hier ein Ausländer übernachtet. Zusammen mit einem Chinesen. Zweifach schuldig. Wir müssen uns anziehen und mitkommen. Auf das neongrell ausgeleuchtete Kommissariat. Nong und ich hatten uns längst in Kashgar abgesprochen: Ich bin ein deutscher Tourist, und er mein Übersetzer. Da nichts an mir und in meinem Gepäck auf meine Tätigkeit als Reporter verweist, ist nach 30 Minuten das Mitternachtsverhör zu Ende. Mit der Auflage, uns morgen früh beim Sicherheitsbüro zu melden.

Wir melden uns nicht und fahren weiter. Am Rande der Wüste, am Rande von vierzig Grad. Plattes, leeres Land, Steinwüste. Rechts, weit weg im Dunst der Hitze, sieht man die Schemen des Kunlun-Gebirges. Links, fern hinter tausend Steinen, erkennt man die pyramidalen Dünen der Taklamakan.

Im Bus treffen wir den verbitterten Sun. Aus Shanghai. Er gehört zu den Hunderttausenden von Jugendlichen, die alle paar Jahre vom Regime ins bettelarme Xinjiang »versetzt«, sprich, deportiert, werden. Weil der Süden Chinas an den ozeanischen Menschenmassen zu ersticken droht und im riesigen Xinjiang noch Platz ist. Peking lädt besonders gern hier ab: Dissidenten, Kriminelle, renitente Bauern, Atombomben.

Nachmittags Ankunft in Yecheng, der nächsten Oase. Hauptstraße, Hauptplatz, Ziegelhäuser und Lehmhütten, der Staub der Wüste. Unser »Guesthouse« ist eine drei Wochen alte Neubauruine, ohne Strom und Wasser. Wir dampfen. Yun, das Zimmermädchen, bringt die Thermosflaschen mit Tee. Über ihrem Kinderkörper trägt sie ein T-Shirt mit der Aufschrift »Bust Conscious«. Tapferes Mädchen.

Wir radeln durch Yecheng. Vorbei an Plakaten, die den 72. Geburtstag der KP und ihre »großartigen Errungenschaften« feiern. Vorbei an einem Lastwagen voll knüppelbewaffneter »Volksmiliz«, die aufmerksam patrouilliert. Vorbei an einem Haufen aufgeregter Zuschauer, die ein gestraucheltes Pferd umringen. Das todkranke Vieh soll in den nächsten fünf Minuten sterben, hier, vor Ort. Es töten, solange es atmet. Verendet es vorher, darf es nicht als Fleisch verkauft werden. So will es der Brauch der hiesigen Uiguren. Also legt der Besitzer den Schädel Richtung Mekka – »um Allah zu informieren« – und zieht das große Messer. Er muss lange säbeln. Den enthaupteten Hengst karrt er nach Hause. Zum Häuten.

Immer wieder berichteten frühe Reisende von geisterhaften Stimmen, die sie verfolgten. Uns verfolgen sie auch. Von Anfang bis Ende. Moderne Stimmen. Um kein Jota friedlicher, um nichts weniger erbarmungslos. Es sind die Stimmen, die nachts aus dem Dorfkino über Lautsprecher ins Freie plärren. Dialoge aus dem Schlachthaus. Ein Auszug:

- Was suchst du hier?
- Das Gleiche wie du. Diese Frau.
- Das wirst du nicht.

Anschließend Würgegeräusche, eine Messerklinge schnappt auf, ein ersticktes Gurgeln, ein teuflisches Lachen. Das Geräusch eines zu Boden gehenden Körpers hallt über die Oase.

Unser nächstes Ziel, Hotan, fing als winzige Karawanserei an. Heute wuchert es in alle vier Himmelsrichtungen, ein Zentrum mit 200 000 Einwohnern. Hier gibt es auch ein kleines Museum, das die Geschichte der frühesten buddhistischen Siedler erzählt. Und die der ersten »fremden Teufel«, die als englische, französische, deutsche, japanische oder russische Archäologen die versandeten Schätze der Seidenstraße hoben und tonnenweise aus dem Land schleppten. Lang ist das her, und die Wut der Chinesen hat sich noch immer nicht beruhigt.

So steht neben jedem antiken Steinhaufen ein Aufpasser. Ein paar Kilometer außerhalb von Hotan liegen die Ruinenreste eines vergangenen Königreichs. Und hier passt Usubakam auf. Mit hoch erhobenem rotem Büchlein hetzt der offiziell bestallte »Reliktbewacher« auf uns zu. Keinen Schritt weiter, zuerst den Gesetzestext lesen: keine Straße darf man bauen, kein Haus hochziehen, keinen Kanal anlegen, keine Überschwemmung herbeiführen. Nichts eingraben, nichts ausgraben, nichts wegtragen! Kein Foto! Nichts, nur schauen! Nach der Lektüre zieht Usubakam vier Tonscherben aus der Hosentasche. Er grinst lässig: ob wir interessiert wären?

Vor vielen hundert Jahren passierte etwas ähnlich Ungesetzliches in dieser Gegend. Auch heimlich. Nur aufregender, mit epochalen Konsequenzen: Eine chinesische Prinzessin versteckte in ihrer Frisur die Eier einer Seidenraupe, verriet so dem Mann, den sie liebte, das vom kaiserlichen Hof in Chang'an bei Todesstrafe gehütete Geheimnis. So kam es auf Umwegen nach Europa.

Ach, ein Liebesmärchen. Wie wohltuend. Denn die Wirklichkeit ist laut, giftig und spektakulär langweilig. In Hotan steht das größte »Seidenkombinat« der Provinz. Wir sehen Armeen von jungen Frauen vor tosenden Maschinen stehen, sehen ihre vom heißen Wasser farblos gelaugten Hände die endlos selben Bewegungen vollführen. Kein Märchen.

Acht Stunden später und 177 Kilometer weiter treffen wir andere Frauen. Jede bildhübsch, elegant, selbstbewusst. Und mit dem Gefühl, etwas Außergewöhnliches zu vollbringen: die »Perlen der Seidenstraße«, eine Akrobatengruppe auf Tournee, an diesem Tag im Wüstenkaff Yutian.

Um elf Uhr nachts beginnt die Show. Draußen – vor dem Stadttheater – liegen Zentner weggeworfener Melonenschalen, Abfall in den Ecken. Die Finsternis eines Kuhdorfs. Hunde streunen und pissen. Und drinnen der helle Strom, das Lachen der Clowns, die Himmelskörper – zuletzt nur mit einem Bikini bedeckt – aus der Hauptstadt. Ach, wie wir doch alle die gleiche Sehnsucht teilen, die vielen Chinesen und der fremde Teufel.

Am nächsten Tag erreichen wir Minfeng. Eine merkwürdige

Erfahrung wiederholt sich. Kaum einer der Reisbauern, Gemüsehändler und der mit Beißzange und Tretbohrer hantierenden Zahnärzte weiß von der einmal in unmittelbarer Nähe vorbeiführenden Seidenstraße. Nie gehört. Gut so. Sonst ginge es zu wie auf dem Marktplatz von Lourdes. Statt Plastikschlappen eben Sven-Hedin-Knickerbocker und Marco-Polo-Sporen. Zudem hat gerade Minfeng dringlichere Sorgen: Ein erstes städtisches Pissoir entsteht. Die guten alten Zeiten, in denen noch auf jede Hauswand gezischt werden durfte, sie sollen vergangen sein.

Die neugierigen Minfenger. So selten tritt hier ein weißer Mensch auf, dass sich der Dorfschneider meine Maße notiert. Zur Erinnerung. Er misst mich öffentlich, Zuschauer blicken scheu, jemand holt eine Waage, zwei andere ziehen mir die Stiefel vom Leib, prüfen und kneten fachmännisch die Fußknöchel. Später helfen sie mit, einen Jeep zu finden. Ab jetzt gibt es keine Asphaltstraßen und Busse mehr.

Mit Kasimar, dem Imam, kommen wir ins Geschäft. In einer Stunde will er startbereit sein, uns zur nächsten Oase, ins 310 Kilometer entfernte Qiemo, transportieren. Und wir starten tatsächlich, Vater und Sohn, Nong und ich. Kaum ist der Wagen in Bewegung, setzt das China-Syndrom ein. Nach 300 Metern sind wir sechs, dann acht, irgendwann elf, zuletzt dreizehn. Alles Freunde und Verwandte, die plötzlich nach Qiemo wollen. Bevor sich Fahrgast Nummer 14 hineinquetscht, muss ich ein Machtwort sprechen. Der Jeep wurde exklusiv für uns beide gemietet, nun aber beschleicht mich die leise Angst, dass wir mit dem (exorbitanten) Fahrpreis unseren eigenen Erstickungstod finanzieren. Der Protest hilft, es bleibt bei dreizehn.

Dreihundert Kilometer Einsamkeit, eine herzzerreißende Monotonie. Die oft versandete Spur, aussteigen, anschieben. Dazwischen Regen, aus dem Sand wird Schlamm, wieder aussteigen, wieder anschieben. Die Uiguren nehmen es hin, nie ein Wort des Missmuts. Mehrere Zwangspausen. Dann beten die Alten nach Mekka, und die Jungen reparieren den Motor. Eine friedliche Atmosphäre herrscht. Der Imam strahlt eine souveräne Autorität aus.

Das kleine, verstunkene Qiemo. Alle drei Jahre kommt ein Kara Buran über seine Bewohner, jeden zweiten Tag bläst ein schmutziger Wind. Einfaches Leben, einfache Handgriffe. Und abends der überall gleiche Zeitvertreib: Snooker spielen, Karaoke trällern, Kino schauen, heute: »Volles Grab und leeres Haus«. Und sonntags Samaj, dem fünffachen Vater und Chef des örtlichen Komitees für Familienplanung, zuhören, der mit Auto und Lautsprecher durch den Basar fährt, um ihnen ihre Lust aufs Gebären auszureden. Uiguren dürfen zwei Kinder, auf dem Land drei haben. Bei drei Töchtern darf er es noch mal versuchen: damit der Familie endlich ein Sohn geschenkt wird.

Sonst passiert nichts. Von den Verlockungen der großen wilden Welt wird hier keiner versucht. Drogen, Schmuggel, Girls, sie verstehen nicht, wovon ich rede. Hier drehen sie ihre Zigaretten mit Zeitungspapier, hier treffe ich den 27-jährigen Xuchu, der in einem Monat heiraten wird, um seiner ersten Frau zu begegnen. In solche Orte wird man geboren, sich an sie gewöhnen geht nicht.

360 Kilometer weiter erwischt es uns ein zweites Mal. Jetzt in Ruoqiang. Wieder denunziert uns jemand. Diesmal holt mich die Polizei vom Rasiersessel herunter. Weil ich keinen »Alien's Passport« habe, keine Erlaubnis, um in diesem für Ausländer gesperrten Gebiet zu reisen. Seltsamerweise komme ich mit einer Geldstrafe davon. Plus dem Hinweis, mich das nächste Mal ins Gefängnis zu verlegen. Überraschenderweise fordert niemand uns auf, nach Qiemo zurückzukehren.

Bald weiß ich den Grund: Die restlichen 900 Kilometer sollen Strafe genug sein. Ruoqiang ist ein glühender Misthaufen, in dem wir schweißgebadet nach einem Vehikel suchen, das uns evakuiert. Bis wir »Gerichtskriminaler« Xiaowei finden, der unsere Not erkennt und nach entsprechender Bezahlung verlangt. Aber er ist tapfer, ist der einzige, der sich traut. Vor zwei Wochen gingen in dieser Region die schwersten Regenfälle der letzten zwanzig Jahre nieder, die Straßen sind weg, die Anforderungen an den Fahrer und seinen mit Rotlicht ausgerüsteten Jeep »Beijing 212« werden enorm sein.

Xiaowei wird zutraulich und gesprächig. Wir dürfen irgendwann mit seiner Dienstpistole (!) – zehn Schuss, 7,62 Kaliber – in die Wüste ballern. Er erzählt, dass er rechtzeitig zurück sein muss. Zum Hinrichtungstermin eines 35-Jährigen, der wegen einer Messerstecherei mit Todesfolge in Ruoqiang einsitzt. Wir haben die Plakate mit dem roten Kreuz, dem Zeichen für ein Todesurteil, hängen sehen. Xiaowei nimmt als Beobachter teil. Damit die Exekution »ordnungsgegemäß« abläuft. Der Arzt wird einen Kreis auf den Rücken des Delinquenten zeichnen. Dahinter liegt das Herz. Da hinein soll die erste Kugel gehen. Mit einem Metallstift wird geprüft, ob es noch zuckt. Wenn ja, weitere Schüsse. Die Munitionsrechnung bekommt die Familie. Sechs Mao, fünf Cent, die Patrone.

Dieser Streckenabschnitt gilt als der ungesündeste. Wir fahren am Rande des Atomversuchsgeländes von Lop Nor entlang. Über 800 Personen wurden vor ein paar Jahren in Ruoqiang und anderen Oasenstädten mit einer »nicht identifizierten Krankheit« registriert. »Einige Todesfälle« geben die grundsätzlich Falschmeldungen verbreitenden Autoritäten zu.

Spät nachts lädt uns Xiaowei auf einer riesigen Asbestmine ab. Hier kehrt er um. Wir schlafen neben den Kumpeln im »Asbest-Hotel«. Sie haben keine Ahnung von der Gefahr dieses Minerals. Wir kommen gut zurecht, sie schnarchen, und ich liege wach.

Nudelsuppe zum Frühstück. Dann verfolgt uns nur eine Sorge: die Jagd nach einem Transportmittel. Drei Dutzend Anfragen, drei Dutzend Absagen. Bis wir Qiao finden, einen jungen Kerl, der mit Militärmantel, Sturzhelm und Sonnenbrille am Steuer seines mit zehn Asbesttonnen vollgeladenen Lasters sitzt. Gestern flog ihm die Windschutzscheibe weg, heute und morgen werden ihm zwei Reifen platzen und eine Radaufhängung brechen. Vom ersten Augenblick an, in dem wir links in die trostloseste aller Wüsten abbiegen, in die Gobi, sind wir Zeugen seiner maßlosen Geduld.

Die erstaunliche Erfahrung, in diesem Land stundenlang allein zu sein. In den winzigen Behausungen, die wir sehen, wohnen die Teermänner, die tagsüber vor fauchenden Öfen stehen.

Einsame Männer. Neun Monate im Jahr müssen sie ausharren. Dann dürfen sie für drei Monate zu ihren Familien.

Mit 42 Kilometern pro Stunde auf der Kriechspur. Die schwere Last, der leichte Laster. Kommt der Regen, verschanzen wir uns hinter den auf dem Armaturenbrett deponierten Rucksäcken. Kommt die Langeweile, haben wir Zeit, über den Heldenmut jener nachzudenken, die hier ihr Leben als Kameltreiber verbrachten. Kommt der Knall, springen wir raus, um ein Reserverad aufzuziehen. Kommt die Nacht, legen wir uns verschmiert ins wasserlose »Erdöl-Hotel«.

Am nächsten Mittag, 14:15 Uhr, überfahren wir die Stadtgrenze von Dunhuang. Heute wie damals reich und zivilisiert. Die Teilnehmer früherer Karawanen knieten sich bei ihrem Anblick in den Sand. Aus Dankbarkeit. Wir steigen steif aus dem Führerhaus. Nong erinnert mich grinsend an mein Versprechen. Ich halte es. Es dauert nicht lange, und wir betreten fröhlich und dreckig jeder für sich ein makelloses Badezimmer.

KRASNOYE

Mütterchen Russland und das unergründliche Menschenherz

Warmer Regen fiel. Es dunkelte bereits. Wir saßen in seiner Höhle, und der alte Sadhu erzählte eine seltsame Geschichte. Hier im Himalaya habe es vor Tausenden von Jahren ein Volk gegeben, das immer unterdrückt war, immer Verlierer. Nie Sieger. Keinen Augenblick war es oben, atmete frei, bestimmte sein eigenes Schicksal. Später, viel später, entdeckte man das Geheimnis dieses unaufhörlichen Bankrotts: ein simpler Sprachfehler, denn ein einziges, winziges Wort fehlte, das Wort: NEIN.

Jetzt war ich in Krasnoye, einem großen Dorf in Russland. Und ich erinnerte mich plötzlich wieder an dieses indische Märchen. Weil es hier umgekehrt funktioniert. Hier sagen sie ununterbrochen »njet«. Nicht das böse, harsche Bolschewiken-Njet, das abwürgt und stillmacht. Nein, das viel bedenklichere Njet, das leise verzweifelte, das larmoyante, das rechthaberische, das so oft recht hat. Weil njet/*nein*, weil nitschewo/*nichts* geht, folglich nichts nie anders sein wird: aus grauer Vergangenheit nie blaue Gegenwart wird, aus einer auf aberwitzigen Irrwegen gestrandeten Wirtschaft nie Sorglosigkeit und fröhlicher Leichtsinn, aus einem verwundeten Gedächtnis nie ein unbeschwerter Neubeginn. Das Wort »da« fehlt: JA.

Dennoch, Krasnoye ist lustig. Das auch, bei Gott. Weil hier Zustände vorkommen, die man im satten Westen nie so erleben darf. Exempel: Gleich links neben dem Eingang der Apotheke liegen die »prowereno elektronikoj«, die *elektronisch geprüften Pariser* aus Sibirien. Genadi, mein Dolmetscher, und ich bestellen zehn Stück, die flink von der dicken Rolle – das Fünfjahressoll? – geschnipselt werden. Selbstverständlich stehen wir in einer Schlange. Zwei dürfen sich vordrängeln. Für sie gilt, was unübersehbar an der Kasse aushängt: »Die Helden und Invaliden des Großen Vaterländischen Krieges brauchen sich nicht anzustellen.«

Krasnoye macht nicht schwindlig. Kleine Zahlen berichten vom kleinen Leben. Eine Hauptstraße heißt Sowjetskaya, die andere Uliza Lenina. Beide enden, wie überraschend, auf dem »Roten Platz«. Knapp 500 Kilometer sind es von hier nach Moskau. Das ist unendlich weit. Die Hauptstadt liegt in Europa, das Dorf hinterm Mond. Hier gab es keine Bilderstürmer, Marx' Gesammelte Werke flogen – nach dem Zusammenbruch der Sowjetunion – nicht brennend aus dem Fenster der Bibliothek, niemand zertrampelte Fahnen, niemand bettelte um Demokratie. So steht Lenins Glatzkopf noch immer als Denkmal im Freien, noch immer flankiert von einem jener steinblöd gewordenen Merkverse, die eine sozialistische Plattheit verkünden. Von wegen Aufschwung und Fortschritt und heller Zukunft.

Davon hat der Rote Platz nichts abbekommen. Dafür ein seit Jahren geschlossenes »Kulturhaus«, zwei zugenagelte Ruinen, einen schäbigen Laden, eine Bruchbude als Rathaus, zwei Feuerwehrgaragen, ein Kriegerdenkmal. Und den viereckigen Steinquader der ehemaligen Parteizentrale. Krasnoye leitet seinen Namen von der altrussischen Bedeutung des Wortes »kras« ab: schön. Krasnoye-na-Volge, *die Schöne an der Wolga*. Die Sprache als Herzschrittmacher. Damit es nicht stillsteht beim Anblick von so viel Hässlichkeit.

Außerhalb, am breiten, stillen Fluss ist alles anders. Dort stimmt der Satz von Dostojewski, den ich über dem Eingang der Schule gelesen habe: »Schönheit wird die Welt retten.« Blick auf die Wälder, Blick auf das lautlose Wasser, auf dem jetzt im Winter die Fischer sitzen und wie eingefroren auf ihr fünfzehn Zentimeter großes Bohrloch starren.

Vom Dach der Rettungsstation steigt Rauch. Nie tönt in dieser Jahreszeit ein Alarm, denn Leichen – für Lebende kommt er stets zu spät – zieht Pawel nur im Sommer heraus. Nun kann er seinem Zweitberuf nachzugehen: Er füttert mit schwarzem Plastik eine Maschine, die unten Kruzifixe ausspuckt. Die milchblassen Christuskörper hat er bereits vormittags produziert. Zuletzt steckt er die beiden Teile zusammen und wirft das Ensemble mit Schwung in eine Schuhschachtel. Atheist Pawel berechnet pro Gekreuzigtem einen Rubel.

Im 17. Jahrhundert wird Krasnoye zum ersten Mal erwähnt. Keine aufregende Geschichte folgt, durchschnittlich langweilig, durchschnittlich grausam. Ende des 18. Jahrhunderts verschenkt ein Zar das Dorf an einen Fürsten. Irgendwann beginnt die Blutspur der roten Revolution. Unvergessen der Juli 1919, als Lenins Tschekisten anlanden und unter dem Vorwand, eine Konterrevolution zu ersticken, über 150 Einwohner massakrieren. Als sie hinterher Brandfackeln in die Häuser schleudern, soll sich der hiesige Parteisekretär – so erzählen es selbst die Antikommunisten – vor dem Anführer der Soldateska auf die Knie geworfen haben: um Gnade bittend für die bereits geschundene Stadt. Sie wird verschont.

Siebzig Jahre Arbeiterparadies ziehen ins Land. Krasnoye erwischt es wie unzählige andere Orte auch. Die alte Anna Ionowna, fast 90, bittet uns in ihre Datscha: Im ungeheizten Vorraum liegen die Kartoffeln. In der guten, einzigen Stube steht in der Mitte ein dicker viereckiger Ofen. In seiner Nähe wird geschlafen, gegessen und gelebt. Eine Katze schleicht. Anna berichtet von strengen Zeiten. Ihre Haut, ihre Hände, ihre schnellen, vifen Augen haben alles gespeichert: Barbarisch werden die Zustände, als Stalin die Kollektivierung der Landwirtschaft und den ersten Fünfjahresplan einführt. Gleichzeitig beginnt die Kulakenhatz. Kulak bedeutet ursprünglich Faust, einer also, der mit den Fäusten nimmt, ein Ausbeuter. Anna erzählt, wie »Komitees der Dorfarmut«, Rollkommandos, nachts Vieh und Mensch aus Ställen und Betten zerrten, die Kühe behielten und den Kuhbesitzer, den Kulak, »verschickten«: in den eisigen Norden, in den eisigen Osten. »Das große Zerbrechen«, so nannte es Solschenizyn, kam auch zur Schönen an der Wolga.

Später zieht Annas Mann, wie alle anderen tauglichen Männer im Dorf, in die Schlacht gegen Hitler. 560 kommen nicht mehr zurück, Igor schon. Mit einer weggeschossenen rechten Schulter. Den Rest seiner Zeit versäuft er, verdämmert. »Er ist«, so Anna – Genadi übersetzt es grammatikalisch falsch, doch auf wundersame Weise richtig – »am Krieg gestorben.«

Dann kommt Chruschtschow. Sein Beitrag zum besseren Leben auf dem Land ist noch immer nachprüfbar. Wir besuchen die verlassenen Nester, die der Generalsekretär Anfang der sechziger Jahre zu Zehntausenden für »unrentabel« erklärte. Die Stromversorgung wurde gekappt, die medizinische Versorgung eingestellt, kein Brot geliefert, in hartnäckigen Fällen zwangsgeräumt. Was wir vorfinden – wir nähern uns querfeldein, da Zufahrtsstraßen nicht mehr existieren –, sind verrottete Häuser, ohne Dach, manchmal ausgeräuchert, totenstille Holzruinen. Nur einmal entdecken wir ein greisenhaftes Ehepaar, zu alt, zu verwurzelt, um woanders sterben zu können. Der Stilllegung dieser Siedlungen verdankt das »rentable« Krasnoye – heute 9000 Einwohner – sein Wachstum.

Rentabel klingt witzig. Beim »Vorsitzenden des Dorfrats«, Bürgermeister Sergej Rodionow, knallen die Stempel. Tagelang. Die »talon«, die *Coupons*, gehen raus. Socken, Butter, Eier, Nudeln, Zucker, Bonbons, Tee, Pflanzenöl, Zündhölzer und Zigaretten sind auch weiterhin rationiert. Außerdem – eine russische Tragikomödie – Wodka. Ein Liter pro Monat! Wer nach ihm dürstet, muss sich vorher – Schlange – mit seinem Pass anstellen und registrieren lassen. Hinterher wetzt er zur einzigen Verkaufsstelle – wieder ausharren im bitterkalten Freien – und bezahlt knapp hundert Rubel, ein Fünftel seines Durchschnittslohns.

Ein Einkaufsbummel in Krasnoye, das gibt Anlass – ich schäme mich – zu Lachsalven. In einem »Univermag«, dem *Universalmagazin*, hängen drei braune Wollschals. Sonst hängt nichts. Im nächsten Laden, er heißt »Berioska«, *die Birke,* wird es besser. Ein unordentlicher Haufen Damenschuhe wäre zu erwerben. Brauthauben, eine Porzellannymphe als Kerzenständer, ein Fernseher für ein Dreijahresgehalt, Herzjesubilder, Holzgewehre »für Kinder«, ein Eiershampoo aus Rumänien. Im dritten Geschäft wird schon gedrängelt. Wir erkundigen uns bei den bis zum Roten Platz anstehenden Babuschkas:

- Was gibt es?
- Eine neue Lieferung Damenmäntel.
- Warum so dringend, Sie haben doch alle einen Mantel?
- Wir horten, wir horten. Wer weiß, wann wieder etwas kommt.

Die erste Bäckerei ist bereits leer. Die letzten zwölf Laib hat ein Pferdebesitzer – Brot ist billiger als Futter – gekauft, um den Gaul zu ernähren, der seinen Schlitten zieht. Im nächsten Shop besteht Hoffnung. Nach einer Geraden, einer Linkskurve und einer Rechtskurve stehen Genadi und ich nur noch sechs Meter entfernt von der Kasse. Jetzt ist das Schild sichtbar: »Invaliden, Viehzüchter und Sehbehinderte nicht anstellen!« Aber wir schaffen es, irgendwann gehört uns ein Pfund Brot aus Krasnoye.

An einer der zwei Tankstellen bekommen nicht einmal Blinde einen Kanister Benzin. Sie ist seit vier Wochen geschlossen. Die andere vergibt den Kraftstoff nur gegen Coupons und nur an »öffentliche Fahrzeuge«. Als wir ein paar Schritte vor der Zapfsäule mit unserem Lada hängen bleiben, zücken wir eine volle Flasche Schnaps – die härteste Währung in Russland ist flüssig –, und ein Fahrer zapft mit einem Schlauch zehn Liter aus seinem Tank für uns ab.

In der einzigen Buchhandlung liegen neben der zentnerweise noch vorhandenen roten Pflichtlektüre die Perlen der Weltliteratur: Gorkis *Nachtasyl*, Bölls *Haus ohne Hüter*, eine Feuchtwangerauswahl, E. A. Poes Gruselstorys. Zum Anschauen! Wer sie lesen will, muss sich in eine Liste eintragen und warten: ein Jahr.

Das ist fix. Auf ein Auto heißt es ein Jahrzehnt ausharren. Es geht allerdings schneller, wenn jemand drei Tonnen Fleisch an die staatliche »Bedarfsstelle« liefert. Beim Gespräch mit der Leiterin Galkina Walentina – ich stoße aus Versehen mit meinen Füßen an eine »Napoleon«-Weinbrandflasche unter ihrem Schreibtisch – erfahren wir, dass ein Staubsauger für 100, eine

Waschmaschine für 200 und ein Kühlschrank für immerhin 500 Kilo zu haben sind.

Die Therapie wird dauern. Trotz Verbots der kommunistischen Partei wuchern noch immer die Metastasen jener sozialistischen Schlafkrankheit, die mithilfe bodenloser Inkompetenz Weltrekorde von Ergebnislosigkeit und totgeschlagener Zeit aufstellt. Dennoch: dass Russland hungert, ist eine Mär. Sie wird nicht wahrhaftiger, auch wenn sie der Westen in eitler Siegerpose penetrant wiederholt. Wahr, höllisch wahr jedoch, ist die Tatsache, dass sie hier in Krasnoye, wie anderswo im Land, ununterbrochen gegen ein infernalisches System kämpfen, um nicht hungern zu müssen.

Die Russen lebten viel zu lange mit dieser Ideologie, um nicht hundert Listen und Tücken erfunden zu haben. Siehe Schwarzmarkt, siehe Schwarzbrennen, siehe Hamsterkäufe, siehe die drei Ziegen im Stall und den familieneigenen Kartoffelacker, siehe Zweitberuf, siehe den korrupten Kolchosechef. Lauter Überlebenshilfen, mit denen sie stündlich, täglich, ja, lebenslang den Staatsbankrott unterlaufen.

Umso anrührender ihre Gastfreundschaft, mit der sie uns heimsuchen. Ist die Scheu einmal weg, dem Fremden, dem deutschen (!) Fremden gegenüber, dann schenken sie alles her: Alkohol, Geschichten, Berge von Vorspeisen, Hauptspeisen und Nachspeisen.

Natürlich sind wir zugleich auch Opfer. Wir hören zu, sie beichten. Nun kommen die vielen Stunden, in denen sie dreistellig oft Njet sagen. Vielstimmig stöhnen sie die russische Elendsjeremiade. Suhlen sich im wehleidig-glücklichen Traurigsein, erfinden eine nie gewesene, ferne, so ferne Vergangenheit, vergehen vor Selbstmitleid, wenn sie an ihre Zukunft denken. Echte Weinerlinge, die unsere Beschwichtigungsgesten und Gegenreden unter einer Flut unheilbarer Neins begraben.

Ihre Angst ist gewaltig. Hinter ihnen der Schrotthaufen roter Kommandowirtschaft, vor ihnen der gierige Schlund – so fürchten sie – eines erbarmungslosen Kapitalismus. Und im Augenblick, hier und jetzt, entdecken sie nur ein »Vakuum«, die »Anarchie«, nicht die geringste Spur einer »Autorität«.

Das hat Folgen. Nietzsche notierte einmal: »Lieber will der Mensch das Nichts wollen als nicht wollen.« Und Sascha, ein junger Kunsthandwerker, übersetzt den Satz genial auf die Zustände in Krasnoye: »Nach dem kommunistischen Schnuller gibt es wieder den religiösen.«

Genadi und ich sind zu jedem Opfergang bereit. Orthodoxe Sonntagsmesse in der Allerheilgen-Kirche. Dreistündig, stehend, staunend über die Inbrunst, mit der hier gewirtschaftet wird: Kreuze küssen, Kreuze auflegen, Kreuzzeichen machen, unaufhörlich sich beugen und Sünden leiern, dicke Bücher aufschlagen und zuschlagen, sie vorlesen und vorsingen, die Umtriebe des Antichristen anprangern und – zur Beruhigung – fulminante Heiligenwunder verkünden, die baldige Ankunft des Herrn zusagen, zweimal Kopeken und Rubel einsammeln, einen Löffel Rotwein schlucken, ein Stück Brot aufessen und immer beten und bitten: um Verzeihung, um Erbarmen, um Erhörung, um Erlösung, um ein gutes Leben, ein langes Leben, ein ewiges Leben, für alle, für jeden, und über allen und allem: für Aleksi II., den allerheiligsten Patriarchen von Moskau und ganz Russland.

Irgendwann fällt mein Blick durch das Kirchenfenster hinaus auf das trübe Krasnoye. Und plötzlich habe ich verstanden. Hier drinnen glitzert und schimmert, flimmert und duftet es. Der funkelnde Aufzug von Vater Joan und Vater Pjotr, die ewigen Lichtlein, die Gold schimmernden Ikonen, die direkte Annäherung an das Paradies. Was für ein Angebot, was für eine Alternative zur beschwerlichen Wirklichkeit. Was für ein sanfter, infantiler, grandios inszenierter Ausweg aus der mühseligen Banalität des Alltags.

Von ihr berichtet Wera Moklokowa, die stellvertretende Chefredakteurin – der Chef kann uns nicht empfangen, da seit drei Tagen wegen praktizierender Trunkenheit arbeitsuntauglich – des örtlichen »Krasnoye Priwolshje«: ein Blättchen, ein Doppelblatt mit vier Seiten und 4000 Exemplaren Auflage. Dreimal die Woche Meldungen aus »Krasnoye und der Gegend an der Wolga«. Hier werken Pioniere. Zwei Frauen und zwei Männer schreiben die Zeitung. Es gibt keine Computer, kein Faxgerät, keinen Fotokopierer. Was unter der Rubrik »Aus der Flut der Neuigkeiten« erscheint – Eier auf Helmut Kohl, Tornado über Texas, Sechslinge in Thailand – wird woanders abgeschrieben. Den Rest machen sie selbst. Hier die aktuellen Überschriften: »Einiges freut uns, einiges zieht uns hinunter« und »Bewohner der Proletarskaya, bitte zur Wodkaregistrierung kommen« und »Die Bauernseele schmerzt – Bekenntnisse eines Traktorfahrers« und »Kuh und Kalb für zehnköpfige Familie« und »Begünstigungen abgeschafft: Milchmelkerinnen müssen sich jetzt auch anstellen«.

Sind die internationalen News zu düster und das Lokalgeschehen zu aufreibend, dann lanciert Wera – Dichterin im Zweitberuf – auf Seite drei einen ihrer Verse. In ihrem letzten Werk geht es auch um die Frage, wohin »jener geheimnisvolle Meißel« abhandengekommen sei, mit dem der unbekannte Meister die Venus von Milo »erschaffen« hatte. Das Rätsel bleibt, und es folgen Anzeigen: Schwarz-weißer Hund entlaufen. Straßenkehrer gesucht. Kriegsveteranen kondolieren zum Tod von Krasawin Viktoria Iwanowitsch.

Zuletzt meldet »Nummer 02«, der Polizeibericht. An einen Mord kann sich hier niemand erinnern. Totschlag im Wodkarausch ja, meist jedoch nur: »Telefon aus Krankenzimmer gestohlen« oder »Muttersau entwendet« (»Noch am Tatort geschlachtet, um verdächtige Geräusche zu vermeiden«) oder »Küche brannte« oder »Schlägerei auf Kolchose Sowjetrussland«.

Ansonsten ist Krasnoye sauber: *no drugs, no guns, no busy girls.* »Aber«, und jetzt flüstert Wera, »Ehebruch zuhauf, unglückliche Ehen en masse, stille Verzweiflung überall«. Sagt Wera. Sie muss es wissen, nennt gleich Namen, Daten und Anschriften, sie kennt jeden, sie ist der Starreporter.

Wir ziehen um ins »Studio«. Das ist ein Hinterzimmer zwischen Post und Viehstall. Die agile, die hübsche Wera macht auch Funk: an den drei zeitungsfreien Tagen, immer 18 Uhr, zwanzig Minuten lang. Die Anwesenheit eines Fremden im Ort ist so außergewöhnlich, dass sie uns unbedingt in ihrer Livesendung interviewen will. Der Mikrofonständer steht auf einem

Schal, damit nichts lärmt. Durch das Fenster hört man einen Bauern seine Kühe anschreien, jemand klopft dreimal an die Tür – das ist das Zeichen –, und wir plappern los. Am übernächsten Tag stehe ich sogar als Titelgeschichte – »Gast aus Deutschland« – im Krasnoye Priwolshje. So aufregend ist es hier.

Was tun? Tagsüber fällt sie weniger auf, die ätzende Öde. Die Mehrheit geht in die Schmuckfabrik, Arbeit für 2300 Leute. Tonnenweise Klimbim für den nationalen Markt. Bis zu 200 000 Einheiten pro Stück pro Jahr: Ohrringe, Tabakdosen, Vasen, Brieföffner, Verlobungsringe, Spieluhren. Die meisten Erzeugnisse von herzzerreißender Geschmacklosigkeit. Dazwischen Ausnahmen, die bezaubern. Einstmals Renner: die bestellten und nicht mehr abgeholten Mammutschüsseln mit aufgemalten Leninköpfen. Andere Ladenhüter zeigen muskulöse Sowjetmenschen und aufrechte Bauersfrauen, die siegessicher in die Zukunft blicken.

Abends wird es eng. Ich frage Michail, den Hausmeister der Kunstschule, was sie hier im Dorf machen nach Feierabend. Er formuliert es am radikalsten: »Tiere füttern, sich selbst füttern, die Glotze aufdrehen, saufen, pennen.«

Ein paar Alternativen existieren. An zwei Tagen der Woche ist bis 22 Uhr das Bannya, das Dampfbad, offen. Wichtig, denn viele haben nicht einmal fließendes Wasser im Haus. Genadi und ich probieren es aus. Eine Schimmelbude, in den Dreißigerjahren mit den Ziegeln einer geschleiften Kirche erbaut. »Keine Karten an Betrunkene«, steht an der Kasse. Wir dürfen hinein. Die Toilette ist unbetretbar. Im Waschraum wird geseift, abgerieben, ausgiebig Wasser verschüttet. In der »Parnaya«, der *Schwitzbude*, sitzen wir auf schmierigen Bohlen. Trockene Birkenzweige fehlen, um schweißtreibend aufzuheizen.

Anschließend ins Wolga-Kino. Mister Stallone ist gerade als Rambo – *Part one: First Blood* – unterwegs. Der erste Satz, den ich nach dem Einführungsgemetzel verstehe, lautet: »I'll teach you a lesson, you motherfucker.« Die Lektion ist tödlich, zwölf Krasnoyaner, ein Moskauer und ich schauen zu.

Am Wochenende gibt es je zwei Stunden Disco. Ebenfalls im Kino, in der Eingangshalle. Rambos Urschrei und James Brown, direkt nebeneinander, das peitscht. Die Mädchen hopsen im Kreis, und die Burschen stehen am Rand, werfen glasige Blicke herüber, lauern auf den rechten Augenblick zur Anmache.

Sind sie siebzehn, ist das Spiel vorbei. Mit 18 heiraten sie, manche früher, die Nachzügler spätestens mit 22. Wir begegnen keinem, der träumt, der raus will in die Welt. Keinem, der nicht die Gedanken seiner Väter geerbt hätte. Niemand hebt ab, nicht mal im Kopf. LKW-Fahrer wollen sie werden, als Klempner in der Schmuckfabrik arbeiten, ein eigenes Haus haben, eine eigene Frau, ihren Frieden, kerzengerade nachgehen den Weg allen bürgerlichen Fleisches. Einer von ihnen erwähnt ein russisches Sprichwort. Hinweis dafür, warum es so ist, wie es ist: »Da, wo du geboren bist, wirst du gebraucht. Dort ist dein Gedächtnis.«

Es ist dunkel und still in Krasnoye. Ab 19 Uhr sind wir allein auf der Straße. Einmal treffen wir ein halbes Dutzend betrunkener Freunde, im Halbkreis auf den Roten Platz pinkelnd. Einer singt das Lied vom Taganka-Zuchthaus, wo noch immer die Moskau-Putschisten einsitzen.

Ein Restaurant soll es abends geben. Sieben Mal kommen wir vorbei, und sieben Mal ist es geschlossen. Beim achten Mal ist es tatsächlich geöffnet, wir sind die einzigen Gäste. Es gibt nur Hochprozentiges. Keinen Wein, »weil im Kaukasus Unruhen herrschen«. Kein Bier – 22 Mal billiger als Wodka –, »weil die Biergläser nicht reichen«. So Luba, die Leiterin. Außerdem »passt das Bierfass nicht in den Aufzug«. Der revolutionäre Gedanke, die 50 Liter von einem kräftigen Mannsbild in den ersten Stock befördern zu lassen, will ihr nicht einfallen. »Warum«, frage ich blöd, »ist das alles so?« Und die freundliche Dicke, sonnig: »Russland ist Russland.«

Tage später holt er mich ein. Der Krasnoye-Blues. Wladimir Kutznezow ist gestorben. Sein 51-jähriges Herz ertrank im Suff. Wir trotten hinter dem offenen, auf Heu gelegten Sarg her. Vier Blechkränze liegen daneben. Es geht langsam, der Gaul ist alt. Wladimir war ein kleiner Rowdy, auch mal im Gefängnis, Türwärter im Werk. Drei Dutzend Leute folgen, zwei weinen, Mutter und Tochter.

Irgendwann halte ich an, eher unbewusst, schier überwältigt von dem, was ich sehe. Nichts, absolut nichts Besonderes. Nur Dreck, nur eine hoffnungslos dreckige Welt. Der dreckige Rauch, der dreckige Himmel, die dreckigen Fassaden, das dreckige Willkommensschild einer Kolchose, meine dreckigen morastbraunen Stiefel. Ich sehe die Menschenschlange vor einem Laden. Sehe einen Alten mit einem Holzprügel über der Schulter zwei Eimer Wasser heimtragen. Sehe eine Greisin in einem Eisloch ihre Wäsche spülen. Sehe den jungen Mischa eine Schlittenfuhre Mist nach Hause fahren. Sehe die müden, abwesenden Gesichter. Und bin mit einem Mal Russe aus Krasnoye, verstehe plötzlich alle die Njets, die ich gehört habe, weiß, dass es immer schon so war und dass es immer so bleiben wird, ja, könnte in diesem Augenblick mein Leben bis ans Ende aller Tage voraussagen, so berechenbar wäre es, so überraschungslos, so fahl, so grau, so lau.

Von weit her höre ich jemanden meinen Namen rufen, »Andrej, Andrej!« Mehrmals, bis ich begreife, dass ich das bin. Ich wache auf und erkenne Genadi, der auf mich zuläuft. Mir fällt ein, dass ihm gestern etwas Ähnliches widerfahren ist. Er sprach von seiner Arbeit als Dolmetscher. Dass er jeden Tag die Not seiner Landsleute auf Deutsch übersetzen müsse. »Das«, meinte er, »zerbricht die Seele.«

Er steht jetzt vor mir, zerrt an meinem Arm. Was ich so dämlich in der Gegend herumstünde, will er wissen. »Da vorn geht die Leiche«, schimpft er. Wir rennen lachend hinterher.

PALÄSTINENSERLAGER AIN AL-HILWEH
Kein Tag ohne Unfreiheit

Fadi träumt von Monica Lewinsky. Das Mondgesicht aus Washington lässt ihn seit Jahren nicht mehr los. »Ach, Clinton«, seufzt er, »warum bin ich nicht Clinton?« Dann schweigt Fadi, nimmt einen Schluck aus der Limonadenflasche, die er sich nicht leisten kann und zu der ich ihn überreden musste, sagt endlich: »Ich liebe Amerika.«

Das ist ein überraschender, ja, wagemutiger Satz. Denn wir sitzen mitten in Ain al-Hilweh, dem größten Palästinenserlager im Libanon. Der Betonverhau liegt direkt neben der Stadt Saida, nur eine schnelle Autostunde von der Nordgrenze zu Israel entfernt. Wörtlich übersetzt bedeutet der Name »reines Wasser« und ist – auch wörtlich – ein Drecksloch, ein Waffenlager, ein von der libanesischen Armee bewachtes Gefängnis, ein Hort rasender Wut und Hilflosigkeit, ein Synonym für sechzig Jahre Einsamkeit, ein Platz für Nichtstuer.

Vier Generationen hausen hier, und die Jungen erben alles von den Alten: die Heimatlosigkeit, den Zorn, das Fehlen von Arbeit, die Armseligkeit, die Träume. Wie sein Vater ist Fadi von Beruf Fahrer. Und wie der Vater fährt er nicht. Doch ja, hat er Glück, kommt ein Auftrag, einmal, irgendwann. Dann kommt wieder nichts. So bleibt viel Zeit, um von Monica und Amerika zu fantasieren.

Vorgeschichte: 1947 beschließen die Vereinten Nationen – Resolution 181 – die Teilung von Palästina in zwei Staaten, in einen jüdischen und einen palästinensischen. Um der jüdischen Diaspora – nach den Gaskammern von Auschwitz – eine Heimat zu geben. 1948 wird Israel gegründet, kurz darauf bricht der erste arabisch-israelische Krieg aus, Israel gewinnt, annektiert weite Gebiete und vertreibt 800 000 Palästinenser. Auch in den Libanon. Wie viele genau damals kamen, lässt sich nicht sagen. Nach der letzten Zählung leben heute über 350 000 Flüchtlinge im Land, 70 000 davon auf dem schäbigen Quadratkilometer von Ain al-Hilweh.

Golda Meir, die ehemalige Ministerpräsidentin von Israel, verkündete einst: »Die Alten werden sterben, und die Jungen werden vergessen.« Die erste Hälfte des Satzes stimmt, die zweite nicht. Wer durch das Lager geht, wird alle fünf Schritte daran erinnert, dass die Jungen an ihre Heimat denken, sie nicht vergessen, nie. Dass dieser Gedanke wie ein Leuchtfeuer die Richtung weist. Dass die Frage der Rückkehr eine Frage der Würde ist. Die schmutzigen Häuserwände hängen voller Plakate von »Märtyrern«, die von israelischen Kampfhubschraubern punktgenau erledigt wurden. »Heimat«, sagt Ysamm, der einmal Zahnarzt werden wollte und seit zehn Jahren Gurken und Tomaten verkauft, »Heimat ist ein magisches Wort«. Dann zeigt er auf eine in den Asphalt geritzte Inschrift, auf die alle seine Kunden mit Nachdruck treten müssen: »Scharon ist ein Krimineller.«

Laut Resolution 194 der Vereinten Nationen »soll es palästinensischen Flüchtlingen, die in ihre Heimat zurückkehren und friedvoll mit ihren Nachbarn leben wollen, erlaubt sein, das zum frühestmöglichen Zeitpunkt zu tun«.

Ich treffe Hassan. Er ist dreizehn, trägt Boxhandschuhe und trainiert Kickboxing. In Sichtweite hängt ein Poster mit weinenden Müttern hinter Stacheldraht, mit fassungslosen Männern vor ihren flach gebombten Häusern, mit verwüsteten Kindergesichtern auf Krankenhausbetten. Ich vermute, dass Hassan inzwischen ein paar tausend Mal die einschlägigen Fernseh-Nachrichten gesehen hat. Auch den Trailer jenes Senders, der – vor den eigentlichen Meldungen – nur Bilder von Palästinensern zeigt, die ihre erschossenen Babys beerdigen, Bilder von Steine gegen israelische Soldaten schleudernden Jugendlichen, von ins Exil getriebenen Alten. Hassan weiß nichts vom Frieden, er kennt nur den windschiefen Boxring und die nach Müll stinkende Straße davor. Und Bruce Lee, den kennt er ebenfalls, Hassan: »Bin ich stark wie er, werde ich die Juden hinausboxen.«

Wären nur die »Juden« seine Feinde. Auch die »arabische Bruderschaft« tritt wenig brüderlich auf. Die libanesische Regierung unterlässt nichts, um die Daumenschrauben der Lagerinsassen anzuziehen: Eine Liste von über siebzig Berufen liegt im Innenministerium aus, alle verboten für Palästinenser. Nur wer das Land verlässt – wohin verlassen? –, bekommt einen Pass. Nie soll einer hiesiger Staatsbürger werden. Nie darf ein Zentner Sand ohne Genehmigung auf das Gelände. Denn Sand hieße, noch eine Bruchbude hochziehen, hieße, eine weitere Zementierung des Status quo.

Wieder Ysamm, der einmal Zähne reparieren wollte und Gemüsehändler werden musste: »Kennst du ein verlasseneres Volk als uns? Kennst du einen, der ›willkommen‹ zu uns sagt?«

Auch wahr: Nicht wenige haben sich in ihrem Kopf von der Fata Morgana eines palästinensischen Staats verabschiedet. Haben das deutsche Wort »Realpolitik« auswendig gelernt und denken nur noch: In welche Richtung abhauen? Wo ein zweites Leben finden?

Mit Wael unterwegs, dem 21-jährigen Übersetzer. Vor zwei Jahren schloss er die Highschool ab, und seit gestern bin ich sein erster Arbeitgeber. Fünfzehn Minuten dauert es zu Fuß von einem Wachposten zum andern, von Nord nach Süd, von West nach Ost. Ain al-Hilweh hat kein Kino, kein Theater, keinen Buchladen, keine Bücherei, kein Restaurant, nicht eine (offizielle) Flasche Wein und »keinen«, Wael senkt die Stimme, »Sex«. Wir grinsen uns an. Gestern Nacht um 1:30 Uhr saßen wir vor dem Fernseher, als plötzlich ein Softporno-Streifen gezeigt wurde. Wir hatten nur Augenblicke Zeit, um das Unglaubliche zu registrieren, dann verschwanden die Bilder, Blackout auf dem Bildschirm: Der Besitzer der einzigen Satellitenschüssel im Camp hatte die Ursünde bemerkt und das Programm gekappt.

Dafür gibt es sieben Moscheen, ein staubiges Viereck zum Fußballspielen, den Boxring und vielleicht fünfzig Werkstätten, in denen sie aus Blechruinen wieder Fahrzeuge schweißen. Und zehn Stunden Stau auf den zwei Straßen, auf denen Autos Platz haben, den gibt es auch. Irgendwo dazwischen steht ein »Internet-Café« mit einem funktionierenden Computer, der Zugang zur immer gleichen Adresse verschafft: www.intifada.com. Hier können die Jungen nachlesen, wie ihre Altersgenossen in den Autonomen Gebieten gegen eine der besttrainierten Armeen der Welt antreten. Erfahren, wie die Besetzten einen »Juden« töten und die Besatzer im Gegenzug etwa fünfzehn »Araber« liquidieren. Begreifen, dass »al nakba«, die Vertreibung nach 1948, noch immer katastrophale Auswirkungen auf ihr Leben hat.

Auf zum uralten Khalil Hussein Al-Mekdah. Der 110-Jährige liegt im Bett, von der Decke bröckelt die Farbe, Mund und Hände zittern. In Reichweite die Krücken, ein Radio, der Koran, die Medikamente. Vier Generationen wohnen im Haus, achtzehn Kinder hat er geschafft, über 170 Männer und Frauen und Kinder – ganz genau weiß er es nicht – gehören zu seiner Familie. Er fragt, und mehrmals muss ich beteuern, dass ich »kein Jude« bin. Khalil hat Grund zur Feindschaft, er packt wohl gehütete Dokumente aus, gelbe, zum Teil schon angerissene Papiere, zweisprachig englisch und arabisch, gestempelt und beglaubigt vom (britischen) »Government of Palestine«: Er ist der unmissverständliche Besitzer von mehreren Grundstücken und Häusern im heutigen Israel, aus denen er und seine Familie verjagt wurden. »Wir werden zurückholen, was uns gehört«, sagt er beim Abschied. Dann, weniger verbittert: »Ich stürbe leichter, wenn ich noch einmal mein Dorf sehen könnte.«

Natürlich fällt im Camp der Name von Osama bin Laden. Und natürlich verlangen ein paar von mir, Stellung zu beziehen. Dennoch, da ist kein schäumender Hass auf die Amerikaner und keine Freude über die dreitausend Toten vom elften September. Aus Nebensätzen lässt sich heraushören, dass die New Yorker jetzt eine Ahnung bekommen vom Lebensgefühl eines Volks, das seit knapp zwei Generationen unter Angstschüben und Raketenhagel – Ain al-Hilweh wurde mehrmals von den Israelis bombardiert – zu überleben versucht.

Ich schlafe im Lager. Ich werde den Eindruck nicht los, dass Ibrahim, mein Gastgeber, stille Genugtuung über meine Anwesenheit empfindet. Obwohl der Platz für seine sechsköpfige Familie bereits eng genug ist. Obwohl er erst Wasser in die Zisterne pumpen muss, damit alle sich waschen können. Vor zwei Uhr früh darf ich mich nicht auf den Wohnzimmerboden legen. Ibrahims Freunde kommen, haben ein inniges Bedürfnis zu reden und einen Fremden auszufragen. Ich bin von »draußen«, aus einem fernen Land, ich bin eine Überraschung in einer Welt, der sie einen Tag nach dem andern ausgeliefert sind.

Einmal zieht mich Khalil Anani in eine Ecke, keiner soll mithören. Der 44-Jährige war früher Kommunist, Journalist und drei Jahre in Israel inhaftiert. Heute lebt er mit seinen Angehörigen zwischen Sperrmüllmöbeln. Seine uralte Haut, Kämpfen strengt an. Er ist ein Intellektueller, hält Zweifel aus, sagt – und deshalb müssen wir allein sein –, dass ihm der Glaube an Gott und andere Götter inzwischen abhandengekommen ist. Vor einiger Zeit machte er sich auf den Weg nach Saida, suchte die Stelle am Meer, wo eine starke Strömung treibt. Stand da und überlegte, ob er hineingehen und verschwinden sollte: »Aber ich war feig. Und ich habe Kinder.«

Beim Abschied biete ich ihm an, von Paris aus ein bestimmtes Buch zu schicken. Darauf Khalil, trocken und unsentimental: »Das geht nicht, ich habe keine Adresse.« Ich erfahre, dass sie hier keine Post bekommen. Weil es keine Straßennamen und Hausnummern gibt. Kein Land haben und keine Briefe lesen dürfen, man weiß nicht gleich, welcher Verzicht schwerer wiegt.

Ein Glück gibt es im Camp, zweimal die Woche, abends in der Kofia-Schule. Kofia ist das arabische Wort für das grauschwarz gemusterte Palästinensertuch, das Jahrzehnte den nackten Schädel von Yassir Arafat wärmte. Auch hier die Wände voller Fotos, die panikverzerrte Augen von Kindern zeigen, die Minuten später nicht mehr leben.

Der Gegensatz könnte nicht größer sein. In dieser umfunktionierten Garage unterrichtet Ex-Tänzerin Houria traditionelle Tänze. Einer bläst in den Dudelsack, drei schlagen die Trommel und zwei Dutzend toben los. Wie anrührend, wenn das Tempo zulegt und eine strahlende Freude die Gesichter der Achtjährigen, der Vierzehnjährigen erfüllt. Wenn das kleine Wunder ausbricht, dass sie ihr anstrengendes Dasein vergessen und nur tanzen, nur den Körper spüren, nur wissen, wie schön sie sind, wie schön das Leben sein kann.

Zurück zu den Kriegern. Siebzig Prozent der Lagerbevölkerung, sagen sie, stehen hinter der PLO, hinter Arafats Partei. Das wären Intifada und Verhandlungen, das wäre die Forderung nach einem palästinensischen Staat, der aus Ost-Jerusalem, der Westbank und dem Gazastreifen besteht.

Da Araber aber noch nie begabt waren für gemeinsames politisches Handeln, wächst der Widerstand. Wir treffen Munir Magdah, einen Enkel des greisen Khalil Hussein Al-Mekdah. Der 41-Jährige und sechsfache Familienvater gilt als furchterregend mutig, laviert zwischen den verschiedenen Kriegsparteien, verfolgt einen radikalen Kurs.

»Ich habe nur einen Feind, und der heißt Israel«, antwortet er, als ich ihn auf die Spannungen anspreche. Zwei mit nagelneu glänzenden M15 und M18 bewaffnete Leibwächter bewachen einen Leib, in dem – Magdah zeigt auf mehrere Einschussnarben – im Laufe der Jahre über ein Dutzend Kugeln landeten. Drei Handys liegen in seiner Nähe, unser Gespräch wird mehrmals unterbrochen, der »Kommandant« muss kommandieren. Flüsternd.

Magdah bewegt sich wie unter Drogen, absolut entspannt, absolut aufmerksam stößt er leise und bedacht Bescheid. Er wurde in Ain al-Hilweh geboren, erlebt als Kind die ersten Bombenhagel, erlebt den Tod von Freunden und Familienmitgliedern, verlässt als Elfjähriger die Schule, um am Widerstand teilzunehmen, überlebt eine Anzahl Giftanschläge, überlebt im Sommer 1996 die zielgenaue Bombardierung seines Hauses. Mossad, der israelische Geheimdienst, hat ihn seit Langem im Visier.

Er will keine Kompromisse, er will ganz Palästina, somit auch ganz Israel. Die Juden will er nicht ins Meer treiben, sondern dorthin schicken, woher sie kamen: »Was hat ein polnischer, ein russischer, ein amerikanischer Jude in meiner Heimat zu suchen, während wir in erbärmlichen Camps vegetieren?« Ob ihn Gewalt fasziniere? »Nein, aber wer Gewalt sät, wird Gewalt ernten.«

Eine surreale Situation. Magdah füttert Enten, Vögel zwitschern, aus irgendeinem Fernseher knallen Schüsse. Im Westen, sagen sie hier, schauen die Kinder Cartoons an, hier sehen sie jeden Tag die Bilder der Intifada. Magdah blickt auf die Uhr, streckt die Hand aus zum Abschied: »Noch im Grab drehe ich mich nach meiner Makarow um und ziele auf meine Feinde. Palästina gehört den Palästinensern.« Er lächelt, rollt den Teppich aus, Zeit zum Gebet.

WEGZEHRUNG FÜR GEIST UND KÖRPER

BIBLIOTHEK DER KAMELE –
Die Sehnsucht nach Sprache

YOGA –
Sinnsuche in Pune

BIBLIOTHEK DER KAMELE

Die Sehnsucht nach Sprache

Unser Bus trägt den sinnigen Namen »Endangered Species«: *Bedrohte Art*. Hinter dem Fahrer hocken bewaffnete Polizisten, die schweren G3-Gewehre zwischen den Knien. Auf der Strecke von Nairobi in den Osten Kenias lauern Banditen. Jeder im Bus ist bedroht. Was niemanden beeindruckt. Afrikaner sind zu oft gefährdet, um immer Zeit zu haben, sich zu sorgen. Ich sitze neben Samuel, irgendwann frage ich ihn, was der Mensch zum Leben braucht. Und der Alte sagt die vier weisen Worte: »Nahrung, Obdach, Sex und Geschichten.«

Sieben Stunden später erreichen wir Garissa, eine Wüstenei und nebenbei Hauptstadt der *North Eastern Province*, dem östlichsten Teil des Landes. Die gleichmäßig verteilten Abfallberge in den Straßen erinnern an die Piste eines Formel-1-Rennens, Misthaufen als Sicherheitspolster. Damit kein Kutscher auf seinem Eselsgespann im harten Sand landet. Entlang der *Miraa Street* verkaufen sie sackweise Miraa. Jenes beschwingende Grünzeug, das sie täglich und lebenslänglich kauen. Um nicht todmüde umzufallen unter einer barbarischen Sonne.

Montagmorgen, um 7:30 Uhr stehen wir im Hof der städtischen Bücherei. Das ist ein heiliger Ort, denn hier brach vor Jahren ein Wunder aus. Ein Wunder, das mit Geschichten zu tun hat. Die der Mensch braucht. So dringlich wie satt werden, wie wohnen, wie Liebe machen: lesen, was nichts anderes heißt, als am Leben anderer teilzunehmen.

Wohl wahr: Während in der westlichen Welt rasant nach einer Software gesucht wird, die, nur ein Beispiel, den gesamten Inhalt der Library of Congress in Washington in einer Sekunde – statt in eineinhalb – auf ein E-Book herunterlädt, hinkt das Wunder von Garissa leicht hinterher: keine IT-Rasereien, dafür Kamele. Keine elektronischen Bücher, dafür »P-Books«, *Papierbücher*. Keine Lichtgeschwindigkeit, dafür acht Kilometer pro Stunde: Von diesem Hof zog, vor langer Zeit schon – am 14. Oktober 1996 – die erste Kamelkarawane in den Busch. Mit vier Bücherkisten und einem Zelt über dem Rücken. Damit auch jene eine Chance erhalten, die noch nie ein leibhaftiges Buch zu Gesicht bekommen hatten.

Ein Montagmorgen in Garissa: Joseph, der Bibliothekar, schichtet je 125 Bände in eine Box. Wie jedem, der Bücher und Bücher lesen liebt, sieht man ihm das sinnliche Vergnügen beim Berühren von bedrucktem Papier an. Joe sagt grinsend: »Pure pleasure.«

Draußen wirtschaftet Khalif, der Kamel-Flüsterer. Er kennt die drei Dromedare besser als seine drei Kinder. Mit knappen Handbewegungen und zärtlichem Wispern zwingt er die Tiere in die Knie, legt ihnen eine schützende Strohmatte auf, befestigt mit Alex und Hirsi, den beiden Assistenten, die jetzt zentnerschweren Kisten, verzurrt auf dem letzten freien Höcker die Zeltplanen. Sie dienen als Dach, um am Zielort dem Hitzetod zu entgehen.

Kurz nach neun Uhr geht es los. Vor Tagen stellte ein Leserbrief in einer Zeitung die Frage, ob sich mehr Gangster in Nairobi oder in Garissa herumtreiben. Wie dem auch sei, tagsüber ist das Kaff mit 200 000 Einwohnern friedlich und betriebsam. Marabus und Kühe schlendern durch die Straßen, Ex-Polizist Sigei bezieht mit der Flinte vor der *Commercial Bank* seinen Posten, Kinder und Erwachsene gaffen noch immer, wenn die Kamele vorbeiziehen.

Nicht die Tiere sind die Sensation, nein, die schaukelnden Bücher erregen Aufsehen. Jeder Dritte in diesem Land kann nicht lesen. Ich will mir einbilden, dass in den Gesichtern der Zuschauer etwas Sehnsüchtiges steht. Als ahnten sie, dass lesen zu können ein Glück ist und reich macht. Im Kopf.

Raus aus der Stadt, über den Tana River, vorbei am einzigen

Wasserhahn, aus dem Trinkwasser sprudelt. Dahinter führt der Trampelpfad ins tiefe Afrika. Regelmäßig kommt hier ein Unglück vorbei: Dürre, El-Niño-Fluten, wieder Dürre. Und seit Jahrhunderten herrschen die Spielregeln des Raubrittertums zwischen den Clans, die sich gegenseitig das Vieh und das Leben rauben.

Wir wandern durch winzige Dörfer, Frauen und Männer kommen uns entgegen, den Buckel krumm von einer Ladung Mais, einem Korb Fische, einem Kanister Kamelmilch. Alles taugt, um auf dem Markt von Garissa ein paar Shilling zu kassieren. Einer trägt würdig seine verbeulte Winchester, er sagt tatsächlich: »Ich sorge für Ruhe und Ordnung.«

Die meisten Nomaden sind müde geworden, erschöpft von den Katastrophen und dem Gemetzel um Weideland. Nicht wenige versuchen sich jetzt als Farmer. Joseph berichtet von einem erstaunlichen Bewusstseinswandel: Die Eltern – beraubt so vieler materieller Güter – hätten erkannt, dass ihre Kinder eine andere Zukunft verdienten. Eben kein Dasein als tumbe Kuhhirten, sondern als künftige Erwachsene, die zurechtkommen in einer modernen Welt, sprich tausendmal: lesen und schreiben lernen.

Wo immer wir durchziehen, begrüßt ein aufmunterndes Lächeln die Bücherkarawane. Als wäre sie ein Leuchtzeichen in eine bessere Zeit. Khalif erzählt die mitreißende Geschichte eines Überfalls zweier Männer, die mit der AK-47 im Anschlag eine Schule in der Provinz überfielen und – mehr gab es nicht – zwei Atlanten und vier Mathematikbücher einsackten. Gebundenes Papier mit Wissen beschriftet, das ist ein kostbares Gut in Kenia.

Kurz vor elf erreichen wir den Zielort, Maramtu. Kraal mit ein paar runden Hütten aus Gras und Pappe, zum Wohnen. Und drei viereckigen Gebäuden aus Lehm. Hier sitzen 161 Schüler im Sand oder auf Bänken, die aussehen wie frisch vom Sperrmüll geliefert. Aber heute ist Montag, heute kommen die Kamele.

Wir brauchen kein Zelt, die große Akazie spendet genug Schatten. Action, Kisten abladen, Matten auslegen, Bücher darauf verteilen. Wundersame Szene: Joseph gibt das Startzeichen, und Rektor Samy entlässt die Kleinsten. Und die Knirpse stürmen Richtung Baum und Bücher, wetzen, als wartete ein Festessen auf sie. Doch Hirsi und Alex drängen die Hungrigen zurück, denn zuerst müssen sie die ausgeliehenen Bände abgeben, erst dann dürfen sich alle hinknien und wühlen.

Die meisten Bücher sind in Englisch verfasst, ein Teil in Suaheli. Für jede Sehnsucht liegt etwas zum Schmökern bereit. Ein Bilderbuch berichtet vom lustigen Elefanten Swimy, der Olympiasieger wurde. Ein nächstes erzählt vom Mut des David gegen Goliath. Und die »Brothers Grimm« werden auch im hintersten Kenia gelesen. Die neugierige Aisha fischt nach dem »Brave Little Tailor«, dem tapferen Schneiderlein.

Mit afrikanischer Geduld steht Joseph – wir haben inzwischen 35 Grad Außentemperatur – den Kindern zur Verfügung, erklärt ein fremdes Wort, liest an, liest weiter, verkauft mit zäher Zuneigung seine Liebe zu Buchstaben und Storys und zitiert den ätzenden Satz von Mark Twain: »Den Unterschied zwischen denen, die lesen können, aber nicht lesen, und jenen, die nicht lesen, weil sie es nicht können, diesen Unterschied gibt es nicht.« Für den hiesigen Alltag übersetzt: Es reicht nicht, den Kindern die Kunst des Lesens beizubringen. Wichtiger noch, ihnen die lebenslängliche Freude daran einzuschärfen. Auf dass Erkenntnislust und Weltwachheit nicht aufhören. Auf dass ein Buch zur Hand zu nehmen nicht zur Mühsal wird, sondern ein Verlangen. Auf dass Afrika nicht absäuft in Blut und Ignoranz, sondern teilhat an jenem Fortschritt, der heilt und Wohlstand bringt.

Nach den Erstklässlern kommen die älteren Schüler. Für sie hat Joseph anderes Material ausgepackt. Neben Romanen auch Konkretes, Populärwissenschaftliches: *Erhitzt sich unsere Erde?* und *Der Beruf des Maurers* und *Wie unseren Wald retten?* Und dieses Buch – *Eine zerstörte Zukunft* – gehört zum »Aids-Aufklärungsprogramm« der Regierung. Die Heldin des Büchleins ist die hübsche, fleißige Schülerin Gina, deren Leben zerbricht, als der Vater die Familie verlässt. Gina hört auf zu studieren, muss Geld verdienen, wird Barmädchen, wird Hure, wird Opfer der Seuche.

Samy, den Rektor, plagt eine andere Pest, die Pest der Armut.

Wie jeder Rektor nimmt er Joseph zur Seite, um zu betteln. Ohne geladene Kalaschnikow, aber inständig und penetrant. Schulbücher will er, in manchen Klassen teilen sich zehn Schüler ein Nachschlagwerk. Also rückt der Bibliothekar ein paar Exemplare von *Allgemeine Fehler beim Einmaleins* und *Erdkunde für alle* heraus. Das ist ein halber Tropfen auf einen glühend heißen Stein. Denn morgen wird ein anderer Schulleiter jammern und flehen. Und wieder nicht mehr davontragen als ein Almosen.

Bemerkenswert: Der nationale Bibliotheksverband, der diese kulturellen Ausritte in verschiedene Dörfer der *North Eastern Province* finanziert, will Wissen und Sprache verbreiten. Er missbraucht die Kamele nicht als Vehikel für ideologische oder spirituelle Indoktrination. Joseph verteilt weder die Sonntagsreden des aktuellen Regimes noch religiöse Fibeln, die vom Leben nach dem Tod schwadronieren oder den Offenbarungen des Herrn Mohammed. Was angeboten wird, ist entweder intelligent unterhaltsam oder todernst real: Von der Wirklichkeit reden die Bücher. Und von den Möglichkeiten, wie das bedrohte Leben beschützt werden kann. Das von Gina, das der Bäume, das von all denen, die nie lernen und wissen dürfen.

Mittag, die Kinder bekommen eine Handvoll Mais und Linsen. Spendiert vom *World Food Programme*. Die Köchin, die das täglich gleiche Essen in einem Bottich über offenem Feuer zubereitet, erhält ein paar Shilling von den Eltern der Schüler. Aber heute ist ein besonderer Tag. Wir haben drei Kilo Hefte und Stifte mitgebracht. Und alle, auch die Mädchen, sind bereit, dafür um die Wette zu laufen und Basketball zu spielen. Und wir rennen und springen mit. Und als ich den wendigen Francis die aus Putzlappen zusammengeflickte Kugel in einen Drahtverhau, den Korb, werfen sehe, kommen mir zwei Gedanken: dass Francis gerade einen Kugelschreiber gewonnen hat und dass der einst weltbeste Gummiballwerfer, Mister Michael Jordan, 219 000 Dollar verdiente. Pro Tag.

Nachmittags geht die Schule weiter, doch ohne die Jüngsten. Und sie eilen zurück zum Baum mit den vielen Büchern. Die morgendliche Frénésie, die Furcht, leer auszugehen, hat sich gelegt. Es wird still, jeder schaut und liest. Rektor Samy erwähnt, dass das Thermometer augenblicklich 40 Grad anzeigt. Das ist die Temperatur, bei der Kamele zu schwitzen anfangen. Ich blicke auf Uli Reinhardt, den Fotografen, und denke, dass sich Europäer unter einer solchen Hitzekeule aufs Sterben vorbereiten.

Mich rettet der clevere Ali, er hat die *Antartic's Superlatives* rausgefischt, ich soll ihm daraus vorlesen. Und wir erfahren, dass der erste Mensch am Südpol, der Norweger Roald Amundsen, sich ein Leben lang mit frostkalten Duschen auf die Expedition einstimmte. Und dass man am 21. Juli 1983 in Vostok, einer russischen Antarktisstation, die infamste Kälte aller Zeiten maß: 89,2 Grad minus. Wir lachen, Ali schwitzend, ich schweißgebadet.

Um 15:30 Uhr gibt Joseph das Signal zum Abmarsch. Vor Einbruch der Dunkelheit muss die Karawane in Garissa sein. Aus Sicherheitsgründen. Zu nahe liegt die Grenze zu Somalia, zu viele Strauchdiebe aus dem bürgerkriegskaputten Land schwirren hier nachts durch die Gegend. Joseph füllt den »Mobile Unit Accounting Sheet« aus, den täglichen Rechenschaftsbericht, notiert, wie viele Bücher zurückgegeben und wie viele ausgeliehen wurden, trägt säuberlich ein, dass drei Kamele, vier Boxen, ein Sonnenschirm, ein Stempel und ein Stempelkissen unterwegs waren.

Khalif holt die Tiere aus dem Schatten, zwei maulen, wollen nicht zurück in die Sonne. Er flüstert in ihre Ohren, und sie lassen sich widerstandslos befrachten. Rektor Samy und die Kinder winken, ein langer und gemeiner Weg – länger und gemeiner als um neun Uhr früh – wartet auf uns.

Bewundernswerte Männer, die vier Mal die Woche – vorbei an Hyänen, Schlangen und Tsetsefliegen – Bücherkisten in ferne Dörfer schaffen. Morgen geht es nach Bulla Nasib, dort müssen sie auch das 64-teilige Zelt aufstellen. Weil nirgends ein rettender Baum steht.

Keine 7000 Shilling, keine 100 Euro, bekommt Joseph, der Bestverdienende, pro Monat. Aber Joseph ist eben Liebhaber, Buchliebhaber. Und einer, der begriffen hat, dass Afrika nur von Afrikanern gerettet werden kann. Im Schutz eines Kamelrückens schreibt er mir ein kenianisches Sprichwort auf: »Nicht wissen ist schlecht. Nicht wissen wollen ist eine Katastrophe.«

Als wir die Stadtgrenze erreichen, hört man schon von Weitem das Schnalzen der Peitschen. Es kommt aus den »duks«, den heruntergekommenen Klassenzimmern, in denen mit trostlosem Stumpfsinn den Achtjährigen der Koran – in Arabisch – eingebläut wird. Stumpfsinnig, da die Kinder nicht zehn Worte dieser Sprache verstehen. Und trostlos, da ihnen niemand ermöglicht, andere Fächer zu lernen. Nein, nur schnalzen und blöken.

Ich tröste mich mit meinem Lieblingsbild im Kopf. Es entstand am frühen Nachmittag in Maramtu, unter der großen Akazie. Ein Dutzend Kinder umringten die Bücher, Moslem-Kinder und Christen-Kinder, saßen und staunten, blätterten und lasen, blätterten in einem anderen Buch, lasen beim Nachbarn mit, sinnierten und hoben versonnen den Blick, begriffen auf wunderlich geheimnisvolle Weise, dass Bücher in die Welt entführen und dass es kein zweites vergleichbares Glück gibt wie: denken und begreifen und fantasieren.

YOGA

Sinnsuche in Pune

Flug nach Mumbai. Im Bordkino spricht jemand davon, dass man jetzt die vielbändige »Encyclopedia Britannica« in Sekunden per E-Mail verschicken kann. Der Kunde habe dann nach zweimal Kopfnicken das gesamte Wissen der Menschheit auf seiner Festplatte.

Nach der Nachricht fällt mir eine Episode aus dem Leben von Saint-Exupéry ein. Wieder einmal musste er in der Sahara notlanden. Irgendwann kam eine Karawane vorbei, und der Bruchpilot meinte zu den staunenden Tuaregs: »Mit diesem Apparat lege ich in zwei Stunden eine Strecke zurück, für die ihr zwei Wochen braucht.« Die Männer zeigten sich beeindruckt. Bis einer nach vorne drängte und fassungslos fragte: »Und was machst du mit der übrigen Zeit?«

Ich gehöre ebenfalls, wie so oft, zu den Fassungslosen. Deshalb nach Indien. Die Festplatte in meinem Schädel läuft über. Jeder Tag bombardiert meinen Kopf mit tausend mal tausend Informationen. Viele will ich wissen. Weil sie mir helfen, weil sie mir die Welt erklären. Und viele machen mich krank: die toxische Scheiße, die durch den Cyberspace schwirrt. Sie fliegt jedem ins Gesicht, auch dem, der nichts von ihr hören will. Lauter Stiche ins Herz, lauter Platzwunden im Hirn. Schwachsinn tut weh.

Von so vielen Dingen hätte ich gern mehr Ahnung. Und bei so vielen anderen wäre ich gern ahnungsloser. Auch das muss ich lernen: klarer entscheiden, welche »Botschaften« meinem Leben zuträglich sind. Um klüger und nachsichtiger zu werden. Und was mir die Lebensfreude raubt und mein Denken und Fühlen vermüllt.

In Indien will ich fasten, IT-fasten, will mein Gedächtnis entschlacken, will wieder wissen, was ich brauche und was nicht, will – immerhin zwei Monate lang – nach den Bruchstücken einer zerrissenen Existenz fahnden.

Augenblicklich glaube ich an Yoga. (Die Gabe für lebenslängliche Glaubensbekenntnisse kam mir inzwischen abhanden.) Yoga ist mühselig, bedächtig und ziemlich verschwiegen. Die Gefahr einer »instant gratification«, *einer sofortigen Befriedigung*, ist folglich ausgeschlossen.

Alles spricht dafür: Stille. Keine Werbung dudelt. Kein Guru tritt auf. Keiner zockt ab, ein Unterhemdchen und eine Trainingshose genügen. Und – so reden jene, die durchgehalten haben: Yoga macht lebensfroh.

Kurz vor Mitternacht kreisen wir über der indischen Hafenstadt. Das ist eine angenehme Zeit. Die Dunkelheit verschluckt den gewaltigen Slum, der den Flughafen umzingelt. Und wäre es das hundertste Mal, dass ein Fremder nach Indien kommt: Er braucht eine Schonfrist – und sei es bis zum nächsten Sonnenaufgang –, um sich an die Herausforderungen zu gewöhnen.

Um 6:30 Uhr fährt ein Bus nach Pune, 160 Kilometer weiter südöstlich gelegen. Sich frühmorgens durch eine Landschaft bewegen, die man lange nicht gesehen hat, das ist ein kleines Glück. Die Müdigkeit, die versöhnlich stimmt, das monotone, einlullende Geräusch des Motors, der Blick hinaus auf ein Land, das man liebt.

Ein gefährdetes Glück, das schon. Denn bald erwacht in unserem Fahrer der Raubtierinstinkt. Wie er seltsamerweise in allen Fahrern in unserer Nähe erwacht. Und so wechselt das Glück mit Heidenangst, da keiner mit Bestimmtheit voraussagen kann, ob wir das gerade stattfindende Überholmanöver noch gesund erleben. Oder nicht. Ich kenne keinen Erdteil, auf dem Erleuchtung und Katastrophe so sorglos und beschwingt nebeneinanderleben wie hier.

Vor Jahren kam ich bereits nach Pune. Der Ort hieß damals noch Poona und war weltberühmt. Bhagwan Shree Rajneesh – später nannte er sich Osho – hatte hier sein spirituelles Zentrum aufgeschlagen. Und Hunderttausende kamen ihn besuchen. Sein Ashram ging als Hort zügelloser Sexorgien durch die Weltpresse. Wer die damaligen Reportagen aufmerksam durchlas, ließ sich vom erotischen Notstand der Schreiber ergreifen, die so erbost und aufrecht über Unzucht und Hemmungslosigkeit berichteten. Alles, wonach sie so heimlich gierten, fand hier statt. Und da sie nicht teilnehmen konnten, mussten sie sich empören. Moralgetöse aus Mangel an Gelegenheit, das alte Lied.

Aber die Zeiten sind anders heute. Osho ist tot, und wilder Sex seit Langem out. So die Untersuchungen. Zwei Seuchen haben für sein Ende gesorgt, Aids und der Neoliberalismus, jener nimmermüde Fürsprecher vehementer Raffgier. Säcke mit Geld vollzumachen scheint nun sinnlicher zu sein als die Lust am anderen.

Osho hat seine Sprüche nicht gehalten. Sein »Neuer Mensch« ist noch immer uralt. Die Mühe, nach eigenen Wegen zu suchen, geht somit weiter. Auch deshalb bin ich zurück in Pune. Nicht, um den kümmerlichen Resten der Osho-Gemeinde beizutreten, nein, ich will einen Meister des Hatha-Yoga finden.

Die beiden Worte verheißen Mühsal. Yoga hat die Wurzel »yuji«, Joch, Zügel. Und »Hatha« bedeutet Kraft, und verkörpert jene Yogarichtung, die mithilfe strenger physischer Übungen den Geist ruhig und den Körper verfügbar – verfügbar einem ruhigen Geist – machen will.

Dafür ist Pune der ideale Trainingsplatz. Der von mehr als drei Millionen Einwohnern bevölkerte Orkus produziert einen Gestank und einen Krach, der jeden zu mentaler Disziplin auffordert. Im Morgentau blühender Wiesen ist so mancher Herr seiner Sinne. Zwischen den Gaswolken dieser Stadt kann ein jeder für sich herausfinden, wo seine Grenzen liegen.

Als der Bus vor der Central Station hält, wird mir wieder einmal klar, wie weit Inder dem Rest der Welt in ihrer Fähigkeit, dem Leben zu vertrauen, voraus sind: wie Fußgänger blindlings auf die Straße rennen, wie Radfahrer um Daumenbreite an riesigen Stoßstangen vorbeiwetzen, wie keiner weder links noch rechts schaut, wie sie alle, auch die Stoßstangenbesitzer, über ein

Talent verfügen, das sie frühzeitig einweist in den Umgang mit dem Chaos.

Einchecken im Hotel und Suche nach dem einen, dem einen Richtigen. Da ich mir in Indien abgewöhnt habe, systematisch vorzugehen, flaniere ich. Und erwarte nichts. Sagen wir, ich versuche, nichts zu erwarten. Irgendwann setze ich mich und bestelle eine Nudelsuppe. Ein Dicker, dem die Nudelküche direkt neben dem Bürgersteig gehört, erzählt mir von seinen Rückenschmerzen. Und wie sie verschwanden. Und wie sie zurückkamen, als er aufhörte, seine Yogaklasse zu besuchen. Zwischen den Kochtöpfen sucht er die Adresse seines Lehrers.

Am nächsten Morgen treffe ich den jungen Abhay, der einst den Koch von seiner Pein befreite. Die gesamte Kleinfamilie erwartet mich im Wohnzimmer eines bescheidenen Hauses. Abhay ist das einzige Kind, Vater Vijay und Mutter Anangh die lässigen Eltern. Dass selbst in einer Yogafamilie der Fernseher angeht, wenn ein Kricketspiel übertragen wird, verweist auf unser aller »unergründliches Menschenherz«. Alle drei verehren den großen Iyengar, der in Pune ein Institut – Warteliste: zwei Jahre – leitet und als der berühmteste Yogi aller Berühmten gilt. Noch immer gilt, obwohl inzwischen verstorben.

Bei dem Trio bin ich gut aufgehoben, friedliche Heiterkeit geht von ihnen aus. Dem behütenden Gedanken an Götter, die es wohlmeinen mit uns, verdanken sie ihren Frieden. Natürlich ist ein jeder für sein Unglück verantwortlich. Darauf bestehen sie. Und dass man die Welt nicht beeinflussen kann, wohl aber den Einfluss, den sie auf den Einzelnen ausübt. Auch das steht fest, ohne Diskussion.

Hat Seelenfrieden mit der Tatsache zu tun, dass man genau weiß, wie das Leben funktioniert auf Erden? Zweifellos. So wankt nichts in einem, keine Ungewissheit zerrt von einem Zweifel in den nächsten. Weil alle Fragen eine Antwort haben: Götter wachen über uns. Jeder ist ausnahmslos für sich verantwortlich. Glück und Unglück ist jedermanns Verdienst. Widersprüche – wie Zufall, wie Unfall, wie Schicksal – übersieht man, sie rütteln nicht an der Selbstgewissheit. Irgendwie ist das beneidenswert, auch wenn man so anders auf die Welt blickt.

Abhay zeigt mir den Trainingsraum, oben auf dem flachen Dach des zweistöckigen Hauses: fünf mal sechs Meter, Steinboden, drei Fenster und im Eck stapeln sich Kissen und Matten. Eine russische Familie schwitzt gerade, sie nimmt Privatstunden. Wie beruhigend: Es trifft uns alle, auch Russen, auch Ex-Kommunisten. Wir alle spüren eines Tages einen Körper, der uns an unsere Vergänglichkeit erinnert. Und dann kommen wir zu einem 27-Jährigen und betteln um Hilfe: Er soll den linkischen Leib wieder leicht machen, ihn so weit renovieren, dass er Wohlgefühl in uns verbreitet und aufhört, uns an unsere Sünden zu erinnern: die Trägheit, die Schludrigkeit, ja, die Gier, ihn vollzustopfen.

Am nächsten Morgen um sieben Uhr beginnt der Unterricht. Wir sind zwölf Inderinnen und Inder und ein Europäer. Die Fresssucht des Westens hat nun auch den Subkontinent eingeholt. Drei Viertel des Dutzends – alles Angehörige des Mittelstands – haben ihren (üppigen) Bauch mitgebracht. Damen wie Herren. Das scheint das Glück des Augenblicks nicht zu schmälern. Milde Sonnenstrahlen treffen auf unsere Gesichter, wir setzen uns auf den Boden und intonieren einen kurzen Sprechgesang, eine Art Dankgebet an Patanjali. Er gilt als Autor der »Yoga Sutras«, einer ersten systematischen Sammlung von Gedanken über Yoga.

Abhay kam wahrscheinlich als menschliche Liane auf die Welt. Er braucht sich nur einmal nach hinten zu biegen, und man weiß, dass ihm der Körper in alle Himmelsrichtungen folgen wird. Anders bei seinen Schülern. Kaum vollziehen wir die einfachsten Asanas – wie auf dem Rücken liegen und einen Fuß nach oben strecken und Richtung Kopf ziehen –, schon erfüllt vielstimmiges Ächzen den Raum. Reue geht um.

Was angenehm auffällt: Keine modernen »Kommunikationsmittel« verhindern die Kommunikation zwischen uns und unseren Empfindungen. Im »Gymnase Club«, in dem ich bei mir zu Hause trainierte, standen gewaltige TV-Monitoren, unablässig Bilder produzierend, die nichts mit unserer Anwesenheit zu tun hatten. Bilder, die ablenkten, die, wenn man so will, die Aufmerksamkeit schwächten. Statt mich vollkommen auf mein Tun – Muskel stählen – konzentrieren zu können, war ein Teil von mir damit beschäftigt, die Albernheiten zu überhören. Zudem sah ich Leute, die – während sie an den Geräten hantierten – in ihr Telefon sprachen. Bizarr. Wir kennen wohl nichts mehr, was uns ausschließlich und leidenschaftlich bewegt.

So will ich nicht sein. Vielleicht hilft Yoga auch da aus: bei der wundersam besänftigenden Erfahrung, dass mein Tun und mein Sein übereinstimmen. Dass ich da bin. Dass ich ganz bin. Ganz da.

Bei Abhay lenkt nichts ab. So spürt jeder dessen Hände, wenn sie ziemlich unerbittlich auf unsere verrosteten Körperteile pressen. Um sie millimeterweise zum Nachgeben zu bewegen. Erdteile scheinen in uns brachzuliegen. Abhay soll aushelfen.

Wer sich nach einem anderen Leib sehnt, muss einiges mitbringen. Auch seinen Mut zum Schmerz. »The pain is your master«, das war einer von Iyengars Lieblingssätzen. Ich habe eine kleine Begabung für Masochismus. Paradoxerweise beruhigt mich Schmerz. Als wäre ich einverstanden mit ihm. Die Pein als Eintrittspreis für Umkehr, für neue Aussichten in die Zukunft.

Ab 16 Uhr habe ich frei. Im Café sitzen und lesen. In dem Nachrichtenmagazin *India Today* steht ein Artikel, der davon spricht, dass sich die indische Jugend wieder verstärkt Religionen zuwendet. Als Serum gegen eine »unsettling world«, eine *verstörende Welt.* »Allgemeine Unsicherheit« und »Unzufriedenheit mit dem Leben« und »Einsamkeit« wären die treibenden Motive. Wie ich das verstehe. Und wie ich sie beneide um diesen Quantensprung vom Nichtwissen in den Glauben, dieses obskure Vertrauen in Götter. Und wie fremd es mir bleibt.

Yoga ist gottlos. Wie der Buddhismus. Kommt Erlösung, bescheidener formuliert, kommt Erleichterung, dann nach zäher, dornenreicher Arbeit an sich selbst. Mithilfe anderer. So ähnlich wie bei Leuten, die einen halben Zentner zu viel mit sich herumtragen. So ähnlich wie bei dem Wunsch, eine fremde Sprache zu lernen. Rigorosität muss her, ein Wille.

Abhay tut uns gut. Auch in den Wochen, die folgen. An manchen Tagen bin ich noch inniger in Indien verliebt als zuvor. Und seltsam einverstanden mit mir und den anderen.

Was passiert? Ich trete nach den Yogastunden aus dem Haus des Meisters, und für eine Weile verstummt mein kritiksüchtiges Maul. Ich schwebe nicht, aber ich spüre die Meridiane fließen. Okay, ich bilde mir ein, dass sie fließen, denn ihr tatsächliches Vorhandensein ist wenig bewiesen. Wie auch immer: Alles, was fließt, tut gut, und so bin ich eine Zeit lang ein guter, sagen wir, ein besserer Mensch. Das wäre einer, der geduldiger auftritt, auch sich selbst gegenüber.

Vielleicht funktioniert es so: Den Körper – schmerzensreich – strecken und biegen schmelzt das Ego ein. Ein bisschen allemal. Folglich wird psychische Energie frei. Um sie anderswo, sprich für andere, einzusetzen. Was vorher zur Aufrechterhaltung der eigenen Wichtigkeit investiert wurde, steht jetzt für menschenfreundlichere Aktionen zur Verfügung. Ich federe, gehe eleganter mit dem Leben um. Ich hebe die Welt von meinen Schultern und erkenne, dass sie nicht fällt.

Ich weiß nicht, ob Entspannung – wie Art Garfunkel in einem Interview meinte – ein »mystischer Zustand« ist. Aber Gelassenheit taugt untrüglich, um den Glücksquotienten in die Höhe zu treiben.

Möglicherweise ist das gerade Geschriebene – das Reden vom Einschmelzen des Egos – ein unerträgliches New-Age-Gesumms. Weil ich ein westlich geprägter Mann bin, der – auch wenn er Jahre in Asien verbracht hat – vor allem zur pausenlosen Züchtung seines Egos erzogen wurde. Und dass dieses Monstrum solange um sein Überleben kämpfen wird, solange niemand daherkommt und mir den Schädel abschlägt. Fällt der Schädel, fällt das Ego. Nicht eine Sekunde vorher.

Und so ist es. Wer vom Verschwinden des Egos redet, redet dummes Zeug. Jede menschliche Handlung braucht ein Ego. Sonst findet sie nicht statt. Selbst die Liebe wird von ihr angetrieben. Nur Tote haben keins. Die entscheidende Frage ist doch: Wie gehe ich mit meinem Ego um? Nehme ich es her, um die Wut und die Verbitterung um mich herum anzuheizen? Oder will ich es dafür einsetzen, dass Freude in seiner Nähe ausbricht, die berühmte Leichtigkeit, die uns allen so fehlt?

Ach, niemand ruft hier zu Großtaten auf. Es würde schon reichen, wenn uns täglich ein paar Akte kostenloser Sanftmut gelängen, ein paar Gesten der Hilfsbereitschaft, ein paar Blicke voller Wohlwollen.

Acht Wochen ging das so. Dann herzlicher Abschied von Abhay. Was für ein warmer, zuvorkommender Mensch. Nicht einmal habe ich ihn beim Prahlen ertappt. Obwohl er garantiert ein Yogi-Weltmeister war und Asanas zeigte, die wir nur mit Gelächter quittieren konnten. Dem Gelächter der Hilflosen beim Anblick eines Alien, der seine Extremitäten wie Nudeln um seinen Torso wickelte. Ich spürte, dass er etwas – jenseits seiner körperlichen Beherrschung – besaß, was mir unerreichbar erscheint: Mühelosigkeit.

Ich bestieg das Flugzeug, den Traum von der Leichtigkeit im Gepäck. In Europa werde ich ihn wieder auspacken und hartnäckig hinter ihm herrennen. Ich bin ein zäher Hund. Eines Tages hole ich ihn ein.

Altmanns Daseinsenthusiasmus ist mitreißend

Franz Schuh, WDR

Andreas Altmann

In Mexiko

Reise durch ein hitziges Land

Piper, 288 Seiten
€ 20,00 [D], € 20,60 [A]*
ISBN 978-3-492-05766-0

Gewiss, Mexiko verfügt über einen bestechenden Trumpf: Wer hier entlangreist, wird gleichzeitig an einem Crashkurs zum Thema »Wer bin ich?« teilnehmen. Links und rechts warten Erfahrungen, die jeden überhäufen. Mit dem, was wir alle ersehnen: vehemente Gefühle und Erkenntnisse, die ganz hellblauen, die ganz dunkelschwarzen. Reisen ist auch eine Reise nach innen. Der Schatz Mexiko gehört jedem, der noch immer hungert. Mehr kann ein Land der Welt nicht schenken.

PIPER

Leseproben, E-Books und mehr unter **www.piper.de**

»Ein Leidenschafts-Lehrbuch für die Reise durchs Leben.«

ZEIT

*Cover- und Preisänderungen vorbehalten

Hier reinlesen!

Andreas Altmann

Gebrauchsanwei-sung für die Welt

Piper, 224 Seiten
€ 18,00 [D], € 18,50 [A]*
ISBN 978-3-492-05972-5

»Gibt es etwas, das radikaler mit allen Gewohnheiten bricht, als wegzugehen, fortzureisen? Das rabiater die Zustände ändert – hin zum schwer Zumutbaren?« Kaum jemand hat sich dem Zauber und den Härten fremder Länder so ausgeliefert wie Andreas Altmann. Seine Gebrauchsanweisung ist eine große, wilde, bisweilen verzweifelte Liebeserklärung an das Reisen in die Welt.

»Ein Buch mit ungeheurer Ansteckungskraft und Reisefieber garantiert.« stern.de

PIPER

Leseproben, E-Books und mehr unter **www.piper.de**

Eine Liebeserklärung
an die Frauen

Andreas Altmann
Frauen.Geschichten.

Piper Taschenbuch, 336 Seiten
€ 10,00 [D], € 10,30 [A]*
ISBN 978-3-492-30988-2

Frauen sind für Andreas Altmann Wundergeschöpfe: anbetungswürdig und inspirierend. Doch auch rätselhaft und manchmal Furcht einflößend. In diesem Buch erzählt er von den Frauen eines Lebens, ganz gleich, ob es sich dabei um einmalige Begegnungen handelte oder längere Freundschaften. Es geht um das mitreißende und bisweilen auch anstrengende Drama zwischen Frau und Mann, um Enttäuschung, Lüge, Zurückweisung, aber ebenso um die Freuden und Vergnügen, die einer dem anderen schenken kann.

PIPER

Leseproben, E-Books und mehr unter **www.piper.de**